精品课程新形态教材
21世纪应用型人才培养系列教材
新时代创新型人才培养精品教材

中国优秀传统文化经典选读

主编 徐梦

ZHONGGUO YOUXIU
CHUANTONG WENHUA
JINGDIAN XUANDU

湖南大学出版社·长沙

内容简介

本书包括战天斗地,启蒙开智,家风家训,跪乳反哺,尊师重道,品行高洁,修身养性,安身立命,勤俭廉政,诚实守信,追求卓越,直面人生,家国情怀,求贤若渴,纳谏如流,变革图强,以民为本,和合大同,天人合一,情深意浓,哲理意趣,大好河山。

本书可作为大学生学习中国优秀传统文化的教材,也可作为一般读者了解、学习中国优秀传统文化的参考用书。

图书在版编目(CIP)数据

中国优秀传统文化经典选读/徐梦主编.-- 长沙:湖南大学出版社,2021.3(2025.2重印)
 ISBN 978-7-5667-1848-8

Ⅰ.①中… Ⅱ.①徐… Ⅲ.①中华文化-通俗读物
Ⅳ.①K203-49

中国版本图书馆 CIP 数据核字(2021)第 039898 号

中国优秀传统文化经典选读
ZHONGGUO YOUXIU CHUANTONG WENHUA JINGDIAN XUANDU

主　　编:	徐　梦
责任编辑:	张建平
特约编辑:	刘书乔　孙世杰
印　　装:	北京俊林印刷有限公司
开　　本:	787 mm×1 092 mm　1/16　印张:23.5　字数:572 千字
版　　次:	2021 年 3 月第 1 版　印次:2025 年 2 月第 3 次印刷
书　　号:	ISBN 978-7-5667-1848-8
定　　价:	49.50 元

出 版 人:李文邦
出版发行:湖南大学出版社
社　　址:湖南·长沙·岳麓山　邮　编:410082
电　　话:0731-88822559(营销部),88820006(编辑室),88821006(出版部)
传　　真:0731-88822264(总编室)
网　　址:http://press.hnu.edu.cn
电子邮箱:1176142336@qq.com

版权所有,盗版必究
图书凡有印装差错,请与发行部联系

《中国优秀传统文化经典选读》编委会

主　编：徐　梦

副主编：(按姓氏笔画排名)

　　　　于灵芝　　王慧芳　　刘林娟　　刘玉凤

　　　　朱世琦　　孙淑红　　李　涵　　张米娜

　　　　杨　军　　杨占河　　高春辉　　顾海丽

　　　　徐书奇　　谢凤英

前言

党的二十大报告提出："推进文化自信自强，铸就社会主义文化新辉煌。"优秀传统文化的教育和传承是当代大学教育的重要内容。优秀传统文化是一个国家、民族传承和发展的根本，如果丢掉了，就割断了精神命脉。中国优秀传统文化的丰富哲学思想、人文精神、教化思想、道德理念等，可以为人们认识和改造世界提供有益启迪，可以为治国理政提供有益启示，也可以为道德建设提供有益启发。文化兴则国运兴，文化强则民族强。没有高度的文化自信，没有文化的繁荣兴盛，就没有中华民族伟大复兴。鉴于此，《关于实施中国优秀传统文化传承发展工程的意见》和《教育部关于专业人才方案制订与实施工作的指导意见》等文件特别指出，要把中国优秀传统文化传承贯穿于国民教育始终，要求把中国优秀传统文化列为必修课或限定选修课。为贯彻落实中央精神，我们编著了《中国优秀传统文化经典选读》教材。

中国优秀传统文化要想作为基因被青年学生传承下去，最有效的做法是引导他们阅读中国优秀传统文化的原著和原文。然而，中华民族历史悠久，传统文化博大精深，留下来的典籍浩如烟海。对于广大青年学生来说，如何辨析传统文化中的精华和糟粕，如何使中国优秀传统文化尽快成为他们的精神食粮，是亟需解决的问题。为此，我们从中国优秀传统文化经典之中选取一些具有代表性的作品，编撰成教材，供青年学生方便学习之用。

本教材每章突出一个主题，然后以时间为线索围绕主题选取若干篇文章。在选取文章时，尽量保持作品原貌，较长的文章节选精彩段落。最后结合每章主题进行重点理论梳理，并对作品、作者进行简单介绍，对作品内容进行注释和点评。

本教材在编著过程中借鉴不少专家学者的研究成果，在此一并表示谢意。由于时间仓促，本教材一定会存在不少瑕疵，敬请读者批评指正。

编　者

目 录

第一章 战天斗地 ··· 1

 愚公移山 / 列子 ·· 2

 精卫填海 ··· 3

 大禹治水 / 司马迁 ·· 4

 开天辟地 / 徐整 ·· 5

第二章 启蒙开智 ··· 7

 千字文 / 周兴嗣 ·· 8

 三字经 / 王应麟 ·· 12

 百家姓 ··· 16

 弟子规 / 李毓秀 ·· 17

 声律启蒙（节选）／车万育 ····································· 20

第三章 家风家训 ··· 23

 邹孟轲母 / 刘向 ·· 24

 诫子书 / 诸葛亮 ·· 26

 诫外甥书 / 诸葛亮 ·· 27

 教子篇 / 颜之推 ·· 28

 冬夜读书示子聿 / 陆游 ·· 29

 了凡四训（节选）／ 袁了凡 ···································· 30

 朱子家训 / 朱柏庐 ·· 31

 谕纪泽纪鸿 / 曾国藩 ··· 33

第四章 跪乳反哺 ··· 35

 蓼莪 ··· 37

 论语（节选）／ 孔子 ··· 38

 孟子（节选）／ 孟子 ··· 41

 孝经（节选）／ 曾参 ··· 42

 吕氏春秋（节选）／ 吕不韦 ···································· 44

 陈情表 / 李密 ·· 45

第五章　尊师重学 …… 48

　　论语（节选）／孔子 …… 50
　　劝学（节选）／荀子 …… 52
　　学行（节选）／扬雄 …… 54
　　师说／韩愈 …… 55
　　答李翊书／韩愈 …… 57
　　劝学诗／孟郊 …… 59
　　偶成／朱熹 …… 60
　　明日歌／钱福 …… 61
　　治学三境界／王国维 …… 62

第六章　品行高洁 …… 64

　　饮酒／陶渊明 …… 65
　　梦游天姥吟留别／李白 …… 66
　　爱莲说／周敦颐 …… 68
　　桃花庵歌／唐寅 …… 69
　　报刘一丈书／宗臣 …… 70

第七章　修身养性 …… 73

　　周易（节选） …… 74
　　道德经（节选）／老子 …… 79
　　黄帝内经（节选） …… 83
　　尚书（节选） …… 84
　　论语（节选）／孔子 …… 86
　　大学（节选） …… 90
　　中庸（节选） …… 92
　　韩非子（节选）／韩非子 …… 94
　　孟子（节选）／孟子 …… 96
　　荀子（节选）／荀子 …… 102
　　传习录（节选）／王守仁 …… 103

第八章　安身立命 …… 106

　　周易（节选） …… 110
　　道德经（节选）／老子 …… 111
　　论语（节选）／孔子 …… 112
　　大学（节选） …… 113
　　中庸（节选） …… 114
　　孟子（节选）／孟子 …… 115

第九章　勤俭廉政 ··· 116
周礼（节选）··· 119
道德经（节选）／老子 ··· 120
论语（节选）／孔子 ·· 121
左传（节选）／左丘明 ··· 121
晏子春秋（节选）／刘向 ··· 123
杨震暮夜却金／范晔 ··· 125
伦奉公尽节／范晔 ·· 126
羊续悬鱼／范晔 ··· 127
一钱太守／范晔 ··· 128

第十章　诚实守信 ··· 130
道德经（节选）／老子 ··· 131
论语（节选）／孔子 ·· 132
中庸（节选）··· 134
抱柱之信／庄子 ··· 135
曾子杀猪／韩非子 ·· 136
荀子（节选）／荀子 ·· 137
一诺千金／司马迁 ·· 138
范式守信／范晔 ··· 139

第十一章　追求卓越 ·· 141
庖丁解牛／庄子 ··· 142
卖油翁／欧阳修 ··· 144
活板／沈括 ·· 145
核舟记／魏学洢 ··· 147
马伶传／侯方域 ··· 150
口技／林嗣环 ··· 153

第十二章　直面人生 ·· 155
报任安书／司马迁 ·· 157
行路难／李白 ··· 163
陋室铭／刘禹锡 ··· 164
酬乐天扬州初逢席上见赠／刘禹锡 ································ 165
醉翁亭记／欧阳修 ·· 167
定风波·莫听穿林打叶声／苏轼 ··································· 169

第十三章　家国情怀 ·· 171
离骚／屈原 ·· 173

木兰诗 …… 182
出师表 / 诸葛亮 …… 184
虞美人·春花秋月何时了 / 李煜 …… 188
岳阳楼记 / 范仲淹 …… 189
满江红 / 岳飞 …… 191
病起书怀 / 陆游 …… 192
十一月四日风雨大作 / 陆游 …… 193
示儿 / 陆游 …… 194
水龙吟 / 辛弃疾 …… 195
指南录后序 / 文天祥 …… 196
过零丁洋 / 文天祥 …… 199
赴戍登程口占示家人 / 林则徐 …… 199
少年中国说 / 梁启超 …… 201

第十四章　求贤若渴　208

招贤令 / 秦孝公 …… 210
荀子（节选）/ 荀子 …… 211
求贤令 / 曹操 …… 212
敕有司取士勿废偏短令 / 曹操 …… 213
举贤勿拘品行令 / 曹操 …… 214
短歌行 / 曹操 …… 215
隆中对 / 陈寿 …… 216
马说 / 韩愈 …… 217
龙说 / 韩愈 …… 219
己亥杂诗 / 龚自珍 …… 219
病梅馆记 / 龚自珍 …… 220

第十五章　纳谏如流　222

吕氏春秋（节选）/ 吕不韦 …… 227
谏逐客书 / 李斯 …… 228
邹忌讽齐王纳谏 / 刘向 …… 231
触龙说赵太后 / 刘向 …… 232
便宜十六策（节选）/ 诸葛亮 …… 234
去谄佞从说直 / 白居易 …… 235
贞观政要（节选）/ 吴兢 …… 236

第十六章　变革图强　242

西门豹治邺 / 褚少孙 …… 246

商鞅变法 / 司马迁 …………………………………………… 248
　　胡服骑射 / 司马光 …………………………………………… 251
　　答司马谏议书 / 王安石 ……………………………………… 252
　　答手诏条陈十事（节选）/ 范仲淹 ………………………… 255
　　公车上书（节选）/ 康有为 ………………………………… 256

第十七章　以民为本 ……………………………………………… 259
　　尚书·五子之歌 ……………………………………………… 262
　　孟子（节选）/ 孟子 ………………………………………… 264
　　荀子（节选）/ 荀子 ………………………………………… 266
　　冯谖客孟尝君 / 刘向 ………………………………………… 266
　　石壕吏 / 杜甫 ………………………………………………… 268
　　兵车行 / 杜甫 ………………………………………………… 270
　　卖炭翁 / 白居易 ……………………………………………… 272

第十八章　和合大同 ……………………………………………… 274
　　礼记（节选）/ 戴圣 ………………………………………… 278
　　论语（节选）/ 孔子 ………………………………………… 280
　　尚同 / 墨子 …………………………………………………… 281
　　兼爱 / 墨子 …………………………………………………… 283
　　非攻 / 墨子 …………………………………………………… 284

第十九章　天人合一 ……………………………………………… 286
　　易传（节选） ………………………………………………… 289
　　道德经（节选）/ 老子 ……………………………………… 290
　　齐物论 / 庄子 ………………………………………………… 294
　　黄帝内经（节选） …………………………………………… 306
　　举贤良对策（节选）/ 董仲舒 ……………………………… 308
　　淮南子（节选）/ 刘安 ……………………………………… 310
　　西铭 / 张载 …………………………………………………… 312

第二十章　情深意浓 ……………………………………………… 316
　　蒹葭 …………………………………………………………… 319
　　上邪 …………………………………………………………… 320
　　菩萨蛮·枕前发尽千般愿 …………………………………… 320
　　游子吟 / 孟郊 ………………………………………………… 321
　　江城子·乙卯正月二十日夜记梦 / 苏轼 …………………… 322
　　鹧鸪天 / 贺铸 ………………………………………………… 323
　　钗头凤 / 陆游 ………………………………………………… 324

摸鱼儿·雁丘词 / 元好问 ………………………………………… 325

第二十一章　哲理意趣 …………………………………………… 328

秋水 / 庄子 ………………………………………………………… 330
春江花月夜 / 张若虚 ……………………………………………… 336
始得西山宴游记 / 柳宗元 ………………………………………… 338
春日 / 朱熹 ………………………………………………………… 340
观书有感 / 朱熹 …………………………………………………… 341
登飞来峰 / 王安石 ………………………………………………… 342
题西林壁 / 苏轼 …………………………………………………… 343
前赤壁赋 / 苏轼 …………………………………………………… 343
文与可画筼筜谷偃竹记 / 苏轼 …………………………………… 345

第二十二章　大好河山 …………………………………………… 348

敕勒歌 / 北朝民歌 ………………………………………………… 350
步出夏门行·观沧海 / 曹操 ……………………………………… 351
使至塞上 / 王维 …………………………………………………… 352
小石潭记 / 柳宗元 ………………………………………………… 353
饮湖上初晴后雨 / 苏轼 …………………………………………… 355
游衡岳记 / 张居正 ………………………………………………… 356
西湖游记 / 袁宏道 ………………………………………………… 359
登泰山记 / 姚鼐 …………………………………………………… 361

参考文献 ……………………………………………………………… 364

第一章 战天斗地

神话指上古时流传的有关神鬼等非自然事物或非科学地对自然现象进行解释的故事，这是由于神话产生在生产力和人们的认识能力都十分低下的原始时代，人们缺乏相关的科学知识所造成的。神话以故事的形式表现了远古人民对自然、社会现象的认识和愿望，如马克思所说，是"通过人民的幻想用一种不自觉的艺术方式加工过的自然和社会形式本身"。神话通常以神为主人公，它们包括各种自然神和神化了的英雄人物。神话的情节一般表现为变化、神力和法术。神话的意义通常显示为对某种自然和社会现象的解释，有的表达了先民征服自然、变革社会的愿望。茅盾先生曾下过一个定义："神话是一种流行于上古时代的民间故事，所叙述的是超乎人类能力以上的神们的行事，虽然荒唐无稽，可是古代人民互相传述，却确信以为是真的。"不言而喻，原始人所创造的这些神以及各种神的威力，只不过是还没有被人们认识的各种自然威力在人们头脑中所引起的幼稚的幻想而已，是原始人通过幻想把各种各样的自然力加以形象化、人格化的产物。

中国古代有很多神话故事，像精卫填海、女娲补天、后羿射日、夸父追日、嫦娥奔月、鲧禹治水等。中国古代神话主要散见于《山海经》《庄子》《楚辞》《淮南子》《列子》《穆天子传》等文献古籍中。它们不仅是中华民族的文化源头，同时也孕育了中华民族特有的民族精神，这主要体现在：

一、不屈不挠、自强不息的民族精神

从中国古代神话中我们可以看到，那些英雄神们为了达到某种理想，战天斗地，敢于斗争，不屈不挠，与恶劣的环境抗争。如女娲补天，女娲补天的神话很可能与远古时代天降陨石的自然现象有关，但由于远古的人们缺乏这方面的科学认知，就把它看成是一场神秘的天塌灾难，人类似乎被逼到了无法生存的灭绝境地，于是就幻想一位英雄女娲去补天。于是，女娲"炼五色石以补苍天"，依靠顽强的精神和坚韧不拔的毅力，经过艰苦的斗争战胜灾难，终于还人间一个安定的生存空间。从这则神话故事里我们不难想象，当时的人类是面临着怎样的灾难和恶劣的生存状况，先民们把解除灾难的希望寄托在英雄人物身上，而在其背后，不难看出先民们所希冀的那种坚贞不屈、自强不息的坚毅的民族精神。

二、舍己为人、自我牺牲和奉献的民族精神

面对恶劣的环境和自然界带来的灾难，先民们顽强斗争时，必然会有牺牲和奉献，这也就孕育出了一种舍己为人、自我牺牲的博大精神和情怀。而这种精神也在那些英雄们的身上体现了出来，如盗取天帝的息壤用以平治洪水的鲧以及他的后继者禹，还有射日为民除害的羿等。《山海经·海内经》记载了鲧禹治水的故事，鲧面对滔滔洪水，窃来了天帝的息壤用来阻挡洪水，被天帝压杀在羽山，鲧牺牲了自己；禹接过了治水的接力棒，继续

坚持不懈地与大自然的灾害斗争着，最终战胜洪水。《史记·夏本纪》记载禹治水期间"居外十三年，过家门不敢入"，终于完成了父亲的遗愿，治好了洪水，使天下太平，百姓安居。鲧和禹父子俩为了治水，一个死去，一个历尽艰辛，为百姓为苍生的幸福勇于牺牲，福泽后世。从神话中，我们可以看出，从中华民族诞生起，人们就在为了美好的未来而奋斗，哪怕是为此流血牺牲。而这些精神，先民们通过神话和神话里的英雄们表现了出来。

三、勇于创新、不断探索的民族精神

创新是一个民族的灵魂，我们现在提倡创新，鼓励创新。殊不知，创新精神在我们上古的神话中就已经孕育体现出来了。远古时代的先民，在与自然做长期的斗争中逐渐认识了一些自然现象并做出了简单的解释。他们开始试图了解自然进而解释自然，解释自身的来源问题。在我们古代的神话中，首要问题是解释人类的起源问题，于是有了"女娲造人"，她抟黄土造人，成为人类的始祖。火和文字在人类文明发展史上至关重要，于是有了钻木取火的燧人氏和"仓颉造字"的传说，要解决人类的吃饭穿衣问题，于是有了发展种植业的神农和发明丝织养蚕的嫘祖。总之，在人类脱离愚昧向文明迈进的探索和创造过程中，诸如车舆、弓箭、舟船、屋宇、陶器、音乐、文学等的发明、发现，都在古代神话的宝库中熠熠生辉。

愚公移山

列 子

本文选自《列子·汤问》。

《列子》，又名《冲虚真经》，道家学派著作，相传为列子所撰，其思想主旨本于黄老、近于老庄，追求一种冲虚自然的境界，强调人在自然天地间的积极作用。

列子，生卒不详，名御寇，战国时期郑国人，主张虚静无为、独立处世，善于修身养性。

太行、王屋二山，方七百里，高万仞，本在冀州之南，河阳[1]之北。

北山愚公者，年且九十，面山而居。惩[2]山北之塞，出入之迂也，聚室而谋曰："吾与汝毕力平险，指通豫南，达于汉阴，可乎？"杂然相许。其妻献疑曰："以君之力，曾不能损魁父之丘，如太行、王屋何？且焉置土石？"杂曰："投诸渤海之尾，隐土之北。"遂率子孙荷担者三夫，叩石垦壤，箕畚运于渤海之尾。邻人京城氏之孀妻有遗男[3]，始龀，跳往助之。寒暑易节，始一反焉。

河曲智叟笑而止之曰："甚矣，汝之不惠！以残年余力，曾不能毁山之一毛，其如土石何？"北山愚公长息曰："汝心之固，固不可彻，曾不若孀妻弱子。虽我之死，有子存焉；子又生孙，孙又生子；子又有子，子又有孙；子子孙孙无穷匮也，而山不加增，何苦而不平？"河曲智叟亡以应[4]。

操蛇之神[5]闻之,惧其不已也,告之于帝。帝感其诚,命夸娥氏[6]二子负二山,一厝[7]朔东,一厝雍南。自此,冀之南、汉之阴,无陇断[8]焉。

注释

【1】河阳:黄河北岸。山的北面和江河的南面叫作阴,山的南面和江河的北面叫作阳。
【2】惩:戒,这里是"苦于""为……所苦"的意思。
【3】遗男:遗孤,单亲孤儿,遗腹子。
【4】亡以应:没有话来回答。亡,通"无"。
【5】操蛇之神:神话中的山神,手里拿着蛇,所以叫操蛇之神。
【6】夸娥氏:神话中力气很大的神。
【7】厝:放置。
【8】陇断:"垄断",山冈高地。

点评

《愚公移山》是一篇具有朴素的唯物主义和辩证法思想的寓言故事。它借愚公形象的塑造,表现了中国古代劳动人民有移山填海的坚定信心和顽强意志,说明了"愚公不愚,智叟不智",只要不怕困难,坚持斗争,定能获得事业上的成功。

精卫填海

本文选自《山海经·北山经》。
《山海经》,中国志怪古籍,是一部荒诞不经的奇书。该书作者不详,大体为战国中后期到汉代初中期的楚国或巴蜀人所作。

又北二百里,曰发鸠之山[1],其上多柘木[2],有鸟焉,其状如乌,文[3]首、白喙、赤足,名曰精卫,其鸣自詨[4]。是炎帝之少女,名曰女娃。女娃游于东海,溺而不返,故[5]为精卫,常衔西山之木石,以堙于东海。漳水出焉,东流注于河。

注释

【1】发鸠之山:古代传说中的山名,发鸠山,旧说在山西境内。
【2】柘木:柘树,桑树的一种,木质坚硬,叶可喂蚕。
【3】文:花纹。
【4】其鸣自詨:它的叫声是在呼唤自己的名字。詨,呼叫。很多鸟雀之得名,都是由于它们的叫声。

【5】故：死后。

点评

这则神话赞美了古代劳动人民探索自然、征服自然、改造自然的强烈愿望和持之以恒、艰苦奋斗的精神。

大禹治水

司马迁

本文选自《史记·夏本纪》。

《史记》，西汉著名史学家司马迁撰写的中国历史上第一部纪传体通史，被列为"二十四史"之首，记载了上至上古传说中的黄帝时代、下至汉武帝元狩元年间共3000多年的历史。《史记》对后世史学和文学的发展都产生了深远影响。其首创的纪传体编史方法为后来历代"正史"所传承。同时，《史记》还被认为是一部优秀的文学著作，在中国文学史上有重要地位，被鲁迅誉为"史家之绝唱，无韵之《离骚》"，有很高的文学价值。

司马迁（前145或前135—？），字子长，夏阳（今陕西韩城）人，一说龙门（今山西河津）人。西汉伟大的史学家、文学家、思想家。司马谈之子，任太史令，因替李陵败降之事辩解而受宫刑，后任中书令。发愤继续完成所著史籍，被后世尊称为史迁、太史公。

禹为人敏给克勤[1]，其德不违，其仁可亲，其言可信；声为律，身为度，称以出[2]；亹亹穆穆[3]，为纲为纪。

禹乃遂与益、后稷奉帝命，命诸侯百姓兴人徒以傅[4]土，行山表木[5]，定[6]高山大川。禹伤先人父鲧功之不成受诛，乃劳身焦思，居外十三年，过家门不敢入。薄衣食，致孝于鬼神。卑宫室，致费于沟淢[7]。陆行乘车，水行乘船，泥行乘橇[8]，山行乘檋[9]。左准绳[10]，右规矩[11]，载四时[12]，以开九州，通九道，陂九泽，度九山。令益予众庶稻，可种卑湿。命后稷予众庶难得之食。食少，调有余相给，以均诸侯。禹乃行相地宜所有以贡，及山川之便利。

注释

【1】敏给：敏捷。"给"与"敏"同义。克勤：能吃苦。
【2】称以出：《大戴礼记·五帝德》作"称以上士"，王聘珍《解诂》："称以上士者，称其声与身，而正音乐、尺度之事也。"
【3】亹亹：勤勉不倦的样子。穆穆：庄重严肃的样子。
【4】傅：《尚书》作"敷"，是分的意思，指分治九州土地。一说：傅，即"付"，指付出功役。

【5】表木：立木做表记。表，表记。
【6】定：指测定。
【7】沟浍：田间沟渠。古代渠道深广四尺叫沟，深广八尺叫浍。这里泛指河道。
【8】橇：古代在泥路上行走的一种交通工具。《史记集解》引孟康曰："橇形如箕，擿行泥上。"
【9】檋：古代一种登山鞋，把长半寸的铁钉安在鞋底上，以防止上山时滑倒。《史记正义》按："上山，前齿短，后齿长；下山，前齿长，后齿短也。"
【10】准：取平的工具。绳：取直的工具。
【11】规：画圆形的工具。矩：画方形的工具。这里"规矩"指测量高低远近的工具。
【12】四时：可能是指测四时、定方向的仪器。

大禹治水在中华文明发展史上有着重要的作用。在治水过程中，大禹依靠艰苦奋斗、因势利导、科学治水、以人为本的理念，克服重重困难，终于取得了治水的成功。由此形成以公而忘私、民族至上、民为邦本、科学创新等为内涵的大禹治水精神。大禹治水精神是中华民族精神的源头和象征。

开天辟地

徐 整

本文选自《三五历记》。

《三五历记》，别称《三五历》，为三国时代吴国人徐整所著，内容多论三皇以来之事，为最早记载盘古开天传说的一部著作。此书已佚，仅部分段落存于后来的类书如《太平御览》《艺文类聚》之中。

徐整，字文操，豫章（今江西南昌）人，三国时期东吴的太常卿。据《隋书》记载，著有《毛诗谱》《孝经默注》《三五历记》及《五运历年记》等著作。

天地浑沌如鸡子，盘古生其中。万八千岁，天地开辟，阳清为天，阴浊为地。盘古在其中，一日九变，神于天，圣于地。天日高一丈，地日厚一丈，盘古日长一丈，如此万八千岁。天数极高，地数极深，盘古极长，后乃有三皇[1]。

元气蒙鸿[2]，萌芽兹始，遂分天地，肇立乾坤，启阴感阳，分布元气，乃孕中和，是为人也。首生盘古，垂死化身。气成风云，声为雷霆，左眼为日，右眼为月，四肢五体为四极五岳，血液为江河，筋脉为地里，肌肉为田土，发髭为星辰，皮毛为草木，齿骨为金石，精髓为珠玉，汗流为雨泽。身之诸虫，因风所感，化为黎甿[3]。

 注释

【1】三皇：常与五帝相连。既指三皇时代，也指古代中国传说中的三个杰出部落首领，后世多被记载为人类始祖。

【2】蒙鸿：混沌貌。

【3】黎氓：农夫。

 点评

这则传说反映了古代劳动人民对人类和大自然生成的朴素想象，塑造了盘古这一开天辟地、牺牲自我、造福人类的英雄形象，表达了战天斗地、人定胜天的伟大精神。

第二章　启蒙开智

蒙学，即蒙馆，启蒙的学塾，相当于现在的幼儿园或小学。正如习近平总书记所说的"要系好人生的第一粒扣子"那样，我国古代社会也十分重视儿童的启蒙教育，他们很早就建立了学校，出版了启蒙教材，指明了儿童的教学思想。

我国古代的学校最早见于夏代，据《孟子·滕文公》记载："设为庠、序、学、校以教之。庠者，养也。校者，教也。序者，射也。夏曰校，殷曰序，周曰庠，学则三代共之，皆所以明人伦也。人伦明于上，小民亲于下。有王者起，必来取法，是为王者师也。"

我国古代的学校也有小学、大学之分。小学教育年龄大概在八岁至十二岁。据《大戴礼记·保傅》："古者年八岁而出就外舍，学小艺焉，履小节焉。"朱熹《大学章句序》说："人生八岁，则自王公以下，至于庶人之子弟，皆入小学，而教之以洒扫、应对、进退之节，礼乐、射御、书数之文。"

蒙学，是对我国传统的幼儿启蒙教育的一个统称，或与小学合称，或与小学、大学并列，是我国传统教育中的一个重要阶段。学术界所称的蒙学有广义和狭义之分，广义上讲，泛指古代启蒙教育，包括其教育体制、教学方法、教材等内容；狭义上讲，专指启蒙教材，即童蒙读本。

在古代，儿童"开蒙"接受教育的年龄一般在四岁左右，也有一种观点认为，四岁恰好是儿童学习汉字的最佳年龄段。蒙学教育基本的目标是培养儿童认字和书写的能力，养成良好的日常生活习惯，能够具备基本的道德伦理规范，并且掌握一些中国文化的基本常识及日常生活的一些常识。

中国传统蒙学教材主要有《三字经》《百家姓》《千字文》《弟子规》《声律启蒙》《幼学琼林》等。

英国教育学家洛克曾说过："幼小时所得的印象，哪怕极微极小，小到几乎觉察不出，都有极重大极长久的影响。"从这句话中，我们不难看出，启蒙教育在教育教学体系中占有多么重要的位置。"蒙学"是我国古代儿童的启蒙教学，其以《三字经》《百家姓》《千字文》等著作为主要教材，以私塾书院为主要教学组织形式。蒙学教育体系历经两千多年而不衰，其中必有值得我们取其精华的地方。

一是蒙学为以后的大学教育打基础。小学的教学宗旨、目标，就是所谓的"童蒙养正"。小学是古代学生的基础教育，对小学的掌握程度，将影响着一个人后来学问的发展。正如朱熹所说："学之大小，固有不同，然其为道，则一而已。是以方其幼也，不习之于小学，则无以收其放心，养其德性，而为大学之基本。及其长也，不进之于大学，则无以察夫义理，惜诸事业，而收小学之成功。……今使幼学之士，必先有以自尽乎洒扫、应对、进退之间，礼、乐、射、御、书、数之习。俟其既长，而后进乎明德、新民，以止于至善，是乃次第之当然，又何为而不可哉？"

二是蒙学的教育顺序科学合理。古代蒙学有自成一套的教育顺序体系，"凡训蒙，须讲究。详训诂，明句读。为学者，必有初。小学终，至四书……孝经通，四书熟。如六经，始可读。……经既明，方读子。……经子通，读诸史。考世系，知终始"。《三字经》中清晰表述了古人从无到有、循序渐进地安排学生学习的具体过程。古代蒙学的教育体系本质是在学生学习过程中塑造学生的"知、情、意、行"的一个过程。古代蒙学的教育体系是一个具有高度连贯性的教育体系，它从小学以《三》《百》《千》识字到四书和五经，再到先秦诸子百家散文，最后到通读正史史书，具有高度的内在一致性、贯通性。

三是蒙学教育的教材符合学生身心特点。古代蒙学教材中重视学生的身心发展，如《三字经》作为古代蒙学教育中的经典，其突出特点是：首先是篇幅的短小性，以短小的篇幅实现了集中识字的教学目标；其次是文字的押韵性，注重韵律，朗朗上口，易于记诵；三是故事的典型性，教育意义突出，如孟母断织教育孟子的故事、苏洵发奋学习的故事，与儿童的学习和生活息息相关。

四是以儒家教育思想为核心设置教育内容。很明显，古代的童蒙教育内容是以儒家思想为其核心思想的，如上文的教育顺序，完全是按照儒家经典著作由浅入深的教育内容进行安排的。又如，上文提到的孟母等故事都是儒家的经典故事。古代童蒙教育的目的就是把儿童培养成具有儒家思想的接班人，以达到为封建统治阶级服务的目的。

千字文

周兴嗣

《千字文》，简称《千文》，据唐李绰《尚书故实》记载，梁武帝命令殷铁石在王羲之的书法中拓出一千个不重复的字，供给诸王临摹。当他把一千个字拓出以后，梁武帝又觉得"每字片纸，杂碎无序"，遂命令他的文学侍从周兴嗣，将这一千个字编缀成合辙押韵并有意义的文句。此事在《梁书》《刘宾客嘉话录》《太平广记》等书中都曾加以记录，其内容与《尚书故实》基本相同。全文为四字句，对仗工整，条理清晰，文采斐然。语句平白如话，易诵易记。后世之人仿效《千字文》，先后编写了《百家姓》《三字经》，被称作"三百千"，是古代三大幼童启蒙读物。

周兴嗣（？—521），字思纂，祖籍陈郡项（今河南沈丘）人，世居江南姑孰（今安徽当涂）。南朝大臣，史学家。博学，善于属文。梁武帝继位，拜安成王国侍郎。帝每令兴嗣为文，如《铜表铭》《栅塘碣》《檄魏文》《次韵王羲之书》。每奏辄称善，官终给事中。参撰《皇帝实录》《皇德记》《起居注》《职仪》等百余卷，著有文集十卷。《千字文》传诵千古。

天地玄黄，宇宙洪荒[1]。日月盈昃[2]，辰宿列张。寒来暑往，秋收冬藏。闰余成岁，律吕[3]调阳。云腾致雨，露结为霜。金生丽水，玉出昆冈。剑号巨阙[4]，珠称夜光[5]。果珍李柰，菜重芥姜。海咸河淡，鳞潜羽翔。龙师火帝[6]，鸟官人皇[7]。始制文字，乃服衣裳。推位让国，有虞陶唐[8]。吊民[9]伐罪，周发殷汤[10]。坐朝问道，垂拱平章[11]。爱育黎首，臣伏戎羌。遐迩一体，率宾归王。鸣凤在竹，白驹食场。化被草木，赖及万方。

盖此身发，四大五常[12]。恭惟鞠养，岂敢毁伤。女慕贞洁，男效才良。知过必改，得能莫忘。罔谈彼短，靡恃己长。信使可覆，器欲难量。墨[13]悲丝染，《诗》赞羔羊[14]。景行[15]维贤，克念作圣。德建名立，形端表正。空谷传声，虚堂习听。祸因恶积，福缘善庆。尺璧非宝，寸阴是竞。资父事君，曰严与敬。孝当竭力，忠则尽命。临深履薄，夙兴温凊。似兰斯馨，如松之盛。川流不息，渊澄取映。容止若思，言辞安定。笃初诚美，慎终宜令。荣业所基，籍甚无竟。学优登仕，摄职从政。存以甘棠[16]，去而益咏。乐殊贵贱，礼别尊卑。上和下睦，夫唱妇随。外受傅训，入奉母仪。诸姑伯叔，犹子比儿。孔怀[17]兄弟，同气连枝。交友投分，切磨箴规。仁慈隐恻，造次弗离。节义廉退，颠沛匪亏。性静情逸，心动神疲。守真志满，逐物意移。坚持雅操，好爵自縻。

都邑华夏，东西二京。背邙面洛，浮渭据泾。宫殿盘郁，楼观飞惊。图写禽兽，画彩仙灵。丙舍[18]傍启，甲帐[19]对楹。肆筵设席，鼓瑟吹笙。升阶纳陛[20]，弁[21]转疑星。右通广内[22]，左达承明[23]。既集坟典[24]，亦聚群英。杜稿钟隶[25]，漆书壁经[26]。府罗将相，路侠槐卿。户封八县，家给千兵。高冠陪辇，驱毂振缨。世禄侈富，车驾肥轻。策功茂实，勒碑刻铭。磻溪伊尹[27]，佐时阿衡[28]。奄宅曲阜，微旦[29]孰营。桓公匡合，济弱扶倾。绮[30]回汉惠，说[31]感武丁。俊乂密勿，多士寔[32]宁。晋楚更霸，赵魏困横。假途灭虢[33]，践土会盟[34]。何[35]遵约法，韩弊烦刑[36]。起翦颇牧，用军最精。宣威沙漠，驰誉丹青。九州禹迹，百郡秦并。岳宗泰岱，禅主云亭。雁门紫塞[37]，鸡田赤城。昆池碣石，巨野洞庭。旷远绵邈，岩岫杳冥。

治本于农，务兹稼穑。俶[38]载南亩，我艺黍稷。税熟贡新，劝赏黜陟。孟轲敦素，史鱼秉直。庶几中庸，劳谦谨敕。聆音察理，鉴貌辨色。贻厥嘉猷[39]，勉其祗植[40]。省躬讥诫，宠增抗极。殆辱近耻，林皋幸即。两疏见机[41]，解组谁逼。索居闲处，沉默寂寥。求古寻论，散虑逍遥。欣奏累遣，戚谢欢招。渠荷的历[42]，园莽抽条。枇杷晚翠，梧桐蚤凋。陈根委翳，落叶飘摇。游鹍独运，凌摩绛霄。耽读玩市[43]，寓目囊箱。易輶攸畏，属耳垣墙。具膳餐饭，适口充肠。饱饫烹宰，饥厌糟糠。亲戚故旧，老少异粮。妾御绩纺[44]，侍巾帷房[45]。纨扇圆洁，银烛炜煌。昼眠夕寐，蓝笋象床。弦歌酒宴，接杯举觞。矫手顿足，悦豫且康。嫡后嗣续，祭祀烝尝[46]。稽颡再拜，悚惧恐惶。笺牒简要，顾答审详。骸垢想浴，执热愿凉。驴骡犊特，骇跃超骧。诛斩贼盗，捕获叛亡。布射僚丸[47]，嵇琴阮啸[48]。恬笔伦纸[49]，钧巧任钓[50]。释纷利俗，并皆佳妙。毛施[51]淑姿，工颦妍笑。年矢每催，曦晖朗曜。璇玑悬斡[52]，晦魄[53]环照。指薪修祜[54]，永绥吉劭[55]。矩步引领，俯仰廊庙。束带矜庄，徘徊瞻眺。孤陋寡闻，愚蒙等诮。

谓语助者，焉哉乎也。

注释

【1】洪荒：无边无际、混沌蒙昧的状态，指远古时代。洪，洪大，辽阔。荒，空洞，荒芜。

【2】盈：月光圆满。昃：太阳西斜。

【3】律吕：律管和吕管，中国古代用来校定音律的一种设备，相当于现代的定音器。中国古代将一个八度分为十二个不完全相等的半音，从低到高依次排列，每个半音称为一律，其中奇数各律叫作"律"，偶数各律叫作"吕"，十二律分为"六律""六吕"，简称

"律吕"。相传黄帝时伶伦制乐,用律吕以调阴阳。

【4】巨阙:越王允常命欧冶子铸造了五把宝剑,第一为巨阙,其余依次名为纯钧、湛卢、胜邪、鱼肠,全都锋利无比,而以巨阙为最。

【5】夜光:《搜神记》中说,隋侯救治了一条受伤的大蛇,后来大蛇衔了一颗珍珠来报答他的恩情,那珍珠夜间放射出的光辉能照亮整个殿堂,因此人称"夜光珠"。

【6】龙师:相传伏羲氏用龙给百官命名,因此叫他"龙师"。火帝:神农氏用火给百官命名,因此叫他"火帝"。

【7】鸟官:少昊氏用鸟给百官命名,叫"鸟官"。人皇:传说中的三皇之一。《补史记·三皇本纪》中说:人皇有九个头,乘着云车,驾着六只大鸟,兄弟九人,分掌九州,各立城邑,共传了150代,合计45 600年。

【8】有虞:有虞氏,传说中的远古部落名,舜是它的首领。这里指舜,又称虞舜。陶唐:陶唐氏,传说中的远古部落名,尧是它的首领。这里指尧,又称唐尧。尧当了七十年君主,他死时把君位让给了舜;舜当了五十年君主,又把君位传给了禹。史称"禅让"。

【9】吊民:抚慰百姓。

【10】周发:西周的第一个君主武王姬发,他讨伐暴君商纣王而建立周朝。殷汤:历史上商朝又称殷,成汤是第一个君主,他讨伐夏朝暴君桀而建立商朝。

【11】垂拱:语出《书·武成》:"敦信明义,崇德报功,垂拱而天下治。"意思是不做什么而天下太平。多用作称颂皇帝无为而治的套语。平章:平,指太平;章通彰,彰明,显著。

【12】四大:指地、水、风、火。五常:指仁、义、礼、智、信。

【13】墨:墨子,名翟。鲁国人(一说宋国人),战国初期思想家,墨家学派创始人。他看见匠人把白丝放进染缸里染色,悲叹道:"染于苍则苍,染于黄则黄。"强调人要注意抵御不良环境的影响,保持天生的善性。

【14】羔羊:语出《诗·召南·羔羊》:"羔羊之皮,素丝五紽。"通过咏羔羊毛色的洁白如一,来赞颂君子的"节俭正直,德如羔羊"。《毛诗正义》:"《羔羊》,《鹊巢》之功致也。召南之国化文王之政,在位皆节俭正直,德如羔羊。"

【15】景行:语出《诗·小雅·车舝》:"高山仰止,景行行止。"意思是对高山要抬头瞻仰,对贤人的品德要看齐,站到一个行列中去。

【16】甘棠:木名,即棠梨。《史记·燕召公世家》:"周武王之灭纣,封召公于北燕……召公巡行乡邑,有棠树,决狱政事其下,自侯伯至庶人各得其所,无失职者。召公卒,而民人思召公之政,怀棠树不敢伐,歌咏之,作《甘棠》之诗。"后遂以"甘棠"称颂循吏的美政和遗爱。

【17】孔怀:出自《诗·小雅·常棣》:"死丧之威,兄弟孔怀。"后来多用"孔怀"来代指兄弟。

【18】丙舍:宫中别室。

【19】甲帐:汉武帝时所造的帐幕。

【20】陛:帝王宫殿的台阶。

【21】弁:古时的一种官帽,通常配礼服用(吉礼之服用冕)。赤黑色布做的叫爵弁,是文冠;白鹿皮做的叫皮弁,是武冠。后泛指帽子。

【22】广内:汉宫廷藏书之所,指帝王书库。

【23】承明：古代天子左右路寝称承明，因承接明堂之后，故称。

【24】坟：《三坟》，记载三皇事迹的书。典：《五典》，记载五帝事迹的书。

【25】杜稿：杜度的草书手稿。钟隶：钟繇的隶书真迹，见张怀《书断》。

【26】漆书：汲县魏安釐王墓中发掘出来的漆书（《晋书·束皙传》）。壁经：汉代鲁恭王在曲阜孔庙墙壁里发现的古文经书（《汉书·艺文志》）。

【27】磻溪：指姜太公吕尚。吕尚在磻溪钓鱼，遇文王，拜为太师，辅佐周武王灭商。伊尹：原为有莘氏女的陪嫁奴隶，商汤用为小臣，后来任以国政，辅佐商汤灭夏桀。

【28】阿衡：商朝官名，相当于宰相。《诗·商颂·长发》"实维阿衡，实左右商王"，则是专指伊尹。

【29】旦：周公姬旦。

【30】绮：绮里季，商山四皓之一。汉惠帝做太子时，汉高祖想废掉他另立太子。吕后用张良的计策，厚礼迎来商山四皓，使他们与太子相处。汉高祖看到惠帝羽翼已成，就打消了另立太子的念头。

【31】说：傅说。傅说原是傅岩搞版筑的奴隶，殷高宗武丁梦见了他，便画像访求，找到以后，用为宰相。

【32】实：确实，实在。

【33】假途灭虢：出自《左传·僖公五年》："晋侯复假道于虞以伐虢。宫之奇谏曰：'虢，虞之表也；虢亡，虞必从之。晋不可启，寇不可玩……谚所谓辅车相依、唇亡齿寒者，其虞虢之谓也。'"虞侯因不听宫之奇的劝谏而遂使晋国在灭掉虢国之后也被晋国灭亡。

【34】践土会盟：晋文公在践土召集诸侯歃血会盟。

【35】何：萧何，汉高祖丞相。《史记·萧相国世家》说他"以文无害""奉法顺流"。《汉书·刑法志》说他收拾秦法，"取其宜于时者，作律九章"。这里大意是说萧何轻刑简法。

【36】韩：韩非。《史记·老庄申韩列传》说李斯、姚贾毁谤韩非，劝始皇"以过法诛之"。过法、烦刑，都指苛刻的刑法。弊：作法自弊。

【37】紫塞：北方边塞，这里指长城。

【38】俶：开始。

【39】贻：遗留。厥：他的。猷：计划，谋划。

【40】祗：恭敬。植：立身于不败之地。

【41】汉代疏广、疏受叔侄见机归隐，有谁逼迫他们辞去官职呢？离君独居，悠闲度日，整天不用多费唇舌，清静无为岂不是好事？

【42】的历：光彩烂灼的样子。

【43】汉代王充在街市上沉迷留恋于读书。

【44】绩纺：泛指纺纱、绩麻诸事，即纺绩。

【45】帷房：内房。

【46】烝尝：《礼记·王制》："天子诸侯宗庙之祭，春曰礿，夏曰禘，秋曰尝，冬曰烝。"《礼记》郑注："此盖夏殷之祭名，周则改之，春曰祠，夏曰礿。"此以"烝尝"代指四时祭祀。

【47】布：吕布。吕布辕门射戟，为刘备、纪灵和解。僚：宜僚，善于弹丸。

【48】嵇：嵇康，善弹琴咏诗。阮：阮籍，能啸。

【49】恬：蒙恬。晋朝崔豹《古今注》说蒙恬开始用兔毫竹管做笔。伦：蔡伦。《后汉书》记他开始创造性地用树皮、麻头、破布等来造纸，人称"蔡侯纸"。

【50】钧：马钧。三国时人，巧思，曾做指南车和龙骨水车。任：任公子。事见《庄子·外物》。

【51】毛：毛嫱。施：西施。《庄子·齐物论》："毛嫱、丽姬，人之所美也。"

【52】璇玑：古代称北斗星的第一至第四星。斡：旋转。

【53】晦魄：月亮。

【54】指薪：《庄子·养生主》："指穷于为薪，火传也，不知其尽也。"意思是用木柴烧火，木柴有穷尽的时候，而火往下传，却不会灭。喻人的肉体会死亡，而人类的生命是延续无穷的。祜：福。

【55】绥：平安，安抚。邵：劝勉，美好（多指道德品质）。

《千字文》流传至今已有一千五百多年了，全书虽只用了一千个不重复的字，但却有相当的知识价值和艺术价值。《千字文》叙述了有关自然、社会、历史、地理、伦理、教育、人物掌故等方面的知识，以及做人处世的道理，其知识性与艺术性，堪称双绝。它既是一部优秀的童蒙读物，也是中国优秀传统文化的一个组成部分。

三字经

王应麟

《三字经》，成书年代和作者历代说法不一，多认为是宋朝王应麟为了更好地教育本族子弟读书，于是编写了融会经史子集的三字歌诀。《三字经》是中国的传统启蒙教材。在中国古代经典当中，《三字经》是最浅显易懂的读本之一。《三字经》原著中的历史部分只到宋朝为止。随着历史的发展，为了体现时代变迁，各朝代都有人对《三字经》不断地加以补充，清道光年间贺兴思增补的关于元、明、清三代的历史，共计二十四句话。

王应麟（1223—1296），字伯厚，号深宁居士，又号厚斋，庆元府鄞县（今浙江宁波鄞州）人。南宋著名学者、教育家、政治家。其人博学多才，学宗朱熹，涉猎经史百家、天文地理，熟悉掌故制度，长于考证。南宋灭亡以后，他隐居乡里，闭门谢客，著书立说。传世书法有《著书帖》等。著有《困学纪闻》《小学绀珠》《玉海》《通鉴答问》《深宁集》《诗地理考》等。

人之初，性本善。性相近，习相远。
苟不教，性乃迁。教之道，贵以专。
昔孟母，择邻处。子不学，断机杼[1]。
窦燕山，有义方。教五子，名俱扬[2]。

养不教，父之过。教不严，师之惰。
子不学，非所宜。幼不学，老何为。
玉不琢，不成器。人不学，不知义。
为人子，方少时。亲师友，习礼仪。
香九龄，能温席。孝于亲，所当执[3]。
融四岁，能让梨。弟于长，宜先知[4]。
首孝悌，次见闻。知某数，识某文。
一而十，十而百。百而千，千而万。
三才者，天地人。三光者，日月星。
三纲者，君臣义。父子亲，夫妇顺。
曰春夏，曰秋冬。此四时，运不穷。
曰南北，曰西东。此四方，应乎中。
曰水火，木金土。此五行，本乎数。
曰仁义，礼智信。此五常，不容紊。
稻粱菽，麦黍稷。此六谷，人所食。
马牛羊，鸡犬豕。此六畜，人所饲。
曰喜怒，曰哀惧。爱恶欲，七情具。
匏土革，木石金。丝与竹，乃八音。
高曾祖，父而身。身而子，子而孙。
自子孙，至玄曾。乃九族，人之伦。
父子恩，夫妇从。兄则友，弟则恭。
长幼序，友与朋。君则敬，臣则忠。
此十义，人所同。凡训蒙，须讲究。
详训诂，明句读[5]。为学者，必有初。
小学终，至四书。《论语》者，二十篇。
群弟子，记善言。《孟子》者，七篇止。
讲道德，说仁义。作《中庸》，子思笔。
中不偏，庸不易。作《大学》，乃曾子。
自修齐，至平治。《孝经》通，四书熟。
如六经，始可读。有《连山》，有《归藏》。
有《周易》，三易详[6]。有典谟，有训诰。
有誓命，书之奥[7]。我周公，作《周礼》。
著六官，存治体。大小戴，注《礼记》。
述圣言，礼乐备[8]。曰国风，曰雅颂。
号四诗，当讽咏。《诗》既亡，《春秋》作。
寓褒贬，别善恶。三传者，有《公羊》。
有《左氏》，有《榖梁》。经既明，方读子。
撮其要，记其事。五子者，有荀扬。
文中子，及老庄。经子通，读诸史。
考世系，知始终。自羲农，至黄帝。

号三皇，居上世。唐有虞，号二帝。
相揖逊，称盛世。夏有禹，商有汤。
周文武，称三王。夏传子，家天下。
四百载，迁夏社。汤伐夏，国号商。
六百载，至纣亡。周武王，始诛纣。
八百载，最长久。周辙东，王纲坠。
逞干戈，尚游说。始春秋，终战国。
五霸强，七雄出。嬴秦氏，始兼并。
传二世，楚汉争。高祖兴，汉业建。
至孝平，王莽篡。光武兴，为东汉。
四百年，终于献。魏蜀吴，争汉鼎。
号三国，迄两晋。宋齐继，梁陈承。
为南朝，都金陵。北元魏，分东西。
宇文周，与高齐。迨至隋，一土宇。
不再传，失统绪。唐高祖，起义师。
除隋乱，创国基。二十传，三百载。
梁灭之，国乃改。梁唐晋，及汉周。
称五代，皆有由。炎宋兴，受周禅。
十八传，南北混。辽与金，帝号纷。
迨灭辽，宋犹存。至元兴，金绪歇。
有宋世，一同灭。莅中国，兼戎狄。
九十载，国祚废。明太祖，久亲师。
传建文，方四祀。迁北京，永乐嗣。
迨崇祯，煤山逝。廿二史，全在兹。
载治乱，知兴衰。读史者，考实录。
通古今，若亲目。口而诵，心而惟。
朝于斯，夕于斯。昔仲尼，师项橐。
古圣贤，尚勤学。赵中令，读鲁论。
彼既仕，学且勤[9]。披蒲编，削竹简。
彼无书，且知勉[10]。头悬梁，锥刺股。
彼不教，自勤苦[11]。如囊萤，如映雪。
家虽贫，学不辍[12]。如负薪，如挂角。
身虽劳，犹苦卓[13]。苏老泉，二十七。
始发愤，读书籍[14]。彼既老，犹悔迟。
尔小生，宜早思。若梁灏，八十二。
对大廷，魁多士[15]。彼既成，众称异。
尔小生，宜立志。莹八岁，能《咏诗》。
泌七岁，能赋棋[16]。彼颖悟，人称奇。
尔幼学，当效之。蔡文姬，能辨琴。
谢道韫，能咏吟。彼女子，且聪敏。

尔男子，当自警。唐刘晏，方七岁。
举神童，作正字[17]。彼虽幼，身已仕。
尔幼学，勉而致。犬守夜，鸡司晨。
苟不学，曷为人。蚕吐丝，蜂酿蜜。
人不学，不如物。幼而学，壮而行。
上致君，下泽民。扬名声，显父母。
光于前，裕于后。人遗子，金满籝。
我教子，唯一经。勤有功，戏无益。
戒之哉，宜勉力。

注释

【1】昔孟母，择邻处。子不学，断机杼：战国时，孟子的母亲曾三次搬家，是为了使孟子有个好的学习环境。一次孟子逃学，孟母就折断了织布的机杼来教育孟子。

【2】窦燕山，有义方。教五子，名俱扬：五代时，燕山人窦禹钧教育儿子很有方法，他教育的五个儿子都很有成就，同时科举成名。

【3】香九龄，能温席。孝于亲，所当执：东汉人黄香，九岁时就知道孝敬父亲，替父亲暖被窝。这是每个孝顺父母的人都应该实行和效仿的。

【4】融四岁，能让梨。弟于长，宜先知：汉代人孔融四岁时，就知道把大的梨让给哥哥吃，这种尊敬和友爱兄长的道理，是每个人从小就应该知道的。弟，通"悌"，尊敬友爱。

【5】凡训蒙，须讲究。详训诂，明句读：凡是教导刚入学儿童的老师，必须把每个字都讲清楚，每句话都要解释明白，并且使学童读书时懂得断句。

【6】有《连山》，有《归藏》。有《周易》，三易详：《连山》《归藏》《周易》，是我国古代的三部书，这三部书合称"三易"，"三易"是用卦的形式来说明宇宙间万事万物循环变化的道理的书籍。

【7】有典谟，有训诰。有誓命，书之奥：《书经》的内容分六个部分：一典，是立国的基本原则；二谟，治国计划；三训，大臣的态度；四诰，国君的通告；五誓，起兵文告；六命，国君的命令。

【8】大小戴，注《礼记》。述圣言，礼乐备：戴德和戴圣整理并且注释《礼记》，传述和阐扬了圣贤的著作，这使后代人知道了前代的典章制度和礼乐的情形。

【9】赵中令，读鲁论。彼既仕，学且勤：宋朝时赵中令赵普，官已经做到了中书令了，天天还手不释卷地阅读《论语》，不因为自己已经当了高官而忘记勤奋学习。

【10】披蒲编，削竹简。彼无书，且知勉：西汉时路温舒把文字抄在蒲草上阅读，公孙弘将《春秋》刻在竹子削成的竹片上。两人都很穷，买不起书，但还不忘勤奋学习。

【11】头悬梁，锥刺股。彼不教，自勤苦：东汉的孙敬读书时把自己的头发拴在屋梁上，以免打瞌睡；战国时苏秦读书每到疲倦时就用锥子刺大腿，他们不用别人督促而自觉勤奋苦读。

【12】如囊萤，如映雪。家虽贫，学不辍：晋朝人车胤，把萤火虫放在纱袋里当照明读书，孙康则利用积雪的反光来读书。他们两人家境贫苦，却能在艰苦条件下继续求学。

【13】如负薪，如挂角。身虽劳，犹苦卓：汉朝的朱买臣以砍柴维持生活，每天边担柴边读书；隋朝李密放牛时把书挂在牛角上，有时间就读。他们在艰苦的环境里仍坚持读书。

【14】苏老泉，二十七。始发奋，读书籍："唐宋八大家"之一的苏洵，号老泉，小时候不想念书，到了二十七岁的时候才开始下决心努力学习，后来成了大学问家。

【15】若梁灏，八十二。对大廷，魁多士：宋朝有个梁灏，在八十二岁时才考中状元，在金殿上对皇帝提出的问题对答如流，所有参加考试的人都不如他。

【16】莹八岁，能咏诗。泌七岁，能赋棋：北齐有个叫祖莹的人，八岁就能吟诗，后来当了秘书监著作郎。另外唐朝有个叫李泌的人，七岁时就能以下棋为题而作出诗赋。

【17】唐刘晏，方七岁。举神童，作正字：唐玄宗时，有一个名叫刘晏的小孩子，只有七岁，被推举为神童，并且做了负责刊正文字的官。

　　《三字经》是中华民族珍贵的文化遗产，它短小精悍、朗朗上口，千百年来，家喻户晓。其内容涵盖了历史、天文、地理、道德以及一些民间传说，基于历史原因，它难免含有一些精神糟粕、艺术瑕疵，但其独特的思想价值和文化魅力仍然为世人所公认，被历代中国人奉为经典并不断流传。

百家姓

　　《百家姓》，作者不详，是一部关于中文姓氏的作品。按文献记载，成文于北宋初。原收集姓氏411个，后增补到504个，其中单姓444个，复姓60个。《百家姓》以韵文形式将当时的常见姓氏用四字排列，十分严整。其排列的顺序是将重要的姓氏排在前面。如第一句"赵钱孙李"，赵是宋朝的国姓；钱是吴越统治者的姓；孙，据王明清的说法，是指钱的正妃；李是南唐统治者的姓氏。作为一种儿童识字课本，《百家姓》的内容并没有别的含义，仅仅是姓氏的排列，它是希望儿童通过姓氏这一人们身边的事物，来达到识字开蒙的效果。《百家姓》与《三字经》《千字文》并称"三百千"，是中国古代幼儿的启蒙读物。

　　赵钱孙李，周吴郑王。冯陈褚卫，蒋沈韩杨。朱秦尤许，何吕施张。
　　孔曹严华，金魏陶姜。戚谢邹喻，柏水窦章。云苏潘葛，奚范彭郎。
　　鲁韦昌马，苗凤花方。俞任袁柳，酆鲍史唐。费廉岑薛，雷贺倪汤。
　　滕殷罗毕，郝邬安常。乐于时傅，皮卞齐康。伍余元卜，顾孟平黄。
　　和穆萧尹，姚邵湛汪。祁毛禹狄，米贝明臧。计伏成戴，谈宋茅庞。
　　熊纪舒屈，项祝董梁。杜阮蓝闵，席季麻强。贾路娄危，江童颜郭。
　　梅盛林刁，钟徐邱骆。高夏蔡田，樊胡凌霍。虞万支柯，昝管卢莫。
　　经房裘缪，干解应宗。丁宣贲邓，郁单杭洪。包诸左石，崔吉钮龚。

程嵇邢滑，裴陆荣翁。荀羊於惠，甄曲家封。芮羿储靳，汲邴糜松。
井段富巫，乌焦巴弓。牧隗山谷，车侯宓蓬。全郗班仰，秋仲伊宫。
宁仇栾暴，甘钭厉戎。祖武符刘，景詹束龙。叶幸司韶，郜黎蓟薄。
印宿白怀，蒲邰从鄂。索咸籍赖，卓蔺屠蒙。池乔阴郁，胥能苍双。
闻莘党翟，谭贡劳逄。姬申扶堵，冉宰郦雍。卻璩桑桂，濮牛寿通。
边扈燕冀，郏浦尚农。温别庄晏，柴瞿阎充。慕连茹习，宦艾鱼容。
向古易慎，戈廖庚终。暨居衡步，都耿满弘。匡国文寇，广禄阙东。
欧殳沃利，蔚越夔隆。师巩库聂，晁勾敖融。冷訾辛阚，那简饶空。
曾毋沙乜，养鞠须丰。巢关蒯相，查后荆红。游竺权逯，盖益桓公。
万俟司马，上官欧阳。夏侯诸葛，闻人东方。赫连皇甫，尉迟公羊。
澹台公冶，宗政濮阳。淳于单于，太叔申屠。公孙仲孙，轩辕令狐。
钟离宇文，长孙慕容。鲜于闾丘，司徒司空。亓官司寇，仉督子车。
颛孙端木，巫马公西。漆雕乐正，壤驷公良。拓跋夹谷，宰父榖梁。
晋楚闫法，汝鄢涂钦。段干百里，东郭南门。呼延归海，羊舌微生。
岳帅缑亢，况郈有琴。梁丘左丘，东门西门。商牟佘佴，伯赏南宫。
墨哈谯笪，年爱阳佟。第五言福，百家姓终。

点评

《百家姓》既是一本启蒙教材，也是一本记录中国姓氏的书籍。作为姓氏文化的代表，《百家姓》是一种特殊的历史文献，它记载了中国姓氏的发展，与家谱、方志、正史构成完整的中国历史，是中国珍贵文化遗产的一部分。《百家姓》的出现，体现了中国人对宗脉等的强烈认同感，为人们寻找宗脉源流，建立宗脉意义上的归属感，帮助人们认识传统的血亲情结，提供了重要的文本依据。

弟子规

李毓秀

《弟子规》，原名《训蒙文》，是清代教育家李毓秀所作的三言韵文。《训蒙文》是依据孔子教诲编成的学童生活规范，其内容采用《论语·学而篇》第六条"弟子入则孝，出则悌，谨而信，泛爱众而亲仁。行有余力，则以学文"的文义，以三字一句、两句一韵编撰而成。全文共360句1080个字，共分五个部分，详细列述弟子在家、出外、待人、接物与学习上应该恪守的行为规范。其核心思想是儒家的孝悌仁爱。后来清朝的贾存仁修订改编《训蒙文》，并改名为《弟子规》。《弟子规》是教育后辈启蒙养正、防邪存诚、养成忠厚家风的最佳读物。

李毓秀（1647—1729），字子潜，号采三，清初著名学者、教育家，祖籍辽宁铁岭，出生于山东潍坊，青年时，因特殊使命去山西教书、育人、治学、报国，直至去世也未回过山东老家。李毓秀性情温和，科举不中后，放弃仕途，致力治学，精研《大学》《中庸》，创办敦复斋讲学，慕名来听课的人很多，被称为李夫子。他根据传统对童蒙的要求，结合自己的实践，写成了《训蒙文》。其著作还有《四书证伪》《四书字类释义》《学庸发明》《读〈大学〉偶记》等。

【总叙】
弟子规　圣人训　首孝悌　次谨信
泛爱众　而亲仁　有余力　则学文

【入则孝】
父母呼　应勿缓　父母命　行勿懒
父母教　须敬听　父母责　须顺承
冬则温　夏则凊　晨则省　昏则定
出必告　反必面　居有常　业无变
事虽小　勿擅为　苟擅为　子道亏
物虽小　勿私藏　苟私藏　亲心伤
亲所好　力为具　亲所恶　谨为去
身有伤　贻亲忧　德有伤　贻亲羞
亲爱我　孝何难　亲恶我　孝方贤
亲有过　谏使更　怡吾色　柔吾声
谏不入　悦复谏　号泣随　挞无怨
亲有疾　药先尝　昼夜侍　不离床
丧三年　常悲咽　居处变　酒肉绝
丧尽礼　祭尽诚　事死者　如事生

【出则悌】
兄道友　弟道恭　兄弟睦　孝在中
财物轻　怨何生　言语忍　忿自泯
或饮食　或坐走　长者先　幼者后
长呼人　即代叫　人不在　己即到
称尊长　勿呼名　对尊长　勿见能
路遇长　疾趋揖　长无言　退恭立
骑下马　乘下车　过犹待　百步余
长者立　幼勿坐　长者坐　命乃坐
尊长前　声要低　低不闻　却非宜
进必趋　退必迟　问起对　视勿移
事诸父　如事父　事诸兄　如事兄

【谨而信】
朝起早　夜眠迟　老易至　惜此时
晨必盥　兼漱口　便溺回　辄净手
冠必正　纽必结　袜与履　俱紧切
置冠服　有定位　勿乱顿　致污秽

衣贵洁　不贵华　上循分　下称家
对饮食　勿拣择　食适可　勿过则
年方少　勿饮酒　饮酒醉　最为丑
步从容　立端正　揖深圆　拜恭敬
勿践阈　勿跛倚　勿箕踞　勿摇髀
缓揭帘　勿有声　宽转弯　勿触棱
执虚器　如执盈　入虚室　如有人
事勿忙　忙多错　勿畏难　勿轻略
斗闹场　绝勿近　邪僻事　绝勿问
将入门　问孰存　将上堂　声必扬
人问谁　对以名　吾与我　不分明
用人物　须明求　倘不问　即为偷
借人物　及时还　人借物　有勿悭
凡出言　信为先　诈与妄　奚可焉
话说多　不如少　惟其是　勿佞巧
刻薄语　秽污词　市井气　切戒之
见未真　勿轻言　知未的　勿轻传
事非宜　勿轻诺　苟轻诺　进退错
凡道字　重且舒　勿急疾　勿模糊
彼说长　此说短　不关己　莫闲管
见人善　即思齐　纵去远　以渐跻
见人恶　即内省　有则改　无加警
惟德学　惟才艺　不如人　当自励
若衣服　若饮食　不如人　勿生戚
闻过怒　闻誉乐　损友来　益友却
闻誉恐　闻过欣　直谅士　渐相亲
无心非　名为错　有心非　名为恶
过能改　归于无　倘掩饰　增一辜

【泛爱众而亲仁】

凡是人　皆须爱　天同覆　地同载
行高者　名自高　人所重　非貌高
才大者　望自大　人所服　非言大
己有能　勿自私　人有能　勿轻訾
勿谄富　勿骄贫　勿厌故　勿喜新
人不闲　勿事搅　人不安　勿话扰
人有短　切莫揭　人有私　切莫说
道人善　即是善　人知之　愈思勉
扬人恶　即是恶　疾之甚　祸且作
善相劝　德皆建　过不规　道两亏
凡取与　贵分晓　与宜多　取宜少

将加人	先问己	己不欲	即速已
恩欲报	怨欲忘	报怨短	报恩长
待婢仆	身贵端	虽贵端	慈而宽
势服人	心不然	理服人	方无言
同是人	类不齐	流俗众	仁者稀
果仁者	人多畏	言不讳	色不媚
能亲仁	无限好	德日进	过日少
不亲仁	无限害	小人进	百事坏

【行有余力则以学文】

不力行	但学文	长浮华	成何人
但力行	不学文	任己见	昧理真
读书法	有三到	心眼口	信皆要
方读此	勿慕彼	此未终	彼勿起
宽为限	紧用功	工夫到	滞塞通
心有疑	随札记	就人问	求确义
房室清	墙壁净	几案洁	笔砚正
墨磨偏	心不端	字不敬	心先病
列典籍	有定处	读看毕	还原处
虽有急	卷束齐	有缺损	就补之
非圣书	屏勿视	蔽聪明	坏心志
勿自暴	勿自弃	圣与贤	可驯致

点评

《弟子规》以通俗的文字、三字韵的形式阐述了学习的重要、做人的道理以及待人接物的礼貌常识等。对人们建立正确的价值观、养成良好的生活习惯、培养敦厚善良的心性，以及对家庭的和谐、社会风气的净化，都有莫大的益处。

声律启蒙（节选）

车万育

　　《声律启蒙》是训练儿童应对，掌握声韵格律的启蒙读物。该书按韵分编，包罗天文、地理、花木、鸟兽、人物、器物等的虚实应对。从单字对到双字对，从三字对、五字对、七字对到十一字对，声韵协调，朗朗上口，可从中得到语音、词汇、修辞的训练。

　　车万育（1632—1705），字双亭，号鹤田，湖南邵阳人。康熙甲辰进士，官至兵科给事中。康熙二年（1663），与兄万备同举湖广乡试，明年成进士，选庶吉士。车万育性格刚直，直声震天下，至性纯笃，学问赅博。善书法，所藏明代墨迹最富，有《萤照堂明代法书石刻》十卷。

一　东

云对雨，雪对风，晚照对晴空。来鸿对去燕，宿鸟对鸣虫。三尺剑，六钧弓，岭北对江东。人间清暑殿，天上广寒宫。两岸晓烟杨柳绿，一园春雨杏花红。两鬓风霜，途次早行之客；一蓑烟雨，溪边晚钓之翁。

沿对革，异对同，白叟对黄童。江风对海雾，牧子对渔翁。颜巷陋，阮途穷，冀北对辽东。池中濯足水，门外打头风。梁帝讲经同泰寺，汉皇置酒未央宫。尘虑萦心，懒抚七弦绿绮；霜华满鬓，羞看百炼青铜。

贫对富，塞对通，野叟对溪童。鬓皤对眉绿，齿皓对唇红。天浩浩，日融融，佩剑对弯弓。半溪流水绿，千树落花红。野渡燕穿杨柳雨，芳池鱼戏芰荷风。女子眉纤，额下现一弯新月；男儿气壮，胸中吐万丈长虹。

二　冬

春对夏，秋对冬，暮鼓对晨钟。观山对玩水，绿竹对苍松。冯妇虎，叶公龙，舞蝶对鸣蛩。衔泥双紫燕，课蜜几黄蜂。春日园中莺恰恰，秋天塞外雁雍雍。秦岭云横，迢递八千远路；巫山雨洗，嵯峨十二危峰。

明对暗，淡对浓，上智对中庸。镜奁对衣笥，野杵对村舂。花灼烁，草蒙茸，九夏对三冬。台高名戏马，斋小号蟠龙。手擘蟹螯从毕卓，身披鹤氅自王恭。五老峰高，秀插云霄如玉笔；三姑石大，响传风雨若金镛。

仁对义，让对恭，禹舜对羲农。雪花对云叶，芍药对芙蓉。陈后主，汉中宗，绣虎对雕龙。柳塘风淡淡，花圃月浓浓。春日正宜朝看蝶，秋风那更夜闻蛩。战士邀功，必借干戈成勇武；逸民适志，须凭诗酒养疏慵。

三　江

楼对阁，户对窗，巨海对长江。蓉裳对蕙帐，玉磬对银缸。青布幔，碧油幢，宝剑对金缸。忠心安社稷，利口覆家邦。世祖中兴延马武，桀王失道杀龙逄。秋雨潇潇，漫烂黄花都满径；春风袅袅，扶疏绿竹正盈窗。

旌对旆，盖对幢，故国对他邦。千山对万水，九泽对三江。山岌岌，水淙淙，鼓振对钟撞。清风生酒舍，白月照书窗。阵上倒戈辛纣战，道旁系剑子婴降。夏日池塘，出没浴波鸥对对；春风帘幕，往来营垒燕双双。

铢对两，只对双，华岳对湘江。朝车对禁鼓，宿火对塞缸。青琐闼，碧纱窗，汉社对周邦。笙箫鸣细细，钟鼓响枞枞。主簿栖鸾名有览，治中展骥姓惟庞。苏武牧羊，雪屡餐于北海；庄周活鲋，水必决于西江。

四　支

茶对酒，赋对诗，燕子对莺儿。栽花对种竹，落絮对游丝。四目颉，一足夔，鸲鹆对鹭鸶。半池红菡萏，一架白荼蘼。几阵秋风能应候，一犁春雨甚知时。智伯恩深，国士吞变形之炭；羊公德大，邑人竖堕泪之碑。

行对止，速对迟，舞剑对围棋。花笺对草字，竹简对毛锥。汾水鼎，岘山碑，虎豹对熊罴。花开红锦绣，水漾碧琉璃。去妇因探邻舍枣，出妻为种后园葵。笛韵和谐，仙管恰从云里降；橹声咿轧，渔舟正向雪中移。

戈对甲，鼓对旗，紫燕对黄鹂。梅酸对李苦，青眼对白眉。三弄笛，一围棋，雨打对风吹。海棠春睡早，杨柳昼眠迟。张骏曾为槐树赋，杜陵不作海棠诗。晋士特奇，可比一斑之豹；唐儒博识，堪为五总之龟。

  声律是我国诗词理论上的一块瑰宝，了解声律，便于更好地学习和欣赏诗词艺术。《声律启蒙》是中国诗词声律的启蒙经典，它充分反映了中国古代诗词中用字用词的绘画美、音乐美、建筑美，同时展示了天地人和的中国智慧。

第二章 启蒙开智

第三章　家风家训

家风，又称门风，是指一个家族代代相传沿袭下来的体现家族成员精神风貌、道德品质、审美格调和整体气质的家族文化风格，即一个家庭中的风气，是家族最核心的价值。家风是给家族后人树立的价值准则。

家训，又称家诫、家范、庭训，好家风浓缩着中华民族几千年来的价值取向和精神追求，是中华民族世代相传的精神瑰宝，是先辈留给后人立身处世、持家治业的智慧结晶。家训的核心内容是"忠、信、孝、悌、礼、义、廉、耻"。因为"人必有家，家必有训"，中国人的家训智慧，自古及今，源远流长。

古人的家风、家训汗牛充栋，据统计，中国古代公开出版的家训就有120多种。为世人尊崇而广为流传的如孔子对儿子孔鲤的庭训、诸葛亮的《诫子书》、陶渊明的《责子》、颜之推的《颜氏家训》、《朱熹家训》、周怡的《勉谕儿辈》、吴麟征的《家诫要言》、古训《增广贤文》、朱柏庐的《治家格言》、《曾国藩家书》等等。

传统的中国家庭非常注重门楣家风，重视庭训家教，讲究"国有国法，家有家规"，遵循"没有规矩，不成方圆"。不同的家庭，家风的呈现形式不尽相同，有的是有形的文字、成型的为人处世格言，更多的是无形的言传身教，隐含于每个家庭成员的日常行为中。纵观这些家风家训，其主要内容可以概括如下：

一是行善去恶。家训最主要的内容不是期望子孙做官发财，而是怎样做一个心地善良的人。行善不是为了沽名钓誉，而是发自内心。受到别人的恩惠不能忘记。如《朱子治家格言》云："善欲人见，不是真善；恶恐人知，便是大恶。""轻听发言，安知非人之谮诉，当忍耐三思；因事相争，焉知非我之不是，需平心暗思。""施惠勿念，受恩莫忘。"《高氏家训》云："善须是积，今日积，明日积，积小便大。一念之差，一言之差，一事之差，有因而丧身亡家者，岂不可畏也。"

二是耕读传家。古人并不像今人那样望子成龙之心切，耕读传家几乎是家训中不变的主题。《曾国藩家书》云："吾不望代代得富贵，但愿代代有秀才。"《范氏家训十则》讲："田必力耕，书必勤读，不耕不读，不如犬畜。"《颜氏家训》说："积财千万，无过读书。""积财千万，不如薄技在身。""祖宗虽远，祭祀宜诚。子孙虽愚，诗书须读。"这些家训告诉子孙不必介意功名，但书是要读的，"耕读传家"是为名人名家文化传统理想目标。

三是注重教育。《三字经》有言："子不教，父之过。"养子须教子，古人深谙此理。而且教子宜早，当始于孩提，甚至要胎教。《颜氏家训》："古者，圣王有胎教之法：怀子三月，出居别宫，目不邪视，耳不妄听，音声滋味，以礼节之。书之玉版，藏诸金匮。生子咳提，师保固明孝仁礼义，导习之矣。"《家诫要言》曰："人品须从小作起，权宜苟且诡随之意多，则一生人品坏矣。"《颜氏家训》："人生小幼，精神专利，长成已后，思虑散逸，固须早教，勿失机也。""古人勤学，有握锥投斧，照雪聚萤，锄则带经，牧则编简，亦为勤笃。"欧阳修《家诫》云："玉不琢，不成器；人不学，不知道。然玉之为物，有不变之常德，虽不琢以为器，而犹不害为玉也。人之性因物则迁，不学，则舍君子而为小人，可不念哉？"这一句话是说：一块璞玉不经过匠人的精心雕琢，就不能制作成精美的器物；人要是不读书，就不懂得道理。然而玉石有其不变的特性，即使不能为器物，也不能否认是玉石；人就不一样了，其性情会随着周围环境的影响而发生变化，如果不学习，就不能成为道德高尚的人，甚至会堕落为下流，这能不令我们对教育子女予以重视吗？

四是慎重交友。俗语说："在家靠父母，出门靠朋友。"如何交友、结交什么样的朋友，也是家训中念兹在兹的事情。大部分家训都告诫子孙慎交友。最有名的莫如《颜氏家训》的一句话："与善人居，如入芝兰之室，久而自芳也；与恶人居，如入鲍鱼之肆，久而自臭也。"《袁氏世范》："与人交游，若常见其短，不见其长，则时日不可同处。若念其所长，置其所短，虽终身与之交游，可也。""人之处事，能常悔往事之非，常悔前言之失，常悔往年之未有知识，其德之进，所谓日加益而不自知也。"从这些话语中我们似可看出古人的良苦用心。

五是修身养性。"淡泊明志、宁静致远"，是诸葛亮《诫子书》中的话，自古以来常被人们裱作横幅或者挂在客厅、书房。这句话的全文是："夫君子之行，静以修身，俭以养德，非澹泊无以明志，非宁静无以致远。"诸葛亮要求儿子勤学立志，从淡泊和宁静的自身修养上下功夫，切忌心浮气躁，举止荒唐。《朱子治家格言》："施惠勿念，受恩莫忘。凡事当留余地，得意不宜再往。人有喜庆，不可生妒忌心。人有祸患，不可生喜幸心。善欲人见，不是真善。恶恐人知，便是大恶。"朱熹在《家训》中指出："有德者虽年下于我，我必尊之；不肖者虽年高于我，我必远之。"意思是说：有德的人虽然年龄比我小，我也会尊敬他；而不肖之徒即使年龄比我大，我也要疏远他。

六、勤俭持家。勤俭持家也是家训中反复告诫子孙的良言。古人有云："成家犹如针挑土，败家好似水推沙。"形象地说明了创业之难和败家之易。《朱子治家格言》说："一粥一饭，当思来处不易；半丝半缕，恒念物力维艰。""黎明即起，洒扫庭除。""宜未雨而绸缪，毋临渴而掘井。"司马光《家范》云："昔者圣人遗子孙以德以礼，贤人遗子孙以廉以俭。""人情由俭入奢则易，由奢入俭则难。"《曾国藩家书》说："京师子弟之坏，无有不由于骄奢二字者。尔与诸弟其戒之，至嘱至嘱。"

邹孟轲母

刘 向

本文选自《列女传·母仪传》。

《列女传》，作者刘向，是一部介绍中国古代妇女行为、事迹的传记性史书，也有观点认为该书是一部妇女史。《列女传》共分七卷，共记叙了110名妇女的故事。这七卷是：母仪传、贤明传、仁智传、贞顺传、节义传、辩通传和孽嬖传。《列女传》选取的故事体现了儒家对妇女的看法，其中有一些所赞扬的内容在如今的多数人看来是对妇女的不公平的待遇。

刘向（约前77—前6），原名更生，字子政。西汉经学家、目录学家、文学家。沛县（今属江苏）人。宣帝时任散骑谏大夫。元帝时，任宗正。因反对宦官弘恭、石显下狱，旋得释。后又以反对恭、显下狱，免为庶人。成帝即位后，得进用，任光禄大夫，改名为"向"，官至中垒校尉。曾奉命领校秘书，所撰《别录》，为我国目录学之祖。治《春秋穀梁传》。著《九叹》等辞赋三十三篇，大多亡佚。今存《新序》《说苑》《列女传》等书。

邹孟轲之母也，号孟母。其舍近墓，孟子之少也，嬉游为墓间之事，踊跃筑埋。孟母曰："此非吾所以居处子也。"乃去舍市傍，其嬉戏为贾人[1]炫卖[2]之事。孟母又曰："此非吾所以居处子也。"复徙舍学宫之傍。其嬉游乃设俎豆[3]揖让进退。孟母曰："真可以居吾子矣。"遂居之。及孟子长，学六艺，卒成大儒之名。君子谓孟母善以渐化。《诗》[4]云："彼姝者子，何以予之？"[5]此之谓也。孟子之少也，既学而归，孟母方绩[6]，问曰："学何所至矣？"孟子曰："自若也。"孟母以刀断其织。孟子惧而问其故，孟母曰："子之废学，若吾断斯织也。夫君子学以立名，问则广知，是以居则安宁，动则远害。今而废之，是不免于厮役，而无以离于祸患也。何以异于织绩而食，中道废而不为，宁能衣其夫子，而长不乏粮食哉！女则废其所食，男则堕于修德，不为窃盗，则为虏役矣。"孟子惧，旦夕勤学不息，师事子思，遂成天下之名儒。君子谓孟母知为人母之道矣。《诗》云："彼姝者子，何以告之？"此之谓也。孟子既娶，将入私室，其妇袒而在内，孟子不悦，遂去不入。妇辞孟母而求去，曰："妾闻夫妇之道，私室不与[7]焉。今者妾窃堕在室，而夫子见妾，勃然不悦，是客[8]妾也。妇人之义，盖不客宿。请归父母。"于是孟母召孟子而谓之曰："夫礼，将入门，问孰存，所以致敬也；将上堂，声必扬，所以戒人也；将入户，视必下，恐见人过也。今子不察于礼，而责礼于人，不亦远乎！"孟子谢，遂留其妇。君子谓孟母知礼，而明于姑母之道。孟子处齐而有忧色。孟母见之曰："子若有忧色，何也？"孟子曰："不敏。"异日闲居，拥楹[9]而叹。孟母见之曰："乡见子有忧色，曰不也，今拥楹而叹，何也？"孟子对曰："轲闻之：君子称身而就位，不为苟得而受赏，不贪荣禄。诸侯不听，则不达其上。听而不用，则不践其朝。今道不用于齐，愿行而母老，是以忧也。"孟母曰："夫妇人之礼，精五饭，幂酒浆，养舅姑，缝衣裳而已矣。故有闺内之修而无境外之志。《易》曰：'在中馈，无攸遂。'[10]《诗》曰：'无非无仪[11]，惟酒食是议。'以言妇人无擅制之义，而有三从之道也。故年少则从乎父母，出嫁则从乎夫，夫死则从乎子，礼也。今子成人也，而我老矣。子行乎子义，吾行乎吾礼。"君子谓孟母知妇道。《诗》云："载色载笑，匪怒伊教。"[12]此之谓也。

注释

【1】贾人：商人。
【2】炫卖：叫卖。
【3】俎豆：古代祭祀用的礼器。
【4】《诗》：指《诗经》。
【5】彼姝者子，何以予之：那美丽的女子啊，我拿什么来赠送给你呢！
【6】绩：把麻搓捻成线或绳。

【7】与：遵守。

【8】客：把……当作客人。

【9】楹：堂屋前部的柱子。

【10】在中馈，无攸遂：妇人职责在于料理家中饮食一类的事务，遇事不专断。

【11】无非无仪：无非，即无违，能够顺从帖服；无仪，即做事不会出格。

【12】载色载笑，匪怒伊教：面容和蔼又带笑，并非生气而是宣教。色，指容颜和蔼。伊，语助词，无义。

点评

本文记载了孟母教子的几个故事，这些故事告诉我们，一个好的学习环境和严格的家教，对一个人的成长至关重要，良好的人文环境对人的进步影响深远。

诫子书

诸葛亮

本文选自《诸葛亮集》。

《诫子书》，是三国时期著名政治家诸葛亮54岁临终前写给8岁儿子诸葛瞻的一封家书，可以看作是诸葛亮对其一生的总结。从文中可以看出诸葛亮是一位品格高洁、才学渊博的父亲，对儿子的殷殷教诲与无限期望尽在此书中。全文通过智慧理性、简练谨严的文字，将普天下为人父者的爱子之情表达得非常深切，成为后世历代学子修身立志的名篇。

诸葛亮（181—234），字孔明，号卧龙，徐州琅邪阳都（今山东临沂沂南）人，三国时期蜀汉丞相，杰出的政治家、军事家、散文家、书法家。在世时被封为武乡侯，死后追谥忠武侯，东晋政权特追封他为武兴王。诸葛亮为匡扶蜀汉政权，呕心沥血，鞠躬尽瘁，死而后已。其散文代表作有《出师表》《诫子书》等。曾发明木牛流马、孔明灯等，并改造连弩，叫作诸葛连弩，可一弩十矢俱发。诸葛亮在后世受到极大尊崇，成为后世忠臣楷模、智慧化身。

夫君子之行，静以修身，俭以养德。非澹泊无以明志[1]，非宁静无以致远[2]。夫学须静也，才须学也，非学无以广才，非志无以成学。慆慢则不能励精[3]，险躁则不能治性[4]。年与时驰，意与日去，遂成枯落，多不接世[5]，悲守穷庐，将复何及[6]！

注释

【1】澹泊：也写作"淡泊"，清静而不贪图功名利禄。内心恬淡，不慕名利。清心寡欲。明志：表明自己崇高的志向。

【2】宁静：这里指安静，集中精神，不分散精力。致远：实现远大目标。
【3】慆慢：一作"淫慢"，漫不经心。慢：懈怠，懒惰。励精：尽心，专心，奋勉，振奋。
【4】险躁：冒险急躁，狭隘浮躁，与上文"宁静"相对而言。治性：陶冶性情，治，通"冶"。
【5】多不接世：意思是对社会没有任何贡献。接世，接触社会，承担事务，对社会有益。有"用世"的意思。
【6】将复何及：又怎么来得及。

古代家训，大都浓缩了作者毕生的生活经历、人生体验和学术思想等方面的内容，不仅他的子孙从中获益颇多，就是今人读来也大有可借鉴之处。三国时蜀汉丞相诸葛亮被后人誉为"智慧之化身"，他的《诫子书》也可谓是一篇充满智慧之语的家训，是古代家训中的名作。

诫外甥书

诸葛亮

本文选自《诸葛亮集》。

诸葛亮有两个姐姐，一个嫁给襄阳大名士庞德公的儿子庞山民，诸葛亮非常敬重庞德公，多次上门求教，庞德公也十分器重诸葛亮，称之为"卧龙"。一个嫁给中庐县（今湖北南漳）蒯家大族蒯祺。可惜他的这位姐夫在争战期间被蜀将孟达的部队所杀。诸葛亮的二姐所生子叫庞涣。诸葛亮的《诫外甥书》就是写给他的。诸葛亮在这封信中，教导他该如何立志、修身、成才。

庞涣，字世文，曾官至郡太守。

夫志当存高远，慕先贤，绝情欲，弃凝滞[1]，使庶几之志[2]，揭然[3]有所存，恻然[4]有所感；忍屈伸，去细碎[5]，广咨问，除嫌吝[6]，虽有淹留[7]，何损于美趣，何患于不济。若志不强毅，意不慷慨，徒碌碌滞于俗，默默束于情，永窜伏于凡庸，不免于下流[8]矣！

注释

【1】凝滞：心思局限于某个范围，拘泥。
【2】庶几之志：接近或近似于先贤的志向。
【3】揭然：高举的样子。

【4】恻然：恳切的样子。
【5】细碎：琐碎的杂念。
【6】嫌吝：怨恨耻辱。
【7】淹留：德才不显于世。
【8】下流：比喻低下的地位。

如果说《诫子书》强调了修身学习的重要性，那么《诫外甥书》则阐述了立志做人的重要性。诸葛亮的这篇文章只有短短八十余字，但却有很深的内涵。作为青年人，不光要有崇高的理想、远大的志向，还必须有实现理想志向的具体可行措施和战胜困难排除干扰的毅力，不然理想就可能会成为一种空想，甚至在不知不觉中使自己沦为平庸之辈。

教子篇

颜之推

本文选自《颜氏家训》。《颜氏家训》是南北朝时期颜之推创作的家训。该书成书于隋文帝灭陈国以后，隋炀帝即位之前（约6世纪末），是颜之推记述个人经历、思想、学识以告诫子孙的著作，共有七卷，二十篇。

颜之推（531—约590以后），字介，原籍琅琊临沂（今山东临沂北），先世随东晋渡江，寓居建康。侯景之乱，梁元帝萧绎自立于江陵，之推任散骑侍郎。承圣三年（554），西魏破江陵，之推被俘西去。他为回江南，乘黄河水涨，从弘农（今河南三门峡西南）偷渡，经砥柱之险，先逃奔北齐。但南方陈朝代替了梁朝，之推南归之愿未遂，即留居北齐，官至黄门侍郎。577年齐亡入周。隋代周后，又仕于隋。《家训》一书在隋灭陈（589）以后完成。

上智不教而成，下愚虽教无益，中庸[1]之人，不教不知也。古者圣王，有胎教之法，怀子三月，出居别宫，目不邪视，耳不妄听，音声滋味，以礼节之。书之玉版，藏诸金匮。生子咳提[2]，师保[3]固明孝仁礼义，导习之矣。凡庶纵不能尔，当及婴稚识人颜色、知人喜怒，便加教诲，使为则为，使止则止，比及数岁，可省笞罚。父母威严而有慈，则子女畏慎而生孝矣。

吾见世间无教而有爱，每不能然，饮食运为，恣其所欲，宜诫翻[4]奖，应呵[5]反笑，至有识知，谓法当尔。骄慢已习，方复制之，捶挞至死而无威，忿怒日隆而增怨，逮于成长，终为败德。孔子云"少成若天性，习惯如自然"是也。俗谚曰："教妇初来，教儿婴孩。"[6]诚哉斯语。

凡人不能教子女者，亦非欲陷其罪恶，但重于呵怒伤其颜色，不忍楚挞惨其肌肤耳。当以疾病为谕，安得不用汤药针艾救之哉？又宜思勤督训者，可愿苛虐于骨肉乎？诚不得已也!

……

父子之严,不可以狎;骨肉之爱,不可以简。简则慈孝不接,狎则怠慢生焉。

……

人之爱子,罕亦能均,自古及今,此弊多矣。贤俊者自可赏爱,顽鲁者亦当矜怜。有偏宠者,虽欲以厚之,更所以祸之。……齐朝有一士大夫,尝谓吾曰:"我有一儿,年已十七,颇晓书疏,教其鲜卑语及弹琵琶,稍欲通解,以此伏事公卿,无不宠爱,亦要事也。"吾时俯而不答。异哉,此人之教子也!若由此业自致卿相,亦不愿汝曹为之。

注释

【1】中庸:这里指中等、平常。
【2】孩提:幼儿。
【3】师保:担任"师"和"保"的人。
【4】翻:反而。
【5】呵:呵斥。
【6】教妇初来,教儿婴孩:教媳妇要在初来时,教儿女要在婴孩时。

点评

《颜氏家训》是一部有着丰富文化内涵的作品,直接开后世家训的先河,是我国古代家庭教育理论宝库中的一份珍贵遗产,在家庭伦理、道德修养方面对我们今天有着重要的借鉴作用。

冬夜读书示子聿[1]

陆 游

此诗选自《全宋诗》。

陆游(1125—1210),字务观,号放翁。汉族,越州山阴(今浙江绍兴)人,南宋著名诗人。少时受家庭爱国思想熏陶,高宗时应礼部试,为秦桧所黜。孝宗时赐进士出身。中年入蜀,投身军旅生活,官至宝章阁待制。晚年退居家乡。创作诗歌今存九千多首,内容极为丰富。著有《剑南诗稿》《渭南文集》《南唐书》《老学庵笔记》等。

古人学问[2]无遗力,少壮工夫[3]老始成。
纸上得来终觉浅,绝知此事要躬行[4]。

注释

【1】示：训示，指示。子聿：陆游的小儿子。
【2】学问：指读书学习，就是学习的意思。
【3】工夫：做事所耗费的时间。
【4】躬行：亲身实践。行，实践。

点评

这是一首教子诗，诗人在书本与实践的关系上强调了实践的重要性。间接经验是人们从书本中汲取营养、学习前人的知识和技巧的途径；直接经验是直接从实践中产生的认识，是获取知识更加重要的途径。只有通过"躬行"，把书本知识变成实际知识，才能发挥所学知识对实践的指导作用。

了凡四训（节选）

袁了凡

《了凡四训》，又名《命自我立》，为明代袁了凡结合自己亲身的经历和毕生学问与修养，为了教育自己的子孙而作的家训。他教诫他的儿子袁天启，认识命运的真相，明辨善恶的标准，改过迁善的方法，以及行善积德谦虚种种的效验等。

袁了凡（1533—1606），出生于嘉善县魏塘镇（今浙江嘉善），初名表，后改名黄，字庆远，又字坤仪、仪甫，初号学海，后改了凡，后人常以其号了凡称之。袁了凡是明朝重要思想家，他的《了凡四训》融会禅学与理学，劝人积善改过，强调从治心入手的自我修养，提倡记功过格，在社会上流行一时。

今欲获福而远祸，未论行善，先须改过。

但改过者，第一要发耻心。思古之圣贤，与我同为丈夫，彼何以百世可师？我何以一身瓦裂？耽染尘情，私行不义，谓人不知，傲然无愧，将日沦于禽兽而不自知矣；世之可羞可耻者，莫大乎此。孟子曰：耻之于人大矣。以其得之则圣贤，失之则禽兽耳。此改过之要机也。

第二要发畏心。天地在上，鬼神难欺，吾虽过在隐微，而天地鬼神，实鉴临之。重则降之百殃，轻则损其现福，吾何可以不惧？

不惟此也。闲居之地，指视昭然[1]；吾虽掩之甚密，文之甚巧，而肺肝早露，终难自欺；被人觑破，不值一文矣，乌得不懔懔[2]？

不惟是也。一息尚存，弥天之恶，犹可悔改；古人有一生作恶，临死悔悟，发一善念，遂得善终者。谓一念猛厉[3]，足以涤百年之恶也。譬如千年幽谷，一灯才照，则千年之暗俱除；故过不论久近，惟以改为贵。

但尘世无常，肉身易殒，一息不属，欲改无由矣。明则千百年担负恶名，虽孝子慈孙，不能洗涤；幽则千百劫沉沦狱报，虽圣贤佛菩萨，不能援引。乌得不畏？

第三须发勇心。人不改过，多是因循退缩；吾须奋然振作，不用迟疑，不烦等待。小者如芒刺在肉，速与抉剔；大者如毒蛇啮指，速与斩除，无丝毫凝滞，此风雷之所以为益也。

具是三心，则有过斯改，如春冰遇日，何患不消乎？然人之过，有从事上改者，有从理上改者，有从心上改者；工夫不同，效验亦异。

注释

【1】昭然：显著、明显的样子。
【2】懔懔：危惧貌，戒慎貌。
【3】猛厉：犹猛烈。指气势盛，力量大。

点评

《了凡四训》内涵深刻，兼融儒释道三家思想和真善美中国文化，通过"立命之学""改过之法""积善之方""谦德之效"四章，论证"种瓜得瓜""善有善报""积极进取""有愿皆成"之理。平实而无虚华，深奥而不迷信。所以数百年历久不衰，为各界人士欣然传诵，时至今日，仍然是脍炙人口、滋育身心的杰作。

朱子家训

朱柏庐

《朱子家训》，又名《朱子治家格言》《治家格言》，作者朱柏庐。《朱子家训》全文524字，文字通俗易懂，内容简明赅备，对仗工整，朗朗上口，是有清一代家喻户晓、脍炙人口的教子治家的经典家训。

朱柏庐（1627—1698），原名朱用纯，字致一，自号柏庐，明末清初江苏昆山（今江苏昆山）人，著名理学家、教育家。朱柏庐自幼致力读书，曾考取秀才，志于仕途。清入关，明亡，遂不再求取功名，居乡教授学生，并潜心程朱理学，知行并进，一时颇负盛名。康熙曾多次征召，均拒绝。与徐枋、杨无咎号称"吴中三高士"。著有《删补易经蒙引》《四书讲义》《劝言》《耻耕堂诗文集》《愧讷集》和《毋欺录》等。

黎明即起，洒扫庭除[1]，要内外整洁；既昏便息，关锁门户，必亲自检点。一粥一饭，当思来处不易；半丝半缕，恒念物力维艰。宜未雨而绸缪，毋临渴而掘井。自奉必须俭约，宴客切勿流连。器具质而洁，瓦缶胜金玉；饮食约而精，园蔬逾珍馐。勿营华屋，勿谋良田。

三姑六婆，实淫盗之媒；婢美妾娇，非闺房之福。奴仆勿用俊美，妻妾切忌艳妆。祖宗虽远，祭祀不可不诚；子孙虽愚，经书不可不读。居身务期质朴，教子要有义方[2]。勿贪意外之财，勿饮过量之酒。

与肩挑贸易，毋占便宜；见贫苦亲邻，须加温恤。刻薄成家，理无久享；伦常乖舛[3]，立见消亡。兄弟叔侄，须分多润寡；长幼内外，宜法肃辞严。听妇言，乖骨肉，岂是丈夫；重资财，薄父母，不成人子。嫁女择佳婿，毋索重聘；娶媳求淑女，毋计厚奁[4]。

见富贵而生谄容者，最可耻；遇贫穷而作骄态者，贱莫甚。居家戒争讼，讼则终凶；处世戒多言，言多必失。毋恃势力而凌逼孤寡，勿贪口腹而恣杀生禽。乖僻自是，悔误必多；颓惰自甘，家道难成。狎昵[5]恶少，久必受其累；屈志老成，急则可相依。轻听发言，安知非人之谮诉[6]，当忍耐三思；因事相争，安知非我之不是，须平心暗想。

施惠勿念，受恩莫忘。凡事当留余地，得意不宜再往。人有喜庆，不可生妒忌心；人有祸患，不可生喜幸心。善欲人见，不是真善；恶恐人知，便是大恶。见色而起淫心，报在妻女；匿怨而用暗箭，祸延子孙。

家门和顺，虽饔飧[7]不继，亦有余欢；国课[8]早完，即囊橐[9]无余，自得至乐。读书志在圣贤，为官心存君国。守分安命，顺时听天。为人若此，庶乎近焉。

注释

【1】庭除：庭院。

【2】义方：做人的正道。

【3】乖舛：违背。

【4】厚奁：丰厚的嫁妆。

【5】狎昵：过分亲近。

【6】谮诉：诬蔑人的坏话。

【7】饔飧：饔，早饭；飧，晚饭。

【8】国课：国家的赋税。

【9】囊橐：口袋。

点评

《朱子家训》是清代以来较为出名的一部家庭教育典籍，是中国优秀传统文化的重要组成部分。它从治家的角度入手，从勤俭节约、为人处世、家道伦常、善待动物、福国利民、天人合一等观点详细阐述了如何培育一个真正的人，可以说是集儒家做人做事方法之大成。其目的是通过促进家庭的和谐，实现社会的整体和谐，这对弘扬中华优秀传统美德有着积极意义。

谕纪泽纪鸿

曾国藩

　　曾国藩（1811—1872），初名子城，字伯函，号涤生，出生于湖南长沙府湘乡县杨树坪（现属湖南省娄底市双峰县荷叶镇）。晚清重臣，湘军的创立者和统帅。清朝战略家、政治家，晚清散文"湘乡派"创立人。晚清"中兴四大名臣"之一，官至两江总督、直隶总督、武英殿大学士，封一等毅勇侯，谥曰文正。

　　一曰慎独则心安。自修之道，莫难于养心。……故能慎独，则内省不疚，可以对天地质鬼神。……人无一内愧之事，则天君[1]泰然。此心常快足宽平，是人生第一自强之道，第一寻乐之方，守身之先务也。
　　二曰主敬[2]则身强。……内而专静纯一，外而整齐严肃，敬之工夫也；出门如见大宾，使民如承大祭[3]，敬之气象也；修己以安百姓，笃恭而天下平，敬之效验也。……聪明睿智，皆由此出。……庄敬日强，安肆日偷[4]。……若人无众寡，事无大小，一一恭敬，不敢懈慢。则身强之强健，又何疑乎？
　　三曰求仁则人悦。凡人之生，皆得天地之理以成性，得天地之气以成形，我与民物，其大本乃同出一源。若但知私己而不知仁民爱物，是于大本一源之道已悖而失之矣。至于尊官厚禄，高居人上，则有拯民溺救民饥之责。读书学古，粗知大义，即有觉后知觉后觉之责。……孔门教人，莫大于求仁，而其最切者，莫要于欲立立人、欲达达人数语。
　　四曰习劳则神钦。……人一日所着之衣所进之食，与一日所行之事所用之力相称，则旁人艳之，鬼神许之，以为彼自食其力也。若农夫织妇终岁勤动，以成数石之粟数尺之布，而富贵之家终岁逸乐，不营一业，而食必珍馐，衣必锦绣，酣豢高眠[5]，一呼百诺，此天下最不平之事，神鬼所不许也，其能久乎？古之圣君贤相……盖无时不以勤劳自励。……为一身计，则必操习技艺，磨炼筋骨，困知勉行，操心危虑，而后可以增智慧而长见识。为天下计，则必己饥己溺，一夫不获，引为余辜[6]。大禹……墨子……皆极俭以奉身而极勤以救民。……勤则寿，逸则夭，勤则有材而见用，逸则无劳而见弃，勤则博济斯民而神祇钦仰，逸则无补于人而神鬼不歆[7]。

注释

【1】天君：旧谓心为思维器官，称心为天君。
【2】主敬：宋代理学家提出的一种道德修养方法。以敬作为修养方法。初见于《论语·子路》"居处恭，执事敬"和《周易·文言》"敬以直内，义以方外"。此处"敬"为恭敬、谨慎的意思，即注重精神上的自我约束和自我追求。
【3】大祭：古代重大祭祀之称。包括天地之祭、禘祫之祭等。
【4】安肆日偷：出自《礼记·表记》："子曰：君子庄敬日强，安肆日偷。"安肆，是

安乐放纵的意思。日偷，是指日渐苟且怠惰或者日益衰弱。

【5】酣豢高眠：喝醉了酒以后就像猪一样呼呼大睡。

【6】余辜：抵偿不尽的罪愆。

【7】歆：喜爱，羡慕。

曾国藩《谕纪泽纪鸿》总结了他从政三十余年的心得体会，体现他的学识造诣和道德修养，感情真挚朴实，文笔细腻优美，富有哲理性和启发性。其深刻的儒家修身处世之道，其拳拳的教育子女之情，成为后世家教家训的典范，至今仍有积极现实意义。

第四章　跪乳反哺

国风之本在家风，家风之本在孝道，百善孝为先。习近平总书记强调："培育和弘扬社会主义核心价值观必须立足中华优秀传统文化。"黑格尔曾经对中国文化做过这样的论述："中国纯粹建筑在这一种道德的结合上，国家的特性便是客观的家庭孝敬。"孝文化作为中国优秀传统文化的精髓，代表着中华民族独特的精神标识，为我们培育和践行社会主义核心价值观提供了良好参照。

一、孝的内涵

"孝"字最初见于殷商卜辞。在甲骨文中，孝字的上部是个老人，弯腰弓背，下部是个孩子，伸出双手，托着老人，做服侍状。《尔雅·释训》中将"孝"解释为"善父母为孝"。汉代贾谊的《新书》将"孝"界定为"子爱利亲谓之孝"。《说文解字》对孝的解释是："孝，善事父母者，从老省、从子，子承老也。"善事父母就是在物质上奉养父母。所以，孝最初仅限于调整父母与子女之间的家庭伦理，并无社会规范的意义。其主要内容是祭祀祖先、善事父母。在国家出现以后，仅限于血缘家庭的崇敬祖先、善事父母的"孝"逐渐延伸到政治、宗教、社会的广阔领域，成为一种社会性的道德准则。

二、孝的渊源

作为一种社会意识形态，孝是随着人类社会的产生而产生的。"孝"的观念产生于原始社会末期，即由母权制度向父权制度过渡的时期，其原因是由于血缘关系的明确和私有制的产生。具体说来，先秦孝文化中孝道思想的渊源有以下几种途径：

一是来源于动物哺乳现象。明代李时珍在《本草纲目》记载："慈乌……此鸟初生，母哺六十日，长则反哺六十日。""乌鸦能够反哺""羊羔尚且跪乳"，人类也许从动物身上的这些行为受到了启发和感化，开启人类关于孝道思想的反思。

二是来源于古代典籍的孝道内容。先秦时期，孔子的孝道思想与古代典籍有着极大的关系。孔子曾经亲自修订过《春秋》和《诗经》，这两部典籍中的孝道思想是激发孔子孝道思想的文化来源。《诗经》中关于孝道的篇目很多，孔子把它们保留下来，间接说明了他对孝道思想的肯定和褒扬。孔子整理的《春秋》虽然"微言"，但却"大义"，经后人比如左丘明《左传》的进一步解释，"大义"得以彰明，其中孝道思想也非常突出。至于曾子、孟子等从《论语》中汲取孝道思想，更是不言而喻了。

三是来源于社会风尚熏染。先秦社会注重礼仪，尊老尚贤是礼仪的重要组成部分。《礼记》是孔子的弟子探讨礼仪的一部著作，是反映孔子所生活时代礼仪规范的一部典籍。在《礼记》里，对于长者、尊者、贤者、父母等充满了尊重和照顾之情。孔子是"知礼"专家，这些反映社会风尚的礼节行为，可能是孔子孝道思想的制度渊源。

四是来源于家庭影响。家庭环境是孩子的第一任教师，孔子和孟子的家庭环境极其相似,都是父亲去世得较早,与母亲相依为命,母亲的勤劳和慈爱、母亲与儿子之间的深情,是其孝道思想产生的感情基础。至于曾子,其家庭的孝道故事,曾被孟子当作案例进行分析。家庭的孝道行为和孝道思想是先秦诸子孝道思想产生的直接来源。

三、孝道的嬗变

到了西周时期,随着社会生产力的发展,人类开始意识到人力资源的重要性,"人多力量大",孝被赋予了生儿育女、传宗接代的思想。

孔子从人性出发,以家庭为单位,紧紧围绕善事父母这一核心内涵,提出了"仁"的思想,"孝弟也者,其为仁之本与",孔子思想的核心是"仁",可他又将"孝"作为"仁"之本,可见其对"孝"的推崇。孔子完成了孝道从宗教到道德、从宗族伦理向家庭伦理的转化。

曾子进一步将孔子的观点发扬光大,他从理性的高度认为"孝"是人类道德之源,"夫孝,德之本也,教之所由生也",孝是总摄仁、义、礼、智、信等道德范畴的"大经大法"。

孟子对孔子、曾子的"孝"思想做了进一步的拓展,他说"孝子之至,莫大乎尊亲,尊亲之至,莫大乎以天下养"。他又说"老吾老以及人之老,幼吾幼以及人之幼"。很明显,孟子把孔子、曾子所提倡的人们对于自己父母的爱推及他人,带有明显的博爱思想。

《孝经》的诞生,标志着孝文化的形成,标志着孝的观念已经系统化、理论化,中国孝文化从此得以全方位展开。

到了汉代"罢黜百家,独尊儒术","以孝治天下"开始走上政治舞台,被纳入封建道德体系中,成为中国封建家长专制统治的思想基础。汉代大儒董仲舒对儒学孝文化进一步拓展,使孝与忠开始接轨,他明确提出并系统论证了"三纲"学说,确定了父尊子卑、君尊臣卑、夫尊妇卑的伦理关系。

汉代统治者从汉惠帝开始,凡民能养父母、着力耕耘者,皆可以担任国家的下层官吏,这是孝道政治化的开始。用《孝经》进行教化,以"孝治天下"为指导思想。从此,历代统治者或思想家则自觉地把孝文化作为封建政治统治的精神基础。

四、孝的层次

从孔子、曾子、孟子等人对孝的具体阐述中可以看出,孝的内容丰富,尽孝的形式也多种多样,总的来说,古人的孝道思想有如下几个层次:

(一)"养口体"。"养口体"一词出自孟子,即供养父母的衣食住行,注重的是物质层面的孝道。物质层面的供养是最低级的供养,以至于孔子直言不讳地说:"今之孝者,是谓能养。至于犬马,皆能有养;不敬,何以别乎?"把"养口体"等同于养牲畜。

(二)"养志"。"养志"一词也出自孟子。孟子曰:"曾子养曾皙,必有酒肉。将彻,必请所与;问有余,必曰'有'。曾皙死,曾元养曾子,必有酒肉。将彻,不请所与;问有余,曰'亡矣',将以复进也。此所谓养口体者也。若曾子,则可谓养志也。事亲若曾子者,可也。"可见,养志,突出了对父母精神生活方面的奉养。

(三)"色难"。"色难"出自孔子。当子夏请教怎样算是尽孝时,孔子说:"色难。有事,弟子服其劳;有酒食,先生馔,曾是以为孝乎?"孔子采用对比的话语表明自己的观点。他说,不让父母干活,供养父母酒食,这不算是真正的尽孝,真正的尽孝是好看的脸色。"色难"比"养志"更进一层,它更注重的是子女长期的和颜悦色的态度。

(四)孝及他人。孟子说:"老吾老,以及人之老;幼吾幼,以及人之幼。"他把对父母的尽孝扩展到爱一切人的层次上来,是孝的面的扩大,是博爱天下的体现。

(五)由孝及忠。有子曰:"其为人也孝弟,而好犯上者,鲜矣;不好犯上而好作乱者,未之有也。"此话虽然出自有子之口,但却是孔子孝道思想的体现。这里把尽孝与尽忠紧密联系在一起,尽孝是尽忠的基础,尽忠是尽孝的延伸。但是,在孔子那里,是有条件的,他说:"子从父,奚子孝?臣从君,奚臣贞?审其所以从之之谓孝、之谓贞也。"他的意思是"以道事君,不可则止"。

(六)不孝。在正面论述孝道的同时,孔子和孟子都阐释了自己对不孝的看法。特别是孟子,在"不孝有三"的基础之上,又提出了"五不孝",得出了八种不孝的行为,给世人敲响了警钟。

五、孝的局限性

当然,孝道思想在发展过程中也出现了一些异化现象,比如,古代统治阶级把孝作为统治国家的权术,成了他们禁锢人民思想、麻痹人民意识的法宝。他们甚至通过宣扬一些违背基本人伦道德的范例与行孝的"楷模",如"郭巨埋儿""唐媳乳母""卧冰求鲤"等来使人们效仿,使人对封建伦理绝对服从。这种异化突出表现在"孝感"思想上,就是说人之大孝,可以感动上天,降福于身;不孝,则会受到鬼神的惩罚。在此思想的影响下,人们推崇"孝感天地"的迷信奉养行为,认为孝亲之情会感天动地。

蓼 莪

本诗选自《诗经·小雅》。

《诗经》是我国最早的一部诗歌总集,是古代诗歌的开端,收集了西周初年至春秋中叶(前11—前6)的诗歌,共311篇,其中6篇为笙诗,即只有标题,没有内容。《诗经》的作者佚名,绝大部分已经无法考证,传为尹吉甫采集、孔子编订。《诗经》在先秦时期称为《诗》,或取其整数称《诗三百》。西汉时被尊为儒家经典,始称《诗经》,并沿用至今。《诗经》在内容上分为《风》《雅》《颂》三个部分。《风》是周代各地的歌谣;《雅》是周人的正声雅乐,又分《小雅》和《大雅》;《颂》是周王庭和贵族宗庙祭祀的乐歌,又分为《周颂》《鲁颂》和《商颂》。《诗经》内容丰富,反映了劳动与爱情、战争与徭役、压迫与反抗、风俗与婚姻、祭祖与宴会,甚至天象、地貌、动物、植物等方方面面,是周代社会生活的一面镜子,反映了周初至周晚期约五百年间的社会面貌。

蓼蓼者莪[1],匪莪伊蒿[2]。哀哀父母,生我劬劳[3]。
蓼蓼者莪,匪莪伊蔚[4]。哀哀父母,生我劳瘁。
瓶之罄矣[5],维罍[6]之耻。鲜民[7]之生,不如死之久矣。
无父何怙[8]?无母何恃?出则衔恤[9],入则靡至。
父兮生我,母兮鞠[10]我。抚我畜[11]我,长我育我。

顾我复我[12]，出入腹[13]我。欲报之德。昊天罔极[14]！
南山烈烈[15]，飘风发发[16]。民莫不穀[17]，我独何害！
南山律律，飘风弗弗。民莫不穀，我独不卒[18]！

注释

【1】蓼蓼：长又大的样子。莪：一种草，即莪蒿。
【2】匪：同"非"。伊：是。
【3】劬劳：与下章"劳瘁"皆劳累之意。
【4】蔚：一种草，即牡蒿。
【5】瓶：汲水器具。罄：尽。
【6】罍：盛水器具。
【7】鲜：指寡、孤。民：人。
【8】怙：依靠。
【9】衔恤：含忧。
【10】鞠：养。
【11】畜：喜爱。
【12】顾：顾念。复：返回，指不忍离去。
【13】腹：指怀抱。
【14】昊天：广大的天。罔：无。极：准则。
【15】烈烈：山高峻险阻的样子。
【16】飘风：疾风。发发：读如"拨拨"，同下文"弗弗"，指风声。
【17】穀：善。
【18】卒：终，指养老送终。

点评

诗歌用赋比兴的手法，传达孤子不能尽孝的哀伤情思，特别是诗人一连用了生、鞠、拊、畜、长、育、顾、复、腹九个动词和九个"我"字，语拙情真，言直意切，声促调急，确如哭诉一般。子女赡养父母，孝敬父母，本是中华民族的美德之一，此诗则是以充沛情感表现这一美德最早的文学作品，对后世影响极大，不仅在诗文赋中常有引用，甚至在朝廷下的诏书中也屡屡言及。

论 语（节选）

孔 子

《论语》，儒家学派的经典著作之一，由孔子的弟子及其再传弟子编撰而成。它以语录体和对话体为主，记录了孔子及其弟子的言行，集中体现了孔子的政治主张、伦理思想、道德观念及教育原则等。它与《大学》《中庸》《孟子》《诗经》《尚书》《礼记》《易经》《春秋》并称"四书五经"。通行本《论语》共20篇。

孔子（前551—前479），姓孔，名丘，字仲尼。春秋时期鲁国陬邑（今山东曲阜）人。我国古代伟大的思想家和教育家，儒家学派创始人，被称为"圣人"。与弟子周游列国十四年，晚年修订六经，即《诗》《书》《礼》《乐》《易》《春秋》。被联合国教科文组织评为"世界十大文化名人"之首。相传孔子有弟子三千，其中有贤人七十二。孔子去世后，其弟子及其再传弟子把孔子及其弟子的言行语录和思想记录下来，整理编成儒家经典《论语》。孔子编撰了我国第一部编年体史书《春秋》。

有子[1]曰："其为人也孝弟[2]，而好犯上者，鲜矣；不好犯上，而好作乱者，未之有也。君子务本[3]，本立而道[4]生。孝弟也者，其为仁之本与？"（《学而》）

注释

【1】有子：孔子的学生，有氏，名若。
【2】孝弟：善事父母曰孝，善事兄长曰悌。弟，通"悌"。
【3】务本：务，专心，致力于。本，根本。
【4】道：指孔子提倡的仁道，即以仁为核心的整个道德思想体系及其在实际生活中的体现，也即治国做人的基本原则。

子曰："父在，观其志；父没，观其行。三年无改于父之道[1]，可谓孝矣。"（《学而》）

注释

【1】道：指合理内容。

孟懿子[1]问孝，子曰："无违[2]。"樊迟[3]御[4]，子告之曰："孟孙[5]问孝于我，我对曰无违。"樊迟曰："何谓也？"子曰："生，事之以礼；死，葬之以礼，祭之以礼。"（《为政》）

注释

【1】孟懿子：鲁国的大夫，姓仲孙，名何忌，"懿"是谥号。其父临终前要他向孔子学礼。
【2】无违：不要违背。
【3】樊迟：姓樊名须，字子迟。孔子的弟子，他曾和冉求一起帮助季康子进行革新。
【4】御：驾驭马车。
【5】孟孙：指孟懿子。

孟武伯[1]问孝，子曰："父母唯其疾[2]之忧。"（《为政》）

注释

【1】孟武伯：孟懿子的儿子，名彘。武是他的谥号。
【2】疾：病。

子游[1]问孝，子曰："今之孝者，是谓能养。至于犬马，皆能有养，不敬，何以别乎？"（《为政》）

注释

【1】子游：言氏，名偃，字子游，孔子的学生。

子夏[1]问孝，子曰："色难[2]。有事，弟子服其劳[3]；有酒食，先生馔[4]，曾是以为孝乎？"（《为政》）

注释

【1】子夏：卜氏，名商，孔子的学生。
【2】色难：色，脸色。难，不容易的意思。
【3】服其劳：服侍。服，从事，担负。
【4】馔：意为饮食、吃喝。

子曰："父母在，不远游[1]，游必有方[2]。"（《里仁》）

注释

【1】游：指游学、游官、经商等外出活动。
【2】方：一定的地方。

点评

孝文化在中华民族发展历程中处于十分重要的地位，并作为中华民族的传统美德被历代传承。孔子十分重视孝，"孝"字在《论语》中共出现19次，孔子从不同层次对孝进行了阐释，并把孝作为实现"仁政"的修身之道。孔子的孝道思想对孝文化的发展、对后世以德治国思想起到了奠基作用。

孟 子（节选）

孟 子

《孟子》，儒家的经典著作之一，共七篇，由孟子和他的弟子万章等记录并整理而成，为"四书"之一。该书记录了孟子与其他各家思想的争辩、对弟子的言传身教、游说诸侯等内容。其学说出发点为性善论，主张德治。

孟子（约前372—约前289），名轲，鲁国邹（今山东邹城）人。战国时期著名的思想家、政治家、教育家，孔子学说的继承者，儒家的重要代表人物。孟子幼年丧父，家庭贫困，曾受业于子思（即孔伋，是孔子的孙子）的门人。他继承了孔子"仁"的思想并将其发展成为"仁政"思想，最早提出"民贵君轻"的思想，被韩愈列为先秦儒家继承孔子"道统"的人物，元朝追封为"亚圣"，与孔子并称"孔孟"。

曾子[1]养曾晳，必有酒肉。将彻[2]，必请所与[3]。问有余，必曰"有"。曾晳死，曾元[4]养曾子，必有酒肉。将彻，不请所与。问有余，曰："亡矣。"将以复进也。此所谓养口体者也。若曾子，则可谓养志也。事亲若曾子者，可也。（《离娄上》）

注释

【1】曾子：名参，字子舆，曾晳之子，中国著名的思想家，孔子的晚期弟子之一，与其父曾晳同师孔子，是儒家学派的重要代表人物。

【2】彻：撤除。

【3】与：通"予"，给予。

【4】曾元：曾参长子，一生追随父亲学习《孝经》，受后人尊重。

孟子曰："不孝有三[1]，无后为大。舜不告而娶，为无后也，君子以为犹告也。"（《离娄上》）

注释

【1】不孝有三：赵注云："于礼有不孝者三事，谓阿意曲从，陷亲不义，一不孝也；家贫亲老，不为禄仕，二不孝也；不娶无子，绝先祖祀，三不孝也。"

孟子曰："世俗所谓不孝者五：惰其四支[1]，不顾父母之养，一不孝也；博弈好饮酒，不顾父母之养，二不孝也；好货财，私[2]妻子，不顾父母之养，三不孝也；从[3]耳目之欲，以为父母戮[4]，四不孝也；好勇斗狠，以危父母，五不孝也。章子有一于是乎？"（《离娄下》）

【1】四支：即四肢。
【2】私：偏爱。
【3】从：通"纵"，放纵。
【4】戮：羞辱。

孟子曰："人少，则慕[1]父母；知好色[2]，则慕少艾[3]；有妻子，则慕妻子；仕则慕君，不得于君则热中[4]。大孝终身慕父母。五十而慕者，予于大舜见之矣。"（《孟子·万章上》）

【1】慕：爱慕，依恋。
【2】好色：喜欢美貌的女子。
【3】少艾：年轻美貌的少女。
【4】热中：焦躁。

孟子继承了孔子的孝道思想，又结合时代特点加以发展完善，从而形成了一套系统的孝道观念。他从正反两方面提出了为人子女事亲尽孝的道德规范和行为准则，并把孝悌与行王道、施仁政紧密相连，认为孝道是行王道、施仁政的先决条件和重要手段。其孝道内涵较之过去更为丰富和深刻，其中不少观点对后世产生广泛而深远的影响。

孝　经（节选）

曾　参

《孝经》是中国古代儒家阐述孝道和孝治思想的经典著作，被列为儒家十三经之一。全书共分十八章，以孔子与其门人曾参谈话的形式，以孝为中心，对孝的含义、作用，行孝的要求和方法做了系统而详细的规定。它肯定孝是上天所定的规范，是诸德之本，并首次将孝与忠联系起来，认为忠是孝的发展和扩大，并把孝的社会作用推而广之。对于《孝经》的作者历来说法不一，当代大多数学者都将《孝经》视为曾子学派的作品。

曾参（前505—前436），字子舆，门人尊称为曾子。春秋末期鲁国南武城（今山东临沂平邑市）人。孔子晚年的重要弟子之一，造诣很深。他与父亲曾点都是孔子的学生，俱列孔门七十二贤。曾子以修身和孝行著称，又颇多著述，是一位很有名的儒家大师。身后被尊为"宗圣"。

仲尼居，曾子侍。子曰："先王有至德要道，以顺天下[1]，民用[2]和睦，上下无怨。汝知之乎？"曾子避席[3]曰："参不敏，何足以知之？"子曰："夫孝，德之本也，教之所由生也[4]。复坐，吾语汝。身体发肤，受之父母，不敢毁伤，孝之始也。立身行道，扬名于后世，以显父母，孝之终也。夫孝，始于事亲，中于事君，终于立身。《大雅》云：'无念尔祖，聿修厥德。'[5]"（《孝经·开宗明义》）

注释

【1】以顺天下：使天下人心顺从。顺，顺从。
【2】用：因而。
【3】避席：古代的一种礼节。席，铺在地上的草席，这里指自己的座位。
【4】教之所由生也：古有"五教"之说，即教父以义，教母以慈，教兄以友，教弟以恭，教子以孝。儒家学者认为，孝是一切道德的根本，一切教育的出发点。
【5】聿修厥德：语出《诗经·大雅·文王》，意谓发扬美德。聿，语助词，无义。修，修明，发扬。厥，其。

子曰："孝子之事亲也，居则致其敬[1]，养则致其乐，病则致其忧，丧则致其哀，祭则致其严。五者备矣，然后能事亲。事亲者，居上不骄，为下不乱，在丑[2]不争。居上而骄则亡，为下而乱则刑，在丑而争则兵。三者不除，虽日用三牲[3]之养，犹为不孝也。"（《孝经·纪孝行》）

注释

【1】居：平日家居。致：尽。
【2】在丑：指处于低贱地位的人。丑，众，卑贱之人。
【3】三牲：牛、羊、豕。旧俗一牛、一羊、一豕称为"太牢"，是最高等级的宴会或祭祀的标准。说每天杀牛、羊、豕三牲来奉养父母，这是极而言之。

点评

《孝经》中始终贯穿着"孝"的观念。"孝"的观念作为中国文化的始发性观念和文化精神，其倡导的孝老爱亲，主张家庭、社会和谐的思想精华，永远值得我们珍视。孝的观念已经广泛深入地渗透于中国人社会生活的方方面面，是我们民族用以衡量人的品行的根本标准，是指导人们处理人际关系的基本依据。

吕氏春秋（节选）

吕不韦

本文选自《吕氏春秋·孝行览》。

《吕氏春秋》，又称《吕览》，是在秦国丞相吕不韦的主持下，集合门客们编撰的一部黄老道家名著。此书以儒家学说为主干，以道家理论为基础，以其他各家思想学说为素材，熔诸子百家学说于一炉，闪烁着博大精深的智慧之光。《吕氏春秋》集先秦道家之大成，是战国末期杂家的代表作。

吕不韦（？—前235），姜姓，吕氏，名不韦，卫国濮阳（今河南濮阳）人。战国末年著名商人、政治家、思想家，官至秦国丞相。吕不韦主持编纂的《吕氏春秋》汇合了先秦各派学说，故史称"杂家"。书成之日，悬于国门，声称能改动一字者赏千金。后因嫪毐集团叛乱事受牵连，被免除丞相职务，出居河南封地。不久，秦王政复命让其举家迁蜀，吕不韦担心被诛杀，于是饮鸩自尽。

凡为天下，治国家，必务本而后末。所谓本者，非耕耘种殖之谓，务其人也。务其人，非贫而富之，寡而众之，务其本也。务本莫贵于孝。人主孝，则名章荣[1]，下服听，天下誉。人臣孝，则事君忠，处官廉，临难死。士民孝，则耕芸疾[2]，守战固，不罢北[3]。夫孝，三皇、五帝之本务，而万事之纪也。夫执一术而百善至、百邪去、天下从者，其惟孝也。故论人必先以所亲而后及所疏，必先以所重而后及所轻。今有人于此，行于亲重，而不简慢[4]于轻疏，则是笃谨孝道，先王之所以治天下也。故爱其亲，不敢恶人；敬其亲，不敢慢人。爱敬尽于事亲，光耀加于百姓，究[5]于四海，此天子之孝也。

注释

【1】名章荣：声名显赫。章，卓越。

【2】疾：用力。

【3】罢北：罢，败。北，战败逃走。

【4】简慢：怠慢。

【5】究：穷，极。

点评

本文站在儒家立场，继承和阐释了孝的重要性。作者认为孝是一切的根本，不单是下层人民行事的原则，更是上层统治者为天下、治国家之根本。只有大家认同孝、践行孝，社会各阶层才能尽职尽责，整个社会才能和谐安宁。这种孝的思想，在今天仍有积极的现实意义。

陈情表

李 密

《陈情表》是三国两晋时期文学家李密写给晋武帝的奏章。文章从自己幼年的不幸遭遇写起,说明自己与祖母相依为命的特殊感情,叙述祖母抚育自己的大恩,以及自己应该报养祖母的大义,辞意恳切,真情流露,语言简洁,委婉畅达。此文被认定为中国文学史上抒情文的代表作之一。

李密(224—287),字令伯,一名虔,西晋犍为武阳(今四川彭山)人。晋初散文家。曾仕蜀汉,蜀亡后,晋武帝征他为太子洗马时,他写了《陈情表》不就。幼年丧父,母何氏改嫁,由祖母抚养成人。后李密以对祖母孝敬甚笃而名扬乡里。师事当时著名学者谯周,博览五经,尤精《春秋左传》。祖母去世后,方出任太子洗马,迁汉中太守。后免官,卒于家中。著有《述理论》十篇,不传。

臣密言:臣以险衅[1],夙遭闵凶[2]。生孩六月,慈父见背[3];行年四岁,舅夺母志[4]。祖母刘愍臣孤弱,躬亲抚养。臣少多疾病,九岁不行,零丁孤苦,至于成立[5]。既无伯叔,终鲜兄弟,门衰祚[6]薄,晚有儿息[7]。外无期功强近之亲[8],内无应门五尺之僮[9],茕茕孑立,形影相吊。而刘夙婴[10]疾病,常在床蓐,臣侍汤药,未曾废离[11]。

逮奉圣朝,沐浴清化[12]。前太守臣逵察臣孝廉[13];后刺史臣荣举臣秀才[14]。臣以供养无主,辞不赴命。诏书特下,拜臣郎中[15],寻[16]蒙国恩,除臣洗马[17]。猥[18]以微贱,当侍东宫,非臣陨首所能上报。臣具以表闻,辞不就职。诏书切峻[19],责臣逋慢[20];郡县逼迫,催臣上道;州司临门,急于星火。臣欲奉诏奔驰,则刘病日笃[21],欲苟顺[22]私情,则告诉不许。臣之进退,实为狼狈。

伏惟[23]圣朝以孝治天下,凡在故老[24],犹蒙矜育[25],况臣孤苦,特为尤甚。且臣少仕伪朝[26],历职郎署[27],本图宦达,不矜[28]名节。今臣亡国贱俘,至微至陋,过蒙拔擢,宠命优渥[29],岂敢盘桓,有所希冀!但以刘日薄西山,气息奄奄,人命危浅,朝不虑夕。臣无祖母,无以至今日;祖母无臣,无以终余年。母、孙二人,更相为命,是以区区[30]不能废远。

臣密今年四十有四,祖母今年九十有六,是臣尽节于陛下之日长,报养刘之日短也。乌鸟私情[31],愿乞终养。臣之辛苦,非独蜀之人士及二州牧伯[32]所见明知,皇天后土[33],实所共鉴。愿陛下矜愍愚诚[34],听臣微志,庶刘侥幸,卒保余年。臣生当陨首,死当结草[35]。臣不胜犬马怖惧之情,谨拜表以闻。

注释

【1】险衅:灾难祸患。指命运坎坷。

【2】夙:早。这里指幼年时。闵:通"悯",指忧患的事(多指疾病死丧)。凶:

不幸。

【3】见背：弃我而死去。

【4】舅夺母志：指由于舅父强行改变了李密母亲守节的志向。

【5】成立：长大成人。

【6】祚：福分。

【7】儿息：儿子。

【8】期功强近之亲：指比较亲近的亲戚。古代丧礼制度以亲属关系的亲疏规定服丧时间的长短，服丧一年称"期"，九月称"大功"，五月称"小功"。

【9】应门五尺之僮：五尺高的小孩。应门，照应门户。僮，童仆。

【10】婴：纠缠。

【11】废离：废养而远离。

【12】清化：清明的政治教化。

【13】察：考察。这里是推举的意思。孝廉：汉代以来举荐人才的一种科目，举孝顺父母、品行方正的人。汉武帝开始令郡国每年推举孝廉各一名，晋时仍保留此制，但办法和名额不尽相同。"孝"指孝顺父母，"廉"指品行廉洁。

【14】秀才：当时地方推举优秀人才的一种科目，这里是优秀人才的意思，与后代科举的"秀才"含义不同。

【15】拜：授官。郎中：官名。晋时各部有郎中。

【16】寻：不久。

【17】除：任命官职。洗马：官名。太子的属官，在宫中服役，掌管图书。

【18】猥：辱。自谦之词。

【19】切峻：急切严厉。

【20】逋慢：回避怠慢。

【21】日笃：日益沉重。

【22】苟顺：姑且迁就。

【23】伏惟：旧时奏疏、书信中下级对上级常用的敬语。

【24】故老：遗老。

【25】矜育：怜惜抚育。

【26】伪朝：指蜀汉。

【27】历职郎署：指曾在蜀汉官署中担任过郎官职务。

【28】矜：矜持爱惜。

【29】宠命：恩命。指拜郎中、洗马等官职。优渥：优厚。

【30】区区：拳拳。形容自己的私情。

【31】乌鸟私情：相传乌鸦能反哺，所以常用来比喻子女对父母的孝养之情。

【32】二州：指益州和梁州。益州治所在今四川成都，梁州治所在今陕西勉县东，二州区域大致相当于蜀汉所统辖的范围。牧伯：刺史。上古一州的长官称牧，又称方伯，所以后代以牧伯称刺史。

【33】皇天后土：犹言天地神明。

【34】愚诚：愚拙的至诚之心。

【35】结草：据《左传·宣公十五年》记载，晋国大夫魏武子临死的时候，嘱咐他的

儿子魏颗，把他的遗妾杀死以后殉葬。魏颗没有照他父亲说的话做。后来魏颗跟秦国的杜回作战，看见一个老人用草打了结把杜回绊倒，杜回因此被擒。到了晚上，魏颗梦见结草的老人，他自称是没有被杀死的魏武子遗妾的父亲。后来就把"结草"用来作为报答恩人心愿的表示。

 点评

　　《陈情表》是李密写给晋武帝的一篇"辞不就职"的公文，也是我国古代散文中的一篇奇文，极富感染力。为了达到自己的辞职目的，李密在"孝"字上大做文章，以祖母年老多病需要侍奉为由，以巧妙的融情于事的抒情方式，把自己的孤苦无依之情，把自己与祖母的相依为命的深厚亲情都通过叙事表达出来，以卓越的才华和睿智，最终打动了晋武帝，让他成全了自己的孝心。《陈情表》也因崇尚中华民族传统孝文化而流传千古。苏轼评说其为"不流泪者不孝"。

第五章 尊师重学

韩愈在《师说》里有这样一段话："古之学者必有师。师者，所以传道、受业、解惑也。人非生而知之者，孰能无惑？惑而不从师，其为惑也，终不解矣。生乎吾前，其闻道也固先乎吾，吾从而师之；生乎吾后，其闻道也亦先乎吾，吾从而师之。吾师道也，夫庸知其年之先后生于吾乎？是故无贵无贱，无长无少，道之所存，师之所存也。"这句话主要对什么是老师、老师的职责进行了阐述，同时表达了对老师的尊重之情。尊师重教自古以来就是中华民族的优秀传统。中华民族之所以能成为文明古国、礼仪之邦，也与这种尊师重教、崇智尚学的优良传统有直接的关联。

一、以教为本

自古以来，重视教育是我国的一种普遍的民族心理。上至朝廷，下至庶民百姓，都把教育视为要务。历代统治阶级都把教育视为立国之本。如《礼记·学记》中说："古之王者建国君民，教学为先。"董仲舒则明确提出："教，政之本也；狱，政之末也。"历代统治者之所以将教育视为治国之本，一是基于培养人才的需要；二是为了移风易俗，正风敦俗，化民向善。如孟子提出"善政不如善教之得民也。善政，民畏之；善教，民爱之。善政得民财，善教得民心"。其次，庶民百姓重视教育。教育不仅使人获得知识和才能，由愚而智；更使人懂得道德，知人伦，明礼让，以别于禽兽。另一方面，教育能够使人立身行道，建功立业。所谓"学而优则仕"，受教育是平民入仕的主要途径。

二、注重办学

正是基于对教育重要作用的认识，兴教办学在我国古代蔚然成风。自先秦到明清逐渐建立起一套完整的从中央到地方的教育行政管理机构和学校教育体系。据古代文献记载，我国在夏代就已有了正式的学校。《汉书·儒林传》中载："闻三代之道，乡里有教，夏曰校，殷曰庠，周曰序。"西周时学校有"国学"和"乡学"两种。而且学校按程度还分为大学、小学两类。秦始皇统一中国后，建立了官学制度。以后历代统治者从中央到地方都设立官学，开展教育。除了官学发达外，私学也非常盛行，原来由国家垄断的教育制度走向瓦解，一些知识分子创办私学，聚众讲学，成为中国封建社会学校制度的重要组成部分。如孔子就是众多创办私学者中最著名的一个，他终生从事教育事业，有弟子三千，成名者有72人。孟子也一生从事教育活动，曾把"得天下英才而教育之"作为自己的最大乐趣。

三、以师为本

我国古代的政治家和思想家都普遍重视教师的作用。一是把师纳入天地君亲的序列加以推崇。《礼记·礼运》说："天生时而地生财，人，其父生而师教之。四者君以正用之。"《国语》则提出:"民生于三,事之如一。"所谓三,即:父生之,师教之,君食之。荀况更明确提出了"天、地、君、亲、师"的说法,把师与君、亲等提到同样崇高的地位。自唐以后,历代帝王大多尊孔子为先圣、先师,其祭祀典礼极为隆重;在民间,读书人皆把"天、地、君、亲、师"刻在牌位上,摆在厅堂上加以供奉,以示尊崇;学校则把祭祀先圣、先师视为立学之礼。

古人对教师社会地位的推崇是基于对教育重要性和教师社会作用的认识。韩愈在《师说》中明确地指出:"师者,所以传道、受业、解惑也。"总之,古人认为教师是知识、伦理道德、价值观念的传授者,是道德和学术的代表者,在社会上承担着"传道、受业、解惑"的责任,因此,理应受到全社会的尊重。

四、师道尊严

古人尊师敬师的传统不仅表现在理论上重视和肯定教师的作用,而且形成了一整套尊师的行为规范和礼仪习惯。《管子·弟子职》是我国学规之祖,其对弟子从师时的受业、作息、进退、应客、洒扫等,都有具体规定。而历代制定学规守则的主要目的都是为了强化学生尊师敬长的意识和品行,维护师道尊严,认为"师严然后道尊,道尊然后民知敬学"。祭师是各行各业尊师重教的一个重要礼节,学生入学时都须先跪拜孔孟牌位,后拜师。因为,教师是文化生命的给予者,是一个人精神成长的"再生父母"。见到老师要鞠躬敬礼让路;同行时要让老师先行;老师施教时,要恭敬谦虚、严肃认真等。

五、严于择师

古人强调师道尊严,是以讲究师德为前提的。我国古代素有"严于择师"的传统。首先,古人认为教师应"有道""有德"。强调教师德才兼备是古代讲究师道尊严的基础。其次,教师要有深厚而广博的知识。古人讲"师之贵也,知大知也"。第三,教师要敬业乐教。第四,教师要以身作则,既行言教,更重身教。因此,教师必须先立身,做到"言不惭,行不耻",才能担负起培养人才的重任。

六、因材施教

所谓因材施教,是指针对不同教育对象的特点和实际情况,采取不同的教育方式。孔子最早提倡因材施教,他要求根据学生才能的高低进行教育:"中人以上,可以语上也;中人以下,不可以语上也。"在他看来,每个人的智力、性格都存在着差异,教育应以学生不同的才能和特长作为依据。在具体教育过程中,孔子主张"不愤不启,不悱不发,举一隅不以三隅反,则不复也"的教学方式。中国最早的教学理论专著《学记》中也认为:"君子之教,喻也。"教师应"道而弗牵,强而弗抑,开而弗达",也就是说教师应当积极引导,以开导代替"牵""抑"的教学方法。师友间甚至可以相互质疑问难,这样才能提高学生"闻一知十""举一反三"的思维能力。

七、学思结合

传统儒学重在培养治世贤才,在教学内容上实行"四教"(文、行、忠、义)、"六艺"(礼、乐、射、御、书、数)、"六经"(《诗》《书》《礼》《乐》《易》《春秋》)。而在学生学习的过程中,又提倡学思结合、学思并重等学习方法。孔子曾说:"学而不思则罔，思而不学则殆。"《礼记·中庸》把孔子学思并重的思想进一步发展为"博学之、审问之、慎思之、明辨之、笃行之"五个学习步骤，充分肯定了其中相辅相成的关系。孟子强调"思"说："尽信书则不如无书。"到了王夫之那里，则认为"学愈博则思愈远"。这些对学思关系的精辟总结对培养学生的独立思考能力是有着重要启发性的。

八、知行合一

古人在重视"知"和"思"相结合的同时，还要注重"习"与"行"的统一。只有知行合一，才能把学到的理论知识实践化。孔子的"学而时习之"之"习"其实就是"行"的意思。他还说要"敏于事而慎于行"。荀子的"知之不若行之"、朱熹的"力行""知行相须互发"、王守仁的"事上磨练"、王夫之的"知行相资以为用"等等，都强调了知行合一的重要性。虽然在知与行的先后、难易问题上各有己见，但都注重"行"在为人与治学方面的重要性。

九、不耻下问

人不可能生而知之，也不可能学而全知，因此，在学习态度上，古代教育特别强调学生在学习过程中要谦虚，要具有"知之为知之，不知为不知，是知也"的实事求是态度。要具有"敏而好学，不耻下问"的好学精神，即有什么不懂的问题，就要虚心求教，因为学无止境，要敢于向地位、学问不如自己的人请教而不感到丢面子。

论　语（节选）

孔　子

子曰："学[1]而时习[2]之，不亦说[3]乎？有朋[4]自远方来，不亦乐[5]乎？人不知[6]，而不愠[7]，不亦君子乎？"（《学而》）

注释

【1】学：孔子在这里所讲的"学"，主要是指学习西周的礼、乐、《诗》《书》等传统文化。

【2】时习：在周秦时代，"时"字用作副词，意为"在一定的时候"或者"在适当的时候"。但朱熹在《论语集注》一书中把"时"解释为"时常"。"习"，指演习礼、乐，复习《诗》《书》。也含有温习、实习、练习的意思。

【3】说：同"悦"，愉快、高兴的意思。

【4】有朋：一本作"友朋"。旧注说，"同门曰朋"，即同在一位老师门下学习的叫朋，也就是志同道合的人。

【5】乐：与"悦"有所区别。悦在内心，乐则见于外。

【6】人不知：知，是了解的意思。人不知，是说别人不了解自己。

【7】愠：恼怒，怨恨。

子曰："学而不思则罔[1]，思而不学则殆[2]。"（《为政》）

注释

【1】罔：迷惑，糊涂。
【2】殆：疑惑，危险。

子曰："三人行，必有我师焉。择其善者而从之，其不善者而改之。"（《述而》）

子曰："由也，女闻六言六蔽矣乎？"对曰："未也。""居[1]，吾语女。好仁不好学，其蔽也愚[2]；好知不好学，其蔽也荡[3]；好信不好学，其蔽也贼[4]；好直不好学，其蔽也绞[5]；好勇不好学，其蔽也乱；好刚不好学，其蔽也狂。"（《阳货》）

注释

【1】居：坐。
【2】愚：受人愚弄。
【3】荡：放荡。指好高骛远而没有根基。
【4】贼：害。
【5】绞：说话尖刻。

子曰："小子！何莫学夫诗？诗，可以兴[1]，可以观[2]，可以群[3]，可以怨[4]。迩[5]之事父，远之事君，多识于鸟兽草木之名。"（《阳货》）

注释

【1】兴：激发感情的意思。一说是诗的比兴。
【2】观：观察了解天地万物与人间万象。
【3】群：合群。
【4】怨：讽谏上级，怨而不怒。
【5】迩：近。

点评

孔子是春秋时代伟大的教育家，是我国教育史上第一个将毕生精力贡献给教育事业的人，开办了我国第一家私学，把文化知识传播到民间，为中国古代文化教育事业的发展做出了不可磨灭的贡献，被后世尊称为至圣先师。在《论语》中，孔子对学习的目的、学习的内容、学习的作用、学习的方法、学习的态度等均有论述，这些思想和做法至今仍有借鉴意义。

劝 学（节选）

荀 子

本文选自《荀子·劝学》。

《荀子》是战国后期儒家学派最重要的著作，是战国末年著名唯物主义思想家荀况的著作。该书旨在总结当时学术界的百家争鸣和自己的学术思想，反映唯物主义自然观、认识论思想以及荀况的伦理、政治和经济思想。该书今存32篇，除少数篇章外，大部分是荀子自己所写。他的文章擅长说理，组织严密，分析透辟，善于取譬，常用排比句增强议论的气势，语言富赡警炼，有很强的说服力和感染力。

荀子（约前313—前238），名况，战国后期赵国人，时人尊称为荀卿，汉时称为孙卿。年五十，始游学于齐国，曾在齐国首都临淄（今山东淄博）的稷下学宫任祭酒。因遭谗而适楚国，任兰陵（今山东兰陵）令。以后失官家居，著书立说，死后葬于兰陵。荀子是一位儒学大师，他在吸收法家学说的同时发展了儒家思想。在人性问题上，提倡性恶论，否认天赋的道德观念，强调后天环境和教育对人的影响。荀子对重新整理儒家典籍也有相当显著的贡献。

君子曰：学不可以已[1]。

青，取之于蓝[2]，而青于蓝；冰，水为之，而寒于水。木直中绳[3]，輮[4]以为轮，其曲中规。虽有槁暴[5]，不复挺[6]者，輮使之然也。故木受绳[7]则直，金就砺[8]则利，君子博学而日参省乎己[9]，则知明而行无过矣。

故不登高山，不知天之高也；不临深溪，不知地之厚也；不闻先王之遗言，不知学问之大也。干、越、夷、貉之子，生而同声，长而异俗，教使之然也。《诗》曰："嗟尔君子，无恒安息。靖共尔位，好是正直。神之听之，介尔景福。"[10]神莫大于化道，福莫长于无祸。

吾尝终日而思矣，不如须臾之所学也；吾尝跂[11]而望矣，不如登高之博见也。登高而招，臂非加长也，而见者远；顺风而呼，声非加疾也，而闻者彰。假[12]舆马者，非利足也，而致千里；假舟楫者，非能水也，而绝[13]江河。君子生非异[14]也，善假于物[15]也。

积土成山，风雨兴焉；积水成渊，蛟龙生焉；积善成德，而神明自得，圣心备焉[16]。故不积跬[17]步，无以至千里；不积小流，无以成江海。骐骥[18]一跃，不能十步；驽马十驾[19]，功在不舍。锲[20]而舍之，朽木不折；锲而不舍，金石可镂[21]。蚓无爪牙之利，筋骨之强，上食埃土，下饮黄泉，用心一也。蟹六跪[22]而二螯[23]，非蛇鳝之穴无可寄托者，用心躁[24]也。

【1】已：停止。

【2】青，取之于蓝：靛青，从蓝草中取得。青，靛青，一种染料。蓝，蓼蓝，一年生草本植物，茎红紫色，叶子长椭圆形，干时暗蓝色。花淡红色，穗状花序，结瘦果，黑褐色。叶子含蓝汁，可以做蓝色染料。

【3】中绳：（木材）合乎拉直的墨线。木工用拉直的墨线来取直。

【4】𫐓：通"煣"，以火烘木，使其弯曲。

【5】虽有槁暴：即使又被风吹日晒而干枯了。有，通"又"。槁暴，枯干。槁，枯。暴，同"曝"，日晒。

【6】挺：直。

【7】受绳：经墨线丈量过。

【8】就砺：拿到磨刀石上去磨。就，动词，接近，靠近。砺，磨刀石。

【9】参省乎己：对自己检查、省察。参，一译检验，检查；二译同"叁"，多次。省，省察。乎，介词，于。

【10】嗟尔君子，无恒安息。靖共尔位，好是正直。神之听之，介尔景福：选自《诗经·小明》，意思是：你这个君子啊，不要总是贪图安逸。恭谨对待你的本职，爱好正直的德行。神明听到这一切，就会赐给你洪福祥瑞。

【11】跂：提起脚后跟。

【12】假：借助，利用。

【13】绝：横渡。

【14】生非异：本性（同一般人）没有差别。生，同"性"，天赋，资质。

【15】物：外物，指各种客观条件。

【16】积善成德，而神明自得，圣心备焉：积累善行而养成品德，达到很高的境界，通明的思想（也就）具备了。得，获得。

【17】跬：古代的半步。古代称跨出一脚为"跬"，跨两脚为"步"。

【18】骐骥：骏马。

【19】驽马十驾：劣马拉车连走十天（也能走得很远）。驽马，劣马。驾，马拉车一天所走的路程叫"一驾"。

【20】锲：用刀雕刻。

【21】镂：原指在金属上雕刻，泛指雕刻。

【22】六跪：六条腿，蟹实际上是八条腿。跪，蟹脚。一说，海蟹后面的两条腿只能划水，不能用来走路或自卫，所以不能算在"跪"里。另一说，"六"虚指。

【23】螯：蟹钳。

【24】躁：浮躁，不专心。

《劝学》是《荀子》的首篇，它围绕"学不可以已"系统论述了学习的目的、意义、

态度和方法。文章以朴素的唯物主义理论为基础，旁征博引，娓娓道来，把深奥的道理寓于大量浅显贴切的比喻当中，反映了先秦儒家在教育方面的某些正确观点，也体现了作为先秦诸子思想集大成者荀子文章的艺术风格。荀子有关学习的论述具有较强的现实意义，值得人们继承和发扬。

学　行（节选）

扬　雄

本文选自《扬子法言·学行》。

《扬子法言》，西汉扬雄的晚年之作，成书于王莽称帝前夕。《汉书·扬雄传》记载扬雄自述该书写作目的，主要是因为诸子各逞其智，诋毁圣人，多为怪迂析辩诡辞，以干扰世事，迷惑大众，所以需要用圣人之道的法则予以批驳，以明辨是非。全书共13卷，仿效《论语》的体裁，多为简短的答问、解说或反驳，当是扬雄从事教学活动的实录。扬雄的思想虽有道家和阴阳家的影响印记，但在人生观和社会政治观方面则基本上属于儒家，他对儒家思想既有因袭和继承，也有改革和创新。

扬雄（前53—18），字子云，蜀郡成都（今四川成都）人。西汉末年思想家、文学家、教育家。家境清寒，少年时好学，曾从蜀郡著名道家学者严君平受业，颇为欣赏他的德行风范。他为人清静无为，恬淡于功名富贵，也不愿为谋取世人称誉而矫饰自己的行为。年轻时喜好辞赋，以司马相如的作品为效法的楷模。汉成帝时来到京城，任黄门侍郎。由于不善于巴结权贵，故长期不得升迁。直至王莽称帝后，按年资才转为大夫，职务只是在天禄阁上校书而已。一生始终未得重用，后期潜心于学术著述和收徒讲学。扬雄的著述很多，多有散佚。他的主要理论著作是《太玄》和《法言》。此外，他还撰有《训纂篇》《方言》等语言文字书和《官箴》《州箴》等处世箴言书。

学者，所以修性也。视、听、言、貌、思，性所有也。学则正，否则邪。

师哉！师哉！桐子之命[1]也。务学不如务求师。师者，人之模范也。模不模，范不范，为不少矣。一哄之市，不胜异意焉；一卷之书，不胜异说焉。[2]一哄之市，必立之平。一卷之书，必立之师。

注释

【1】桐子之命：儿童的生命寄托。桐子，儿童。桐，通"童"。

【2】一哄之市，不胜异意焉：李轨注："卖者欲贵，买者欲贱，非异如何？"指持不同意见。

本文首先阐释了学习的目的和重要性，在此基础上重点论述了老师的地位和作用。这种尊师重教的思想显然是对先秦孔孟儒家教育思想的肯定、继承和发扬，至今仍有积极的现实意义。

师　说

韩　愈

本文选自《昌黎先生集》。

《师说》，作者韩愈，写于唐贞元十八年（802）韩愈任四门博士时，这篇文章是韩愈写给他的学生李蟠的。这是一篇说明教师的重要作用、从师学习的必要性以及择师的原则的论说文。此文抨击当时士大夫耻于从师的错误观念，倡导从师而学的风气，同时，也是对那些诽谤者的一个公开答复和严正的驳斥。作者表明任何人都可以做自己的老师，不应因地位贵贱或年龄差别，就不肯虚心学习。

韩愈（768—824），字退之，河南河阳（今河南孟州）人，自称"郡望昌黎"，世称"韩昌黎""昌黎先生"。唐代杰出的文学家、思想家、哲学家、政治家。贞元八年（792），韩愈登进士第，两任节度推官，累官监察御史。贞元十九年（803），因论事而被贬阳山，后历任史馆修撰、中书舍人等职。元和十二年（817），出任宰相裴度的行军司马，参与讨平"淮西之乱"。元和十四年（819），又因谏迎佛骨一事被贬至潮州。晚年官至吏部侍郎，人称"韩吏部"。长庆四年（824），韩愈病逝，年五十七，追赠礼部尚书，谥号"文"，故称"韩文公"。元丰元年（1078），追封昌黎伯，并从祀孔庙。

韩愈是唐代古文运动的倡导者，被后人尊为"唐宋八大家"之首，与柳宗元并称"韩柳"，有"文章巨公"和"百代文宗"之名。后人将其与柳宗元、欧阳修和苏轼合称"千古文章四大家"。在旧《广东通志》中被称为"广东古八贤"之一。他提出的"文道合一""气盛言宜""务去陈言""文从字顺"等散文的写作理论，对后人很有指导意义。著有《韩昌黎集》四十卷、《外集》十卷等。

古之学者[1]必有师。师者，所以传道、受业、解惑也。[2]人非生而知之者，孰能无惑？惑而不从师，其为惑也，终不解矣。生乎吾前，其闻道[3]也固先乎吾，吾从而师之；生乎吾后，其闻道也亦先乎吾，吾从而师之。吾师道也，夫庸[4]知其年之先后生于吾乎？是故无贵无贱，无长无少，道之所存，师之所存也。

嗟乎！师道[5]之不传也久矣！欲人之无惑也难矣！古之圣人，其出人也远矣，犹且从师而问焉；今之众人，其下圣人也亦远矣，而耻学于师。是故圣益圣，愚益愚。圣人之所以为圣，愚人之所以为愚，其皆出于此乎？爱其子，择师而教之；于其身也，则耻师焉，惑矣。彼童子之师，授之书而习其句读[6]者，非吾所谓传其道解其惑者也。句读之不知，惑之不解，或师焉，或不焉，小学而大遗，吾未见其明也。巫医乐师百工之人[7]，不耻相师。士大夫之族，曰师曰弟子云者，则群聚而笑之。问之，则曰："彼与彼年相若也，道相似也，位卑则足羞，官盛则近谀。"呜呼！师道之不复，可知矣。巫医乐师百工之人，君子[8]不齿，今其智乃反不能及，其可怪也欤[9]！

圣人无常师[10]。孔子师郯子、苌弘、师襄、老聃[11]。郯子之徒，其贤不及孔子，孔子曰："三人行，则必有我师。"是故弟子不必不如师，师不必贤于弟子，闻道有先后，术业有专攻[12]，如是而已。

李氏子蟠[13]，年十七，好古文，六艺经传[14]皆通习之，不拘于时，学于余。余嘉其能行古道，作《师说》以贻之。

注释

【1】学者：求学的人。

【2】道：指儒家孔孟的哲学、政治等原理、原则。受：通"授"，传授。业：泛指古代经、史、诸子之学及古文写作。

【3】闻道：出自《论语·里仁》："子曰：'朝闻道，夕死可矣。'"闻，听见，引申为懂得。道，这里作动词用，学习、从师的意思。

【4】庸：岂，哪。

【5】师道：以师为道。即学道。道，这里有风尚的意思。

【6】句读：也叫句逗。古代称文辞意尽处为句，语意未尽而须停顿处为读（逗），句号为圈，逗号为点。古代书籍上没有标点，老师教学童读书时要进行句逗的教学。读，后作"逗"。

【7】巫医：古代用祝祷、占卜等迷信方法或兼用药物医治疾病为业的人，连称为巫医。《逸周书·大聚》有关于"巫医"的记载。《论语·季氏》："人而无恒，不可以作巫医。"视其为一种低下的职业。百工：泛指手工业者。

【8】君子：古代"君子"有两层意思，一是指地位高的人，一是指品德高的人。这里用前一种意思，相当于士大夫。

【9】其可怪也欤：难道值得奇怪吗？其，语气词，起加强反问语气作用。

【10】圣人无常师：语出《论语·子张》："子贡曰：'……夫子焉不学，而亦何常师之有？'"夫子，老师，指孔子。子贡说他何处不学，又为什么要有一定的老师呢！

【11】郯子：春秋时郯国（今山东郯城一带）的国君，孔子曾向他请教过少皞氏（传说中古代帝王）时代的官职名称。苌弘：东周敬王时候的大夫，孔子曾向他请教古乐。师襄：春秋时鲁国的乐官，名襄，孔子曾向他学习弹琴。师，乐师。老聃：即老子，春秋时楚国人，思想家，道家学派创始人。孔子曾向他请教礼仪。

【12】术业有专攻：学问和技艺上各自有各自的专门研究。攻，学习，研究。

【13】李氏子蟠：李蟠，唐德宗贞元十九年（803）进士。

【14】六艺经传：六艺，指六经，即《诗》《书》《礼》《乐》《易》《春秋》六部儒家经典。经，两汉及其以前的经典。传，注解经典的著作。

本文的主旨是论述老师的作用，兼及从师学习的重要性。在论述过程中，作者批判了当时士大夫之族在从师学习问题上的愚妄态度，阐明了自己对师生关系的见解。论述时先从正面立论阐述，再从反面提出驳议，驳议时使用了对比手法，然后以孔子为例，得出强有力的结论。这篇文章表现出韩愈非凡的勇气和斗争精神，也表现出作者不顾世俗独抒己见的精神，其尊师重学的思想至今仍有较强的现实意义。

答李翊[1] 书

韩 愈

《答李翊书》是唐代文学家韩愈于唐贞元十七年（801）创作的一篇书信体论说文。李翊曾向韩愈请教写文章的技巧，韩愈写了这篇文章作答。文章比较系统地阐述了作者的文学观，认为文章的思想内容决定表现形式，所谓"气盛则言宜"；同时结合自己的写作实践具体指出，写好文章的基本条件是要不断加强学习和修养，无望其速成，不诱于势利，树立立言的志向，并且要注意修改、求新，"惟陈言之务去"。

六月二十六日，愈白：李生足下：生之书辞甚高，而其问何下而恭[2]也。能如是，谁不欲告生以其道？道德之归也有日矣，况其外之文[3]乎？抑愈所谓望孔子之门墙而不入于其宫者[4]，焉足以知是且非邪？虽然，不可不为生言之。

生所谓立言[5]者，是也；生所为者与所期者，甚似而几矣。抑不知生之志蕲[6]胜于人而取于人邪？将蕲至于古之立言者邪？蕲胜于人而取于人，则固胜于人而可取于人矣！将蕲至于古之立言者，则无望其速成，无诱于势利[7]，养其根而俟其实[8]，加其膏而希其光。根之茂者其实遂[9]，膏之沃者其光晔[10]。仁义之人，其言蔼如[11]也。

抑又有难者：愈之所为，不自知其至犹未也；虽然，学之二十余年矣。始者，非三代两汉之书不敢观，非圣人之志不敢存。处若忘，行若遗，俨乎其若思，茫乎其若迷。当其取于心而注于手也，惟陈言之务去[12]，戛戛[13]乎其难哉！其观于人，不知其非笑之为非笑也。如是者亦有年，犹不改。然后识古书之正伪，与虽正而不至焉者，昭昭然[14]白黑分矣，而务去之，乃徐有得也。当其取于心而注于手也，汩汩然[15]来矣。其观于人也，笑之则以为喜，誉之则以为忧，以其犹有人之说[16]者存也。如是者亦有年，然后浩乎其沛然矣。吾又惧其杂也，迎而距之[17]，平心而察之，其皆醇也，然后肆焉。虽然，不可以不养[18]也，行之乎仁义之途[19]，游之乎《诗》《书》之源[20]，无迷其途，无绝其源，终吾身而已矣。气，水也；言，浮物也。水大而物之浮者大小毕浮。气之与言犹是也，气盛[21]则言之短长与声之高下者皆宜。

虽如是，其敢自谓几于成[22]乎？虽几于成，其用于人也奚取焉？虽然，待用于人者，其肖于器[23]邪？用与舍属诸人[24]。君子则不然：处心有道[25]，行己有方[26]，用则施诸人,舍则传诸其徒,垂诸文而为后世法。如是者,其亦足乐乎?其无足乐也?

有志乎古者希[27]矣,志乎古必遗乎今。吾诚乐而悲之。亟称其人,所以劝之,非敢褒其可褒而贬其可贬也[28]。问于愈者多矣,念生之言不志乎利[29],聊相为言之。愈白。

注释

【1】李翊:唐贞元十八年(802)进士,时权德舆主持礼部考试,祠部员外郎陆惨为副,韩愈荐李翊于陆惨,遂中第。

【2】下而恭:谦虚而恭敬。

【3】其外之文:作为道德之外部表现形式的文章。

【4】抑:不过,可是,转折连词。望孔子之门墙而不入于其宫:谦称自己对于圣人之道还是一个未能登堂入室的门外汉。

【5】立言:著书立说。

【6】蕲:通"祈",求,希望。

【7】诱于势利:为眼前的势利所诱惑。

【8】根:比喻道德、学问的修养。实:果实,喻立言作文。

【9】遂:长得好。

【10】沃:多,充足。晔:明亮。

【11】蔼如:和蔼温顺的样子。

【12】陈言:没有表现力的陈词滥调。务去:务必除去。

【13】戛戛:吃力的样子。

【14】昭昭然:明白清晰的样子。

【15】汩汩然:水流急速的样子,喻文思泉涌。

【16】说:同"悦",喜欢。

【17】迎而距之:试图从反面去批驳自己的文章,以检验其是否精纯。距,通"拒",抗拒,此指批驳。

【18】养:培养、充实自己。

【19】行之乎仁义之途:在儒家"仁义"之坦途上前进。

【20】游之乎《诗》《书》之源:在《诗经》《尚书》等儒家思想的源泉中遨游。

【21】气盛:指文章的思想纯正、内容丰富。

【22】几于成:几乎达到完美无缺的地步。

【23】肖于器:像一件有固定用处的器物。

【24】舍:不用。属诸人:完全取决于别人。

【25】处心有道:心中有主见,即以儒家的思想、道德来考虑问题。

【26】行己有方:行为有准则。

【27】希:同"稀",少人。

【28】非敢褒其可褒而贬其可贬:不敢随便褒奖自己认为可褒奖的人,贬斥自己认为可贬斥之人。

【29】不志乎利:用心不在于求利。

点评

韩愈是唐代古文运动的倡导者和领袖,在这封信中,他高扬儒家崇古思想的旗帜,阐述了为人与为文、立行与立言之间的关系,以及道德修养对治学为文的重要性。韩愈认为有较高的道德修养是为文的前提,德是文章的内核,文是德之载体,或者说是外在的表现形式,这一思想与他所一贯倡导的"文以载道"之说是相一致的,对后世的影响极为深远。

劝学诗

孟 郊

本诗选自《全唐诗》。

《全唐诗》是清康熙四十四年(1705),彭定求等十人奉敕编校,"得诗四万八千九百余首,凡二千二百余人",共计900卷,目录13卷。曹寅奉旨刊刻《全唐诗》,康熙四十四年(1705)三月始编,次年十月,全书即编成奏上。全书架构在明代胡震亨《唐音统鉴》和清代季振宜《唐诗》的基础上,旁采残碑、断碣、稗史、杂书,拾遗补缺,巨细靡遗。

孟郊(751—814),字东野。湖州武康(今浙江德清)人,祖籍平昌(今山东临邑东北),祖先世居洛阳。唐代著名诗人。现存诗歌500多首,以短篇的五言古诗最多,代表作有《游子吟》。有"诗囚"之称,又与贾岛齐名,人称"郊寒岛瘦"。

击石乃有火,不击元[1]无烟。
人学始知道[2],不学非自然。
万事须己运[3],他得非我贤[4]。
青春[5]须早为,岂能长[6]少年。

注释

【1】元:原本,本来。
【2】道:事物的法则、规律。这里指各种知识。
【3】运:运用。
【4】贤:才能。
【5】青春:指人的青年时期。
【6】长:长期。

点评

这首劝学诗以比喻的修辞手法说明了学习的重要性,同时发出了时不我待、青春不可能常在的感慨,自然亲切,直击灵魂,催人奋进。

偶 成

朱 熹

本诗选自《全宋诗》。

朱熹(1130—1200),字元晦,又字仲晦,号晦庵,晚称晦翁,谥文,世称朱文公。祖籍徽州府婺源县(今江西婺源),出生于南剑州尤溪(今属福建尤溪)。宋朝著名的理学家、思想家、哲学家、教育家、诗人,闽学派的代表人物,儒学集大成者,世尊称为朱子。朱熹是唯一非孔子亲传弟子而享祀孔庙,位列大成殿十二哲之人。朱熹是程颢、程颐的三传弟子李侗的学生,历任江西南康、福建漳州知府,浙东巡抚,做官清正有为,振举书院建设。官拜焕章阁待制兼侍讲,为宋宁宗讲学。朱熹著述甚多,有《四书章句集注》《太极图说解》《通书解说》《周易本义》《楚辞集注》,后人辑有《朱子大全》《朱子语类》等。其中《四书章句集注》成为钦定的教科书和科举考试的标准。

少年易老学[1]难成,一寸光阴不可轻。
未觉池塘春草梦[2],阶前梧叶已秋声。

注释

【1】学:学问,学业,事业。

【2】池塘春草梦:东晋诗人谢灵运《登池上楼诗》中有"池塘生春草,园柳变鸣禽",是歌咏南国早春的句子。

点评

这是一首劝学诗。全诗通过梦未醒、梧叶已落来比喻光阴转瞬即逝,感叹人生苦短,青春的日子容易逝去。告诫青年人学问很难成功,所以每一寸光阴都要珍惜,不能轻易放过。要抓紧时间学习,追求学业,将来才不会因虚度年华而悔恨,不因碌碌无为而蹉跎人生。

明日歌

钱 福

钱福（1461—1504），明代状元，字与谦，因家住松江鹤滩附近，自号鹤滩。南直隶松江府华亭（今上海松江）人，吴越国太祖武肃王钱镠之后。弘治三年进士第一，官翰林修撰，三年告归。诗文以敏捷见长，有名一时，根据文嘉诗文修改的《明日歌》流传甚广。著有《鹤滩集》。

明日复[1]明日，明日何其[2]多。
我生待[3]明日，万事成蹉跎[4]。
世人若[5]被明日累[6]，春去秋来老将至。
朝看水东流，暮看日西坠。
百年明日能几何？请君[7]听我明日歌。

注释

【1】复：又。
【2】何其：多么。
【3】待：等待。
【4】蹉跎：光阴虚度。
【5】若：一作"苦"。
【6】累：连累，使受害。
【7】请君：请诸位。

点评

《明日歌》自问世至今，数百年来广为世人传诵，经久不衰。它所表达的是从古到今大家一直想要杜绝的一种弊病。很多人都将"明日"当成一个借口，逃避眼下应该立刻解决的问题，而放任自己的懒惰，直到"万事成蹉跎"时才后悔不已。《明日歌》给人的启示是：世界上的许多东西都能尽力争取和失而复得，只有时间难以挽留。人的生命只有一次，时间永不回头。它七次提到"明日"，反复告诫人们要珍惜时间，不要今天的事拖明天，明天拖后天。要"今日事，今日毕"，今天才是最宝贵的，只有紧紧抓住今天，才能有充实的明天，才能有所作为，有所成就。

治学三境界

王国维

本文选自《人间词话》。

《人间词话》是国学大师王国维所著的一部文学批评著作，是其代表作，在中国诗话、词话发展史上堪称一部划时代的作品，自1908年在《国粹学报》上公开发表以来，颇受世人的青睐与关注，是晚清以来最有影响的著作之一。王国维以西方哲学、文学和美学的视野，对历代诗词名家名作做了精彩而独到的点评，并提出了独特的文学理论，观点新颖，自成体系，精义迭出。

王国维（1877—1927），初名国桢，字静安，亦字伯隅，初号礼堂，晚号观堂，又号永观，谥忠悫。浙江海宁人。他博学通儒，功力之深、治学范围之广、对学术界影响之大，为近代以来所仅见。其生平著作甚多，身后遗著收为全集者有《王忠悫公遗书》《王静安先生遗书》《王观堂先生全集》等数种。《人间词话》一书乃是王国维接受了西洋美学思想之洗礼后，以崭新的眼光对中国旧文学所做的评论，具有划时代的意义，向来极受学术界重视。

古今之成大事业、大学问者，必经过三种之境界："昨夜西风凋碧树。独上高楼，望尽天涯路。"[1]此第一境也。"衣带渐宽终不悔，为伊消得人憔悴。"[2]此第二境也。"众里寻他千百度，回头蓦见，那人正在灯火阑珊处。"[3]此第三境也。此等语皆非大词人不能道。然遽以此意解释诸词，恐为晏、欧诸公所不许也。

注释

【1】"昨夜"两句：出自晏殊《蝶恋花》："槛菊愁烟兰泣露。罗幕轻寒，燕子双飞去。明月不谙离恨苦，斜光到晓穿朱户。昨夜西风凋碧树。独上高楼，望尽天涯路。欲寄彩笺兼尺素，山长水阔知何处。"萧瑟的秋风中，游子登高望远，怀念亲人，见不到又音信难通，就如一名学者刚开始做学问时那种对知识的惆怅迷惘的心情。

【2】"衣带"二句：出自柳永《蝶恋花》："伫倚危楼风细细。望极春愁，黯黯生天际。草色烟光残照里，无言谁会凭阑意。拟把疏狂图一醉，对酒当歌，强乐还无味。衣带渐宽终不悔，为伊消得人憔悴。"王国维将此词作者误作欧阳修。沉溺于热恋中的情人对爱情的执着，人消瘦了，但绝不后悔。就如学者在追求知识的过程中所表现出的一种认定了目标就呕心沥血孜孜以求的执着精神。

【3】"众里"三句：出自辛弃疾《青玉案·元夕》："东风夜放花千树。更吹落，星如雨。宝马雕车香满路。凤箫声动，玉壶光转，一夜鱼龙舞。蛾儿雪柳黄金缕。笑语盈盈暗香去。众里寻他千百度，蓦然回首，那人却在，灯火阑珊处。"王国维引文将"蓦然回首"误作"回头蓦见"，将"却在"误作"正在"。没有千百度的上下求索，不会有瞬间的顿悟和理解。

　　王国维先生认为每个人成就大事业都要经历三个阶段：第一阶段是混沌迷茫，不知前路在何方。第二阶段是上下而求索，历尽艰苦磨难而不悔，开始见到曦微的曙光。第三阶段是豁然开朗，终于找到了事业成功的钥匙，顿时感到，答案原先以为远在天边，实则近在眼前。这三个阶段，可以概括为迷惘—求索—顿悟，细细品味，真是人生事业成功无法逾越的三个阶段，从哲学角度讲，就是人生事业成功必然经历的客观规律。王国维先生就从古代几位大词人的词作中摘引出这几段名句来形象地讲这种做学问的三境界。很明显，原来的词意大多写人间儿女私情，然而王国维先生却很巧妙地借用来讲做学问的境界，可谓一语中的，讲得非常透彻。

第六章　品行高洁

　　品行，是指一个人的行为品德。我国的传统文化，是极看重人的品格的锻炼和修养的。一个人的品格是高尚还是卑下，关系到他个人的形象，关系到社会对他的评价，自然也关系到他在社会上、历史上的地位。一个人品格的锻炼和修养，与他所处的生活环境、社会风气及所受教育的状况等情形有关。但起决定作用的还是他个人的追求、修养及所从事的社会实践活动。他必须从自己的道德品质、思想行为、人生境界、人格理想等多方面入手，甚至必须注意到自己的一言一行。如果能从总体上，特别是在关键时刻、在大是大非问题上表现出崇高的品格，他便能够获得人们崇高的评价，甚至成为万众倾仰的对象，从而对社会、对历史产生广泛而深远的影响。概括起来，我国古代文人的高洁品行主要体现在如下几个方面：

　　一是仗义执言。常言道："心善之人敢直言，嘴甜之人藏谜奸。""文死谏"是古代文人最高的荣誉。在古代文人的风骨里，以死谏来改变皇帝的规定是一种荣誉，是体现自己崇高思想的最高级形式。魏徵胸怀大志，胆识超群，以实事求是的精神大胆进谏。在他任职的几十年间，为了使大唐民富国强，先后向唐太宗进谏了两百多次。每一回，唐太宗都慎重地思考他所提的意见，尽量采纳。司马迁为李陵辩护而身受宫刑，韩愈反对迎佛骨而贬谪"八千"。古代知识分子都是抱着"为天地立心，为生民立命，为往圣继绝学，为万世开太平"的信条，他们的置个人安危于不顾，他们的仗义执言，实在是发自内心的一种崇高品格的体现。

　　二是忧时济世。古代文人经常把国家的命运、人民的苦难放在心上，总想在力所能及的情况下，为国家、为人民多做一些好事。而对黑暗的政治和那些祸国殃民的当道人物，则是怒目以对，决不因个人的利益和安危而有所退避、动摇，表现出了高度的政治责任感和难能可贵的忘我精神。李白的"乘风破浪会有时，直挂云帆济沧海"、范仲淹的"先天下之忧而忧，后天下之乐而乐"和陆游的"位卑未敢忘忧国"是典型的代表。

　　三是胸襟旷达。古代文人往往抱有"达则兼济天下，穷则独善其身"的思想品格。他们在人生的低谷时能够随缘自适，享受人生，即使迭遭政治迫害，即使面对饥寒死亡，也能泰然处之、一笑置之，达到了常人难以企及的境界。他们从不知矫情虚饰为何物，处世接物，能不拘俗套，所说所写，纯是内心思想和感情的自然流露，顺乎天性，出之自然，诚挚坦率，跌宕不羁，始终保有一颗天真烂漫的赤子之心。陶渊明辞官后"采菊东篱下，悠然见南山"，怡性田园，纵情山水。苏轼被贬后能够"也无风雨也无晴"，乐观豪放。

　　四是洁身自好。洁身自好出自《孟子·万章上》："圣人之行不同也，或远或近，或去或不去，归洁其身而已矣。"是说圣人都有一个共同的特点，就是一生清白，没有人格上的污点。古人很早就将洁身自好作为一项重要品质予以颂扬，又因为洁身与自好都含有清白自持、不同流合污的意思，逐渐将二者连用。屈原流放时说："吾闻之，新沐者必弹冠，新浴者必振衣；安能以身之察察，受物之汶汶者乎？宁赴湘流，葬于江鱼之腹中。安能以皓皓之白，而蒙世俗之尘埃乎？"周敦颐在《爱莲说》中说："予独爱莲之出淤泥而不染，濯清涟而不妖。"以及不愿"以心为形役"、不肯"为五斗米折腰，拳拳事乡里小人"而解绶去职，过起了躬耕自足的田园生活的陶渊明等人，都是典型的代表。

五是梅兰竹菊。梅兰竹菊被古代文人比喻为花草中的四君子，中国文人善于借景抒情，以物喻人，梅兰竹菊因其风骨韵致而备受文人雅士的青睐，成为中国文人独有的一种审美意象。中国古代士子愿意以梅兰竹菊比况，主要缘于它们傲霜凌寒、孤标自赏、不畏严寒的本质，符合士子所追求的高洁品格，分别被中国文人视作品格的象征。如屈原在《离骚》中就借兰来自况，晋代有阮籍、嵇康等"竹林七贤"以竹自喻，王献之更是不可一日无竹，陶渊明醉心于菊花，王维、李商隐等都留下过咏梅的佳句："君自故乡来，应知故乡事。来日绮窗前，寒梅着花未？""定定住天涯，依依向物华。寒梅最堪恨，常作去年花。"古代文人的高洁品行正是通过种植这些花草、描写这些花草而得以象征性曲折体现的。

饮 酒

陶渊明

本诗选自《陶渊明集》。

陶渊明（365 或 372—427），名潜，字渊明，又字元亮，自号"五柳先生"，私谥"靖节"，世称靖节先生，浔阳柴桑（今江西九江）人。东晋末至南朝宋初期伟大的诗人、辞赋家。曾任江州祭酒、建威参军、镇军参军、彭泽县令等职，最后一次出仕为彭泽县令，八十多天便弃职而去，从此归隐田园。他是中国第一位田园诗人，被称为"古今隐逸诗人之宗"，有《陶渊明集》。

结庐在人境，而无车马喧[1]。
问君何能尔[2]？心远地自偏。
采菊东篱下，悠然[3]见南山。
山气日夕佳，飞鸟相与[4]还。
此中有真意[5]，欲辨已忘言。

注释

【1】车马喧：指世俗交往的喧扰。
【2】君：指作者自己。何能尔：为什么能这样。尔，如此，这样。
【3】悠然：闲适淡泊的样子。
【4】相与：相交，结伴。
【5】真意：从大自然里领会到的人生真谛。

陶渊明早岁满怀建功立业的理想，几度出仕正是为了要实现匡时济世的抱负。但当他看到官场风波险恶，世俗伪诈污浊，整个社会腐败黑暗，于是便选择了洁身自好、守道固穷的道路，隐居田园，躬耕自资。此诗就是写他精神上摆脱世俗环境的干扰之后所产生的心不念名利之场、情不系权贵之门、超尘脱俗的感受。

梦游天姥吟留别

李　白

本诗选自《全唐诗》。

李白（701—762），字太白，号青莲居士，又号"谪仙人"，唐代伟大的浪漫主义诗人，被后人誉为"诗仙"，与杜甫并称为"李杜"，为了与另两位诗人李商隐与杜牧即"小李杜"区别，杜甫与李白又合称"大李杜"。祖籍陇西郡成纪县（今甘肃平凉静宁南），出生于蜀郡绵州昌隆县（今四川江油）青莲乡，一说生于西域碎叶（今吉尔吉斯斯坦托克马克）。李白生于盛唐时期，他的一生，绝大部分都在漫游中度过，游历了大半个中国。其人爽朗大方，爱饮酒作诗，喜交友。直到天宝元年（742），因道士吴筠的推荐，李白被召至长安，供奉翰林，文章风采，名震天下。后因不能见容于权贵，在京仅三年，就弃官而去，仍然继续他那漂泊四方的流浪生活。安史之乱发生的第二年（756），参加了永王李璘的幕府，不幸，永王与肃宗发生了争夺帝位的斗争，兵败之后，李白受牵累，流放夜郎。晚年漂泊东南一带，依族叔当涂县令李阳冰，不久即病逝。李白深受道家思想影响，存世诗文千余篇，代表作有《蜀道难》《行路难》《梦游天姥吟留别》《将进酒》等诗篇，有《李太白集》传世。

海客谈瀛洲[1]，烟涛微茫信难求[2]；越人[3]语天姥，云霞明灭[4]或可睹。天姥连天向天横[5]，势拔五岳掩赤城[6]。天台[7]一万八千丈，对此欲倒东南倾。

我欲因之[8]梦吴越，一夜飞度镜湖[9]月。湖月照我影，送我至剡溪[10]。谢公[11]宿处今尚在，渌水荡漾清猿啼。脚著谢公屐[12]，身登青云梯[13]。半壁见海日[14]，空中闻天鸡[15]。千岩万转路不定，迷花倚石忽已暝。熊咆龙吟殷[16]岩泉，栗深林兮惊层巅。云青青[17]兮欲雨，水澹澹兮生烟。列缺[18]霹雳，丘峦崩摧。洞天石扉，訇然中开[19]。青冥[20]浩荡不见底，日月照耀金银台[21]。霓为衣兮风为马，云之君[22]兮纷纷而来下。虎鼓瑟兮鸾回车[23]，仙之人兮列如麻。忽魂悸以魄动，恍[24]惊起而长嗟。惟觉时[25]之枕席，失向来之烟霞[26]。

世间行乐亦如此，古来万事东流水。别君去兮何时还？且放白鹿青崖间，须行即骑访名山[27]。安能摧眉折腰[28]事权贵，使我不得开心颜！

 注释

【1】海客：浪迹海上之人。瀛洲：传说中的东海仙山。《史记·封禅书》："自威、宣、燕昭使人入海求蓬莱、方丈、瀛洲。此三神山者，其傅在渤海中，去人不远。患且至则船风引而去。盖尝有至者，诸仙人及不死之药皆在焉。"

【2】烟涛：波涛渺茫，远看像烟雾笼罩的样子。微茫：景象模糊不清。信：实在。难求：难以寻访。

【3】越人：指浙江绍兴一带的人。

【4】云霞明灭：云霞忽明忽暗。

【5】向天横：遮住天空。横，遮断。

【6】势拔五岳掩赤城：山势超过五岳，遮掩住了赤城。拔，超出。赤城，山名，在今浙江天台县北，为天台山的南门，土色皆赤。

【7】天台：山名，在今浙江天台县北。《十道山川考》："天台山在台州天台县北十里，高万八千丈，周旋八百里，其山八重，四面如一。"

【8】因之：因，依据。之，代指前段越人的话。

【9】镜湖：鉴湖，在绍兴，唐朝最有名的城市湖泊。

【10】剡溪：水名，在今浙江绍兴嵊州南，曹娥江上游。

【11】谢公：指南朝绍兴诗人谢灵运。谢灵运喜欢游山。他游天姥山时，曾在剡溪居住。

【12】谢公屐：谢灵运穿的那种木屐。谢灵运游山时穿的一种特制木鞋，鞋底下安着活动的锯齿，上山时抽去前齿，下山时抽去后齿。

【13】青云梯：指直上云霄的山路。

【14】半壁见海日：上到半山腰就见到从海上升起的太阳。

【15】天鸡：古代传说，东南有桃都山，山上有棵大树，树枝绵延三千里，树上栖有天鸡，每当太阳初升，照到这棵树上，天鸡就叫起来，天下的鸡也都跟着它叫。

【16】殷：这里作动词用，震动声。

【17】青青：黑沉沉的。

【18】列缺：闪电。列，通"裂"，分裂。缺，指云的缝隙。电光从云中决裂而出，故称"列缺"。

【19】洞天石扉，訇然中开：仙府的石门，訇的一声从中间打开。洞天，神仙所居的洞府，意谓洞中别有天地。石扉，即石门。訇然，形容声音很大。

【20】青冥：青天。

【21】金银台：金银筑成的宫阙，神仙所居之处。《史记·封禅书》载：据到过蓬莱仙境的人说，那里"金银为宫阙"。郭璞《游仙诗》"神仙排云出，但见金银台"。

【22】云之君：云里的神仙。

【23】鸾回车：鸾鸟驾着车。鸾，传说中凤凰一类的鸟。回，回旋，运转。

【24】恍：恍然，猛然。

【25】觉时：醒时。

【26】失向来之烟霞：刚才梦中所见的烟雾云霞都不见了。向来，原来。烟霞，指前

面所写的仙境。

【27】且放白鹿青崖间，须行即骑访名山：暂且把白鹿放在青青的山崖间，等到要走的时候就骑上它去访问名山。须，等待。

【28】摧眉折腰：低头弯腰，即卑躬屈膝。摧眉，即低眉。陶渊明曾叹"吾不能为五斗米折腰！"

李白早年有济世的抱负，但不屑经由科举登上仕途，而希望由布衣一跃而为卿相。唐玄宗天宝元年（742），李白的朋友道士吴筠向玄宗推荐李白，玄宗于是召他到长安来。李白对这次长安之行抱有很大的希望，但他一身傲骨，不肯与权贵同流合污，在长安仅住了一年多，就被赐金放还，他那由布衣而卿相的梦幻从此完全破灭。把梦中游历天姥山的情形写成诗，留给东鲁的朋友作别。既表达自己的慨叹之情，又抒发了自己蔑视权贵的高洁之情。

爱莲说

周敦颐

本文选自《周敦颐集》。

周敦颐（1017—1073），又名周元皓，原名周敦实，字茂叔，谥号元公，道州营道楼田保（今湖南道县）人，世称濂溪先生。北宋五子之一，宋朝儒家理学思想的开山鼻祖，文学家、哲学家。著有《爱莲说》《太极图说》《通书》，后人编为《周子全书》。周敦颐所提出的无极、太极、阴阳、五行、动静、主静、至诚、无欲、顺化等理学基本概念，为后世的理学家反复讨论和发挥，构成理学范畴体系中的重要内容。

水陆草木之花，可爱者甚蕃[1]。晋陶渊明独爱菊。自李唐来，世人甚爱牡丹。予独爱莲之出淤泥[2]而不染，濯清涟而不妖[3]，中通外直，不蔓不枝[4]，香远益清，亭亭净植[5]，可远观而不可亵玩[6]焉。

予谓菊，花之隐逸者也；牡丹，花之富贵者也；莲，花之君子者也。噫！菊之爱，陶后鲜有闻。莲之爱，同予者何人？牡丹之爱，宜乎众矣[7]。

注释

【1】蕃：多。

【2】淤泥：污泥。

【3】濯：洗涤。清涟：水清而有微波，这里指清水。妖：美丽而不端庄。

【4】不蔓不枝：不生蔓，不长枝。

【5】亭亭净植：笔直、洁净地立在那里。亭亭，耸立的样子。植，树立。
【6】亵玩：玩弄。亵，亲近而不庄重。
【7】宜乎众矣：(爱牡丹的)应当有很多人吧。宜乎，当然(应该)。

《爱莲说》是我国古代散文之精品。全文119字，结构严谨，笔意超越，言简意赅，情景交融，其采用"借影"笔法，以莲自喻，有着深邃的思想内容。作者通过对莲的形象和品质的描写，歌颂了莲花坚贞的品格，写出了作者洁身自好、不甘屈服于世俗的高尚情操，表现了作者"出淤泥而不染"的高洁人格和洒落胸襟，从而与文章中所讽刺的庸人、俗人构成了鲜明的对比。

桃花庵歌

唐 寅

本诗选自《六如居士全集》。

唐寅（1470—1524），字伯虎，一字子畏，号六如居士、桃花庵主等，因寅年寅月寅日寅时生，故名唐寅。吴县（今江苏苏州）人。明代画家、书法家、诗人。唐寅自幼聪颖，能诗善画，十六岁便中秀才。三十岁时进京会试，因涉会试泄题案而被革黜，妻子改嫁，一生坎坷。后游历名山大川，以卖文鬻画闻名天下。他玩世不恭而又才华横溢，诗文擅名，与祝允明、文徵明、徐祯卿并称"江南四大才子"，画名更著，与沈周、文徵明、仇英并称"明四家"。著有《六如居士全集》，以及《骑驴归思图》《山路松声图》《事茗图》《孟蜀宫妓图》《李端端图》《秋风纨扇图》《枯槎鸲鹆图》等绘画作品。

桃花坞里桃花庵[1]，桃花庵里桃花仙。
桃花仙人种桃树，又摘[2]桃花换酒钱。
酒醒只来[3]花前坐，酒醉还来[4]花下眠。
半醒半醉[5]日复日，花落花开[6]年复年。
但愿老死花酒间，不愿鞠躬车马前。[7]
车尘马足贵者趣，酒盏花枝贫贱[8]缘。
若将富贵比贫者[9]，一在平地一在天。
若将花酒[10]比车马，他得驱驰我得闲。
别人笑我忒疯癫[11]，我笑他人[12]看不穿。
不见五陵[13]豪杰墓，无花无酒锄做田[14]。

【1】桃花庵：唐寅在桃花坞建屋，名为桃花庵。桃花坞：位于苏州金阊门外。北宋时

章粢父子在此建成别墅，后渐废为蔬圃。唐寅于此筑室，故名桃花庵。

【2】摘桃花换酒钱：拓本诗幅作"又折花枝当酒钱"。

【3】只来：拓本诗幅等作"只在"。

【4】还来：拓本诗幅作"还须"。

【5】半醒半醉：拓本诗幅作"花前花后"。

【6】花落花开：拓本诗幅作"酒醉酒醒"。

【7】但愿老死花酒间，不愿鞠躬车马前：拓本诗幅作"不愿鞠躬车马前，但愿老死花酒间"。车马，此处代指高官权贵。

【8】贫贱：拓本诗幅等作"贫者"。

【9】贫者：拓本诗幅作"贫贱"。

【10】花酒：《六如居士全集·卷一》作"贫贱"。

【11】别人：拓本诗幅作"世人"。疯颠：拓本诗幅等作"风颠"。

【12】他人：拓本诗幅作"世人"。

【13】不见：拓本诗幅作"记得"。五陵：原指汉朝的长陵、安陵、阳陵、茂陵、平陵五座皇陵，皇陵周围还环绕着富家豪族和外戚陵墓，后用来指豪门贵族。

【14】锄做田：《六如居士全集·卷一》作"锄作田"。

点评

《桃花庵歌》是明代文学家唐寅创作的一首七言古诗。此诗写于弘治十八年（1505）。这一年，上距唐寅科场遭诬仅六年。唐寅曾中过解元，后来受到科场舞弊案牵连，功名被革，在长期的生活磨炼中，看穿了功名富贵的虚幻，认为以牺牲自由为代价换取的功名富贵不能长久，遂绝意仕进，卖画度日，过着以花为朋、以酒为友的闲适生活。此诗中诗人以桃花仙人自喻，主要表达了乐于归隐、淡泊功名、不愿与世俗交接、追求闲适的生活态度。桃花因与"逃"同音而具隐者之意，更体现出追求自由、珍视个体生命价值的可贵精神。

报刘一丈[1]书

宗　臣

本文选自《宗子相集》。

宗臣（1525—1560），字子相，号方城山人，兴化（今属江苏泰州）人。南宋末年抗金名将宗泽后人，嘉靖二十九年（1550）进士，由刑部主事调吏部，以病归，筑室百花洲上，读书其中，后历吏部员外郎。杨继盛死，臣赙以金，为严嵩所恶，出为福建参议，以御倭寇功升福建提学副使，卒于任上，年仅三十六岁。诗文主张复古，与李攀龙、王世贞、谢榛、梁有誉、徐中行、吴国伦齐名，合称为"后七子"，散文成就在"后七子"中较为突出，有《宗子相集》。

数千里外，得长者时赐一书，以慰长想，即亦甚幸矣；何至更辱馈遗[2]，则不才益将何以报焉？书中情意甚殷，即长者之不忘老父，知老父之念长者深也。

至以"上下相孚[3]，才德称位"语不才[4]，则不才有深感焉。夫才德不称，固自知之矣；至于不孚之病，则尤不才为甚。

且今世之所谓孚者，何哉？日夕策马，候权者之门。门者故不入，则甘言媚词[5]，作妇人状，袖金以私之[6]。即门者持刺入[7]，而主者又不即出见；立厩中仆马之间，恶气袭衣袖，即饥寒毒热不可忍，不去也。抵暮，则前所受赠金者，出报客曰："相公倦，谢客矣！客请明日来！"即明日，又不敢不来。夜披衣坐，闻鸡鸣，即起盥栉[8]，走马抵门，门者怒曰："为谁？"则曰："昨日之客来。"则又怒曰："何客之勤也？岂有相公此时出见客乎？"客心耻之，强忍而与言曰："亡奈何矣，姑容我入！"门者又得所赠金，则起而入之；又立向[9]所立厩中。幸主者出，南面[10]召见，则惊走匍匐[11]阶下。主者曰："进！"则再拜，故迟不起；起则上所上寿金。主者故不受，则固请。主者故固不受，则又固请，然后命吏内之。则又再拜，又故迟不起；起则五六揖始出。出揖门者曰："官人幸顾我，他日来，幸[12]无阻我也！"门者答揖。大喜奔出，马上遇所交识[13]，即扬鞭语曰："适自相公家来，相公厚我，厚我！"且虚言状[14]。即所交识，亦心畏相公厚之矣。相公又稍稍语人曰："某也贤！某也贤！"闻者亦心计交赞之[15]。

此世所谓上下相孚也，长者谓仆能之乎？前所谓权门者，自岁时伏腊[16]，一刺[17]之外，即经年[18]不往也。间道经其门，则亦掩耳闭目，跃马疾走过之，若有所追逐者，斯则仆之褊[19]哉，以此常不见悦于长吏[20]，仆则愈益不顾也。每大言曰："人生有命，吾惟守分[21]尔矣。"长者闻此，得无[22]厌其为迂乎？

乡园多故[23]，不能不动客子之愁。至于长者之抱才而困，则又令我怆然[24]有感。天之与先生者甚厚，亡论[25]长者不欲轻弃之，即天意亦不欲长者之轻弃之也，幸宁心哉[26]！

注释

【1】刘一丈：刘玠，字国珍，号墀石，宗臣父宗周的老友。一，指刘玠排行第一；丈，对男性长者的尊称。

【2】辱：谦词。馈遗：赠送礼物。

【3】孚：信任，融洽。

【4】不才：自谦的称呼。

【5】甘言媚词：指说好话。

【6】袖金以私之：将金钱藏在袖中偷偷送给看门人。

【7】刺：名帖，名片。

【8】盥栉：洗脸梳头。

【9】向：从前，上次。

【10】南面：面向南，古代以坐北向南为尊位。

【11】匍匐：伏在地上。

【12】幸：希望。

【13】交识：熟识。

【14】虚言状：虚假地描述当日情状。

【15】心计交赞之：心里盘算着，交口称赞。
【16】岁时：一年四季。伏腊：指夏伏、冬腊，古代两个重要祭日。
【17】一刺：持名片拜谒一次。
【18】经年：整年。
【19】褊：心胸狭隘。
【20】不见悦于长吏：不被上司喜欢。
【21】守分：守本分。
【22】得无：该不会。
【23】多故：多变故。
【24】怆然：悲伤的样子。
【25】亡论：且不说。
【26】幸宁心哉：希望能心静。

点评

《报刘一丈书》是明代文学家宗臣创作的一篇书信体散文。文章通过一则精彩的官场现形记的特写，把所谓的"上下相孚"揭露得淋漓尽致，然后对比作者自身的行为，正面表明作者不同流合污的高尚情操。作者生活的时代，是严嵩父子掌权时期，他们权倾朝野，陷害忠良，许多士大夫在其淫威下丧失了廉耻气节，阿谀逢迎，拜谒求进，纷纷投入其门下。面对这种情况，作者借写给他父亲的朋友刘一丈的回信而批判了当时的政坛风气。所以这篇书信在当时具有极大的战斗意义，直接指斥了严氏父子专擅朝政、结党营私的罪行，深刻地揭露了当时官僚集团内部的污浊与丑恶，对后世之人面对不良社会风气时，站稳脚步、坚守节操、保持品德的完美有较高的价值。

第七章 修身养性

"修身养性，治国平天下"是中国传统文化中的一个重要内容，其思想来源于儒家学说中的"修身、齐家、治国、平天下"。所谓"修身养性"指的是自身道德修养和自律问题，道德的自律并非与生俱来，而有赖于后天的修养。《大学》里是这样介绍"修身、齐家、治国、平天下"之间的关系的："身修而后家齐，家齐而后国治，国治而后天下平。""自天子以至于庶人，壹是皆以修身为本。"可见"治国""平天下"都是以"修身养性"为前提的。修身养性的内容主要包括以下几个方面：

一是守静。儒家有云："造化之精，性天之妙，唯静观者知之，唯静养者契之，难与纷扰者道。"《孟子》也说"存其心，养其性，所以事天也"。存心、养心、养性，其实也就是修身。能修身才能"安身"，而古人认为"立命"就是要在无常的命运面前坚强地站立起来。"养"还可以"养人"，除了自养，还有养人际关系。《孟子》中有"以善服人，未有能服人者也；以善养人，然后能服天下"。"以善服人"指以威武逼迫人服从；"以善养人"指真心诚意地关心、帮助和爱护别人，使人们心悦诚服，求之不得地追随你。

二是慎独。所谓"慎独"，是指一个人在独处时也能谨慎自律，操行自守，暗室不欺。中国历代文人学士受"慎独"思想的影响颇深，都以此来砥砺标榜，作为修身进德的重要目标。如清末重臣曾国藩著名的"日课四条"，就是慎独、主敬、求仁、习劳。四条之中，慎独是根本，其他三条是枝叶。东汉时期的杨震，有人夜怀十金来见，并说："此时夜暮无知者。"杨震却说："此事天知、神知、我知、子知，何谓无知！"杨震驳"暮夜无知者"论，以慎独精神成为廉洁自律的典范。

三是慎染。古篇《墨子·所染》记载一段故事。子墨子言见染丝者而叹曰："染于苍则苍，染于黄则黄"，故"故染不可不慎也！"其实除了染丝，人也是一样，国也是一样。清朝末年，蔡公时慨于国事艰危、民生疾苦，曾与好友组成革命团体"慎所染斋"，意在不仅不要被环境腐化，还要改造环境。"慎染"，就是要见贤思齐，见不贤而内自省，主动接受良好环境的影响，涵养正气。

四是慎微。汉代哲学家王符说："慎微防萌，以断其邪。"不在小事小节上谨慎，难免在大事大节上不稳。蜀汉先主刘备将之概括为"勿以恶小而为之，勿以善小而不为"。不虑于微，始贻大患；不防于小，终累大德。白居易在杭州任刺史时，从不向民间索取任何名贵物品。想不到离任返乡，他发现自己做了一件错事，为此写了一首"检讨"诗曰："三年为刺史，饮冰复食蘖。唯向天竺山，取得两片石。此抵有千金，无乃伤清白。"临行所带，不过两片山石，可见白居易为官之清白。

五是慎初慎终。"慎初"，顾名思义，就是戒慎于事情发生之初，在思想上筑牢第一道防线，不存侥幸之心，避免误入歧途。明代王廷相讲过一个"轿夫湿鞋"的故事：轿夫爱惜自己脚下的新鞋子，"择地而蹈，兢兢恐污其履"，但是"偶一沾濡，更不复顾惜"，什么地方都踩下去了。王廷相由此感悟到,"倪一失足,将无所不至矣"。自觉不越雷池一步,行所当行,止所当止,就是慎初的意义。

慎初者不一定就能善终。所以"慎终",也是修身养性应当遵循的一条重要原则。慎终也是防止功败垂成的关键。《道德经》有言:"民之从事,常于几成而败之。慎终如始,则无败事。"换言之,若想不功败垂成,就应善始善终,善做善成。坚持二字,知易行难。毛泽东对此有着非常通俗易懂的表述:"一个人做点好事并不难,难的是一辈子做好事。"一个懂得"慎"的人,不一定就是完人;但是一个不懂得"慎"的人,却一定是"瑕人"。

六是谨言慎行。谨言慎行是指在遇事时要深思熟虑,在行动前要考虑周全。孔子说:"多闻阙疑,慎言其余,则寡尤;多见阙殆,慎行其余,则寡悔。言寡尤,行寡悔,禄在其中矣。"孔子是在教导学生要慎言慎行,言行不犯错误。"谨言"和"慎行"自古以来就是修身养性的第一大要事。它要求人们多看少说,宁守拙而不取巧,使他人无隙可乘,这就是"君子之道"。《菜根谭》说:"十语九中未必称奇,一语不中则愆尤骈集;十谋九成未必归功,一谋不成则訾议丛兴。君子所以宁默毋躁,宁拙毋巧。"这是告诉我们谨言慎行的重要性。孔子曾说:"巧言令色,鲜矣仁。"就是说,爱说漂亮话的人,不是真正的仁者。俗话说"病从口入,祸从口出""一言既出,驷马难追""一句好话三冬暖,恶语伤人六月寒"等,可以说,言谈举止对于我们每个人的人生成败和吉凶祸福的影响是非常巨大的,也是评价一个人功过是非的尺度。

周 易（节选）

《周易》,又称《易经》,是传统经典之一,为群经之首,设教之书。《汉书·艺文志》在描述《周易》的成书过程时,称"人更三圣,世历三古"。三圣,即伏羲、文王和孔子。《易经》内容包括《经》和《传》两个部分。经原名就为《周易》,主要是六十四卦和三百八十四爻,卦和爻各有说明（卦辞、爻辞）,作为占卜之用。而传含《文言》《象传》上下、《象传》上下、《系辞传》上下、《说卦传》《序卦传》《杂卦传》,共七种十篇,称之为"十翼",是孔门弟子对《周易》经文的注解和对筮占原理、功用等方面的论述。《周易》是中国传统思想文化中自然哲学与人文实践的理论根源,是中华民族思想、智慧的结晶,被誉为"大道之源"。其内容极其丰富,对中国几千年来的政治、经济、文化等各个领域都产生了极其深刻的影响。

乾为天

1. 乾卦卦象。

2. 乾卦卦辞。

元亨利贞[1]。

注释

【1】元亨利贞：意为大吉，吉占。元，大。亨，顺利通达。利，吉利。贞，占卜。

3. 乾卦爻辞。

初九：潜龙，勿用。[1]
九二：见龙在田，利见大人。[2]
九三：君子终日乾乾，夕惕若，厉，无咎。[3]
九四：或跃在渊，无咎。[4]
九五：飞龙在天，利见大人。[5]
上九：亢龙有悔。[6]
用九：见群龙无首，吉。[7]

注释

【1】初九：易卦的爻题，以"九"标示阳爻，以"六"标示阴爻。又以初、二、三、四、五、上标示从下至上各爻的顺序。就各爻在全卦中的关系而言，初、三、五为阳位，二、四、上为阴位；而二、五又分为下卦与上卦的中位，初、四分为下卦与上卦的下位，三、上分为下卦与上卦的上位。《文言》还将二看作地位，五看作天位，三看作人位。阴爻、阳爻在这些位置上的分布构成了一定的爻位关系。爻位关系是分析各爻意义的一种重要依据。潜龙，勿用：潜藏的龙，无法施展。《象》曰："潜龙勿用，阳在下也。"因为初九阳爻处在一卦的下位，所以压抑难伸。比喻君子压抑于下层，不能有所作为。

【2】见龙在田，利见大人：《象》曰："见龙在田，德普施也。"龙出现在大地上，有利于会见贵族王公。龙出现在大地上，喻指君子走出了压抑的低谷，正开始谋取能够广泛施予德泽的社会地位。见，出现。见龙，系"龙见"的倒装，犹言龙出现。在田，犹言出现在大地上。王弼说："出潜离隐，故曰'见龙'，处于地上，故曰'在田'"。德施周普，居中不偏，虽非君位，君之德也。见龙在田，爻辞以龙出潜在田，表示初九阳爻升进一步，居于下卦中位。此位象极佳，比喻君子挣脱了压抑的处境，开始步入社会生活，创造建功立业的条件。

【3】君子终日乾乾，夕惕若，厉，无咎：《象》曰："终日乾乾，反复道也。"有才德的君子始终是白天勤奋努力，夜晚戒惧反省，虽然处境艰难，但终究没有灾难。乾乾，勤奋努力。惕，警惕。若，助词，无义。厉，危险。无咎，没有灾难。本爻为阳位，居下卦之极。根据《系辞》"三与五，同功而异位，三多凶，五多功"的理论，可见本卦九三之爻，象征着君子处于既可大有作为而又充满凶险的处境之中，如能倍加勤勉戒惧，可以没有灾难。

【4】或跃在渊，无咎：《象》曰："或跃在渊，进无咎也。"龙也许跳进深渊，没有灾难。或跃在渊，九四阳爻居上卦下位，根据《系辞》"二与四，同功而异位，其善不同。二多誉，四多惧"的理论，可见本卦九四之爻，象征着处于进可取誉，退可免难的转折时

期。爻辞以龙跃深渊为喻，龙跃入深渊，退可藏身于千仞之下，进可升腾于云天之外，进退有据，潜跃由心，喻指君子处境从容，故无灾难。

【5】飞龙在天，利见大人：《象》曰："飞龙在天，大人造也。"龙飞腾在空中，有利于会见贵族王公。飞龙在天，喻君子处尊贵之位。造，朱熹说："造，犹作也。"大人造，犹言尊贵的君子大有所为，大有造化。九五之爻，居阳位，又处于上卦中位，可谓性象相合，所处得当，喻指君子处世得意，其事业如日中天。

【6】亢龙有悔：《象》曰："亢龙有悔，盈不可久也。"升腾到极限的龙会有灾祸之困。这是警诫人们盈满是不可能长久保持的。亢，王肃说："穷高曰亢。"子夏《传》："亢，极也。"悔，《系辞》："悔吝者，忧虞之象也。"亢龙有悔，以升腾到极高处的龙，喻指身居崇高地位的统治者，脱离臣民，孤高无辅，必遭灾祸。因为上九之爻，居全卦之尽头，在本卦系统中，乃是孤立无援之象。

【7】见群龙无首，吉：《象》曰："用九，天德不可为首也。"群龙出现在天空，看不出首领，吉利。用九，《乾》卦特有的爻题。汉帛书《周易》作"迵九"。迵，通。用九即为通九，犹言六爻皆九。属阳性，表示全阳爻将尽变为阴爻。天德，因《乾》卦六爻皆为九，属纯阳纯刚之性，这正是天的品德的最为集中的反映。

4. 乾卦彖[1]传。

大哉乾元[2]，万物资[3]始，乃统[4]天。云行雨施，品物流形[5]。大明终始[6]，六位时成，时乘六龙以御[7]天。乾道变化，各正性命，保合太和[8]，乃利贞[9]。首出庶物[10]，万国咸宁。

注释

【1】彖：《周易正义》："彖，断也，断定一卦之义，所以名为彖也。"

【2】乾：天。元：始，犹言创始。

【3】资：凭借，依赖。

【4】统：统率。统天，犹言统属于天。

【5】品：品类。这里用如动词，有繁殖义。品物，繁殖万物。流，这里引申为赋予。流形，赋予形体。

【6】大明：高亨说："《集解》引侯果曰：'大明，日也。'甚是。终，谓日入；始，谓日出。"

【7】御：《集解》引荀爽曰："御者，行也。"上古神话，日乘着六条飞龙拉着的车子，以羲和为御，运行在天空。

【8】保：保持。合：调整。太和：指自然界的一种普遍调顺谐和的关系。

【9】利：施利。贞：中正。《彖》《象》释贞多用此义，与经义有出入。

【10】首出庶物：当指天的功德超出万种物类。庶物，犹言万物。庶，众。

5. 乾卦象传。

天行健，君子以自强不息[1]。

潜龙勿用，阳在下也。见龙在田，德施普也。终日乾乾，反复道也。或跃在渊，进无咎也。飞龙在天，大人造也。亢龙有悔，盈不可久也。用九，天德不可为首也。

 注释

【1】天行健，君子以自强不息：天道刚健，运行不已。君子观此卦象，从而以天为法，自强不息。象，《易·乾》疏："圣人设卦以写万物之象。"《象》，易传名，十翼之一。它主要是依据卦象、爻位对卦辞、爻辞进行解释、评价、推衍。其内容贯穿着儒家政治伦理思想。行，王引之说："行，道也。天行，谓天道也。"君子，指德才兼备的人。《象辞》释卦辞，通常将卦象所表示的自然现象与人的品德行为勉强地联系起来加以阐发。

点评

乾卦是《周易》六十四卦中的首卦，是同卦（下乾上乾）相叠。乾卦象征天体，代表阳刚劲健的主动力，象征原始的生命力，充满动态的能量。天体的运行刚健不已，喻龙（德才的君子），又象征纯粹的阳和健，表示兴盛、强健。乾卦是根据万物变通的道理，以"元、亨、利、贞"为卦辞，示吉祥如意，教导人遵守天道的德行。要想成为能够发挥人性潜能、成就完美人格的君子，就要取法乾卦，效仿乾卦所象征的事物，自强不息，奋斗不止，努力学习以积累知识，提升能力，善于向别人请教来辨别是非，以宽容的态度来处世，以仁爱之心来做事。

坤为地

1. 坤卦卦象。

2. 坤卦卦辞。

元亨[1]。利牝马[2]之贞。君子有攸往[3]，先迷后得主[4]，利。西南得朋，东北丧朋。[5]安贞吉。

注释

【1】元亨：代表吉利，表示坤这一卦是吉象。
【2】牝马：牝马就是指母马。牝，指雌性。
【3】君子有攸往：指君子或是有所作为的人，准备干什么事，去某个处所，或外出远行。"攸"本意指"水行也"，使水平稳地流动，水流平稳、平缓，也指处所、地点。
【4】先迷后得主：指如果采取主动的行动，则不吉；若顺从于阳，则正得其所。"先迷后得"证明"坤"顺从"乾"，依随"乾"，才能把握正确方向，遵循正道，获取吉利。
【5】西南得朋，东北丧朋：坤卦所代表的方向为西南，西南是其本位。所以占得此卦者，西南方向可以得到朋友或是金钱。这个西南方向包括房间的西南方、城市的西南方、

版图的西南方等。而东北方向则不利,会丧失朋友或金钱,或办不成事情。

本卦辞的意思是:吉利通达。如果像雌马那样柔顺,则是吉利的。君子有所前往时,领先而走会迷路,随后而走会找到主人。如往西南方,则会得到朋友的帮助。如往东北方,则会失去朋友的帮助。如果保持现状,也是吉利的。

3. 坤卦爻辞。

初六:履霜,坚冰至[1]。
六二:直,方,大;不习,无不利[2]。
六三:含章,可贞。或从王事,无成有终[3]。
六四:括囊,无咎无誉[4]。
六五:黄裳[5],元吉。
上六:龙战于野,其血玄黄[6]。
用六[7]:利永贞。

注释

【1】履霜,坚冰至:脚下踩到了薄霜,结成坚实冰层的时令就快要到了。

【2】直,方,大:指地貌平直、方正、辽阔。习:熟悉。大地的形貌平直、方正、辽阔;虽然去到不熟悉的陌生地方,也不会有什么问题。

【3】含章:指周武王伐纣,战胜商纣王。可贞:称心如意的占卜。王事:大事,指战争。战争和祭祀在古代都是最重要的事。周武王战胜殷商,是很好的占卜。有人参与战争,虽然没有战绩,但结局却很好。

【4】括:收束,扎紧。囊:布口袋。把收成装进口袋捆好,收成不好不坏。

【5】黄裳:黄色的裙或裤。这是尊贵吉祥的标志。黄色裙裤是大吉大利的象征。

【6】玄黄:血流的样子,是说血流得很多。龙在旷野上争斗,血流遍地。

【7】用六:坤卦特有的爻名。"用六"表示坤卦的全阴爻将尽变为全阳爻。这是永久吉利的最好征兆。

4. 坤卦象传。

至哉坤元[1],万物资生,乃顺承天[2]。坤厚载物,德合无疆[3]。含弘光大[4],品物咸亨[5]。牝马[6]地类,行地无疆,柔顺利贞[7]。君子攸[8]行,先迷失道,后顺得常[9]。西南得朋,乃与类[10]行;东北丧朋,乃终有庆。安贞之吉,应地无疆。

注释

【1】至:朱熹说:"至,极也。"坤:大地。元:始,创始。

【2】乃顺承天:犹言大地顺承天道的变化而变化。承,《说文》"承,奉也。"

【3】德:《易经》常用以表示事物的形态、性质的一个哲理性概念。合:借为"迨"。《方言》:"迨,及也。"

【4】含:蕴藏。弘:深厚。光:借为"广"。

【5】品物:犹言各种物类。品,品类。咸:皆。亨:通泰。这里是生长顺畅的意思。

【6】牝马:母马,阴性之物,与地同类。

【7】柔：柔和。顺：温顺。利：便捷。贞：贞正，犹言执着。此四字讲牝马之性。所解"利贞"与经义有异。

【8】攸：所。

【9】常：常道，正路。

【10】类：《象辞》以"类"字释"朋"，取"同类为朋"之意。

5. 坤卦象传。

地势坤[1]，君子以厚德载物。

履霜坚冰，阴始凝也。驯致其道，至坚冰也。六二之动，直以方也。不习无不利，地道光也。含章可贞，以时发也。或从王事，知光大也。括囊无咎，慎不害也。黄裳元吉，文在中也。龙战于野，其道穷也。用六永贞，以大终也。[2]

注释

【1】坤：《释名·释地》："坤，顺也，上顺乾也。"大地的形势平铺舒展，顺承天道。君子观此卦象，取法于地，以深厚的德行来包容万物，承担重大的责任。

【2】此段意为："脚踏上了霜，气候变冷，冰雪即将到来"，说明阴气开始凝聚；按照这种情况发展下去，必然迎来冰雪的季节。六二爻若是出现变化的话，总是表现出正直、端正的性质。"即使不学习也不会有什么不利"，是因为地德广大，包容万物的缘故。"胸怀才华而不显露"，是要把握时机才发挥，"如果辅佐君主"，必能大显身手，一展抱负。"扎紧袋口，不说也不动，可以免遭祸患"，说明小心谨慎从事，是不会有害的。"黄色的衣服，最为吉祥"，是因为黄色代表中，行事以中道为准则，当然是吉祥的。"阴气盛极，与阳气相战于郊外"，说明阴气已经发展到尽头了。用六的爻辞说"利于永远保持中正"，即是指阴盛到了极点就会向阳转化。

点评

坤卦是《周易》六十四卦中的第二卦，是同卦（下坤上坤）相叠。坤卦象征地，顺从天。大地含弘广大，因而孕生了万物；大地广博舒展，因而万物生机盎然。这是《坤》之象。坤卦以雌马为象征，表明地道生育抚养万物，而又依天顺时，性情温顺。是以君子应当像大地一样厚其德、载其物，成就完美品德，创造完美世界。

道德经（节选）

老　子

本文选自《道德经》。

《道德经》，又称《老子》《道德真经》《五千言》《老子五千文》，为春秋时期的老子所撰写，是道家哲学思想的重要来源。《道德经》分上下两篇，原文上篇《德经》、下篇

《道经》，不分章，后改为《道经》37章在前，第38章之后为《德经》，并分为81章，是中国历史上首部完整的哲学著作。

老子，字伯阳，谥号聃，又称李耳，楚国苦县（今河南鹿邑）厉乡曲仁里人。曾做过周朝"守藏室之史"，是中国伟大的哲学家和思想家之一，道家学派的创始人，被道教尊为道祖，世界文化名人。其作品《道德经》的精华是朴素的辩证法，主张无为而治，其学说对中国哲学发展具有深刻影响。

上善若水[1]。水善利万物而不争，处众人之所恶[2]，故几于道[3]。居善地；心善渊[4]；与善仁[5]；言善信；政善治[6]；事善能；动善时[7]。夫唯不争，故无尤[8]。（第八章）

注释

【1】上善若水：这里老子以水的形象来说明圣人之道的体现者，因为圣人的言行有类于水，而水德是近于道的。上善即最善。上，最的意思。

【2】处众人之所恶：即处于众人所不愿去的地方。

【3】几于道：即接近于道。几，接近。

【4】渊：沉静，深沉。

【5】与善仁：与，指与别人相交相接。善仁，指有修养之人。

【6】政善治：为政善于治理国家，从而取得治绩。

【7】动善时：行为动作善于把握有利的时机。

【8】尤：怨咎，过失，罪过。

持而盈之[1]，不如其已[2]；揣而锐之[3]，不可长保[4]。金玉满堂，莫之能守；富贵而骄，自遗其咎[5]。功遂身退[6]，天之道[7]。（第九章）

注释

【1】持而盈之：此句意为持执盈满，自满自骄。持，手执，手捧。

【2】不如其已：不如适可而止。已，止。

【3】揣而锐之：把铁器磨得又尖又利。揣，捶击的意思。

【4】长保：长久保存。

【5】咎：过失，灾祸。

【6】功遂身退：功成名就之后，不再身居其位，而应适时退下。"身退"并不是退隐山林，而是不居功贪位。

【7】天之道：指自然规律。

五色[1]令人目盲[2]；五音[3]令人耳聋[4]；五味[5]令人口爽[6]；驰骋[7]畋猎[8]令人心发狂[9]。难得之货令人行妨[10]。是以圣人为腹不为目[11]，故去彼取此[12]。（第十二章）

【1】五色：指青、黄、赤、白、黑。此指色彩多样。

【2】目盲：比喻眼花缭乱。

【3】五音：指宫、商、角、徵、羽。这里指多种多样的音乐声。

【4】耳聋：比喻听觉不灵敏，分不清五音。

【5】五味：指酸、苦、甘、辛、咸，这里指多种多样的美味。

【6】口爽：意思是味觉失灵，生了口病。古代以"爽"为口病的专用名词。

【7】驰骋：纵横奔走，比喻纵情放荡。

【8】畋猎：打猎获取动物。畋，打猎的意思。

【9】心发狂：心旌放荡而不可制止。

【10】行妨：伤害操行。妨，妨害，伤害。

【11】为腹不为目：只求温饱安宁，而不为纵情声色之娱。"腹"在这里代表一种简朴宁静的生活方式，"目"代表一种巧伪多欲的生活方式。

【12】去彼取此：摒弃物欲的诱惑，而保持安定知足的生活。"彼"指"为目"的生活，"此"指"为腹"的生活。

曲则全，枉[1]则直，洼则盈，敝[2]则新，少则得，多则惑。是以圣人抱一[3]为天下式[4]。不自见[5]，故明[6]；不自是，故彰；不自伐[7]，故有功；不自矜，故长。夫唯不争，故天下莫能与之争。古之所谓"曲则全"者，岂虚言哉？诚全而归之。（第二十二章）

【1】枉：屈，弯曲。

【2】敝：凋敝。

【3】抱一：此意为守道。抱，守。一，即道。

【4】式：法式，范式。

【5】见：同"现"。

【6】明：彰明。

【7】伐：夸。

知人者智，自知者明。胜人者有力，自胜者强[1]。知足者富，强行[2]者有志，不失其所者久，死而不亡[3]者寿。（第三十三章）

【1】强：刚强，果决。

【2】强行：坚持不懈，持之以恒。

【3】死而不亡：身虽死而道犹存。

天下皆谓我道大[1]，似不肖[2]。夫唯大，故似不肖。若肖，久矣其细也夫！我有三宝[3]，持而保之：一曰慈，二曰俭[4]，三曰不敢为天下先。慈故能勇[5]；俭故能广[6]；不敢为天下先，故能成器长[7]。今舍慈且[8]勇，舍俭且广，舍后且先，死矣！夫慈，以战则胜[9]，以守则固。天将救之，以慈卫之。（第六十七章）

注释

【1】我道大：道即我，我即道。"我"不是老子用作自称之词。
【2】似不肖：意为不像具体的事物。一说，没有任何东西和我相似。肖，相似之意。
【3】三宝：三件法宝，或三条原则。
【4】俭：啬，保守，有而不尽用。
【5】慈故能勇：仁慈所以能勇武。
【6】俭故能广：俭啬所以能大方。
【7】器长：万物的首长。器，指万物。
【8】且：取。
【9】以战则胜：一本作"以阵则亡"。

知不知[1]，上；不知知[2]，病。夫唯病病，是以不病。圣人不病，以其病病[3]。（第七十一章）

注释

【1】知不知：一说知道却不自以为知道，一说知道自己有所不知。
【2】不知知：不知道却自以为知道。
【3】病病：把病当作病。第二个"病"为毛病、缺点之意。

天下莫柔弱于水，而攻坚强者莫之能胜，其无以易之[1]。弱之胜强，柔之胜刚，天下莫不知，莫能行。是以圣人云："受国之垢[2]，是谓社稷主；受国不祥[3]，是为天下王。"正言若反[4]。（第七十八章）

注释

【1】无以易之：意为没有什么能够代替它。易，替代，取代。
【2】受国之垢：意为承担全国的屈辱。垢，屈辱。
【3】受国不祥：意为承担全国的祸难。不祥，灾难，祸害。
【4】正言若反：正面的话好像反话一样。

《道德经》是一部哲学著作，充满了朴素的唯物主义思想，它所反映的认识论极具指导价值。在《道德经》里，老子第一个提出了"道"的概念，并赋予了全新的内涵。老子要人们敬畏大道，遵循大道和自然法则。他劝人拒绝世俗之喧嚣，守护淡泊之美好，要以道法自然为核心，在个人的修身中逐渐达到少私寡欲，在处世方面逐步达到以柔克刚、不求而得。老子这种对人与自然的关系的认识，对人与人之间关系的体悟，以及对自然规律的探讨，至今仍有积极的现实意义。

黄帝内经（节选）

本文选自《黄帝内经·素问》。

《黄帝内经》分《灵枢》《素问》两部分，起源于轩辕黄帝，后又经医家、医学理论家联合增补发展创作，一般认为集结成书于春秋战国时期。在以黄帝、岐伯、雷公对话、问答的形式阐述病机病理的同时，主张不治已病，而治未病，同时主张养生、摄生、益寿、延年。《黄帝内经》在黄老道家理论上建立了中医学上的"阴阳五行学说""脉象学说""藏象学说"等。它是中国传统医学四大经典著作之一（《黄帝内经》《难经》《伤寒杂病论》《神农本草经》），也是我国医学宝库中现存成书最早的影响极大的一部医学典籍，它奠定了人体生理、病理、诊断以及治疗的认识基础，被称为医之始祖。

昔在黄帝，生而神灵，弱而能言，幼而徇齐[1]，长而敦敏[2]，成而登天[3]。乃问于天师[4]曰：余闻上古之人，春秋[5]皆度百岁，而动作不衰；今时之人，年半百而动作皆衰者，时世异耶？人将失之耶[6]？

岐伯[7]对曰：上古之人，其知道[8]者，法[9]于阴阳[10]，和于术数[11]，食饮有节，起居有常，不妄作劳，故能形与神俱，而尽终其天年，度百岁乃去。今时之人不然也，以酒为浆，以妄为常，醉以入房，以欲竭其精，以耗散其真，不知持满[12]，不时御神[13]，务快其心，逆[14]于生乐，起居无节，故半百而衰也。

夫上古圣人之教也，下皆为之。虚邪贼风，避之有时，恬憺虚无[15]，真气从之，精神内守，病安从来？是以志闲而少欲，心安而不惧，形劳而不倦，气从以顺，各从其欲，皆得所愿。故美其食，任其服，乐其俗，高下不相慕，其民故自朴[16]。是以嗜欲不能劳其目，淫邪不能惑其心，愚智贤不肖，不惧于物，故合于道。所以能年皆度百岁而动作不衰者，以其德全不危故也。

注释

【1】徇齐：疾速，引申指敏慧，对周围事物领会得很快。徇，通"侚"，疾速。齐，速。

【2】敦敏：敦厚勤勉。
【3】成而登天：至成年之时，登上了天子之位。
【4】天师：黄帝对岐伯的尊称。
【5】春秋：年龄。
【6】人将失之耶：人们不会养生所造成的呢？
【7】岐伯：中国上古时期著名的医学家，道家名人，精于医术脉理，名震一时，后世尊称为"华夏中医始祖""医圣"。
【8】知道：知道养生之道。
【9】法：取法，效法。
【10】阴阳：中国古代哲学概念，是中国古代文明中对蕴藏在自然规律背后的、推动自然规律发展变化的根本因素的描述，是各种事物孕育、发展、成熟、衰退直至消亡的原动力，是奠定中华文明逻辑思维基础的核心要素。具有统一、对立和相互转化三个特点。
【11】和于术数：指用合适的养生方法来调和身体。
【12】持满：犹持盈，保持精气的充足饱满。
【13】御神：统驭精神。
【14】逆：违逆。
【15】恬惔虚无：指内心清闲安静而没有任何杂念。恬惔，指清闲安静；虚无，指心无杂念。
【16】朴：朴实无华。

本文通过黄帝和岐伯的对话，探讨了如何养生的问题，体现出黄老道家的思想理论。在岐伯看来，养生的关键在于"法于阴阳，和于术数"，人们只有尊重自然规律，达到"天人合一"的境界，这样才能长盛不衰。这种顺应自然、克己修身的做法不仅是养生之真谛，更体现出严于律己、修身养性的做人道理。

尚 书（节选）

《尚书》，又称《书》《书经》，是我国最早的一部历史文献汇编，它保存了商周特别是西周初期的一些重要史料，被认为是中国现存最早的史书。约成书于前5世纪。该书分为《虞书》《夏书》《商书》《周书》。战国时期总称《书》，汉代改称《尚书》，即"上古之书"。因是儒家五经之一，又称《书经》。内容主要是君王任命官员或赏赐诸侯时发布的政令，它最引人注目的思想倾向，是以天命观念解释历史兴亡，以为现实提供借鉴。这种天命观念具有理性的内核：一是敬德，二是重民。就文学而言，《尚书》是中国古代散文已经形成的标志。

来，禹！降水儆[1]予，成允[2]成功，惟汝贤。克勤于邦，克俭于家，不自满假[3]，惟汝贤。汝惟不矜[4]，天下莫与汝争能。汝惟不伐[5]，天下莫与汝争功。予懋[6]乃德，嘉乃丕[7]绩，天之历数[8]在汝躬，汝终陟元后[9]。人心惟危[10]，道心惟微[11]，惟精惟一[12]，允执厥中[13]。无稽之言勿听，弗询之谋勿庸[14]。可爱非君？可畏非民？众非元后，何戴？后非众，罔与守邦？钦[15]哉！慎乃有位，敬修其可愿，四海困穷，天禄永终。惟口出好兴戎[16]，朕言不再。（《尚书·虞书·大禹谟》）

注释

【1】降水儆：降水，洪水，大水。儆，使人警醒，不犯过错。

【2】允：信诺。

【3】满假：满，盈满；假，大。

【4】矜：自以为贤。《孔传》："自贤曰矜。"

【5】伐：自夸有功。《孔传》："自功曰伐。"

【6】懋：勉励，鼓励。

【7】丕：大。

【8】历数：指帝王相继的次序。

【9】陟元后：陟，升。元，大。后，君。大君，指天子。

【10】危：险。

【11】微：精微。

【12】精：精研。一：专一。

【13】允执厥中：言行不偏不倚，符合中正之道。允，诚信。执，操持。厥，其，那个。中，适中。

【14】询：问。庸：用。

【15】钦：恭敬。

【16】出好兴戎：口能说好说坏。《孔传》："好谓赏善，戎谓伐恶。"

点评

这段文字主要赞美了大禹的功劳和美德，同时又告诫他在今后的治国工作中应该注重什么言谈举止。很明显，这段文字不论是对大禹的赞美，还是对大禹的告诫，都体现了《尚书》敬德重民的思想内涵。这种以德治国，重视领导者个人修养的思想对后世影响深远。

德盛不狎侮[1]。狎侮君子[2]，罔[3]以尽人心；狎侮小人[4]，罔以尽其力。不役耳目[5]，百度惟贞[6]。玩人[7]丧德，玩物[8]丧志。志以道[9]宁，言以道接。不作无益害有益，功乃成；不贵异物贱用物，民乃足。犬马非其土性[10]不畜，珍禽奇兽不育于国，不宝远物，则远人格[11]；所宝惟贤，则迩人安。呜呼！夙夜罔或[12]不勤，不矜[13]细行，终累[14]大德。为山九仞，功亏一篑。允迪[15]兹，生民保厥[16]居，惟乃世王。（《尚书·周书·旅獒》）

注释

【1】狎侮：轻慢，戏弄。常用以形容人物言谈举止。狎，轻易。侮，侮慢。
【2】君子：这里指官员。
【2】罔：无，没有，不能。
【4】小人：这里指百姓。
【5】耳目：指歌舞女色。
【6】百度惟贞：《左传·昭公元年》杜预注："百度，百事之节也。"贞，正，适当。
【7】玩人：沉迷于女色。
【8】玩物：醉心于物件。
【9】道：万事万物的运行规律。
【10】土性：土生，土产。性，通"生"。
【11】格：来。
【12】夙夜罔或：夙夜，早晚。罔，无。或，有。
【13】矜：慎。
【14】累：损害。
【15】允迪：允，信。迪，施行。
【16】厥：其。

点评

本文主要体现了《尚书》"敬德"的思想精神。它告诫统治者，要注重修养，以德治国，要慎言慎行，重视贤才，不能"玩人丧德，玩物丧志"，只有这样，才能保国安民，永世长存。这种注重统治者个人道德修养的治国思想，对于今天仍有积极的借鉴意义。

论　语（节选）

孔　子

曾子[1]曰："吾日三省[2]吾身。为人谋而不忠[3]乎？与朋友交而不信[4]乎？传[5]不习乎？"（《学而》）

注释

【1】曾子：姓曾名参，字子舆，生于公元前505年，鲁国人，是被鲁国灭亡了的鄫国贵族的后代。曾参是孔子的得意门生，以孝出名。据说《孝经》就是他撰写的。
【2】三省：三省有几种解释：一是三次检查，二是从三个方面检查，三是多次检查。

其实，古代在有动作性的动词前加上数字，表示动作频率多，不必认定为三次。省，检查，察看。

【3】忠：旧注曰："尽己之谓忠。"此处指对人应当尽心竭力。

【4】信：旧注曰："信者，诚也。"以诚实之谓信。要求人们按照礼的规定相互守信，以调整人们之间的关系。

【5】传不习：传，旧注曰："受之于师谓之传。"即老师传授给自己的。习，与"学而时习之"的"习"字一样，指温习、实习、演习等。

子曰："弟子[1]入[2]则孝，出则弟[3]，谨[4]而信，泛[5]爱众，而亲仁[6]，行有余力[7]，则以学文[8]。"（《学而》）

注释

【1】弟子：一般有两种意义：一是年纪较小为人弟和为人子的人，二是指学生。这里是用第一种意义上的"弟子"。

【2】入：古代时父子分别住在不同的居处，学习则在外舍。《礼记·内则》："由命士以上，父子皆异宫。"入是入父宫，指进到父亲住处，或说在家。

【3】出：与"入"相对而言，指外出拜师学习。出则悌，是说要用悌道对待师长，也可泛指年长于自己的人。

【4】谨：寡言少语。

【5】泛：广泛的意思。

【6】仁：即仁人，有仁德之人。

【7】行有余力：指有闲暇时间。

【8】文：古代文献。主要有《诗》《书》《礼》《乐》等文化知识。

子夏[1]曰："贤贤[2]易[3]色，事父母能竭其力，事君能致其身[4]，与朋友交言而有信。虽曰未学，吾必谓之学矣。"（《学而》）

注释

【1】子夏：姓卜，名商，字子夏，孔子的学生，比孔子小44岁，生于公元前507年。孔子死后，他在魏国宣传孔子的思想主张。

【2】贤贤：第一个"贤"字作动词用，尊重的意思。贤贤即尊重贤者。

【3】易：有两种解释。一是改变的意思，此句即为尊重贤者而改变好色之心；二是轻视的意思，即看重贤德而轻视女色。

【4】致其身：这是说把生命奉献给君主。致，意为"献纳""尽力"。

子曰："君子食无求饱，居无求安，敏于事而慎于言，就[1]有道[2]而正[3]焉，可谓好学也已。"（《学而》）

 注释

【1】就：靠近，看齐。
【2】有道：指有道德的人。
【3】正：匡正，端正。

子曰："富与贵是人之所欲也，不以其道得之[1]，不处也；贫与贱是人之所恶[2]也，不以其道得之，不去也。君子去仁，恶乎[3]成名？君子无终食之间[4]违仁，造次[5]必于是，颠沛必于是。"（《里仁》）

注释

【1】不以其道得之：此句解释历来多有歧义，朱熹释为"不当得而得之"，也可读为"不以其道去之"。
【2】恶：厌恶。
【3】恶乎：在哪里。
【4】终食之间：一顿饭的时间。
【5】造次：仓促之时。

子曰："见贤思齐焉[1]，见不贤而内自省[2]也。"（《里仁》）

注释

【1】贤：贤人，有贤德的人。齐：看齐。
【2】省：反省，检查。

子曰："君子坦荡荡[1]，小人长戚戚[2]。"（《述而》）

注释

【1】坦荡荡：心胸宽广、开阔、容忍。
【2】长戚戚：经常忧愁、烦恼的样子。

曾子曰："士[1]不可以不弘毅[2]，任重而道远。仁[3]以为己任，不亦重乎？死而后已[4]，不亦远乎？"（《泰伯》）

注释

【1】士：有抱负的人。

【2】弘毅：胸怀宽广，意志坚强。
【3】仁：这里指儒家的推己及人，仁爱待人。
【4】已：结束。

子曰："岁寒[1]，然后[2]知松柏之后雕也。"（《子罕》）

注释

【1】岁寒：一年中的寒冷季节，深冬。
【2】然后：然，这样。后，以后。

子贡问曰："有一言[1]而可以终身行[2]之者乎？"子曰："其恕乎[3]！己所不欲[4]，勿施[5]于人。"（《卫灵公》）

注释

【1】一言：一个字。
【2】行：奉行。
【3】其恕乎：其，大概，也许。恕，用自己的心来推想别人的心，指儒家的推己及人，仁爱待人。
【4】欲：喜欢，想。想要（做的事）。
【5】施：施加。

孔子曰："益者三友，损者三友。友直，友谅[1]，友多闻，益矣。友便辟[2]，友善柔[3]，友便佞[4]，损矣。"（《季氏》）

注释

【1】谅：诚信。
【2】便辟：惯于走邪道。
【3】善柔：善于和颜悦色骗人。
【4】便佞：惯于花言巧语。

点评

《论语》中关于修身养性的篇目很多，这些篇目系统回答和规定了如何做一个真正的道德高尚之人。很明显，《论语》中关于修身养性论述的思想根基在于"仁"，其追求的目标是"君子"，其理想效果就是"己所不欲，勿施于人"。为了达此修身养性的目的，《论语》通过孔子与弟子的日常对话，通过浅显明了的语句，提供了很多修身的方法，其中内省养德法就是儒家自我修养的基本方法，也是儒家为人处世的根本态度。虽然时间久远，但是儒家的这些修身养性的论述和思想一直在浸润着中华民族，甚至影响着世界，有着很强的生命力和普世价值。

大 学（节选）

本文选自《大学》。

《大学》是一篇论述儒家修身治国平天下思想的散文，原是《小戴礼记》第四十二篇，相传为曾子所作，实为秦汉时儒家作品，是一部中国古代讨论教育理论的重要著作。经北宋程颢、程颐竭力尊崇，南宋朱熹又作《大学章句》，最终和《中庸》《论语》《孟子》并称"四书"。宋、元以后，《大学》成为学校官定的教科书和科举考试的必读书，对中国古代教育产生了极大的影响。

大学之道[1]，在明明德[2]，在亲民[3]，在止于[4]至善。

知止[5]而后有定，定而后能静[6]，静而后能安[7]，安而后能虑[8]，虑而后能得[9]。物有本末，事有终始。知所先后，则近道矣。

古之欲明明德于天下者，先治其国；欲治其国者，先齐其家[10]；欲齐其家者，先修其身[11]；欲修其身者，先正其心；欲正其心者，先诚其意；欲诚其意者，先致其知[12]。致知在格物[13]。物格而后知至，知至而后意诚，意诚而后心正，心正而后身修，身修而后家齐，家齐而后国治，国治而后天下平。自天子以至于庶人[14]，壹是皆以修身为本[15]。

其本乱而末[16]治者，否矣。其所厚者薄[17]，而其所薄者厚[18]，未之有也[19]。此谓知本，此谓知之至也。（第一章）

注释

【1】大学之道：大学的宗旨，大学的最终目的。大学在古代其含义有两种："博学"之态、与"小学"相对的"大人之学"。古代儿童八岁上小学，主要学习"洒扫、应对、进退、礼、乐、射、御、书、数"之类的文化课和基本的礼节。十五岁后可进入大学，开始学习伦理、政治、哲学等"穷理正心，修己治人"的学问。两种含义虽有明显的区别之处，但都有"博学"之意。道，本指道路，在这里指的是在学习政治、哲学时所掌握的规律和原则。

【2】明明德：第一个"明"是动词，彰显、发扬之意。第二个"明"是形容词，含有高尚、光辉的意思。

【3】亲民：一说是"新民"，使人弃旧因新，弃恶扬善。引导、教化人民之意。

【4】止于：处在。

【5】知止：明确目标所在。

【6】静：心不妄动。

【7】安：所处而安。

【8】虑：处事精详。

【9】得：得到成果。
【10】齐其家：将自己家庭或家族的事务安排管理得井井有条，人与人之间的关系和谐，家业繁荣的意思。
【11】修其身：锻造、修炼自己的品行和人格。
【12】致其知：让自己得到知识和智慧。
【13】格物：研究、认识世间万物。
【14】庶人：普通百姓。
【15】壹是皆以修身为本：壹是，全部都是之意。本：本源，根本。
【16】末：与"本"相对，末节之意。
【17】厚者薄：该厚待的却怠慢。
【18】薄者厚：该怠慢的反倒厚待。
【19】未之有也：宾语前置句，"未有之也"。是说还不曾有过这样的做法或是事情。

汤之《盘铭》[1]曰："苟日新[2]，日日新，又日新。"《康诰》[3]曰："作新民[4]。"《诗》[5]曰："周虽旧邦[6]，其命[7]惟新。"是故君子无所不用其极[8]。（第三章）

注释

【1】汤：历史上的商汤。《盘铭》：刻在金属器皿上的警示语言或箴言。这里的金属器皿指的是商汤的洗澡盆。
【2】苟：假如。新：本义指洗澡时除去身上污浊的东西，清洁身体，在这里是精神层面的弃旧革新。
【3】《康诰》：是《尚书》中的一篇。《尚书·周书·康诰》，是西周时周成王任命康叔治理殷商旧地民众的命令。
【4】作：激发。新民：使民新的意思，弃旧从新，弃恶从善。
【5】《诗》：此指《诗经·大雅·文王》。
【6】周：周朝。旧邦：旧有的国家。
【7】其命：在这里指周朝所秉承的天命。惟：助词，无意义。
【8】是故：因此。极：完善，极致。

点评

《大学》提出的"三纲领"（明明德、亲民、止于至善）和"八条目"（格物、致知、诚意、正心、修身、齐家、治国、平天下），强调修己是治人的前提，修己的目的是为了治国平天下，说明治国平天下和个人道德修养的一致性。《大学》全文文辞简约，内涵深刻，影响深远，主要概括总结了先秦儒家道德修养理论，以及关于道德修养的基本原则和方法，对儒家政治哲学也有系统的论述，对做人、处事、治国等有深刻的启迪性。

中 庸[1]（节选）

本文选自《中庸》。

《中庸》是一篇论述儒家人性修养的散文。原是《礼记》第三十一篇，相传为子思所作，是儒家学说经典论著。经北宋程颢、程颐极力尊崇，南宋朱熹作《中庸集注》，最终和《大学》《论语》《孟子》并称为"四书"。宋、元以后，《中庸》成为学校官定的教科书和科举考试的必读书，对中国古代教育产生了极大的影响。《中庸》提出的"五达道""三达德""慎独自修""至诚尽性"等内容，对为人处世、人性修养有重要影响。

天命[2]之谓性，率性之谓道[3]，修道之谓教[4]。道也者，不可须臾离也；可离，非道也。是故君子戒慎乎其所不睹[5]，恐惧乎其所不闻[6]。莫见乎隐[7]，莫显乎微。故君子慎其独[8]也。喜、怒、哀、乐之未发[9]，谓之中[10]。发而皆中节[11]，谓之和[12]。中也者，天下之大本[13]也。和也者，天下之达道[14]也。致[15]中和，天地位[16]焉，万物育[17]焉。（第一章）

注释

【1】中庸：据朱熹注，为不偏不倚、无过无不及之意。庸，平常。中庸之道是儒家的伦理道德准则。

【2】天：此处"天"既有"自然的天"的意蕴，也有形而上的哲学内涵。命：赋予。

【3】率性：遵循天性。道：本意为路，这里引申为规律。

【4】修道之谓教：指根据道的原则来修养自身。修，整治。教，教化。

【5】不睹：指看不到的地方。

【6】不闻：指听不到的事情。

【7】莫：没有什么比……更……。见：通"现"，显现。隐：隐蔽，暗处。

【8】独：独处。

【9】发：发动，显现。

【10】中：不偏不倚。

【11】中节：符合法度。

【12】和：指情绪平正，无乖戾之气。

【13】大本：最高的根源，即天命之性。

【14】达道：通途，通达之路，即共同之道、普遍的原则。

【15】致：达成。

【16】位：指各得其位、各得其所而不错乱。

【17】育：发育成长，生生不息。

仲尼[1]曰："君子中庸，小人反中庸。""君子之中庸也，君子而时中[2]。小人之中庸也，小人而无忌惮也。"（第二章）

注释

【1】仲尼：孔子的字。
【2】而：古书中"而"与"能"字意义相同。时中：时刻处于中因而能不偏不倚。

君子素其位[1]而行，不愿乎其外。素富贵，行乎富贵；素贫贱，行乎贫贱；素夷狄[2]，行乎夷狄；素患难，行乎患难。君子无入[3]而不自得焉。在上位，不陵[4]下；在下位，不援[5]上；正己而不求[6]于人则无怨。上不怨天，下不尤[7]人。故君子居易以俟命[8]，小人行险以徼幸[9]。子曰："射[10]有似乎君子，失诸正鹄[11]，反求诸其身。"（第十四章）

注释

【1】素其位：安于现在所处的地位。素，指平素，此处用作动词。
【2】夷狄：古时北方中原地区的居民以自己为中心，把四方其他民族都看作未开化之民族。东方的部族称作夷，西方的部族称为狄。
【3】无入：无论处于什么情况下。入，处于。
【4】陵：欺侮，欺凌。陵，通"凌"。
【5】援：攀缘。本指抓着东西往上爬，引申为投靠有势力的人，往上爬。
【6】求：苛求。
【7】尤：抱怨，怨恨，归咎。
【8】易：平地，平安，引申为平易安定之处。俟：等待。
【9】行险：冒险。徼幸：贪求非分的东西。
【10】射：指射箭。
【11】正鹄：箭靶正中的圆心。

点评

《中庸》是儒家经典"四书五经"中"四书"之一，是儒家论述人生修养境界的一部道德哲学专著，是儒家文化中个人修养的理想境界，也是为人处世的最高境界。所谓中庸之道，其实就是君子之道，就是君子模范遵守社会规则之道。所谓中，即不偏不倚；庸，即平常。"中庸"思想注重人在处世的行为及态度上的适度，要求人们时时检讨自己的行为和心态，不断地反省自己的言谈举止，辨察、修正其中的丑恶，提高自身的道德水准，以求在为人处世上达到最理想的效果！中庸之道的关键是对人的思想及精神世界的构建，重在时时刻刻对人的灵魂进行洗礼，让灵魂保持纯洁、高尚以及正直！

韩非子（节选）

韩非子

本文选自《韩非子》。

《韩非子》，战国末期韩国法家集大成者韩非的著作。此书现存五十五篇，约十余万言，大部分为韩非自己的作品。《韩非子》一书，重点宣扬了韩非法、术、势相结合的法治理论，达到了先秦法家理论的最高峰，为秦统一六国提供了理论武器，同时，也为以后的封建专制制度提供了理论根据。

韩非（约前280—前233），战国末期著名的哲学家、思想家、散文家。法家代表人物，法家学说集大成者。被后人尊称为韩非子或韩子。出生于战国末期韩国的都城新郑（今河南郑州新郑郑韩故城）。韩王（战国末期韩国君主）之子，荀子的学生。韩非精于"刑名法术之学"，"而其归本于黄老"。作为法家代表，其书传到秦国，备受秦王嬴政赏识，但遭到李斯等人的嫉妒，最终被下狱毒死。他被誉为得老子思想精髓最多的二人之一（另一人为庄周）。著有《韩非子》一书，在先秦诸子散文中独树一帜，该书重视唯物主义与效益主义思想，积极倡导君主专制主义理论，目的是为专制君主提供富国强兵的霸道思想。

凡人臣之所道成奸者有八术：一曰同床。何谓同床？曰：贵夫人，爱孺子[1]，便僻好色[2]，此人主之所惑也。托于燕处之虞[3]，乘醉饱之时，而求其所欲，此必听之术也。为人臣者内事之以金玉，使惑其主，此之谓"同床"。二曰在旁。何谓在旁？曰：优笑侏儒[4]，左右近习，此人主未命而唯唯[5]，未使而诺诺[6]，先意承旨，观貌察色以先主心者也。此皆俱进俱退，皆应皆对，一辞同轨以移主心者也。为人臣者内事之以金玉玩好，外为之行不法，使之化其主，此之谓"在旁"。三曰父兄。何谓父兄？曰：侧室公子[7]，人主之所亲爱也；大臣廷吏，人主之所与度计也。此皆尽力毕议，人主之所必听也。为人臣者事公子侧室以音声子女，收大臣廷吏以辞言，处约言事，事成则进爵益禄，以劝其心，使犯其主，此之谓"父兄"。四曰养殃。何谓养殃？曰：人主乐美宫室台池，好饰子女狗马以娱其心，此人主之殃也。为人臣者尽民力以美宫室台池，重赋敛以饰子女狗马，以娱其主而乱其心，从其所欲，而树私利其间，此谓"养殃"。五曰民萌[8]。何谓民萌？曰：为人臣者散公财以说民人[9]，行小惠以取百姓，使朝廷市井皆劝誉己，以塞其主而成其所欲，此之谓"民萌"。六曰流行。何谓流行？曰：人主者，固雍[10]其言谈，希[11]于听论议，易移以辩说。为人臣者求诸侯之辩士，养国中之能说者，使之以语其私。为巧文之言，流行之辞，示之以利势，惧之以患害，施属虚辞以坏其主，此之谓"流行"。七曰威强。何谓威强？曰：君人者，以群臣百姓为威强者也。群臣百姓之所善，则君善之；非群臣百姓之所善，则君不善之。为人臣者，聚带剑之客，养必死之士，以彰其威，明为己者必利，不为己者必死，以恐其群臣百姓而行其私，此之谓"威强"。八曰四方。何谓四方？曰：君人者，国小则事大国，兵弱则畏强兵。大国之所索，小国必听；强兵之所加，弱兵必服。为人臣者，重赋敛，尽府库，虚其国以事大国，而用其威求诱其君；甚者举兵以聚边境而制敛于内，薄者数内[12]大使以震其君，使之恐惧，此之谓"四方"。凡此八者，人臣之所以道成奸，世主所以壅劫[13]，失其所有也，不可不察焉。

注释

【1】孺子：宫妾。

【2】便僻：善于逢迎谄媚。好色：美色。

【3】燕处之虞：指君主退朝以后在后宫的安逸快乐生活。燕，通"晏"，安乐。虞，通"娱"，安逸快乐。

【4】优笑侏儒：以歌舞、诙谐取乐君主的人和身材矮小的人。侏儒，身材矮小的人，古代统治者常把这种人作为取乐的玩物。

【5】唯唯：应承的声音，表示顺从。

【6】诺诺：应承的声音，表示顺从。

【7】侧室公子：君主嫡长子以外的儿子，泛指君的叔伯或兄弟。

【8】民萌：民众。萌，通"氓"。

【9】说民人：讨好人民、百姓。说，同"悦"，取悦，讨好。

【10】雍：通"壅"，遮蔽，壅塞。

【11】希：后作"稀"，稀少。

【12】数内：屡次引进。内，同"纳"，引进。

【13】世主：当代的君主。劫：挟制。

点评

"八奸"是指封建朝廷内奸臣篡夺君权的八种手段。奸臣们的奸术虽然种类繁多，但在性质上不外乎软硬两手。"同床""在旁""父兄""养殃"，主要是利用亲情或人性喜爱美色、美味、美言的弱点，发动糖衣炮弹的攻势，使你在温柔的梦乡束手就擒。而"威强""四方"两种，则基本属于"硬"的一手，用强力恐吓逼迫你就范。韩非所讲的君主应防范的"八奸"，虽然是从"奸臣"角度作为切入点进行分析的，但同时也暗含了"君主"自身修养的问题。因此，对于今天的各级领导干部拒腐防变，不无值得借鉴的地方。俗话说，打铁还需自身硬，只有修身到位，品行提升，才能抵制住诱惑和胁迫，使"八奸"现象销声匿迹。

孟 子（节选）

孟 子

公孙丑[1]问曰："夫子加齐之卿相[2]，得行道焉[3]，虽由此霸王[4]，不异[5]矣。如此则动心否乎[6]？"孟子曰："否！我四十不动心。"曰："若是，则夫子过孟贲远矣。"[7]曰："是不难，告子先我不动心。"[8]曰："不动心有道乎？"曰："有。北宫黝之养勇也[9]，不肤桡[10]，不目逃[11]，思以一豪挫于人[12]，若挞之于市朝[13]，不受于褐宽博[14]，亦不受于万乘之君[15]；视[16]刺万乘之君，若刺褐夫[17]，无严诸侯[18]，恶声[19]至，必反[20]之。孟施舍之所养勇也[21]，曰：'视不胜犹胜也[22]；量敌而后进[23]，虑胜而后会[24]，是畏三军者也[25]。舍岂能为必胜哉[26]？能无惧而已矣[27]。'孟施舍似曾子[28]，北宫黝似子夏[29]。夫二子之勇，未知其孰贤[30]，然而孟施舍守约也[31]。昔者曾子谓子襄曰[32]：'子好[33]勇乎？吾尝闻大勇于夫子矣[34]。自反而不缩[35]，虽褐宽博，吾不惴[36]焉；自反而缩，虽千万人，吾往矣。'孟施舍之守气[37]，又不如曾子之守约也。"（《孟子·公孙丑上》）

注释

【1】公孙丑：人名，孟子弟子。

【2】夫子：古代对男子的敬称。加：（被）施加。卿相：执政的大臣。

【3】得：能够，可以。行：做，施行。道：此指孟子的政治理想、原则。焉：于是，在齐国。

【4】虽：即使。由此：凭借这样的条件。霸王：称霸称王，指成就霸业、王业。

【5】异：动词，以为奇异，奇怪。

【6】如此：像这样。动心：思想、感情因疑惑、惊恐、戒惧、急切等而起波动。否：不。

【7】若是：像这样。过：超过。孟贲：人名，战国时天下闻名的勇士。

【8】是：这。告子：人名。一说是孟子弟子，一说为墨子弟子，或说《孟子》书中的"告子"有两个。先我：在我之前。

【9】北宫黝：人名，事迹不详。清焦循《孟子正义》考证其为齐国著名勇士。养勇：培养勇气。

【10】不肤桡：肌肤被刺而不退缩。桡，本指曲木，引申弯曲、屈服。

【11】目逃：眼睛猛然受刺而避开。

【12】思：考虑，感觉。以：因为。豪：毫毛。挫：摧折。于：介词，表示被动。

【13】若：好像。挞：笞击。市朝：集市和朝廷。这里指公共场所。

【14】受：承受。这里指受挫。褐宽博：穿着粗麻做的宽大衣服的地位低贱的人。褐，用未经纺织的粗麻做成的布衣。这是当时贫苦人穿的。宽博，衣服宽大，这里指穿着宽大

外衣的人。这也是贱者的服饰。

【15】万乘：指一万辆兵车。春秋至战国时期的战争以车战为主，因此常以兵车的多少来衡量一个诸侯或卿大夫封邑的规模和实力大小。万乘之君指当时大国的君王。

【16】视：看待。

【17】若：好像。褐夫：穿粗布衣服的人，指贫贱者。

【18】无：不。严：尊敬，敬畏。

【19】恶声：指粗暴无礼的说话方式。

【20】反：使反，送回去。这个意义后来写成"返"。

【21】孟施舍：人名，事迹不详。所养勇：与"所以养勇"相同，用来培养勇气的方式。

【22】不胜：指不能战胜的对手。犹：如同。胜：指能够战胜的对手。

【23】量：衡量。敌：指对手。进：前进。与"退"相对，在战场上指军队的进退；用于指人生的状态时，指政治上得意而用于世。

【24】虑胜：指先把能否获胜都充分地算计清楚。虑，对事情进行反复深入地思考。《说文》："虑，谋思也。"会：会合。这里指交战。

【25】是：这。三军：春秋时，大国多设上、中、下三军，后来以"三军"指军队。

【26】岂：表反问语气的副词，相当于"哪里"。为：做到。

【27】无惧：没有畏惧。

【28】似：相像，类似。曾子：曾参，字子舆，春秋时鲁国人，孔子的弟子，后世称为宗圣。

【29】子夏：姓卜名商，字子夏。春秋时卫国人，孔子的学生。

【30】孰：谁，哪一个。贤：胜过，超过。

【31】然：不过。守约：所奉行的主张简易可行。守，遵守，奉行。这里指奉行的主张原则。约，简易可行。

【32】昔者：从前。子襄：人名，曾子的弟子。

【33】好：喜欢。

【34】尝：副词，曾经。大勇：超乎寻常的勇敢。夫子：此指孔子。

【35】自反：自己反省。缩：正直，指符合正当的道理、准则。

【36】惴：使恐惧不安。

【37】守气：保持勇气。

点评

"勇"并非指什么都敢做，而是要懂得什么该做、什么不该做，当道义上应当挺身而出的时候，绝不犹豫，更不会退缩；反之，不符合道义的事情，宁肯付出生命的代价也绝不去做。这才是真正的勇者。孟子使用"养勇"的表述，说明勇并非与生俱来，而是需要后天培养。遇事以道义标准自我反省，由此决定进退，进则一往无前。这需要深厚的修养，需要非凡的定力，更需要超卓的勇气。孟子所认同的这种大义凛然的精神气质，对后世士人产生了深远的影响。

"敢问夫子恶乎长？"[1]

曰："我知言[2]，我善养吾浩然[3]之气。"

"敢问何谓浩然之气？"

曰："难言也。其为气也，至大至刚，以直[4]养而无害，则塞于天地之间。其为气也，配义与道；无是，馁[5]也。是集义所生者，非义袭而取之也。行有不慊[6]于心，则馁矣。我故曰，告子[7]未尝知义，以其外之也。必有事焉，而勿正[8]，心勿忘，勿助长也。无若宋人然：宋人有闵[9]其苗之不长而揠[10]之者，芒芒然[11]归，谓其人[12]曰：'今日病[13]矣！予助苗长矣！'其子趋而往视之，苗则槁矣。天下之不助苗长者寡矣。以为无益而舍之者，不耘[14]苗者也；助之长者，揠苗者也——非徒无益，而又害之。"

"何谓知言？"

曰："诐辞[15]知其所蔽，淫辞[16]知其所陷，邪辞知其所离，遁辞[17]知其所穷。——生于其心，害于其政；发于其政，害于其事。圣人复起，必从吾言矣。"（《孟子·公孙丑上》）

注释

【1】本文是公孙丑与孟子的对话。问话的是公孙丑，回答的是孟子。恶乎：疑问代词。犹言何所。

【2】知言：谓善于辨析他人之言辞。

【3】浩然：盛大而流动的样子。

【4】直：一直。

【5】馁：没有勇气，没有力量。

【6】慊：快，痛快。

【7】告子：名不详，可能曾受教于墨子。

【8】正：止。"而勿正"即"而勿止"。

【9】闵：担心，忧愁。

【10】揠：拔。

【11】芒芒然：疲倦的样子。

【12】其人：指他家里的人。

【13】病：疲倦，劳累。

【14】耘：除草。

【15】诐辞：偏颇的言辞。

【16】淫辞：夸张、过分的言辞。

【17】遁辞：躲闪的言辞。

点评

孟子所谓的"气"既指一个人的体气，也指一个人的气势和正义感。孟子所谓的"养气"是强调人的内心修养。孟子所谓的"浩然之气"是指一个人经过以儒家的伦理道德为内涵的思想修养而达到的至大至刚、充斥天地之间的凛然正气。这是人之为人的精神气概，是儒家知识分子通过修养达到的最高境界，也是历代有骨气、有正气、有大气、有良心的人应该具备的修养。

景春[1]曰："公孙衍、张仪[2]岂不诚[3]大丈夫[4]哉？一怒而诸侯惧，安居[5]而天下熄[6]。"

孟子曰："是焉得为大丈夫乎？子未学礼乎？丈夫之冠[7]也，父命之[8]；女子之嫁也，母命之[9]，往送之门，戒之曰：'往之女[10]家，必敬必戒[11]，无违夫子[12]！'以顺为正[13]者，妾妇之道也。居天下之广居，立天下之正位，行天下之大道。[14]得志，与民由[15]之；不得志，独行其道[16]。富贵不能淫[17]，贫贱不能移[18]，威武不能屈[19]，此之谓大丈夫。"（《孟子·滕文公下》）

注释

【1】景春：与孟子同时代的人，纵横家。
【2】公孙衍：战国时期魏国人，纵横家。曾在秦国为相，又曾佩五国相印。张仪：战国时期魏国人，纵横家，秦惠王时为相，游说六国连横以服从秦国。
【3】诚：真正，确实。
【4】大丈夫：指有大志、有作为、有气节的男子。
【5】安居：安静。
【6】熄：平息，指战火熄灭，天下太平。
【7】丈夫之冠：男子举行加冠礼的时候。冠，古代男子到成年则举行加冠礼，叫作冠。古人二十岁加冠。
【8】父命之：父亲给予训导，父亲开导他。命：教导，训诲。
【9】母命之：母亲给予训导。
【10】女：同"汝"，你。
【11】必敬必戒：必，一定。敬，恭敬。戒，留神，当心，谨慎。
【12】夫子：旧时称自己的丈夫。
【13】正：正理及基本原则。
【14】居天下之广居：第一个"居"，居住。第二个"居"，居所，住宅。"广居、正位、大道：朱熹注释为：广居，仁也；正位，礼也；大道，义也。"正，正大。大道，光明的大道。
【15】由：遵循。
【16】独行其道：独自走自己的道路。独，独自。行，这里是固守、坚持的意思。道，原则，行为准则。
【17】淫：惑乱，迷惑。使动用法。
【18】移：改变，动摇。使动用法。
【19】屈：屈服。使动用法。

点评

本篇内容是孟子批驳景春关于大丈夫的错误言论的。按照孟子的标准，真正的大丈夫应该是"富贵不能淫，贫贱不能移，威武不能屈"。那么怎样做到？孟子认为必须"居天下之广居，立天下之正位，行天下之大道"。孟子关于"大丈夫"的这段名言，句句闪耀着思想和人格力量的光辉，在历史上曾经鼓励了不少志士仁人，成为他们不畏强暴、坚持正义的座右铭。

　　鱼，我所欲也；熊掌，亦我所欲也。二者不可得兼，舍鱼而取熊掌者也。生，亦我所欲也；义，亦我所欲也。二者不可得兼，舍生而取义者也。生亦我所欲，所欲有甚于生者，故不为苟得[1]也；死亦我所恶，所恶有甚于死者，故患有所不辟[2]也。如使人之所欲莫甚于生，则凡可以得生者何不用也？使人之所恶莫甚于死者，则凡可以辟患者何不为也？由是则生而有不用也，由是则可以辟患而有不为也。是故所欲有甚于生者，所恶有甚于死者。非独贤者[3]有是心也，人皆有之，贤者能勿丧[4]耳。

　　一箪[5]食，一豆[6]羹，得之则生，弗得则死。呼尔而与之[7]，行道[8]之人弗受；蹴尔[9]而与之，乞人不屑[10]也。万钟[11]则不辨礼义而受之，万钟于我何加[12]焉！为宫室[13]之美、妻妾之奉[14]、所识穷乏者得我与[15]？乡[16]为身死而不受，今为宫室之美为之；乡为身死而不受，今为妻妾之奉为之；乡为身死而不受，今为所识穷乏者得我而为之：是亦不可以已[17]乎？此之谓失其本心[18]。（《孟子·告子上》）

注释

【1】苟得：苟且取得，这里是"苟且偷生"的意思。

【2】辟：通"避"，躲避。

【3】贤者：有才德，有贤能的人。

【4】勿丧：不丧失。丧，丧失。

【5】箪：古代盛食物的圆竹器。

【6】豆：古代一种木制的盛食物的器具。

【7】呼尔而与之：呼喝着给他（吃喝）。呼尔，呼喝（轻蔑地，对人不尊重）。尔，语气助词。

【8】行道之人：（饥饿的）过路的行人。

【9】蹴：用脚踢。而：表修饰。

【10】不屑：因轻视而不肯接受。

【11】万钟：这里指高位厚禄。钟，古代的一种量器，六斛四斗为一钟。

【12】何加：有什么益处。何，介词结构，后置。

【13】宫室：住宅。

【14】奉：侍奉。

【15】穷乏者：穷人。得我：感激我。得，通"德"，感激。与，通"欤"，语气助词。

【16】乡：通"向"，原先，从前。

【17】已：停止。

【18】本心：指本性、天性、良知。

点评

孟子以"性善论"为依据,对生死观进行了深入探讨。他强调正义比生命更重要,当正义和生命不能两全时应该舍生取义。孟子主张性善,认为"羞恶之心,人皆有之",人就应该保持善良的本性,加强平时的修养及教育,不做有悖礼仪的事。他对舍生取义精神的颂扬,对"万钟则不辨礼义而受之"的批判,对后世产生了积极的影响。

孟子曰:"舜发于畎亩[1]之中,傅说[2]举于版筑[3]之间,胶鬲[4]举于鱼盐之中,管夷吾举于士[5],孙叔敖举于海[6],百里奚举于市[7]。故天将降大任于是人也,必先苦其心志,劳其筋骨,饿其体肤,空乏其行身,拂乱其所为,所以动心忍性,曾[8]益其所不能。人恒过,然后能改;困于心,衡[9]于虑,而后作;征[10]于色,发于声,而后喻。入则无法家拂[11]士,出则无敌国外患者,国恒亡。然后知生于忧患而死于安乐也。"(《孟子·告子下》)

注释

【1】畎亩:田间,田地。
【2】傅说:殷武丁时人,曾为刑徒,在傅岩筑墙,后被武丁发现,举用为相。
【3】版筑:一种筑墙工作,在两块墙版中,填入泥土夯实。
【4】胶鬲:殷纣王时人,曾以贩卖鱼、盐为生,周文王把他举荐给纣,后辅佐周武王。
【5】管夷吾:管仲。士:此处指狱囚管理者。当年齐桓公和公子纠争夺君位,公子纠失败后,管仲随他一起逃到鲁国,齐桓公知道他贤能,所以要求鲁君杀死公子纠,而把管仲押回自己处理。鲁君于是派狱囚管理者押管仲回国,结果齐桓公用管仲为宰相。
【6】孙叔敖:是春秋时楚国的隐士,隐居海边,被楚王发现后任为令尹(宰相)。
【7】百里奚举于市:春秋时的贤人百里奚,流落在楚国,秦穆公用五张羊皮的价格把他买回,任为宰相,所以说"举于市"。
【8】曾:通"增"。
【9】衡:通"横",指横塞。
【10】征:表征,表现。
【11】拂士:即辅佐的贤士。拂,通"弼",辅佐。

点评

本文是一篇论证严密、雄辩有力的说理散文。作者先列举六位经过贫困、挫折的磨炼而终于担当大任的人的事例,证明忧患可以激励人奋发有为,磨难可以促使人有新的成就。接着,作者从一个人的发展和一个国家的兴亡两个不同的角度进一步论证忧患则生、安乐则亡的道理。最后水到渠成,得出"生于忧患而死于安乐"的结论。"生于忧患而死于安乐",一反一正,一是一异,说明了同一人生哲理的两面。这不仅给人以政治道德上的启迪，更是一条具有普遍意义的人生哲理。

荀　子（节选）

荀　子

　　见善，修然必以自存也[1]；见不善，愀然[2]必以自省也。善在身，介然[3]必以自好也；不善在身，菑然[4]必以自恶也。故非[5]我而当者，吾师也；是[6]我而当者，吾友也；谄谀我者，吾贼也。故君子隆[7]师而亲友，以致恶其贼。好善无厌，受谏而能诫，虽欲无进，得乎哉[8]！小人反是，致乱而恶人之非己也，致不肖而欲人之贤己也；心如虎狼，行如禽兽，而又恶人之贼己也。谄谀者亲，谏争[9]者疏，修正为笑[10]，至忠为贼，虽欲无灭亡，得乎哉！《诗》[11]曰："噏噏呰呰[12]，亦孔[13]之哀。谋之其臧[14]，则具是违；谋之不臧，则具是依。"此之谓也。（《荀子·修身》）

注释

【1】修然：整饬的样子。存：省问。

【2】愀然：忧惧的样子。

【3】介然：坚定执着的样子。

【4】菑然：被害的样子。菑，同"灾"，害。

【5】非：指责。

【6】是：赞同。

【7】隆：尊崇。

【8】得乎哉：可能吗。

【9】诤：《集解》作"争"，据世德堂本改。

【10】笑：讥笑。

【11】引诗见《诗·小雅·小旻》。

【12】噏噏：相附和。呰呰：诋毁。

【13】孔：甚，很。

【14】臧：善，好。

点评

　　本文叙述人们对善与不善应采取的态度，指出君子隆师亲友、好善无厌，因而能够取得成功。荀子认为，为人修身养性的起点，就是对待善人、善行、善言的态度，以及对待不善之人、不善之行、不善之言的态度。见到善人、善行、善言，必定要学习到手，用以修养自身的心性；见到不善之人、不善之行、不善之言，必定以鄙视、肃杀的态度对待之，并将其作为反面教材用以自我反省。荀子这一篇言论不仅在当时社会具有一定的作用，对于当今社会也具有一定的借鉴意义。伴随着社会的不断发展，人们的物质生活水平大大提高，可是精神世界却在不断缩小。我们所需要的正是荀子所提倡的"修身"，通过"修身"来填补精神世界的空白。

人有三不祥：幼而不肯事[1]长，贱而不肯事贵，不肖而不肯事贤，是人之三不祥也。人有三必穷：为上则不能爱下，为下则好非其上，是人之一必穷也；乡则不若[2]，偝则谩之[3]，是人之二必穷也；知行浅薄[4]，曲直有以相县矣[5]，然而仁人不能推，知士不能明[6]，是人之三必穷也。人有此三数行者，以为上则必危，为下则必灭。《诗》曰[7]："雨雪瀌瀌[8]，宴然聿消[9]，莫肯下隧[10]，式[11]居屡骄。"此之谓也。（《荀子·非相》）

注释

【1】事：侍奉。
【2】乡：通"向"，面对面。若：顺，顺从。
【3】偝则谩之：偝，背向。谩，欺毁。
【4】知行浅薄：知识浅陋，德行不厚。
【5】曲直有以相县矣：辨别是非曲直的能力又与别人相差悬殊。有，通"又"。县，同"悬"。
【6】推：举荐，推崇。知：通"智"。明：尊。
【7】引诗见《诗·小雅·角弓》。
【8】雨：动词，下。瀌瀌：雪大的样子。
【9】宴：同"晏"，天晴日出。聿：语助词。
【10】隧：通"坠"，指隐退。
【11】式：语助词。

点评

本文是荀子关于吉凶的看法。他认为，人如果做了不符合自己身份和地位的事，必将限于"不祥"和"必穷"的境地。这种吉凶观已经完全摆脱了神秘主义说教，而将吉祥祸福置于人事、社会实践之上，反映了荀子唯物主义思想的一面。同时，也体现了荀子重视社会伦理道德和个人修养的儒家思想。

传习录（节选）

王守仁

本文选自《传习录》。

《传习录》，哲学著作，作者是中国明代哲学家、宋明理学中心学一派的代表人物王守仁（字伯安），世称阳明先生。此书记载了他的语录和论学书信。传习一词源出自《论语》中的"传不习乎"一语。《传习录》分三卷，上卷阐述了知行合一、格物是诚意的功夫等观点，由王阳明本人审阅；中卷有书信八篇，出自王阳明亲笔，是他晚年的著述；下卷的主要内容是致良知，提出本体功夫合一、满街都是圣人等观点。

王守仁（1472—1529），幼名云，字伯安，别号阳明。浙江绍兴府余姚县（今属浙江余姚）人，因曾筑室于会稽山阳明洞，自号阳明子，学者称之为阳明先生，亦称王阳明。明代著名的思想家、文学家、哲学家和军事家，陆王心学之集大成者，精通儒家、道家、佛家。弘治十二年（1499年）进士，历任刑部主事、贵州龙场驿丞、庐陵知县、右佥都御史、南赣巡抚、两广总督等职，晚年官至南京兵部尚书、都察院左都御史。因平定宸濠之乱军功而被封为新建伯，隆庆年间追赠新建侯。谥文成，故后人又称王文成公。与孔子、孟子、朱熹并称为"孔、孟、朱、王"。王守仁的学说思想"王学（阳明学）"，是明代影响最大的哲学思想，曾传至日本、朝鲜半岛以及东南亚。弟子极众，世称姚江学派。其文章博大昌达，行墨间有俊爽之气。有《王文成公全书》。

爱[1]因未会[2]先生知行合一[3]之训，与宗贤、惟贤[4]往复辩论，未能决，以问于先生。先生曰："试举看。"爱曰："如今人尽有知得父当孝、兄当弟[5]者，却不能孝、不能弟，便是知与行分明是两件。"先生曰："此已被私欲隔断，不是知行的本体了。未有知而不行者。知而不行，只是未知。圣贤教人知行，正是要复那本体，不是着你只恁的便罢[6]。故《大学》[7]指个真知行与人看，说'如好好色''如恶恶臭'[8]。见好色属知，好好色属行。只见那好色时，已自好了。不是见了后，又立个心去好。闻恶臭属知，恶恶臭属行。只闻那恶臭时，已自恶了。不是闻了后，别立个心去恶。如鼻塞人虽见恶臭在前，鼻中不曾闻得，便亦不甚恶，亦只是不曾知臭。就如称某人知孝、某人知弟，必是其人已曾行孝行弟，方可称他知孝知弟。不成[9]只是晓得说些孝弟的话，便可称为知孝弟。又如知痛，必已自痛了，方知痛；知寒，必已自寒了；知饥，必已自饥了。知行如何分得开？此便是知行的本体，不曾有私意隔断的。圣人教人，必要是如此，方可谓之知。不然，只是不曾知。此却是何等紧切着实的工夫！如今苦苦定要说知行做两个，是甚么意？某要说做一个，是什么意？若不知立言宗旨，只管说一个两个，亦有甚用？"爱曰："古人说知行做两个，亦是要人见个分晓。一行[10]做知的功夫，一行做行的功夫，即功夫始有下落"。先生曰："此却失了古人宗旨也。某[11]尝说知是行的主意，行是知的功夫。知是行之始，行是知之成。若会得时，只说一个知，已自有行在；只说一个行，已自有知在。古人所以既说一个知，又说一个行者，只为世间有一种人，懵懵懂懂的任意去做，全不解思惟省察，也只是个冥行妄作[12]，所以必说个知，方才行得是。又有一种人，茫茫荡荡，悬空去思索，全不肯着实躬行，也只是个揣摸影响，所以必说一个行，方才知得真。此是古人不得已，补偏救弊的说话。若见得这个意时，即一言而足。今人却就将知行分作两件去做，以为必先知了，然后能行。我如今且去讲习讨论做知的工夫，待知得真了，方去做行的工夫。故遂终身不行，亦遂终身不知。此不是小病痛，其来已非一日矣。某今说个知行合一，正是对病的药，又不是某凿空杜撰。知行本体，原是如此。今若知得宗旨时，即说两个亦不妨，亦只是一个。若不会宗旨，便说一个，亦济得甚事？只是闲说话。"

注释

【1】爱：即徐爱（1488—1518），字曰仁，号横山，余姚（今属浙江）人。举正德进士，官南京工部郎中。从王守仁游，守仁器之。娶守仁妹为妻，英年早逝。

【2】会：理解。

【3】知行合一：由王守仁提出。即认识事物的道理与在现实中运用此道理是密不可分的。知是指良知，行是指人的实践，知与行的合一，既不是以知来吞并行，认为知便是行，也不是以行来吞并知，认为行便是知。致良知，知行合一，是阳明思想的核心。

【4】宗贤、惟贤：均为王阳明弟子。宗贤指黄绾，字宗贤，号久庵，浙江黄岩人，官至礼部尚书。惟贤指顾应祥，字惟贤，号箬溪，浙江长兴人，官至兵部侍郎。

【5】弟：悌，尊重。

【6】不是着你只恁的便罢：不是要你具体地知什么行什么就算完。恁，那样。

【7】《大学》：原为《礼记》第四十二篇，约为秦汉之际儒家作品。提出明明德、亲民、止于至善的三纲领和格物、致知、诚意、正心、修身、齐家、治国、平天下的八条目。宋代程颢、程颐兄弟从《礼记》中把它抽出，以与《论语》《孟子》《中庸》相配合。至南宋淳熙年间（1174—1189），朱熹撰《四书章句集注》，将它和《中庸》《论语》《孟子》合为"四书"。

【8】好好色：喜好美丽的女子。第一个"好"为动词。恶恶臭：厌恶污秽的气味。前一个"恶"字为动词。

【9】不成：难道。

【10】一行：一方面。

【11】某：我。

【12】冥行妄作：肆意妄为。

点评

"知行合一"正是王阳明心学的哲学命题之一，他认为知是行的开端，行则为知的完成，二者互为始末，因此行一件事之前，必先有知，行者必以知为前提，其含义深邃自不必说。本文中他为解学生疑惑时，举出两例："见好色属知，好好色属行""闻恶臭属知，恶恶臭属行"。人之五官对外界之事物有好恶之辨，乃人之属性，是知的载体，无可指责，然而，辨知后即有行，如贪恋"好色"厌弃"恶臭"的杂念、邪念乃至行为都是人之恶习、劣行的根源。这里说明了"知"唯其一，"行"有善恶之别。因此，君子欲修其德，必须"知行合一"，言行一致。

第八章 安身立命

"安身立命"作为一个成语,出自禅宗。在《景德传灯录》卷十上,有这样的记载:僧问:"学人不据地时如何?"师云:"汝向什么处安身立命?"可是"安身立命"作为一种学理,则出自儒家。孔子在《论语》中已谈到"安"。宰我觉得守丧三年似乎太长了,主张缩短一些。孔子狠狠地批评了他,申斥宰我"不仁"。孔子认为,丧礼之所以规定守丧三年,理由就在于一个"安"字。"子生三年,然后免于父母之怀。夫三年之丧,天下之通丧也。予也有三年之爱于其父母乎?"孔子所说的"安",指的是情感的安顿、精神的安顿,这是儒家讲安身立命之道的滥觞。《论语》也谈到"身"。《学而》篇写道:"曾子曰:'吾日三省吾身:为人谋而不忠乎?与朋友交而不信乎?传不习乎?'"在这里,"身"指的是人的行为践履,把精神安顿与生活实践联系在一起。关于"立",孔子的说法是"三十而立",就是确立人生的价值取向。关于"命",孔子的说法是"不知命,无以为君子也"。这里所说的"命",指的是君子应有的使命感。

在《论语》中,已分别论及安、身、立、命,但还只是一些初步的想法。到孟子这里,则形成了儒家关于安身立命之道的比较系统的说法。孟子把人性善视为安身立命之道的内在依据,而"天道诚"则是他为安身立命之道指出的超越指向。他说:"是故诚者,天之道也。思诚者,人之道也。"所谓"思诚",就是以"天"作为终极的价值目标,扮演好天民的角色,力求进入天人合一的精神境界。至于进入天人合一精神境界的路径,孟子不可能选择外求的认识路线,只能选择内求的心性修养路线,他称之为"求放心"。他指出,现实的人之所以流于不善,并非人的本心所致,而是人不肯下功夫寻回业已失掉的本心。他慨叹:连自己家的鸡犬丢失了,都知道找回来;可是自己的本心丢失了,却不知道找回来,真是一种悲哀!他对这种人的忠告是:"学问之道无他,求其放心而已矣。"

宋明理学家吸收了中国佛教哲学和道教哲学的理论思维成果,创立了儒学的新形态。他们十分重视儒家的安身立命之道,对其做出深刻的阐发,使之在学理上臻于成熟。他们倡导的"孔颜之乐""圣人气象""常惺惺""为天地立心,为生民立命""复尽天理""发明本心""致良知",都是关于儒家安身立命之道的具体说法。经过理学家的阐发,儒学不但可以治国,还可以治身和治心。儒学作为一种安身立命之学,所突出的是儒学的"内圣"层面,所解决的是人的精神生活、精神境界、精神寄托、精神安顿问题,也就是我们现在常说的精神家园问题。

一、孔颜之乐

孔子注重品德修养,主张安贫乐道,他和弟子颜回可以说是儒家安贫乐道精神的代表。在《论语·述而》中,孔子说:"饭疏食饮水,曲肱而枕之,乐亦在其中矣。"只要有粗菜淡饭可以充饥,有口水喝,弯起胳膊当枕头,靠在上面美美睡一觉,这样的人生其乐无穷,孔子已经做到不受物质环境的影响,他把功名富贵比作浮云,云聚云散只是一场虚荣梦境而已。在《论语·雍也》中，孔子赞叹颜回说："一箪食，一瓢饮，在陋巷，人不堪其忧，回也不改其乐。"这几句看起来挺简单，但是真能做到，身体力行，那就不简单了。"一箪食"就是很简单的饭，"一瓢饮"就是喝一点凉水。在这种艰苦的环境中，颜回还是不改其乐，心境淡然，这不是一般人能做到的。这就是著名的"孔颜之乐"。

孔子和颜回是怎么做到"孔颜之乐"的呢？其原因有三：一是他们已经认识到天地万物与我同体，一切都是自然而然，已经放下了"我执"，达到了"无我"的境界。二是孔子所主张的"仁道"，其实就是我们的真心本性，他所倡导和践行的伦理道德，符合我们的自性，符合天道规律，所以孔子才能达到"从心所欲不逾矩"这种天人合一的境界。所以说孔颜之乐，也是一种本性之乐，是我们自性当中流露出来的喜悦和快乐。三是孔子和颜回都有一颗悲天悯人的慈悲心，他们是以推行仁道、济世利人为人生目标，他们周游列国，只不过为了施展自己的抱负，为了利国利民，并不是为了贪图富贵荣华。

二、圣人气象

孔子是一个非常亲切的智者，不仅学术上伟大，而且具有伟大的人格魅力。孔子把"仁者爱人"之心贯穿到生命的始终，这就是他的气象。孔子的圣人气象主要体现在"不患无位，患所以立"和"与点之乐"两个方面。

孔子说："不患无位，患所以立。"人不要怕在社会上没有寻到好的位置，而应该忧患拿什么去匹配这个位置，拿什么自立于人生。人如何在社会上有意义地存在？人如何自立？这是孔子关心的核心问题。立，是儒家思想中最重要的一个概念。孔子的一生就是自立的过程。仅有知识的自立是不够的。人的境界、人的气象、人的德行，这些就像人的生命的徽章一样。孔子的魅力正在于此。颜回对孔子学说的体会是，欲罢不能。这是一种巨大的惯性、一种永恒的追求。孔子多次引用《周易》中一句话："不恒其德，或承其羞。"人要永恒地坚守自己的德行、情操。有八个字可谓是儒家哲学的灵魂："人能弘道，非道弘人。"大道自在，不选择，道自远。

孔子自立的学说，是要"立于礼"。孔子的学术系统中有三个关键词：礼，指外在的秩序；义，指内在的当然原则；仁，讲的是本源性，原初的真理。孔子讲"立于礼"，表达了两层意思：一、路在脚下；二、路在秩序中。人一来到这个世界，就要循着一定的规则前行。人应该有大志向、大气象。而人的境界需要一个逐步提升的过程，如清人张潮所说"牖中窥月，庭中望月，台上玩月"的三种境界。一步一步从一个狭隘的小天地到达登泰山而小天下的最高境界。

立于礼，就是用文的方式装饰人，就是把人往文明的方向引导。儒家认为人生就像净染与污染之间的拔河。孔子说"君子上达，小人下达"。儒家哲学讲精进力，如孔子说："譬如为山，未成一篑，止，吾止也。譬如平地，虽覆一篑，进，吾往也。"孔子不选择停止，而选择进。逝者如斯，欲罢不能，刚健有为，永远向前。

儒家不仅强调"立于礼"，而且还强调做"大人"。《周易》三才就是讲天地与人的关系。人在天地间不能自见其小，而要顶天立地才为王。"人为五行之秀，实天地之心。"中国哲学的一个根本思想是，五行之气全凝聚在人的身上，天地无心，人的心就是天地之心。中国哲学又是超越的哲学，强调人的心灵是很大的。"天行健，君子以自强不息"表达了中国人做人的道理，人只有自强不息，才能够做天地的儿子。天行健是逻辑的起点，正因为世界是创造的世界，宇宙是创造的空间。人只有不停地创造，刚健有为，生生不息，才能够德配天地，才能够真正独立于沧海横流之间。

老子哲学强调，域间有四大，道大、天大、地大、人亦大。"大曰逝，逝曰远，远曰返"，人的心灵有大可能性，大到随着天地而飘逝，才能广远，在广远的宇宙星空中回旋往返。见天上云卷云舒，看庭前花开花落。天上地下，都是你自由自在的空间。中国画中皑皑白雪中一棵竹子、大树下一个小空亭，表现的都是把最小的东西放在大背景中，不见其小，表现的是以小见大、以近追远，以有限追求无限。所以，儒家反复强调：浑然与天地同体。孟子的"万物皆备于我"，表达了整个天地的烟云都在我心中滚动的情怀。

孔子说："德不孤，必有邻。"有道而能够担当的人是不会孤独的。圣贤气象中非常重要的是，人要回归德。人要为立之气象、立之境界、立之生命而担当，不断提取生命的能量，为大道而努力。

"与点之乐"，这是儒家气象的核心内涵。《论语》当中，孔子喟然叹曰"吾与点也"时，他讲的是一种精神，在中国古代鼓舞了一代又一代人的精神。这是一种潇洒淋漓通天地的精神。他讲的不是现实的功利，而是人的生活品味、人的精神境界、人的内在气象。是一种沉着、痛快的格调。元代倪云林有诗："喟然点也宜吾与，不利虞兮奈若何。"前一句讲孔子心灵境界的广大，后一句讲项羽气象的狭隘，两者形成鲜明的对比。儒家的主流思想认为，心灵境界的开阔最重要。孔子的人生道理是："清则濯缨，浊斯濯足，自取之也。"这便是人生的大道理，随我迁移，不改其志。内心永远不变，外在的变化只是权谋之计。孔子的哲学是乐观面对人生，是快乐的哲学、快乐的人生格调。"发愤忘食，乐以忘忧，不知老之将至。""知之者不如好之者，好之者不如乐之者"。人学习外在的东西，是出于对它的热爱，使之变成自己的滋养，达到与这种境界相优游。孔子的快乐哲学是人完全融到世界中的悦适。如陶渊明诗："俯仰终宇宙，不乐复何如。"孔子："六十而耳顺，七十而从心所欲，不逾矩。"在他，外在的东西已经不构成内心的冲突，一切冲突都荡然无存，外在的要求和内在的欲望完全合为一体。这便是一个随心所欲，生命在整个世界中自由流淌的君子。

三、常惺惺

"常惺惺"本为佛教禅宗用语，意思是常常警醒自己，使内心保持清醒、莹净的状态，是禅宗中与禅定、禅悟相关的一种修持方法。两宋以来，"常惺惺"一词被理学家使用，因此染上儒学色彩，从一个禅学概念逐渐演变为儒家理学体系内部的一个概念，具有了儒佛两重性。宋代谢良佐《上蔡语录》卷中："敬是常惺惺法，心斋是事事放下，其理不同。"朱熹注："惺惺乃心不昏昧之谓。""常惺惺"的"常"就是时常、经常的意思，"惺惺"，一作"惺松"，有"清醒"的意思，二作"了慧"与"悟"，是指清醒的基础上，还要迸发出思想的火花，即能思、善思，并有所觉悟。另外，还包括唤醒、省察、思虑、恐惧、运转不停等意思。

四、为天地立心，为生民立命，为往圣继绝学，为万世开太平

"为天地立心，为生民立命，为往圣继绝学，为万世开太平"是北宋朝理学大师张载的名言。张载是凤翔郿县（今陕西眉县）横渠镇人，世称横渠先生，因此，这四句话又被当代哲学家冯友兰先生称为"横渠四句"。

"为天地立心"。在张载看来，"立心"也就是"立天理"之心，因为天理"能使天下

悦且通",从而使"天下"普遍接受仁孝之理等道德价值。在古代"天地"一词并不专指自然界。儒家经典《易传》中有一个关于天、地、人的"三才"宇宙模式,表明古人倾向于把天、地、人看作一个整体。因此,"天地"也就是"天地之间"的意思,既包括自然界,也包括个人和人间社会。因此,张载把社会含义的"天地",也称作"天下"。另外,张载在《经学理窟》一篇中说:"天无心,心都在人之心。"所以,这个"立心"的"心"就是恻隐之心,是不忍人之心,也就是孔子的"己所不欲,勿施于人",也就是仁所由出的起点。以此马一浮先生总结道:"学者之事,莫要于识仁求仁,好仁恶不仁,能如此,乃是为天地立心。"故而,"为天地立心"一句可以理解为为社会确立精神价值。

"为生民立命"。古人普遍认为"人之命,天注定",个人在命运面前无能为力。但是,张载认为,只要通过自己在道德方面的努力,人就能够在精神价值方面掌握自己的命运,从而赋予生命以意义。因此,"为生民立命"是说为民众选择正确的命运方向,确立生命的意义。

"为往圣继绝学"。"往圣",指历史上的圣人。儒家所谓圣人,其实就是指人格典范和精神领袖。理学家普遍认为,儒家圣人之学自两汉以下,而魏晋,而南北朝,而隋唐,千百年间,一直未能善续先秦儒家的学脉。因此,理学家主张要努力恢复先秦儒家的形上智慧,使天道性命(心性义理)之学,内圣成德之教,重新光显于世。所以说"为往圣继绝学",就是要恢复儒家中断了的学术传统,并且继承创新。

"为万世开太平"。周公、孔子都提出过"太平""大同"社会政治理想,甚至到北宋的一些政治家也提出过"致太平"的主张。"太平"二字与"太和"一样,都是儒家学术中最渊懿庄穆的观念。张载不但提出了要"太平",还强调要"万世太平",更是显示了他深远的视野和抱负:要为万世太平开创基业。

五、致良知

致良知是中国明代王守仁的心学主旨。语出《孟子·尽心上》:"孟子曰:'人之所不学而能者,其良能也;所不虑而知者,其良知也。孩提之童,无不知爱其亲者;及其长也,无不知敬其兄也。亲亲,仁也;敬长,义也。无他,达之天下也。'"《大学》有"致知在格物"语。王守仁认为,"致知"就是致吾心内在的良知。这里所说的"良知",既是道德意识,也指最高本体。他认为,良知人人具有,个个自足,是一种不假外力的内在力量。"致良知"就是将良知推广扩充到事事物物。"致"本身即是兼知兼行的过程,因而也就是自觉之知与推致知行合一的过程,"致良知"也就是知行合一。"良知"是"知是知非"的"知","致"是在事上磨炼,见诸客观实际。"致良知"即是在实际行动中实现良知,知行合一。"致良知"是王守仁心学的本体论与修养论直接统一的表现。

"不虑而知,良知也",意思是说,人还没经过思考和考虑,就原本知道的东西,称之为"良知"。这里,是肯定了"良知"的先验性,即还没有人的后天的经验意识的掺杂和污染,所以它十分纯粹。这就是"良知"在哲学上的本义。王守仁的"致良知",就是教人在心性修炼上,去除不良的人为经验意识,复位到人的先验的本性之中去,也就是"去人欲,存天理",也就是禅宗说的"明心见性"。"存天理,去人欲"和"致良知",是同一个意思的两种不同表达方式,都是破除感性欲望的制约之后,到达精神的自由之境。"致良知"就是"存天理,去人欲","存天理,去人欲"就是"致良知",人欲去尽,即见天理,即见良知。良知就是天理。

周 易（节选）

《易》曰："憧憧往来，朋从尔思。"[1]子曰："天下何思何虑？天下同归而殊涂，一致而百虑。天下何思何虑！日往则月来，月往则日来，日月相推而明生焉。寒往则暑来，暑往则寒来，寒暑相推而岁成焉。往者，屈也。来者，信也。屈信相感而利生焉。[2]尺蠖之屈，以求信也。龙蛇之蛰，以存身也。[3]精义入神，以致用也。利用安身，以崇德也。过此以往，未之或知也。穷神知化，德之盛也。[4]《易》曰："困于石，据于蒺藜，入于其宫，不见其妻，凶。"[5]子曰："非所困而困焉，名必辱。非所据而据焉，身必危。既辱且危，死期将至，妻其可得见耶？"[6]《易》曰："公用射隼于高墉之上，获之，无不利。"[7]子曰："隼者，禽也。弓矢者，器也；射之者，人也。君子藏器于身，待时而动，何不利之有？动而不括，是以出而有获，语成器而动者也。"[8]（《周易·易传·系辞下》）

注释

【1】本句意为：虽然往来心意不定，朋友们顺从你的想法。憧憧，心意不定。

【2】此言天道往来自然感应。同归：指同归于"一"，亦即《系辞》："天下之动，贞夫一者也。"涂：同"途"，即道路。一致：即致一。岁：年。屈：消退。信：通"伸"，进长。

【3】此言物理屈伸相感。尺蠖：昆虫。我国北方称"步曲"，南方称"造桥虫"。《说文》云："尺蠖，屈申虫也。"《方言》称为蝍蟨。此虫体细长，行动时，先屈而后伸。蛰：潜藏。

【4】言学问屈伸相感。利用安身：此"利"，当指上文"屈信相感而利生焉"之"利"，此"用"，当指"精义入神以致用也"之"用"，故"利用"，实为能达到屈伸相感、精义入神的境界，方可安身。或：有（见王引之《经传释词》）。穷尽知化：穷尽神道，通晓变化。神，阴阳不测。化，变化。

【5】引《困》六三爻辞。其意为：被石头所困，又被蒺藜占据，进入宫室，不见他的妻子，凶。

【6】非所困而困：是释"困于石"。困，困扰。非所据而据：是释"据于蒺藜"。据，占据。

【7】引《解》卦上爻辞。其意为：某公在高墙上射中隼鸟而获之，没有什么不利的。公：古代职称。古分公、侯、伯、子、男五等。隼：鹰类鸟。墉：城墙。

【8】器：器具，此指弓矢。括：一本作"栝"。先儒多认为，古代矢头曰镞，矢末曰括，引申为结阂、结碍。"不括"即畅通自如。

点评

"尺蠖之屈，以求信也"，意思是先忍受屈辱，然后才能伸展抱负。尺蠖屈缩，以求得伸展；龙蛇蛰伏，以保存其身。精义能入于神，方可致力于运用。宜于运用以安居其身，方可以增崇其德，超过这些以求往，则有所不知，能穷尽神道，知晓变化，这才是德性隆盛的表现。这里通过尺蠖、龙蛇的生存习性，说明人不能浑浑噩噩地过日子，而是要广博地学习，精研人生哲理，才能安顿身心，提升道德修养，达到理想的人格境界。

昔者圣人之作《易》也，将以顺性命之理[1]。是以立天之道[2]，曰阴与阳；立地之道[3]，曰柔与刚；立人之道[4]，曰仁与义。兼三才[5]而两之，故《易》六画而成卦。分阴分阳，迭用柔刚，故《易》六位而成章。（《周易·易传·说卦传》）

注释

【1】将以顺性命之理：为了先探究宇宙万物的本性，发现其间的自然法则与一贯的真理，然后能颂其理以培育成就人的性命。
【2】立天之道：天的法则。
【3】立地之道：地的法则。
【4】立人之道：人的道理、法则。
【5】三才：指天、地、人。

点评

本文主要指出了天的道理以阴阳为主，地的道理为柔与刚，而人的道理便在顺从于仁、义，仁是柔的德性，义是刚的德性，二者同为一个人之所以为人的道理，而仁、义二字正是儒家思想的主要支柱，也正是儒家思想认为人之道即在此二字的原因。而天、地、人三才的两两相重，就是《周易》的内在原理，构成了我们理解《周易》思想体系的关键，体现出天、地、人高度和谐的智慧，对于今后协调人与天地自然的平衡和谐发展的关系，以及人与人、人与社会、人心与人身的平衡和谐发展的关系，具有积极的借鉴意义。

道德经（节选）

老 子

致虚极，守静笃[1]；万物并作[2]，吾以观复[3]。夫物芸芸[4]，各复归其根。归根[5]曰静，是谓复命[6]。复命曰常[7]，知常曰明[8]。不知常，妄作凶。知常容[9]，容乃公，公乃王，王乃天[10]，天乃道，道乃久，没身不殆。

注释

【1】致虚极，守静笃：虚和静都是形容人的心境是空明宁静状态，但由于外界的干

扰、诱惑，人的私欲开始活动。因此心灵蔽塞不安，所以必须"致虚"和"守静"，以期恢复心灵的清明。极、笃，意为极度、顶点。

【2】作：生长，发展，活动。

【3】复：循环往复。

【4】芸芸：茂盛，纷杂，繁多。

【5】归根：即复归于道。根，指道。

【6】复命：复归本性，重新孕育新的生命。

【7】常：指万物运动变化的永恒规律，即不变的规则。

【8】明：明白，了解。

【9】容：宽容，包容。

【10】天：指自然的天，或为自然界的代称。

点评

本文通过阐述心灵的虚寂和清静，体现了老子物我两忘、恬淡本真的哲学思想。只有静，才能使人在是非荣辱面前做到心如止水。所以说，真正的虚极和静笃是一种处世的姿态，它要求人们排除心灵主体的功利杂念，关照宇宙万物的本源，达到忘物忘我的境界，即将所有的世事和矛盾看虚看淡，在参与世事活动时既保持积极的态度，又不受世事悲欢离合、喜怒哀乐及荣辱是非的羁绊。老子这种虚静的哲学追求含有丰富的人生智慧和极其深刻的思想内涵。

论 语（节选）

孔 子

子曰："吾十有【1】五而志于学，三十而立【2】，四十而不惑【3】，五十而知天命【4】，六十而耳顺【5】，七十而从心所欲不逾矩【6】。"（《论语·为政》）

注释

【1】有：同"又"。

【2】立：立身，指能有所成就。

【3】不惑：掌握了知识，不被外界事物所迷惑。

【4】天命：上天的意旨，此指不能为人力所支配的事情。古代人认为世界上的一切都是由上天掌控的。

【5】耳顺：对此有多种解释。一般而言，指对那些于己不利的意见也能正确对待。

【6】从心所欲，不逾矩：从，遵从的意思。逾，越过。矩，规矩。

孔子在本文中自述了他学习、修养和进步的过程。这一过程，是一个随着年龄的增长思想境界逐步提高的过程。就思想境界来讲，整个过程分为三个阶段：十五岁到四十岁是学习领会的阶段；五十、六十岁是安心立命的阶段，也就是不受环境左右的阶段；七十岁是主观意识和做人的规则融合为一的阶段，在这个阶段中，道德修养达到了最高的境界。孔子的道德修养过程有合理因素：第一，他看到了人的道德修养不是一朝一夕的事，不能一下子完成，不能搞突击，要经过长时间的学习和锻炼，要有一个循序渐进的过程；第二，道德的最高境界是思想和言行的融合，自觉地遵守道德规范，而不是勉强去做。这两点对任何人都是适用的。

大　学（节选）

所谓诚其意[1]者，毋[2]自欺也。如恶恶臭[3]，如好好色[4]，此之谓自谦[5]。故君子必慎其独[6]也。小人闲居[7]为不善，无所不至，见君子而后厌然[8]，掩其不善而著其善[9]。人之视己，如见其肺肝然，则何益[10]矣。此谓诚于中[11]，形于外[12]，故君子必慎其独也。曾子曰："十目所视，十手所指，其严[13]乎！"富润屋[14]，德润身[15]，心广体胖[16]，故君子必诚其意。（《礼记·大学》）

注释

【1】诚其意：指意念真诚。
【2】毋：不要。
【3】恶恶臭：指的是讨厌恶臭的气味。
【4】好好色：喜爱容貌出众的女子。
【5】谦：心满意足的样子。
【6】慎其独：在独处时要慎重。
【7】闲居：单独在家中，独处。
【8】厌然：遮遮掩掩、躲避之意。
【9】掩：隐藏之意。著：彰显出来。
【10】益：益处，好处。
【11】中：内心。
【12】外：指外表。
【13】严：严峻，令人敬畏。
【14】润屋：装饰住所。
【15】润身：修炼自己。
【16】心广体胖：心胸宽广，身体舒适。胖，舒适之意。

 点评

　　本文主要论述了意念真诚的儒家思想，因为一个人内心世界怎么样，都会显露在外表之上。因此，作者强调要"慎独"，即君子在独处的时候一定要慎重。文章把独处时的思想活动看成是对一个人能否做到诚意的一个考验。儒学非常重视人们独处时的思想活动和表现。朱熹曾说："必谨之于此以审其几焉。""几"指的是微妙难辨，微妙难言，却蕴含着无限可能的东西。这说明独处意识是人类生活中各种实践活动中的善与恶的关键，必须特别谨慎对待。只有做到"慎独"，才能达到"德润身"，从而实现心胸宽广、体态安适的做人目的。

中　庸（节选）

　　凡为天下国家有九经[1]，曰：修身也，尊贤也，亲亲也，敬大臣也，体群臣也[2]，子庶民也，来百工也，柔远人也，怀诸侯也。修身则道立[3]，尊贤则不惑，亲亲则诸父昆弟不怨，敬大臣则不眩，体群臣则士之报礼重，子庶民则百姓劝，来百工则财用足，柔远人则四方归之，怀诸侯则天下畏之[4]。

 注释

　　【1】九经：经即常，九经就是九个常行的法则。
　　【2】敬大臣也，体群臣也：在这里的"大臣"应该是指重要的、德高望重的高官，故和"群臣"相对，不然没必要重复。正因为如此，"大臣"才是要敬重的，而群臣（一般的官员或指所有的官员，即下文的"士"）位卑而任务繁重待遇又差，因此要体恤。
　　【3】修身则道立：修身，就是要用智、仁、勇处理好君臣、父子、夫妻、兄弟、朋友的关系，修好了身，善的天性（"道"）自然得到了树立。
　　【4】怀诸侯则天下畏之：能够使诸侯归心，则天子之位稳固，天下之人自然无不畏服。

点评

　　本文主要论述了治理天下和国家有九条法则，即修养自身，尊崇贤人，爱护亲人，敬重大臣，体恤群臣，爱民如子，招纳工匠，善待远来的人，安抚诸侯。修养自身就能树立正道；尊崇贤人（有他们指点）就不会困惑；关爱亲人，亲族之人就不会有抱怨；敬重大臣就不会遇事无措；体恤群臣他们就会竭力报效；爱民如子，老百姓就会受到激励努力生产；招纳工匠，财用就会充足；善待远来之人，四方百姓就会归顺；安抚诸侯，天下的人都会敬畏。这九条法则是儒家仁爱思想在治理国家中的具体体现，是儒家思想对于执政者的理想化要求，反映了儒家重视个人修养、以德治国的精神理念。

孟 子（节选）

孟 子

孟子曰："尽其心者，知其性[1]也。知其性，则知天[2]矣。存其心，养其性，所以事天[3]也。夭寿不贰[4]，修身以俟之，所以立命[5]也。"（《孟子·尽心上》）

注释

【1】性：人的本性。
【2】天：天命。
【3】事天：对待天命的方法。
【4】夭寿不贰：指寿命长短。
【5】立命：安身立命的方法。

点评

一般认为本文是儒家"内圣学"纲领。其中，尽心、知性、知天、存心、养性、事天、修身、立命都是重要节点。十分明显，内圣是个不断前进的完整过程。尽心，就是彻底反思自己。即便是理解他人思想，认识现实问题，最终还是要落实到反思自己的言行。知性，是指认识人的善良本性，即道德之性。孟子认为，人人都有恻隐之心（不忍人之心）、羞恶之心、恭敬之心（辞让之心）、是非之心，此四心乃仁、义、礼、智之发端。"内圣"第一步就是确认仁、义、礼、智在自己心中不可或缺，让自己心中充满大爱，首先处理好五伦关系，进而办好各类社会事务。可见，孟子谈天命，谈人的本性，没有消极被动的神秘色彩，而是充满了积极主动的个体精神。对待天命，不过是保持心灵的思考，涵养人之所以为人的本性罢了；安身立命，即一心一意地进行自身修养。用我们今天的话来说，也即加强知识学习和思想修养，充实自己的心灵。

第九章　勤俭廉政

勤俭廉政，包含两个方面的内涵，一是勤政，一是廉政。勤政和廉政是中国优秀传统文化的重要组成部分。

一、勤政

勤政是古代官德的规范之一。勤政的一般含义指的是人们通常所说的"勤于政务"。它的主要内容体现在：

1. 不怕辛苦地对待政务的精神。春秋时期的《晏子春秋》中讲，勤谓"尽力守职，不怠，奉官从上不敢惰，畏上故不苟，忌罪故不辟……事君之伦也"（《晏子春秋·内篇问下》）。就是说，勤政，表现在职守上，就是勉力其事，无有懈怠。又讲："竭心力以没其身，行不逮则退，不以诬持禄。"说的同样是这个意思。荀子讲过："贯日而治详，一日而曲列之，是所使夫百吏官人为也。"（《荀子·王霸》）就是说，官员的职责是每天从早到晚要勤勤恳恳地工作，依次办好各方面的事情。墨子也认为，所谓勤政就是早上朝，晚下朝，终日埋头于政务和刑事的处理，毫不懈怠。即"蚤朝晏退，听狱治政，终朝均分而不敢怠倦"（《墨子·辞过》）。

2. 兢兢业业从事政务的行动。勤政，首先是指肯干、不惜气力，从一点一滴做起，从小事做起，从治政的需要做起。古代执政者认为，百官应当恪守职责，勤恳做事。比如《尚书·盘庚》中就有"勉出乃力"，即勤奋发挥你的力量，"各恭尔事，齐乃位"，即要恭敬对待分掌的事情，做好本职的工作。"无傲从康"，即不倨傲放肆，贪图安逸，"无戏怠"，即不嬉戏怠惰等论述。其次，勤政指官员勤奋政事要坚持不懈，始终如一。有的官员上任是三部曲：开始锐，中间缓，终则惰。惰，就是不勤政。勤政就是要始终如一地对待政事。

3. 立奋发进取之勤政志向。有了这种志向，现在不懒，将来也不懒惰。鲁共公论述勤政治国的事例就说明这个问题。据《战国策·魏策二》载，"今主君之尊，仪狄之酒也；主君之味，易牙之调也；左白台而右闾须，南威之美也；前夹林而后兰台，强台之乐也。有一于此，足以亡其国。今主君兼此四者，可无戒与！梁王称善相属"。这个故事告诉我们，治国兴邦必须勤政。只有如此，才能取信于民，长治久安。为此，必须有远大的志向。从这里看出，勤政还具有考虑未来，开拓进取的含义。

清代官员汪辉祖在《佐治药言·勤事》中称："办理幕务，最要在勤……故能勤，则佐剧亦暇，暇自心清。不勤则佐简亦忙，忙先神乱。"汪辉祖在这里从勤恳能使政事无积滞的角度讲了勤政的重要性，但勤政的重要性决不仅限于此。其他的重要性还有：

1. 勤政是官员的职业要求。在古代，做官从政也是一种职业，因为官员要以官职为生。既然做官是一种职业，那么他就应当像从事其他职业那样勤勤恳恳。官职要求官员勤奋工作，上对得起朝廷，下对得起民众。南宋官员真德秀在《西山政训》中讲："况为命吏，所受者，朝廷之爵位；所享者，下民之脂膏。一或不勤，则职业隳弛，岂不上孤朝寄，而下负民望乎？"

2. 勤政是业精、政兴的前提。业精即业务精益求精，政兴即政事兴盛。唐代韩愈讲过："业精于勤荒于嬉，行成于思毁于随。"治学是这样，治理国家从事政务又何尝不是这样呢？官员从事的政事活动，既需要有丰厚的政治、历史、哲学、法律知识，又需要有实际的操作技艺，而这些技艺有些是书本上读不到的，只能在实践中体验。从事政事，要干，除了勤奋以外没有别的办法。勤政不仅是业务精通的前提，而且是官员实现理想励精图治的基础。

3. 勤政是德政、廉政的基础，是感化百姓的秘诀。所谓德政就是关心民众的疾苦，并施以仁政。勤政所以是德政的基础在于，勤于政事能够发现民间的疾苦，并给予及时的解决。据《梁书·太祖五王》（卷22）载，梁朝的皇帝萧秀治理郢州时，发现老百姓的疾苦甚多。了解情况以后，萧秀顶住了朝廷继续征发吏民的命令，使百姓安然，境内晏然。萧秀治政之所以有成效在于他能查明弊政的原因，并认真加以解决。这就是行德政的例子。所谓廉政就是不以权位贪占财物。勤政之所以是廉政的基础，因为勤于政事往往能够戒贪，并奉公以勤，律身以俭，取信于民，因而能长治久安。而贪图财物享乐，骄奢淫逸者必然悖逆民心，导致亡政亡国。

4. 勤政可以补官员才智之不足。中国古代有"勤能补拙，俭能养廉"的谚语。宋代官员胡太初在官箴《昼帘绪论》中的《尽己》篇中，讲了官员的素质问题。一是官员与官员相比，在知识、能力和其他素质上有高低上下之分，各不相同；二是就一个官员来讲，聪明程度有限，能力有限，然而力不胜任的问题却很多。要弥补素质上的差异，要解决个人能力有限、聪明有限的问题，唯一的办法就是勤，就是常干事、多干事，不间断地干事。在干事中，不仅可以增长才干，而且可以增长智力，弥补才智之不足。

5. 勤政是对官员行为的评价。勤相对懒而言。是勤还是懒，虽然是自我的选择，但更重要的要听民众依据政绩的议论。勤政就是广大民众对于官员勤于政事的评价，也是广大民众对官员是否不务正业、荒废政事行为的评价。一个官员，如果能够勤政爱民，民众是不会忘记他的，公正的历史是不会忘记他的。民众立碑有之，史书记载者有之，官员应当留美名于人间。对此，清代官员多有议论。清代周炳麟在《公门惩劝录》（上）中讲："做官想到去之日，做人想到死之时，便当留一二好事与人间。"想到有离去之日，就要勤于政事，为民多办好事，留美名于人间。

二、廉政

中国古代廉政思想作为一种思想成果，从纵向上讲源远流长，从横向上讲，博大精深，它不仅是中国传统文化的重要组成部分，而且更是中国古代政治文明的集中反映。概括来说，廉就是与贪污受贿等道德沦丧的事情相反的清廉政治和与奢侈腐化等糜烂无道的行为相反的高效行政。

首先，清廉是为官从政的基本要求。中国历代清官廉吏无不将清廉视为从政的最宝贵的品质和最基本的要求。他们十分重视个人名节、道德品行和自我修养，始终保持清正廉洁、勤政为民的政治本色。早在《周礼》一书中就首创性地提出"六廉"，这几乎包括为官者自身修养和执政行为的各个方面。春秋战国时期《晏子春秋》一书就将清廉视为从政的根本，指出："廉者，政之本也。"孔子将"欲而不贪"作为从政的美德之一。孟子提出"可以取，可以无取，取伤廉"的清廉思想。法家代表管仲进一步提出为官的道德标准和行为规范，即"礼义廉耻"，并将为官廉洁视为"国之大维""人生大纲""仕者之德"。韩非子更是阐述了廉吏的特征，指出"所谓廉者，必生死之命也，轻恬资财也。所谓直者，义必公正，心不偏党也"。王夫之认为，为官者必须具备清廉、谨慎、勤俭三种品质，而清廉是最根本的。可以看出，古代的思想家、政治家都非常重视道德上的清廉，并将伦理范畴的"清廉"提高到政治的高度，提倡廉洁从政、清廉为官。

其次，贪污是危害无穷的社会毒瘤。中国古代非常痛恨贪污腐化行为，为此他们深刻剖析了贪污腐败现象的危害，从而为中国古代廉政建设奠定了重要的理论基础。第一，贪污腐败严重危害国家政权。"廉则兴邦，贪则亡国。"清顺治帝更是直指贪污的危害性，提出"贪官蠹国害民，最为可恨""治国安民，首在严惩贪官"。汉宣帝则指出为官不廉的危害，他说："吏不廉平则治道衰。"第二，贪污腐化严重危害社会道德风气。清代顾炎武指出，官员如果不廉洁就会干出任何可耻的事情，就会造成道德败坏毒害社会风气，甚至危害国家政权稳定。第三，贪污导致个人身败名裂，祸及家人朋友。政治家伊尹和《诗经》一书中最早指出贪污导致家毁人亡。顺治帝也曾告诫大臣说："贿聚于公则国敝，聚于私则家危。"可以看出，古人对贪污的危害早已深入理解，并且都极力斥责这种行为。

中国古代廉政建设的思想和主张主要体现在以下几个方面：

第一，强调"教以养廉"。中华民族由于深受儒家教化思想的影响，使得中国人在为官从政中特别强调"教以养廉"的重要性，以期通过思想教育来净化社会风气，培养官员廉洁从政的思想和作风。"教以养廉"的思想起源于儒家，并对中国产生了深远的影响。早在先秦时期，儒家学者就提出以德治国的思想，他们将"为政以德""礼义廉耻"等作为道德教化的主要内容。历史上管仲最先提出"修以成廉"的思想，在帝王中唐太宗特别重视对大臣的廉政教育，经常以生动的事例和箴言告诫大臣要反贪倡廉。中国古代官吏从小就深受儒家道德教化的熏陶，在这种长期的廉政教育下，"廉洁从政"的观念已经不仅内化于心而且外化于行，这也为统治者实现廉政奠定了重要的思想基础。

第二，突出"制度保廉"。中国古代思想家、政治家在总结历代经验的基础上，将反贪倡廉思想变成一系列选任、考核、监督机制，从而在很大程度上实现了廉政。第一，制定选举制度，选拔廉吏贤士。先秦思想家、政治家提出"任贤选能"的思想，并且提出把官员是否廉洁作为选拔任用的重要标准。秦汉时期也主张将德行视为选拔官员的首要条件。随着社会的发展，又产生了诸如任职中的地域回避制、科考回避制、诉讼回避制等众多规范选拔官吏的制度。第二，建立考核制度，促进肃贪倡廉。历代封建王朝大都建立了具体的官员政绩考核制度，如考课制度。明代更是规定了对考课中发现的贪赃受贿行为，根据情节轻重最高予以斩首的酷刑。统治者和政治家力图通过考核制度来奖惩官吏，以此促使官员尽职尽责，廉洁奉公，勤政务实。第三，建立监督制度，从而达到防腐促廉。中国历代王朝大都设有专门的监察机构。秦朝时设有御史府，两汉时设有相互独立的御史台、丞相司直和司隶校尉三大监察机关，明朝设有都察院。除专门的监察机构外，还形成了从中央到地方的层层监察制度，如督抚制、谏诤制度、御史制度等。这些监察机构和监察制度的确立对于古代官场中惩恶扬善、纠治不法、整饬吏治、肃贪促廉发挥了重要的作用。

第三，重视"依法促廉"。中国历代统治者为了防止吏治腐败，确保官吏廉洁从政，制定了一系列关于官吏选任、考核、监督、惩治的法律法规。我国历史上第一部成文法典

《法经》中就对官员贪贿不勤不廉等行为的惩处做了说明。早在周朝，统治者就制定了对官员进行考核的法律《大计》。秦简《为吏之道》中提出了官员道德规范和行为准则的要求。《秦律》中更是制定了一套对官员进行管理、考察和奖惩的制度。魏晋南北朝时形成了惩治贪污的系统化法律。明朝制定的《官刑》对惩治官员不良风气做了要求。朱元璋编制的《大诰》对贪官污吏的处罚达到了空前的残酷，这种严刑重法在很大程度上对贪官污吏起到了震慑作用，减少了腐败行为的发生。上述这些法律都将清廉作为官员考核的主要内容，将贪腐作为惩治的重要对象。此外，中国历代贤君良相为了巩固政权，还制定了许多综合性的法律，如《周礼》《唐六典》《明会典》《清会典》等。除此以外，《吏律》《刑律》《纠禁令》等具体法律、法规也对官员的考察、回避、奖惩做了详细规定。历史上的依法促廉，主要还是通过重刑的手段。严刑峻法对治理腐败实现廉政有着积极的作用，在一定程度上改善了吏治，促进了廉政建设。

第四，主张"以俭助廉"。中国自古以来将勤俭节约视为美德，将其看作是治家治国的法宝，并将其视为廉政建设的重要方法。早在春秋时期，孔子就提出"节用爱民"的廉政思想，认为只有"节用"才能奠定坚实的经济基础，才能实现为政清廉，这也是利民爱民的表现。从春秋战国直到秦汉时期，勤俭戒奢思想一直被推崇，并极大地推动了当时的廉政建设，形成了良好的社会风气。司马光在《训俭示康》中阐述了节俭对保持廉政的意义，他指出："夫俭则寡欲，君子寡欲，则不役于物，可以直道而行；小人寡欲，则能谨身节用，远罪丰家。"纵观历代兴亡的教训，可以看出：坚持勤俭节用，可以从物质和精神上促进社会和官吏的廉洁，进而实现兴国利民。

周 礼（节选）

本文选自《周礼·天官冢宰》

《周礼》，儒家经典，十三经之一。世传为西周时期的著名政治家、思想家、文学家、军事家周公旦所著，但实际上成书于两汉之间。《周礼》《仪礼》和《礼记》合称"三礼"，是古代华夏礼乐文化的理论形态。今从其思想内容分析，则说明儒家思想发展到战国后期，融合道、法、阴阳等家思想，与春秋孔子时思想发生极大变化。《周礼》是一部通过官制来表达治国方案的著作，内容极为丰富。大至天下九州，天文历象；小至沟洫道路，草木虫鱼。凡邦国建制，政法文教，礼乐兵刑，赋税度支，膳食衣饰，寝庙车马，农商医卜，工艺制作，各种名物、典章、制度，无所不包，堪称为上古文化史之宝库。

周公旦，姬姓，名旦，是周文王姬昌第四子，周武王姬发的弟弟，曾两次辅佐周武王东伐纣王，并制作礼乐。因其采邑在周，爵为上公，故称周公。周公是西周初期杰出的政治家、军事家、思想家、教育家，被尊为"元圣"和儒学先驱。武王死后，子成王年幼，不能管理国家，由姬旦辅政当国。七年之后，还政成王。史称"周公摄政"。周公摄政七年，提出了各方面的带有根本性的典章制度，完善了宗法制度、分封制、嫡长子继承制和井田制。周公七年归政成王，正式确立了周王朝的嫡长子继承制，这些制度的最大特色是以宗法血缘为纽带，把家族和国家融合在一起，把政治和伦理融合在一起，这一制度的形成对中国封建社会产生了极大的影响，为周朝八百年的统治奠定了基础。

以听官府之六计，弊群吏之治[1]：一曰廉善[2]，二曰廉能[3]，三曰廉敬[4]，四曰廉正[5]，五曰廉法[6]，六曰廉辨[7]。

【1】以听官府之六计，弊群吏之治：用评判官府的六计来判断群吏的政绩。听，治理；判断。弊，通"蔽"，隐蔽，遮盖。

【2】廉善：清廉而政绩优异。

【3】廉能：清廉而能干。

【4】廉敬：清廉而忠于职守。

【5】廉正：指廉洁而正直。

【6】廉法：清廉而守法。

【7】廉辨：清廉而明辨。

点评

中国古代的君王为了维护自己的统治，很注重官吏的清廉。从西周开始，我国各个朝代都有一套考核官吏政绩及其清廉的标准。从以上考核官吏政绩的六条标准来看，都离不开一个"廉"字，体现了"廉"是为官之本和考核之要的基本精神，这对我们今天考核任用干部不无启发借鉴意义。

道德经（节选）

老　子

名与身孰亲？身与货孰多[1]？得与亡孰病[2]？是故甚爱必大费[3]，多藏必厚亡[4]。故知足不辱[5]，知止不殆，可以长久。

【1】多：轻重的意思。货：财富。

【2】得：指名利。亡：指丧失性命。病：有害。

【3】甚爱必大费：过于爱名就必定要付出很大的耗费。

【4】多藏必厚亡：丰厚的藏货就必定会招致惨重的损失。

【5】故知足不辱：今本没有"故"字，据帛书补之。

点评

声名和生命相比哪一样更为亲切？生命和货利比起来哪一样更为贵重？获取和丢失相

比,哪一个更有害?过分地爱名利就必定要付出更多的代价;过于积敛财富,必定会遭致更为惨重的损失。所以说,知足常乐,懂得满足,就不会受到屈辱;懂得适可而止,就不会遇见危险。这样才可以保持住长久的平安。得失之间,如何权衡?值得每个人深思。

论 语(节选)

孔 子

季康子[1]问政于孔子。孔子对曰:"政者正也。子帅[2]以正,孰敢不正?"(《论语·颜渊》)

注释

【1】季康子:春秋末战国初鲁国人。姓季孙,名肥,康为其谥号。鲁国大夫,鲁哀公时任正卿,是当时政治上最有权势的人。

【2】帅:率,表率。

点评

本文通过季康子问孔子如何治理国家,阐述了孔子的治国理政思想。在孔子看来,无论为人还是为官,首在一个"正"字。他对为官者要求十分严格,即正人先正己。只要身居官职的人能够正己,那么手下的大臣和平民百姓,就都会归于正道。孔子的这一治国理政思想充分体现了儒家重视个人修养的主张,只有先修身,才能达到齐家、治国、平天下的目的。

左 传(节选)

左丘明

本文选自《左传·宣公十一年》。

《左传》,原名《左氏春秋》,西汉班固时改称《春秋左氏传》,相传为鲁国史官左丘明根据鲁国国史《春秋》编成,大约成书于战国初期。儒家十三经之一。中国第一部叙事详细的编年史著作。全书六十卷,以《春秋》为纲,并仿照春秋体例,按照鲁国君主的次序,记载了自鲁隐公元年至鲁悼公十四年间春秋霸主递嬗的历史,保存了许多当时社会文化、自然科学等方面的珍贵史料,在史学上占有极其重要的地位,梁启超称《左传》的出现是"商周以来史界之革命"。

左丘明，姓左，名丘明，东周春秋末期鲁国人。春秋末期史学家、文学家、思想家、军事家。曾任鲁国史官，为解析《春秋》而作《左传》，又作《国语》，作《国语》时已双目失明，两书记录了不少西周、春秋的重要史事，保存了具有很高价值的原始资料，被誉为"文宗史圣""经臣史祖"，孔子、司马迁均尊左丘明为"君子"。左丘明的思想是儒家思想，在当时较多地反映了人民的利益和要求。

晋郤成子[1]求成[2]于众狄，众狄[3]疾[4]赤狄[5]之役[6]，遂服于晋。秋，会于欑函[7]，众狄服也。是行也，诸大夫欲召狄。郤成子曰："吾闻之，非德，莫如勤，非勤，何以求人？能勤有继，其从之也[8]。《诗》曰：'文王既勤止。'[9]文王犹勤，况寡德乎？"[10]

注释

【1】郤成子：姬姓，郤氏，名缺，因采邑于冀，故又称冀缺，谥号曰"成"，故史称郤成子，春秋中前期晋国卿大夫，郤芮之子，六卿之一，圆滑却又不失原则的稳健政治家。

【2】求成：谋求友好。

【3】众狄：春秋时狄人的一部分。亦称群狄。

【4】疾：恨。

【5】赤狄：赤狄亦作"赤翟"，根据清华简记载赤狄王为留吁氏，春秋时狄人的一支，或说因其俗尚赤衣而得名。主要分布于今山西长治一带，与晋人相杂居，是春秋时期实力最强、影响最大的狄族部落。

【6】役：使唤，役使。

【7】会于欑函：指欑函之会，春秋时晋国与众狄之间的一次重要会盟。春秋前期，以潞氏为首的赤狄各部联合长狄、白狄和众狄，占据黎、卫等国的领土，建立北狄国家，建都曲梁（今河北鸡泽）。其活动区域西起陕北高原，东至山西、河南、河北三省交界地区，今山西中部及北部皆在其势力范围内。其不断与秦、晋、齐、鲁、宋等华夏诸侯发生冲突，尤其对晋国构成较大威胁。晋国为了向外扩展，亦千方百计瓦解北狄的联盟，以便各个击破，然后占据狄土。周顷王三年（前616）后，长狄脱离赤狄，不久即被华夏诸侯歼灭。白狄亦脱离赤狄依附晋国。周定王九年（前598），晋大夫郤成子利用众狄对赤狄役使的不满，亲自前往狄地欑函与众狄会盟。结果，众狄脱离赤狄，服属晋国，赤狄被孤立。四年后，潞氏等赤狄诸部先后被晋国消灭。

【8】能勤有继，其从之也：能够勤劳，就有成果，还是到狄人那里去吧。

【9】文王既勤止：文王已经做到勤劳。

【10】文王犹勤，况寡德乎：文王尚且勤劳，何况缺少德行的人呢？

点评

本文主要记载了郤成子勤政的故事。为了维护边境和平，晋国打算与众狄交好，建立盟约。那么，是让众狄来到晋国签约，还是去众狄那里签约，出现了两种不同意见。在这个关乎国家前途命运的大是大非问题上，郤成子从德和勤两个方面阐述了作为国君应有的美德，并引用《诗经》中文王的勤政故事加以印证。他最终说服大夫们，亲自去众狄签订盟约。由此可见，郯成子是一个道德修养较高的国君，在关键时刻能够做出正确决断，一来在众狄面前展示与之交好的诚信，二来又反映了他平时的勤政作风。

宋人或得玉，献诸子罕[1]。子罕弗受。献玉者曰："以示玉人[2]，玉人以为宝也，故敢献之。"子罕曰："我以不贪为宝，尔以玉为宝。若以与我，皆丧宝也，不若人有其宝。"稽首而告曰："小人怀璧，不可以越乡，纳此以请死[3]焉。"子罕置[4]诸其里[5]，使玉人为之攻[6]之，富而后使复其所。(《左传·襄公十五年》)

注释

【1】子罕：乐喜，字子罕，春秋时宋国（位于今河南商丘）人，贤臣。于宋平公（前575—前532）时任司城（即司空，因宋武公名司空，改名为"司城"。主管建筑工程，制造车服器械，监督手工业奴隶。），位列六卿。

【2】玉人：治玉的工匠。

【3】请死：请求免于被强盗杀害。

【4】置：安置。

【5】里：街巷。

【6】攻：治，雕琢。

点评

宋国那个献玉的人认为人世间最珍贵的是玉，所以把美玉献给子罕，而子罕认为人世间最珍贵的是廉洁。这叫"人各有其宝"，或叫人各有其志。这是不同的人生观的反映。本文赞扬了子罕洁身自好、不贪钱财、廉洁奉公、不徇私情、清正刚直和睿智的品质。不贪为宝，玉是宝贵的，但不贪图宝玉的品质是更加宝贵的，说明培养自己高尚廉洁的品质比获得一块玉要重要得多。子罕这种"不贪"的品德为历代做官的人树立了光辉的榜样。

晏子春秋（节选）

刘 向

本文选自《晏子春秋·内篇杂下》。

《晏子春秋》是记载春秋时期（前770—前476）齐国政治家晏婴言行的一部历史典籍，用史料和民间传说汇编而成。1972年银雀山汉墓出土文献证明《晏子春秋》一书的存在。书中记载了很多晏婴劝告君主勤政，不要贪图享乐，以及爱护百姓、任用贤能和虚心纳谏的事例，成为后世人学习的榜样。晏婴自身也是非常节俭，备受后世统治者崇敬。

《晏子春秋》经过刘向的整理，共有内、外八篇，二百一十五章。

晏子（前578—前500），名婴，字仲，谥平，习惯上多称平仲。夷维（今山东省莱州市）人，春秋时期著名政治家、思想家、外交家。晏婴是齐国上大夫晏弱之子。齐灵公二十六年（前556）晏弱病死，晏婴继任为上大夫。历任齐灵公、庄公、景公三朝，辅政长达50余年。以有政治远见、外交才能和作风朴素闻名诸侯。晏婴聪颖机智，能言善辩。内辅国政，屡谏齐侯。对外他既富有灵活性，又坚持原则性，出使不受辱，捍卫了齐国的国格和国威。齐景公四十八年（前500），晏婴去世。其思想和逸事典故多见于《晏子春秋》。

廉者，政之本也；让者，德之主也。……廉之谓公正，让之谓保德，凡有血气者，皆有争心，怨利生孽，维义可以为长存。[1]且分争者不胜[2]其祸，辞让者不失其福。

注释

【1】血气：指血气方刚。争心：争胜之心。怨利生孽，维义可以为长存：蓄积财货就会生出灾害，只有正义才可以长久保存自己。

【2】不胜：不能制服，受不住，不尽。胜，承受，经得起。

晏子方[1]食，景公使使者至。分食食之，使者不饱，晏子亦不饱。使者反[2]，言之公。公曰："嘻[3]！晏子之家若是其贫也！寡人不知，是寡人之过[4]也。"使吏致千金与市租，请以奉宾客。晏子辞。三致之，终再拜而辞曰："婴之家不贫，以君之赐，泽覆三族，延及交游[5]，以振百姓，君之赐也厚矣，婴之家不贫也。婴闻之，夫厚取之君而施之民，是臣代君君民也，忠臣不为也；厚取之君而不施于民，是为筐箧之藏也，仁人不为也；进[6]取于君，退[7]得罪于士，身死而财迁于它人，是为宰藏也，智者不为也。夫十总之布，一豆之食[8]，足于中，免矣。"

景公谓晏子曰："昔吾先君桓公以书社五百封管仲，不辞而受，子辞之何也？"晏子曰："婴闻之，圣人千虑，必有一失；愚人千虑，必有一得。意者管仲之失而婴之得者耶？故再拜而不敢受命。"

注释

【1】方：正，正在。

【2】反：同"返"，返回，回去。

【3】嘻：叹词，表示惊叹。

【4】过：过失。

【5】交游：交朋友。

【6】进：入朝为官。

【7】退：不做官。

【8】豆：古代一种食器。食：吃。

晏子认为"廉者，政之本也"，把"廉"当作政治的根本，从而形成了"廉政"一词。晏子廉政思想最突出的表现是重民与爱民，强调统治者自身廉洁的重要性。廉政要像水一样清。清清的水很美，如果它浑浊了，就会把它经过的地方都污染；如果它是清清的，那么在它所经过的地方，水会把一切污浊的东西都清除。这是我国历史上对"廉政"一词最早的理解。晏子不仅提出"廉政"的概念，倡导以"廉"治国，还是"廉政"与"廉洁"的实践者。晏子为相三年，齐国政治安定，百姓富足。而晏子仍然过着朴素的生活。平时，他吃的是普通糙米，很少吃肉食。上文所选内容就充分印证了晏子生活的艰苦朴素、为政的廉洁。可见，晏子是把"行廉而不为苟得"作为一种高尚品德而固化下来的。

杨震[1]暮夜却金

范 晔

本文选自《后汉书·杨震传》。

《后汉书》，我国南朝刘宋时期的历史学家范晔编撰的记载东汉历史的纪传体史书。《后汉书》撷取众家之长，有条不紊地叙述了东汉一朝的兴亡大势，作为正史，其与《史记》《汉书》《三国志》合称"前四史"。书中分十纪、八十列传和八志（司马彪续作），记载了从光武帝刘秀起至汉献帝之间的195年历史。

范晔（398—445），字蔚宗，顺阳郡（今河南淅川）人，南朝宋官员、史学家、文学家，东晋安北将军范汪曾孙、豫章太守范宁之孙、侍中范泰之子。范晔出身士族家庭，博览群书。元熙二年（420），宋武帝刘裕即位后，出任冠军长史，迁秘书丞、新蔡太守；元嘉九年（432），得罪司徒刘义康，贬为宣城太守，开始撰写《后汉书》，迁宁朔将军。元嘉十七年（440），投靠始兴王刘濬，历任后将军长史、南下邳太守、左卫将军、太子詹事。元嘉二十二年（445），随从孔熙先拥戴彭城王刘义康即位，事败被杀，时年四十八岁。范晔一生才华横溢，史学成就突出，著有《后汉书》。

大将军邓骘[2]闻其贤而辟[3]之，举[4]茂才[5]，四迁荆州刺史、东莱[6]太守。当之郡，道经昌邑，故所举荆州茂才王密为昌邑令，谒见，至夜怀[7]金十斤以遗[8]震。震曰："故人[9]知[10]君，君不知故人，何也？"密曰："暮夜无知者。"震曰："天知，神知，我知，子知，何谓无知？"密愧而出。后转涿郡太守。性公廉[11]，不受私谒。子孙尝蔬食步行，故旧长者[12]或[13]欲令为开产业，震不肯，曰："使后世称为清白吏子孙，以此遗之，不亦厚乎！"

注释

【1】杨震（？—124），字伯起，东汉弘农华阴（今陕西华阴）人。出身书香门第，少年好学，时人誉之为"关西孔子"。他教书二十多年，家中清贫，州郡官吏多次召请出仕，他都称病不就，年至五十，经大将军邓骘推荐才步入仕途。

【2】邓骘（？—121），字昭伯，南阳郡新野县（今河南新野南）人。东汉时期外戚、将领，太傅邓禹之孙、护羌校尉邓训之子，和帝皇后邓绥之兄。邓骘最初被大将军窦宪征辟，因其妹邓绥入宫为贵人，任郎中。永元十四年（102），邓绥被立为皇后，邓骘升任虎贲中郎将。汉殇帝即位后，邓绥临朝听政，邓骘以车骑将军、仪同三司掌控朝政。殇帝驾崩，与邓绥册立安帝。永初元年（107），封上蔡侯，邓骘坚决推辞，不久拜大将军。他曾倡节俭，并辟召杨震等名士。建光元年（121），邓绥去世，安帝再封邓骘为上蔡侯，位特进。不久，邓骘为宦官李闰等诬陷，改封罗侯。回到封国后，他绝食自杀。

【3】辟：指君主招来授予官职。

【4】举：推荐。

【5】茂才：东汉时为了避讳光武帝刘秀的名字，将秀才改为茂才，后来有时也称秀才为茂才。

【6】东莱：古地名，今山东境内。

【7】怀：怀揣。

【8】遗：送给。

【9】故人：老朋友（杨震自称）。

【10】知：了解。

【11】公廉：公正廉洁。

【12】故旧长者：老朋友及德高望重的人。

【13】或：有的，有的人。

点评

本文主要赞扬了杨震廉洁奉公的思想品行。作为地方官员的杨震，他能够秉持操守，洁身自好，拒绝贿赂，实在是古代地方官员的楷模。他的"四知"论以及"清白吏子孙"的高尚人格，对后世影响深远。

伦[1] 奉公尽节

范　晔

伦奉公尽节，言事无所依违[2]。诸子或时谏止，辄叱遣之，吏人奏记及便宜[3]者，亦并封上，其无私若此。性质悫[4]，少文采，在位以贞白称，时人方[5]之前朝贡禹[6]。然少蕴藉[7]，不修威仪，亦以此见轻。或问伦曰："公有私乎？"对曰："昔人有与吾千里马者，吾虽不受，每三公有所选举[8]，心不能忘，而亦终不用也。吾兄子常病，一夜十往，退而安寝；吾子有疾，虽不省视而竟夕不眠。若是者，岂可谓无私乎？"（《后汉书·第五伦传》）

注释

【1】伦：即第五伦，东汉大臣，字伯鱼。
【2】依违：迟疑，模棱两可。
【3】便宜：指对国家有利的事。
【4】悫：恭谨，诚实。
【5】方：比作。
【6】贡禹：西汉大臣。以明经洁行著名。
【7】蕴藉：宽和，宽容。
【8】选举：古代只选拔举用贤能。

点评

第五伦所谓的"私心"是人之常情，如对故人的友情、对儿子的亲情，这一细节使第五伦这个人物形象更加丰满，有血有肉，真实可信，这样的"私心"更能突出他真正的无私、真正的公正廉洁。文章用反面衬托的手法突出人物性格，用第五伦自己承认有"私心"，来衬托他的真无私。

羊续悬鱼

范　晔

贼既清平，乃班宣政令，候[1]民病利[2]，百姓欢服。时，权豪之家多尚奢丽，续深疾[3]之，常敝衣薄食[4]，车马羸败[5]。府丞[6]尝献其生鱼[7]，续受而悬于庭；丞后又进之，续乃出前所悬者以杜[8]其意。续妻后与子秘俱往郡舍，续闭门不内[9]妻，自将秘行，其资藏[10]唯有布衾、敝袛裯[11]，盐、麦数斛[12]而已，顾敕[13]秘曰："吾自奉若此，何以资尔母乎？"使与母俱归。（《后汉书·羊续传》）

注释

【1】候：这里指适应。
【2】病利：指疾苦与利益之事。
【3】疾：痛恨。

【4】敝衣薄食：破旧的衣服和粗劣的食物。
【5】羸败：指车马破旧瘦弱。
【6】府丞：太守的属官（羊续的手下）。
【7】生鱼：活鱼。
【8】杜：杜绝，拒绝。
【9】内：同"纳"，接受。
【10】资藏：储藏的财物。
【11】衹裯：指贴身的短衣。
【12】斛：中国旧量器名，亦是容量单位，一斛本为十斗，后来改为五斗。
【13】敕：告诫。

东汉中平三年（186），南阳地区发生叛乱，叛军杀害南阳太守，攻陷六座县城，给社会秩序造成了极大混乱，人民群众惶惶不安。在此危难时刻，朝廷任命羊续为南阳郡太守，立即前往南阳平叛。羊续尽职尽责，不负众望，很快平定了叛乱，安定了南阳郡。同时，他还宣布了有关社会稳定和发展的一些政令，千方百计为当地老百姓排忧解难。在叛乱之前，由于南阳生活比较安定富裕，致使社会风气不够好，奢侈浮华之风盛行。在平叛之后，郡、县等各级政府机构中依然存在着请客送礼、托关系办私事、讲排场比吃喝等不良社会风气。羊续是一位从不以权谋私、贪污受贿、接受请托的人。到任后，他对南阳地区这种不良的社会风气十分不满。但是，他深知若要彻底纠正一郡之风，得先从郡衙开始，要从郡衙开始，就必须从做郡守的为下面各级官员做出好的榜样开始。于是，他下定决心从自身做起，坚决扭转南阳请客送礼等不良风气。这段文字通过"悬鱼"的故事，巧妙地杜绝了手下的贿赂，体现了羊续以身作则、清正廉洁、艰苦朴素的工作作风和生活态度，为历代官员树立了榜样。

一钱太守

范　晔

山阴县有五六老叟[1]，龙眉皓发[2]，自若邪山谷间出，人赍[3]百钱以送宠。宠劳[4]之曰："父老何自苦？"对曰："山谷鄙生[5]，未尝识郡朝。它守时吏发求[6]民间，至夜不绝，或狗吠竟夕，民不得安。自明府[7]下车以来，狗不夜吠，民不见吏。年老遭值圣明，今闻当见弃去，故自扶奉送。"宠曰："吾政何能及公言邪？勤苦父老！"为人选一大钱受之。（《后汉书·刘宠传》）

注释

【1】叟：年老的男人。
【2】龙眉皓发：眉毛黑白夹杂而头发雪白。形容年迈的样子。
【3】赍：拿东西给别人。
【4】劳：慰问。
【5】鄙生：乡野儒生。自谦说法。
【6】求：搜刮。
【7】明府："明府君"的略称。汉人用为对太守的尊称。

点评

刘宠，字祖荣，东汉后期先后任山东、江西、浙江地方官。所至除苛税，禁查非法，地方大治。离会稽太守任时，百姓依恋不舍，其中五六位老人还各持一百文钱与刘宠以作纪念。刘宠不忍辜负百姓厚意，于是从他们所送的百钱中各选一枚大者收了下来，其余九十九钱仍然还给了送行的百姓。本文以前吏与后吏对比描写的手法，揭露了前任官吏搜刮民财、民不聊生的丑恶行径，赞美了刘宠一心为民、清正廉洁、深受百姓爱戴的品行。

第十章 诚实守信

诚信是中华优秀传统的重要内容，是自古以来备受推崇的一种崇高美德。

诚信一词是由"诚"和"信"两个字构成，许慎在《说文解字》中说："信，诚也，从人从言。""诚，信也，从言成声。"两者既互相区别，又紧密联系，所以才有两个字的连用。

从字源上看，"诚"由"言"和"成"两部分组成，意为"成言"，即用行动去实现自己所说的话，实际上表达的就是"诚信"的意思。"信"在西周金文中为左"人"右"口"，到战国金文变为左"身"右"言"。"信"的原意应该是"以身立言"，即身体力行去实践自己的承诺。"人"与"身"、"口"与"言"意义相通，所以到了小篆，"信"就由"人"与"言"两部分构成，象征人的言谈，表示说话要算数，以言语取信于人。古人有时还用"允""孚"来表示诚信。

最早使用"诚信"一词的，应该是春秋时期的《管子·枢言》："先王贵诚信。诚信者，天下之结也。"管子认为"诚信"是凝聚人心、使天下统一的保证。战国末期，荀子也使用了"诚信"一词，他说"诚信生神，夸诞生惑"，诚实守信可以产生神奇的行为效果，而虚夸荒诞则会产生迷惑混乱。中国古代重视诚信是基于以下原因的：

一、诚信是一个人立身做人的根本。早在春秋，便有"失信不立"（《左传·襄公二十二年》）的观念，认为人能守信方能立足于社会，反之则不然。孔子曾说："人而无信，不知其可也。大车无輗，小车无軏，其何以行之哉?"（《论语·为政》）"言忠信，行笃敬，虽蛮貊之邦，行矣。言不忠信，行不笃敬，虽州里，行乎哉?"（《论语·卫灵》）他反复强调，一个人要想在社会群体中立足，处处行得通，就必须守信；一个失信的人必将自我孤立，在社会上寸步难行。

二、诚信是事业成功的保证。孔子在谈事业时最终落实为"信以成之"（《论语·卫灵公》）。其他人也说："言非信则百事不满（成）也。"（《吕氏春秋·贵信》）"人不信实，诸事不成。"信不仅是做人的根本，也是做事的根本。

在做事方面，诚信奠定了中国商业发展的思想基础。俗话说"君子爱财，取之有道"。孔子曾说："富与贵，是人之所欲也。不以其道得之，不处也。""不义而富且贵，于我如浮云。"《管子·乘子》说："非诚贾不得食于贾。"意指不讲诚信的商人不能从事商业，以商谋生。在古人看来，诚信不仅能给商人带来巨大的经济利益，还能给经商者提供良好的市场环境。荀子指出："商贾敦悫无诈，则商旅安，货通财，而国求给矣。"这就是说，只有讲诚信，商人才有放心从事商业活动的市场环境，才能保障商品交换的顺利进行。可见，在中国古代的商业活动中，尽管商人的目的是"天下熙熙，皆为利来；天下攘攘，皆为利往"，但总体而言都非常重视诚信的商业道德，奠定了我国商业诚信观的思想基础，对后世从商者的行为特别是儒商的形成产生了非常深远的影响。

三、诚信是正常的社会秩序赖以建立、维持的根本。古人曾一再指出，人际关系如果缺少了诚信，社会秩序必将一片混乱，其害不可胜言。"君臣不信，则百姓诽谤，社稷不宁。处官不信，则少不畏长，贵贱相轻。赏罚不信，则民易犯法，不可使令。交友不信，则离散郁怨，不能相亲。百工不信，则器械苦伪，丹漆染色不贞。"（《吕氏春秋·贵信》）"若君不信以御臣，臣不信以奉君，父不信以教子，子不信以事父，夫不信以遇妇，妇不信以承夫，则君臣相疑于朝，父子相疑于家，夫妇相疑于室矣。大小混然而怀奸心，上下纷然而竞相欺，人伦于是亡矣。"（《傅子·义信》）只有人皆守信，才能消除人与人之间的怀疑、欺诈、戒备，建立起相互信赖的和谐关系。

四、诚信是统治者、执政者有效治理国家、维护统治的根本保证。只有执政者兑现自己的诺言而不给民众以"口惠"，才能取得人民的信任、拥护。《论语》有这样的话："君子信而后劳其民。"（《子张》）只有统治者讲信用、守信用，才能役使民众。古人的结论是："王者体信，而万国以安；诸侯秉信，而境内以和。"取信于民乃是君主治理国家的根本。对君主而言，"祸莫大于无信"，"周幽以诡烽灭国，齐襄以瓜时致杀"，便是著名的历史教训。因此，当子贡向孔子问政时，孔子的回答是，到万不得已时，"食"与"兵"皆可去，唯独"信"不可去。在他看来，对于一个国家的政权而言，"信"比"食"与"兵"更为重要。《吕氏春秋》专有《贵信》一篇，它实际上是先秦诚信论的总结。在这篇文章中，作者为强调诚信的重要，曾将诚信视为"天道"。

道德经（节选）

老　子

　　太上[1]，不知有之[2]；其次，亲而誉之；其次，畏之；其次，侮之。信不足焉，有不信焉。悠兮[3]，其贵言[4]。功成事遂，百姓皆谓"我自然"[5]。（第十七章）

注释

【1】太上：至上，最好。指最好的统治者。
【2】不知有之：人民不知有统治者的存在。
【3】悠兮：悠闲自在的样子。
【4】贵言：指不轻易发号施令。
【5】自然：自己本来就如此。

　　圣人常无心[1]，以百姓心为心。善者，吾善之；不善者，吾亦善之，德[2]善。信者，吾信之；不信者，吾亦信之，德信。圣人在天下，歙歙[3]焉为天下浑其心[4]，百姓皆注其耳目[5]，圣人皆孩之[6]。（第四十九章）

注释

【1】常无心：一本作"无常心"。意为长久保持无私心。

【2】德：通"得"。
【3】歙：意为吸气。此处指收敛意欲。
【4】浑其心：使人心思化归于浑朴。
【5】百姓皆注其耳目：百姓都使用自己的智谋，生出许多事端。
【6】圣人皆孩之：圣人使百姓们都回复到婴孩般纯真质朴的状态。

信言[1]不美，美言不信。善者[2]不辩[3]，辩者不善。知者不博[4]，博者不知。圣人不积[5]，既以为人己愈有[6]，既以与人己愈多[7]。天之道，利而不害[8]。圣人之道[9]，为而不争。（第八十一章）

注释

【1】信言：真实可信的话。
【2】善者：言语行为善良的人。
【3】辩：巧辩，能说会道。
【4】博：广博，渊博。
【5】圣人不积：有道的人不自私，没有占有的欲望。
【6】既以为人己愈有：已经把自己的一切用来帮助别人，自己反而更充实。
【7】多：与"少"相对，此处意为"丰富"。
【8】利而不害：从万物得到好处而不伤害万物。
【9】圣人之道：圣人的行为准则。

点评

老子在《道德经》中多次提到诚信，而且把诚信上升到根本的高度。在老子看来，作为一般人在对待诚信问题上，要善于辨别真话和假话，真实的话不加修饰不一定漂亮，辞藻华美的漂亮话动听却不一定真实。在做到对他人说老实话的同时还要具备辨明是非的能力，不能因为谗言而迷失自己。对于居于上位的统治者而言，若是诚信不足，不去兑现自己的诺言，朝令夕改、出尔反尔，人民就不会再信任他，就会受到人民的唾弃，他就无法再执政下去。而对于圣人而言，对于诚信的态度和做法是，对于守信的人，我信任他；对不守信的人，我也信任他，这样可以得到诚信了，从而实现人人守信的目标。老子提出的"德信""信言不美，美言不信"等思想对于今天仍有深刻的启发和教育意义。

论 语（节选）

孔 子

子曰："人而无信[1]，不知其[2]可[3]也。大车无輗[4]，小车无軏[5]，其何以[6]行之[7]

哉？"（《论语·为政》）

注释

【1】信：信用。
【2】其：代词，他。
【3】可：可以，行。
【4】輗：牛车车辕与轭相连接的木销子。朱熹《论语集注》："大车，谓平地任载之车。輗，辕端横木，缚轭以驾牛者。"
【5】軏：马车车辕与轭相连接的木销子。朱熹《论语集注》："小车，谓田车、兵车、乘车。軏，辕端上曲，钩衡以驾马者。"
【6】何以：以何，凭什么。
【7】之：音节助词，无实义。

子张问仁于孔子。孔子曰："能行五者于天下为仁矣。""请问之。"曰："恭、宽、信、敏、惠。恭则不侮[1]，宽则得众[2]，信则人任焉[3]，敏则有功[4]，惠则足以使人[5]。"（《论语·阳货》）

注释

【1】恭则不侮：恭敬人，则不被人侮辱。不侮，孔安国注："不见侮慢。"邢《疏》："言己恭以接人，人亦恭以待己，故不见侮慢。"
【2】宽则得众：宽厚待人，则人悦服，故能得众。
【3】信则人任焉：言而有信，则能得人信任。
【4】敏则有功：做事敏捷，则能成功。
【5】惠则足以使人：给人恩惠，人必感恩图报，故足以使用人。

子贡问曰："何如斯可谓之士矣？"子曰："行己有耻，使于四方，不辱君命，可谓士矣。"
曰："敢问其次。"曰："宗族称孝焉，乡党称弟焉。"
曰："敢问其次。"曰："言必信，行必果，硁硁[1]然小人哉！抑亦可以为次矣。"
曰："今之从政者何如？"子曰："噫！斗筲之人[2]，何足算也？"（《论语·子路》）

注释

【1】硁硁：浅薄固执的样子。
【2】斗筲之人：指器量狭小的人。斗，古代量器名；筲，竹筐，容量不大。斗、筲喻度量的狭小。

樊迟请学稼，子曰："吾不如老农。"请学为圃[1]，曰："吾不如老圃。"樊迟出，子曰："小人哉，樊须也。上好礼，则民莫敢不敬；上好义，则民莫敢不服；上好信，则民莫敢不用情[2]。夫如是，则四方之民，襁[3]负其子而至矣。焉用稼？"（《论语·子路》）

注释

【1】圃：菜地，引申为种菜。
【2】用情：以真心实情来对待。情，情实。
【3】襁：背婴孩的背篓。

子贡问政，子曰："足食，足兵[1]，民信之矣。"子贡曰："必不得已而去，于斯三者何先？"曰："去兵。"子贡曰："必不得已而去，于斯二者何先？"曰："去食。自古皆有死，民无信不立。"（《论语·颜渊》）

注释

【1】兵：武器，指军备。

点评

信是儒家以仁为核心的道德规范体系当中最基本也是最显著的伦理范畴之一，《论语》中的"信"出现了38次，在孔子及其弟子那里，信是个人提高修养水平，成就事业，安身立命的基础和条件，是立人之本的大问题。在孔子看来，其理想人格是圣人和君子。圣人难以达到，而君子却是可以通过自身的修养和主观努力能达到的；而提高自己的修养则必须讲求信用。讲求信用，就会得到老百姓的拥护和信任，而能否做到这些，是关系到国家生死存亡的问题。只有做到诚实，才能取信于民，才能达到社会的稳定和国家的繁荣富强。诚信在今天同样重要，它是一个人、一个国家立身处世的根本，守住了信用，就等于塑造了自己完美的形象。

中　庸（节选）

唯天下至诚，为能经纶[1]天下之大经[2]，立[3]天下之大本[4]，知[5]天地之化育[6]。夫焉有所倚[7]？肫肫[8]其仁！渊渊其渊[9]！浩浩其天[10]！苟不固聪明圣知达天德者，其孰能知之？[11]（第三十二章）

注释

【1】经纶：整理丝缕、理出丝绪和编丝成绳，统称经纶。引申为筹划治理国家大事。
【2】大经：较大的经脉，引申为根本法则。

【3】立：树立。
【4】大本：根本大德。
【5】知：懂得。
【6】化育：化生养育万物的道理。
【7】倚：偏倚。
【8】肫肫：诚恳。
【9】渊渊其渊：思虑像潭水那么深邃。渊渊，深邃。渊，思虑。
【10】浩浩其天：德行像上天那么浩大。天，德行。
【11】苟不固聪明圣知达天德者，其孰能知之：如果不是确实聪明圣哲、通达天赋美德的人，谁又能了解这些呢？

本段文字论述了至诚的重要性，把至诚上升到治国理政的高度。作者认为，只有天下至诚的人，才能制定天下的法规，树立天下的根本大德，懂得天地化育万物的道理。也就是说，只有非常诚实的君子才能知晓天地运行的规律，从而制定出有效法则，最终管理好百姓，治理好天下。

抱柱之信

庄 子

《庄子》又称《南华经》，系庄周及其后学所撰，约成书于先秦时期。《庄子》书分内、外、杂篇，原有五十二篇，乃从战国中晚期逐步流传、杂糅、附益，至西汉大致成形，而当时流传版本，今已失传。目前所传三十三篇，已经郭象整理，篇目章节与汉代亦有不同。内篇大体可代表战国时期庄子思想核心，而外、杂篇发展则纵横百余年，掺杂黄老、庄子后学，形成复杂的体系。全书以"寓言""重言""卮言"为主要表现形式，继承老子学说而倡导相对主义，蔑视礼法权贵而倡言逍遥自由，内篇的《齐物论》《逍遥游》和《大宗师》集中反映了此种哲学思想。行文汪洋恣肆，瑰丽诡谲，意出尘外，乃先秦诸子文章的典范之作。

庄子（约前369—前286），庄氏，名周，字子休（一作子沐），蒙（今安徽蒙城，又说河南商丘、山东东明）人，是我国先秦时期伟大的思想家、哲学家、文学家。庄子原系楚国公族，楚庄王后裔，后因乱迁至宋国，是道家学说的主要创始人，与道家始祖老子并称为"老庄"，他们的哲学思想体系被尊为"老庄哲学"，然庄子的文采更胜老子。代表作《庄子》，其中名篇有《逍遥游》《齐物论》等。庄子主张"天人合一"和"清静无为"。庄子的想象力极为丰富，语言运用自如，灵活多变，能把一些微妙难言的哲理说得引人入胜。他的作品被人称之为"文学的哲学，哲学的文学"。据传，又尝隐居南华山，故唐玄宗天宝初，诏封庄周为南华真人，称其著书《庄子》为《南华真经》。

尾生与女子期[1]于梁下，女子不来，水至不去，抱梁[2]柱而死。（《庄子·盗跖》）

【1】期：约定时间。
【2】梁：桥。

尾声因为信守诺言而被暴涨的河水淹死的故事，虽然过于极端，而且一般人还会去嘲笑他的愚蠢，但是作者正是要通过这一典型的故事警醒人们坚守信约、忠贞不渝的重要性。人无信不立，诚实守信是做人的底线，是人们品德修养的具体体现，特别是在今天市场经济条件下，诚信、守信是决定一个人能否立足于社会、一个企业能否立足于商场的关键所在。

曾子杀猪

韩非子

曾子[1]之妻之市[2]，其子随之而泣。其母曰："女还[3]，顾反为汝杀彘[4]。"妻适市来[5]，曾子欲捕彘杀之。妻止之曰："特与婴儿戏耳[6]。"曾子曰："婴儿非与戏[7]也。婴儿非有知[8]也，待[9]父母而学者也，听父母之教。今子欺之是教子欺也。母欺子，子而不信其母，非所以成教[10]也。"遂烹彘也。（《韩非子·外储说左上》）

【1】曾子（前505—前436），姓曾，名参，字子舆，春秋末年鲁国南武城人（今山东临沂平邑南武城）。十六岁拜孔子为师，他勤奋好学，颇得孔子真传，后积极推行儒家主张，传播儒家思想。
【2】之市：到集市去。之，到。
【3】女还：你回去吧。女，通"汝"，人称代词，你。
【4】顾反为女杀彘：等我回来为你杀猪。顾反，我从街上回来。反，通"返"，返回。彘，意为猪。
【5】适市来：去集市上回来。适，往，到，去。
【6】特与婴儿戏耳：只不过与小孩子开个玩笑罢了。特……耳，不过……罢了。特，只不过，只是。戏，开个玩笑。耳，罢了。

【7】非与戏：不可同他开玩笑。
【8】知：同"智"，此指判断能力。
【9】待：依赖。
【10】成教：教育有效果。

点评

父母是子女的第一任启蒙老师，父母的言行对子女的成长会起很大的作用，所以有见识的家长在孩子面前处处以身作则，以培养他们良好的品德。曾子这样做完全是正确的，他用自己的行动教育孩子要言而有信，诚实待人。别看杀了一头猪，眼前利益受损，但从教育子女的长远利益看，大有好处。

荀 子（节选）

荀 子

君子养心莫善于诚，致诚，则无它事矣。唯仁之为守，唯义之为行。诚心守仁则形，形则神，神则能化矣。诚心行义则理，理则明，明则能变矣。变化代兴，谓之天德[1]。天不言而人推高焉，地不言而人推厚焉，四时不言而百姓期焉。夫此有常，以至其诚者也。君子至德，嘿[2]然而喻，未施而亲，不怒而威。夫此顺命，以慎其独者也。善之为道者，不诚则不独，不独则不形，不形则虽作于心，见于色，出于言，民犹若[3]未从也，虽从必疑。天地为大矣，不诚则不能化万物；圣人为知矣，不诚则不能化万民；父子为亲矣，不诚则疏；君上为尊矣，不诚则卑。夫诚者，君子之所守也，而政事之本也。唯所居，以其类至[4]；操之则得之，舍之则失之。操而得之则轻，轻则独行，独行而不舍，则济矣。济而材尽，长迁而不反其初，则化矣。（《荀子·不苟》）

注释

【1】天德：合乎自然规律的德行。改革旧制叫作变，引诱向善叫作化，这种除旧布新的德行交相为用，就像天道阴阳更替一般，所以称为"天德"。
【2】嘿：同"默"。
【3】若：然。
【4】唯所居，以其类至：指天地诚则能化万物，圣人诚则能化万民，父子诚则亲，君上诚则尊。

公生明，偏生暗，端悫[1]生通，诈伪生塞，诚信生神，夸诞生惑。此六生者，君子慎之，而禹桀所以分也。

【1】悫：诚实，谨慎。

荀子认为，诚信是人应该具备的一种道德品质，是国家强大的基础，社会上各行各业应该以诚信为本。人们对利欲的无休止争夺造成了诚信缺失现象，所以，要避免人们的诚信缺失，必须加强学习和教育，同时，统治者要带头讲诚信。荀子诚信思想在具体的价值取向上，主要从个人修养、行业规范、社会安定和国家治理四个维度展开，突出强调诚信是完善个人修养的基础，是君子人格必备的品质，是维持社会政治稳定的前提，也是各行各业的道德准则。荀子诚信思想在当代社会依然具有现实价值和借鉴意义，它是构建社会诚信大厦的根基，是加强公民道德建设的源泉，是建立社会公俗良序的保障，也是开展学生道德教育的重要资源。

一诺千金

司马迁

楚人曹丘生[1]，辩士[2]，数招权顾金钱[3]。事贵人赵同[4]等，与窦长君善[5]。季布闻之，寄书谏窦长君曰："吾闻曹丘生非长者[6]，勿与通[7]。"及[8]曹丘生归，欲得书请季布。窦长君曰："季将军不说足下[9]，足下无往。"固请[10]书，遂行。使人先发书[11]，季布果大怒，待曹丘。曹丘至，即揖[12]季布曰："楚人谚曰：'得黄金百（斤），不如得季布一诺。'足下何以得此声于梁楚间哉？且仆楚人，足下亦楚人也。仆游扬[13]足下之名于天下，顾不重邪[14]？何足下距仆之深也[15]！"季布乃大说，引入，留数月，为上客，厚送之。季布名所以益闻者，曹丘扬之也。（《史记·季布栾布列传》）

【1】生：犹言"先生"。

【2】辩士：擅长辞令的人。

【3】招权：借重权势。顾：通"雇"，酬。

【4】贵人赵同：即当时的宦官赵谈。司马迁的父亲名谈，为避讳，改"谈"为"同"。

【5】善：指有交情。

【6】长者：厚道人。

【7】通：交往。

【8】 及：等到。
【9】 说：同"悦"，喜欢。
【10】 固请：坚决要求。
【11】 先发书：犹言先把介绍信送去。
【12】 揖：拱手礼。旧时行拱手礼表示不卑不亢。
【13】 游扬：到处宣扬。
【14】 顾：难道。重：有力量。
【15】 距：通"拒"。深：甚。

季布是秦朝末年人，出生于楚地社会下层，讲义气，重信用，爱打抱不平，个性耿直，只要他答应的事，不管阻挡在自己面前的困难险阻有多少，他都会想办法解决，具有侠客的特点，因此受到许多人的称赞，大家都很尊敬他。季布的故事告诉我们，在为人处世中，要讲究信用，做到言而有信，如果自己做不到，就不要轻易去答应别人。如果说话不算数，出尔反尔，那到头来还会有什么人相信自己呢？今天更是如此，不管我们做人或者做事，也不管我们做的是什么行业，一诺千金都是非常重要的品行。

范式守信

范 晔

范式字巨卿，山阳金乡人也。少游太学[1]，为诸生[2]，与汝南[3]张劭为友。劭字元伯。二人并告[4]归乡里。式谓元伯曰："后二年当还，将过[5]拜尊亲[6]，见孺子[7]焉。"乃共克[8]期日。后期方至，元伯具以白[9]母，请设馔[10]以候之。母曰："二年之别，千里结言，尔何相信之审[11]邪？"对曰："巨卿信士，必不乖违[12]。"母曰："若然，当为尔酝[13]酒。"至其日，巨卿果到，升堂[14]拜饮，尽欢而别。（《后汉书·范式列传》）

注释

【1】 太学：京城最高学府。
【2】 诸生：许多求学的人。
【3】 汝南：古地名，今河南境内。
【4】 告：告假。
【5】 过：拜访。
【6】 尊亲：指张劭的父母。
【7】 孺子：小孩子，指张劭的子女。
【8】 克：约定。

【9】白：告诉。
【10】馔：饭食。
【11】审：确定，确实。
【12】乖违：违背。
【13】酝：酿酒。
【14】升堂：登上大厅。

　　本文通过范式能够按时赴约的故事赞美了他信守诺言的美德。重诺言，守信用，是做人的美德，是处世的原则。范式信守诺言的故事之所以能流传至今，包含着中华民族对诚信的高度认可和重视。我们应把诚信作为评判一个人的道德品质是否高尚的标准之一，诚实守信作为中华民族的传统美德理应被传承下去、发扬光大。

第十一章 追求卓越

"追求卓越"是中华优秀文化内涵的体现之一。中国古代的"追求卓越",主要体现在对技艺的精益求精的追求上。古人"追求卓越"的工匠精神主要表现在以下几个方面:

一是体现在业精于勤。

韩愈《进学解》说:"业精于勤,荒于嬉。"古代工匠们之所以能够取得卓越的技艺水平,没有捷径,只有勤奋。卖油翁被问到自己的技艺是如何得来的时候,说:"无他,但手熟尔。""手熟"两个字,非常简单,但却包含了一个吃苦、勤奋的练习过程。庖丁解牛能够"游刃有余"也是经历了一个艰苦的过程,"十九年之中解数千头牛",平均下来一年大概在一百头牛以上,两三天时间就要解一头牛。如此高的频率,为他总结规律、提高技艺,提供了很多机会。俗话说熟能生巧,天道酬勤,经验的积累造就了惊人的技艺。

二是体现在对职业的热爱。

我国古代的工匠主要分为两种,即官匠和民匠。官匠的劳动属于义务性质,长年累月地为官府服役,却是没有报酬的,可以说没有快乐和幸福感。民匠则不同,尽管职业卑贱,但他们不仅有人身自由,而且可以获得一定报酬,在民间经济领域十分活跃。这部分工匠最容易知足,从而产生幸福感。孔子说:"知之者不如好之者,好之者不如乐之者。"(《论语·雍也》)明代徐一夔的《织工对》中有这样的记载:"余僦居钱塘之相安里。有饶于财者,率居工以织。每夜至二鼓,一唱众和,其声欢然,盖织工也。……且过其处,见老屋将压,杼机四五具,南北向列。工十数人,手提足蹴,皆苍然无神色。进工,问之曰:'以余观若所为,其中劳也甚矣。而乐,何也?'工对曰:'此在人心。心苟无贪,虽贫,乐也;苟贪,虽日进千金,只戚戚尔。吾业虽贱,日佣为钱二百缗,吾衣食于主人,而以日之所入养吾父母妻子。虽食无甘美,而亦不甚饥寒。余自度以为常,以故无他思。余凡织作咸极精致,为时所尚,故主之聚易以售,而佣之直亦易以入,所图如此。'"这样的工匠并非特例。庖丁解牛的过程,如同在兴高采烈地踩着节拍舞蹈,如同书画家在挥毫泼墨,解牛的过程对他而言是一种享受,他乐在其中。解牛完毕,他"提刀而立,为之四顾,为之踌躇满志",看着被肢解开的牛的肢体,他就像一位雕塑家欣赏端详自己刚刚完成的作品一样。

三是体现在对技艺追求精益求精的精神。

《诗经·卫风·淇奥》中写到:"如切如磋,如琢如磨。"这是以工人加工器物来比喻君子研究学问和陶冶品行的精益求精。"切"是把骨头制成器物,"磋"是加工象牙,"琢"是治玉,"磨"是把石头打磨成器物。诗中以工匠加工器物为喻体,正说明工匠在制作器物时的一丝不苟和精益求精。对此,朱熹说得很明白:"治骨角者,既切而复磋之,治玉石者,既琢而复磨之,皆言其治之有绪,而益致其精也。"这就是我国古代工匠精神的内涵之一。这种精神一直为工匠所认同和发扬。

正是因为有一丝不苟的工作态度和对产品精益求精的精神,所以我国古代能工巧匠层出不穷,甚至不乏大师级的工匠,比如鲁班,一生有许多非常实用的技术发明,成为后世很多行业的祖师爷。再如规模宏大的水利工程都江堰的设计者李冰，也是精益求精的代表。他修建的都江堰不但解除了岷江水患，还灌溉了成都平原，堪称丰功伟绩，更为难得的是，这一工程一直使用了2000多年，即便是遭遇到了大地震，仍保存完好，颇受海内外水利专家的赞扬。

在艺术领域，精益求精的例子要数侯方域的《马伶传》了。马伶为提高自己的表演艺术，在经历一次演出失败之后，他并没有气馁，而是励志奋发，远走几千里，不惜为人奴仆去深入生活，观察人物的言谈举止、体验人物的思想感情，终于塑造出了深受观众赞赏的舞台形象。这个故事表明，艺术家要想获得成功就必须深入生活，精益求精，不断地进行学习和探索，闭门造车是不能取得高度成就的。

四是体现在对"道技合一"境界的追求。

"道"是中国古代一个十分重要的哲学概念，是中国哲学的最高范畴，"道"的内涵之一是指万物运行的客观规律，是"万物之奥"（《老子》六十二章），深藏不露，不能违背。与"道"相对，"技"是有形的，是具体的途径和方法。在儒家看来，"技"是微不足道的，在《论语》中，孔子的学生樊迟"请学稼""学圃"，孔子以轻蔑的口吻说他种庄稼不如老农民，种蔬菜不如老菜农。在先秦诸子中，只有墨子对"技"予以重视，他在几何学、力学、天文学、军事科技、土木工程等方面都有超拔特出之处，与当时重"道"轻"技"的风气迥然不同。道家的代表人物庄子对"道"有深刻的论述，但在他的寓言中，"技"始终是体悟"道"的重要途径，那些拥有高超技艺的人，如庖丁等，其终极目标正是对"道"的体悟。庖丁为文惠君解牛，"手之所触，肩之所倚，足之所履，膝之所踦，砉然向然，奏刀騞然，莫不中音。合于《桑林》之舞，乃中《经首》之会"。如此高超的技艺，令文惠君拍案叫绝。但庖丁解牛的妙处并不在于他的技艺，而在于他的认识和体会。庖丁"所好者，道也，进乎技矣"。当然他对"道"的认识也是以技艺的提升为前提，刚开始学解牛的时候，"所见无非牛者"，经过三年的训练，便"未尝见全牛"了，最后"以神遇而不以目视，官知止而神欲行"。做到了"依乎天理"，从而游刃有余。每次完成解牛，都"提刀而立，为之四顾，为之踌躇满志"。这就是由解牛得到的超越与满足。这样的人物在庄子笔下还有很多，如梓庆、轮扁等，都是由"技"入"道"，最终实现了"道技合一"。这种"道技合一"的境界，显然是工匠们一种至高的精神追求。

庖丁解牛

庄　子

本文选自《庄子·养生主》。

庖丁为文惠君解牛[1]，手之所触[2]，肩之所倚[3]，足之所履[4]，膝之所踦[5]，砉然向然[6]，奏刀騞然[7]，莫不中音[8]，合于《桑林》之舞[9]，乃中《经首》之会[10]。

文惠君曰："嘻，善哉！技盖[11]至此乎？"庖丁释[12]刀对曰："臣之所好者道也[13]，进乎技矣[14]。始臣之解牛之时，所见无非牛者。三年之后，未尝见全牛也。方今之时，臣以神遇而不以目视[15]，官知止而神欲行[16]。依乎天理[17]，批大郤[18]，导大窾[19]，因其固然[20]；技经肯綮之未尝[21]，而况大軱乎[22]！良庖岁更刀[23]，割也；族庖[24]月更刀，折也[25]。今臣之刀十九年矣，所解数千牛矣，而刀刃若新发于硎[26]。彼节者有间[27]，而刀刃者无厚。以无厚入有间，恢恢乎其于游刃必有余地矣[28]，是以十九年而刀刃若新发于硎。虽然，每至于族[29]，吾见其难为，怵然[30]为戒，视为止，行为迟，动刀甚微。謋[31]然已解，如土委[32]地。提刀而立，为之四顾，为之踌躇满志[33]，善[34]刀而藏之。"文惠君曰："善哉！吾闻庖丁之言，得养生[35]焉。"

注释

【1】庖丁：厨师。庖，厨房。一说"庖"指厨师，"丁"是他的名字。为：替，给。文惠君：旧说指梁惠王。解：剖开，分解。

【2】触：接触。

【3】依：靠。

【4】履：踏，踩。

【5】踦：用膝抵住。

【6】砉然：皮肉分离的声音。向然：多种声音相互响应的样子。向，通"响"，声响。

【7】奏：进。騞然：以刀快速割牛的声音。

【8】中音：意思是合乎音乐的节奏。中，合乎。

【9】《桑林》之舞：意思是用《桑林》乐曲伴奏的舞蹈。《桑林》，传说中的殷商时代的乐曲名。

【10】《经首》：传说中帝尧时代的乐曲名。会，乐律，节奏。

【11】盖：通"盍"，讲作何，怎么的意思。一说为句中语气词，读如"盖"。

【12】释：放下。

【13】好：喜好。道：事物的规律。

【14】进：进了一层，含有超过、胜过的意思。乎：于，比。

【15】神：精神，心思。

【16】官：器官，这里指眼。知：知觉，这里指视觉。

【17】天理：自然的纹理，这里指牛的自然结构。

【18】批：击。郤：通"隙"，这里指牛的筋腱骨骼间的空隙。

【19】导：引导，导向。窾：空，这里指牛的骨节间较大的空处。

【20】因：依，顺着。固然：本然，原本的样子。

【21】技经：指经络聚结的地方。技，通"枝"，指支脉。经，经脉。肯：附在骨上的肉。綮：骨肉连接很紧的地方。未：不曾。尝：尝试。

【22】軱：大骨。

【23】岁：每年。更：更换。

【24】族庖：指一般的厨师。族，众。

【25】折：断。这里指用刀砍断骨头。

【26】发：出，这里指刚从磨刀石上磨出来。硎：磨刀石。

【27】间：缝，间隙。
【28】恢恢：宽广。游刃：运转的刀刃。
【29】族：指骨节、筋腱聚结交错的部位。
【30】怵然：小心谨慎的样子。
【31】謋：牛分解的声音。
【32】委：堆积。
【33】踌躇：悠然自得的样子。满志：满足了心意。
【34】善：这里作摆弄、擦拭的意思。
【35】养生：其后省中心语，意思是"养生之道"。

本文出发点虽然在谈论养生之道，但所举庖丁解牛的故事却给我们展示了一个厨师的高超技艺。庖丁的解牛技艺并非天生的，或者是短时间之内形成的，而是庖丁通过长期实践，日积月累，顺应自然规律，经历三个境界才形成的。即使是具备了高超的技艺，他在面对复杂的工作时依然小心谨慎，从不掉以轻心。庖丁这种重视实践、顺应自然规律、"从技至道"追求卓越的态度和精神，在今天仍有启示作用。

卖油翁

欧阳修

本文选自《欧阳文忠公文集·归田录》。

《欧阳文忠公文集》是欧阳修所著的别集，共153卷，附录5卷，《归田录》是其中的一卷。宋英宗治平四年（1067），欧阳修再次遭飞语中伤，自请外任，这一卷是在出知亳州时作的。

欧阳修（1007—1072），字永叔，号醉翁，晚号"六一居士"。吉州庐陵（今江西吉安）人。欧阳修幼年丧父，在寡母抚育下读书。仁宗天圣八年（1030）进士。景祐三年，因为范仲淹辩护，被贬为夷陵县令。庆历三年（1043），因参与"庆历新政"，被贬为滁州太守。后又知扬州、颍州、应天府。至和元年（1054）奉诏入京，与宋祁同修《新唐书》。后又相继任枢密副使、参知政事、刑部尚书、兵部尚书等职。谥号文忠。欧阳修是北宋政治家、文学家、史学家，唐宋八大家之一。后人又将其与韩愈、柳宗元和苏轼合称"千古文章四大家"。苏轼父子及曾巩、王安石皆出其门下。欧阳修一生著述繁富，创作实绩亦灿然可观，诗、词、散文均为一时之冠。此外，他对经学、金石学、史学、书法等均有研究，造诣颇深。

陈康肃公尧咨善射，当世无双，公亦以此自矜[1]。尝射于家圃[2]，有卖油翁释[3]担而立，睨[4]之，久而不去。见其发[5]矢十中八九，但[6]微颔之。

康肃问曰:"汝亦知射乎?吾射不亦精乎?"翁曰:"无他,但手熟尔。"康肃忿然[7]曰:"尔安敢轻吾射?"翁曰:"以我酌油[8]知之。"乃取一葫芦置于地,以钱覆其口,徐以杓酌油沥之[9],自钱孔入,而钱不湿。因曰:"我亦无他,惟手熟尔。"康肃笑而遣[10]之。

此与庄生所谓解牛、斫轮[11]者何异?

注释

【1】以:凭借,用。自矜:自夸。
【2】家圃:家里(射箭的)场地。圃,园子,这里指场地。
【3】释:放下。
【4】睨:斜着眼看,形容不在意的样子。
【5】发:把箭射出去。
【6】但:只。
【7】忿然:气愤的样子。
【8】知:懂得。
【9】杓:同"勺",勺子。酌:舀。沥之:向下灌注,沥,滴。
【10】遣:打发。
【11】解牛、斫轮:指庖丁解牛与轮扁斫轮。

点评

本文是一篇富含哲理与情趣的小品文章,通俗易懂,意味深长,非常具有教育意义。它通过记述陈尧咨射箭和卖油翁酌油的事,形象地点明了"熟能生巧""实践出真知""人外有人"的道理,说明了我们无论做什么事,只要下苦功夫,多思勤练,技艺水平就会不断提高,就一定会取得优异成绩。

活 板

沈 括

本文选自《梦溪笔谈·技艺》卷一八。

《梦溪笔谈》,成书于11世纪末,一般认为是1086—1093年间,作者沈括。全书共30卷,内容丰富,包括天文、地理、数学、物理、文艺、历史、化学、地质学、气象学、农学和医学等,其价值非凡,是一部涉及古代中国自然科学、工艺技术及社会历史现象的综合性笔记体著作,被英国著名学者李约瑟誉为"中国科技史上的坐标"。

沈括(1031—1095),字存中,号梦溪丈人,浙江杭州钱塘县(今浙江杭州)人。北宋科学家、政治家、文学家。仁宗嘉祐八年(1063)进士。神宗时参与王安石变法运动。

熙宁五年（1072）提举司天监，次年赴两浙考察水利、差役。熙宁八年（1075）出使辽国，驳斥辽的争地要求。次年任翰林学士，权三司使，整顿陕西盐政。后知延州（今陕西延安），加强对西夏的防御。元丰五年（1082）因宋军于永乐城之战中为西夏所败，连累被贬。沈括是我国历史上最卓越的科学家之一，他精通天文、数学、物理、化学、地质、气象、地理、农学、医学等，是卓越的工程师、出色的外交家。晚年在镇江梦溪园撰写了《梦溪笔谈》。

板印书籍[1]，唐人尚未盛为之[2]。自冯瀛王时始[3]印五经[4]，已后[5]典籍[6]皆为板本[7]。

庆历[8]中有布衣[9]毕昇，又为活板。其法：用胶泥刻字，薄如钱唇[10]，每字为一印[11]，火烧令坚[12]。先设一铁板，其上以松脂、蜡和[13]纸灰之类冒[14]之。欲印，则以一铁范置铁板上，乃密布字印，满铁范[15]为一板，持就火炀之[16]，药[17]稍镕，则以一平板按其面，则字平如砥[18]。若止[19]印三二本，未为简易[20]；若印数十百千本，则极为神速。常作二铁板，一板印刷，一板已自[21]布字，此印者才毕，则第二板已具[22]，更互[23]用之，瞬息可就。每一字皆有数印，如"之""也"等字，每字有二十余印，以备一板内有重复者。不用，则以纸帖之[24]，每韵为一帖，木格贮之[25]。有奇字[26]素无备者，旋[27]刻之，以草火烧，瞬息可成。不以木为之者[28]，文理[29]有疏密，沾水则高下不平，兼与药相粘，不可取[30]；不若燔土[31]，用讫[32]再火令药镕，以手拂[33]之，其印自落，殊不[34]沾污。

昇死，其印为予群从[35]所得，至今保藏。

注释

【1】板印书籍：用雕版印刷书籍。

【2】盛为之：大规模地做这种事。之，指"板印书籍"。

【3】始：才。

【4】五经：儒学的经典，指《易经》《尚书》《诗经》《礼记》《春秋》。汉后合称"五经"。

【5】已后：即"以后"。

【6】典籍：泛指各种重要文献。

【7】板本：板印的本子。

【8】庆历：宋仁宗年号（1041—1048）。

【9】布衣：平民。这里指没有做官的读书人。古代平民穿麻布衣服，所以称布衣。

【10】钱唇：铜钱的边缘。

【11】印：印模，字印。

【12】令坚：使……坚硬。

【13】和：混合。

【14】冒：蒙，盖。

【15】范：框子。

【16】持就火炀之：把它拿到火上烤。就，靠近。炀，烤。

【17】药：指上文说的松脂、蜡等物。
【18】字平如砥：字印像磨刀石那样平。砥，磨刀石。
【19】止：只，仅仅。
【20】未为简易：不能算是简便。
【21】自：别自，另外。
【22】具：准备好。
【23】更互：交替，轮流。
【24】以纸帖之：用纸条给它做标记。帖，用标签标出。
【25】每韵为一帖，木格贮之：每一个韵部的字做一个标签，用木格子把它存放起来。韵，指韵部。帖，标签，名词。唐宋时，人们按照诗歌押韵的规律，把汉字分为206韵，后来又合并为106韵。
【26】奇字：写法特殊，或生僻、不常用的字。
【27】旋：旋即。
【28】不以木为之者：不用木头刻活字的原因。
【29】文理：纹理，质地。文，花纹。
【30】不可取：拿不下来。
【31】燔土：指火烧过的黏土字印。燔，烧。
【32】讫：终了，完毕。
【33】拂：擦拭，掸去。
【34】殊不：一点也不。
【35】群从：堂兄弟及侄子辈。

点评

本文着重说明了四大发明之一活板的制作、印刷、拆板等过程。作者紧扣"活"字，在说明时又主要按照工艺顺序进行说明，并且通过与雕版的比较，体现活版的优越性。活字印刷术的发明创造充分说明，一些划时代的科学发明往往是劳动人民在生活实践中不断探索、不断付出所取得的，正是他们这种对工艺的精益求精的追求精神，才推动了科学技术的不断进步和发展，从而大大推动了社会生产力和人类文明的向前发展。

核舟记[1]

魏学洢

魏学洢（？—约1626），字子敬，嘉善（今属浙江嘉兴）人，明朝末年的著名散文作家，是当地有名的秀才，也是一代名臣魏大中的长子，一生未做过官，好学善文，著有《茅檐集》。被清代人张潮收入《虞初新志》的《核舟记》，是其代表作。

明有奇巧人[2]曰王叔远[3]，能以径寸之木[4]，为[5]宫室、器皿、人物，以至[6]鸟兽、木石，罔不因势象形，各具情态[7]。尝贻余[8]核舟一，盖大苏泛赤壁云[9]。

舟首尾长约八分有奇[10]，高可二黍许[11]。中轩敞者为舱[12]，箬篷[13]覆之。旁开小窗，左右各四，共八扇。启窗而观，雕栏相望焉[14]。闭之，则右刻"山高月小，水落石出"，左刻"清风徐来，水波不兴"，石青糁之[15]。

船头坐三人，中峨冠而多髯者为东坡[16]，佛印[17]居右，鲁直[18]居左。苏、黄共阅一手卷[19]。东坡右手执卷端[20]，左手抚鲁直背。鲁直左手执卷末[21]，右手指卷，如有所语。东坡现右足，鲁直现左足，各微侧[22]，其两膝相比者[23]，各隐卷底衣褶中[24]。佛印绝类弥勒[25]，袒胸露乳，矫首昂视[26]，神情与苏、黄不属[27]。卧右膝，诎[28]右臂支船，而竖其左膝，左臂挂念珠倚之[29]——珠可历历数也[30]。

舟尾横卧一楫。楫左右舟子[31]各一人。居右者椎髻[32]仰面，左手倚一衡[33]木，右手攀[34]右趾，若啸呼[35]状。居左者右手执蒲葵扇，左手抚炉，炉上有壶，其人视端容寂[36]，若听茶声然。

其船背稍夷[37]，则题名其上，文曰"天启壬戌[38]秋日，虞山王毅叔远甫[39]刻"，细若蚊足，钩画了了[40]，其色墨。又用篆章一，文曰"初平山人"，其色丹。

通计一舟，为人五；为窗八；为箬篷，为楫，为炉，为壶，为手卷，为念珠各一；对联、题名并篆文，为字共三十有四。而计其长曾不盈寸[41]。盖简[42]桃核修狭者为之。魏子详瞩既毕，诧曰："嘻，技亦灵怪矣哉[43]！"

注释

【1】记：指文体。"记"这种体裁出现得很早，至唐宋而大盛。它可以记人和事，可以记山川名胜，可以记器物建筑，故又称杂记。在写法上大多以记述为主而兼有议论、抒情成分。

【2】奇巧人：技艺奇妙精巧的人。奇，奇特。

【3】王叔远：名毅，字叔远。明代民间微雕艺人。

【4】径寸之木：直径一寸的木头。径，直径。

【5】为：做，这里指雕刻。

【6】以至：以及。

【7】罔不因势象形，各具情态：都能就着木头原来的样子模拟那些东西的形状，各有各的情态。罔不，无不，全都。罔，无，没有。因，就着。象，模仿。这里指雕刻。各，各自。具，具有。情态，神态。

【8】贻余：赠我。

【9】盖大苏泛赤壁云：刻的是苏轼乘船游赤壁的故事。盖，表示推测的句首语气词。泛，泛舟，坐船游览。云，句尾语助词。

【10】有奇：多一点。有，通"又"，用来连接整数和零数。奇，零数。

【11】高可二黍许：大约有两个黄米粒那样高。可，大约。黍，又叫黍子，去皮后叫黄米。一说，古代一百粒排列起来的长度是一尺，因此一个黍粒的长度是一分。许，上下，表约数。

【12】中轩敞者为舱：中间隆起宽敞的部分是船舱。轩，隆起。敞，宽敞。为，是。

【13】箬篷：用箬竹叶做成的船篷。

【14】雕栏相望焉：雕刻着花纹的栏杆左右相对。望，对着，面对着。

【15】"山高月小，水落石出"及"清风徐来，水波不兴"皆为苏轼《后赤壁赋》里的文句。清：清凉。徐：缓缓地，慢慢地。兴：起。石青糁之：用石青涂在刻着字的凹处。石青，一种青绿色的矿物颜料。糁，涂。

【16】峨冠：戴着高高的帽子。名词作动词用。髯：两腮的胡须。这里泛指胡须。

【17】佛印：人名，是个和尚，苏轼的朋友。居：位于。

【18】鲁直：宋代诗人、书法家黄庭坚，字鲁直。他也是苏轼的朋友。

【19】手卷：横幅的书画卷子。

【20】执：拿着。卷端：指画卷的右端。

【21】卷末：指画卷的左端。

【22】微侧：略微侧转（身子）。

【23】其两膝相比者：他们的互相靠近的两膝（苏东坡的左膝和黄庭坚的右膝）。比，靠近。

【24】各隐卷底衣褶中：都隐蔽在手卷下边的衣褶里。意思是说，从衣褶上可以看出相并的两膝。

【25】绝类弥勒：极像佛教的弥勒菩萨像。

【26】矫首昂视：抬头仰望。矫，举。

【27】不属：不相类似。

【28】诎：同"屈"，弯曲。

【29】念珠：信佛教的人念佛时用以计数的成串珠子。倚之：左臂靠在左膝上。

【30】历历数也：清清楚楚地数出来。历历，分明可数的样子。

【31】舟子：撑船的人，船夫。

【32】椎髻：梳成椎形发髻，属于词类活用。

【33】衡：通"横"，横着。

【34】攀：扳着。

【35】啸呼：大声呼叫。

【36】其人视端容寂：那个人眼睛正视着茶炉，神色平静。

【37】船背稍夷：船的底面稍平。背，这里指船底。夷，平。

【38】天启壬戌：即1622年。天启，明熹宗朱由校年号。

【39】虞山王毅叔远甫：常熟人王毅，字叔远。虞山，现在江苏常熟西北，这里用来代替常熟。甫，通"父"，古代对男子的美称，多附于字之后。

【40】钩：钩的形状。了了：清清楚楚。

【41】曾不盈寸：竟然不满一寸。盈，满。

【42】简：挑选。

【43】技亦灵怪矣哉：技艺也真神奇啊！矣和哉连用有加重惊叹语气的作用。

点评

此文所写的这件雕刻品，原材料是一个"长不盈寸"的桃核，却生动地再现了宋代文坛上的一个著名典故——"大苏泛赤壁"。它构思精巧，形象逼真，显示了中国古代工艺美术的卓越成就。作者经过细致的观察，准确地把握了这件雕刻品的各个细节，然后按一定的空间顺序来描写整个核舟，写了作者对核舟的喜爱，表达了作者对艺术家王叔远技艺高超的赞叹以及对中国古代民间艺术的赞美之情。

马伶传

侯方域

侯方域（1618—1655），明末清初河南商丘人，字朝宗。明末清初散文家，散文三大家之一、明末"四公子"之一、复社领袖。侯方域祖父及父辈都是东林党人，均因反对宦官专权而被黜。明亡后，流落江南，入清后被迫参加科举。侯方域35岁时，回想起自己半生遭遇坎坷，除诗文一无所成，悔恨不已，又因违心参与顺治八年乡试，认为自己失节于明，便将其书房更名为"壮悔堂"，表示其壮年后悔之意。在这里，他完成了两部文集《壮悔堂文集》十卷、《四忆堂诗集》六卷明志。清朝顺治十二年（1655），染病身亡。其代表作为《李姬传》。

马伶者[1]，金陵梨园部也[2]。金陵为明之留都[3]，社稷[4]百官皆在，而又当太平盛时，人易为乐。其士女之问桃叶渡、游雨花台者[5]，趾相错[6]也。梨园以技鸣[7]者，无论数十辈[8]，而其最著者二：曰兴化部，曰华林部。

一日，新安贾[9]合两部为大会，遍征[10]金陵之贵客文人，与夫妖姬静女[11]，莫不毕集[12]。列兴化于东肆[13]，华林于西肆，两肆皆奏《鸣凤》[14]，所谓椒山先生[15]者。迨半奏[16]，引商刻羽[17]，抗坠疾徐[18]，并称善也。当两相国论河套[19]，而西肆之为严嵩[20]相国者曰李伶，东肆则马伶。坐客乃西顾而叹[21]，或大呼命酒[22]，或移座更近之，首不复东[23]。未几更进[24]，则东肆不复能终曲。询其故，盖马伶耻出李伶下，已易衣遁矣[25]。马伶者，金陵之善歌者也。既去[26]，而兴化部又不肯辄以易之[27]，乃竟辍其技不奏，而华林部独著。

去后且三年[28]而马伶归，遍告其故侣[29]，请于新安贾曰："今日幸[30]为开宴，招前日宾客，愿与华林部更奏[31]《鸣凤》，奉一日欢。"既奏，已而[32]论河套，马伶复为严嵩相国以出，李伶忽失声，匍匐前称弟子[33]。兴化部是日遂凌出[34]华林部远甚。其夜，华林部过马伶[35]："子，天下之善技也，然无以易[36]李伶。李伶之为严相国至矣[37]，子又安从授之而掩其上哉[38]？"马伶曰："固然[39]，天下无以易李伶，李伶即[40]又不肯授我。我闻今相国昆山顾秉谦者[41]，严相国俦[42]也。我走[43]京师，求为其门卒[44]三年，日侍昆山相国于朝房[45]，察其举止，聆其语言[46]，久乃得之。此吾之所为师也。"华林部相与罗拜[47]而去。

马伶，名锦，字云将，其先西域[48]人，当时犹称马回回[49]云。

侯方域曰：异哉，马伶之自得师也。夫其以李伶为绝技，无所干求[50]，乃走事昆山[51]，见昆山犹之见分宜也[52]；以分宜教分宜[53]，安得不工[54]哉？呜呼！耻其技之不若[55]，而去数千里为卒三年，倘三年犹不得，即犹不归耳。其志如此，技之工又须问耶？

注释

【1】马伶：姓马的演员。伶，古时称演戏、歌舞、作乐的人。

【2】金陵：南京市旧名。梨园部：戏班。《新唐书·礼乐志》记载，唐玄宗"选坐部伎子弟三百，教于梨园……号'皇帝梨园弟子'"。后世因称戏剧团体为梨园。部，行业的组织。

【3】明之留都：明代开国时建都金陵，成祖朱棣迁都北京，以金陵为留都，改名南京，也设置一套朝廷机构。

【4】社稷：古代帝王、诸侯所祭的土神和谷神。《白虎通义·社稷》："王者所以有社稷何？为天下求福报功。人非土不立，非谷不食。土地广博，不可遍敬也；五谷众多，不可一一祭也。故封土立社，示有土尊；稷，五谷之长，故封稷而祭之也。"后来遂用作国家之代称。这里仍用本来的含义。

【5】问：探访。桃叶渡：南京名胜之一，是秦淮河的古渡口，相传东晋王献之送其妾桃叶在此渡江，因而得名。雨花台：在南京中华门外，三国时称石子岗，又称聚宝山。相传梁武帝时，元光法师在此讲经，落花如雨，故名。

【6】趾相错：脚印相交错，形容游人之多。

【7】以技鸣：因技艺高而出名。

【8】无论：大概。辈：同一等级、同一类别的人。引申为"群""队"。这里指"部"。

【9】新安：今安徽歙县。贾：商人。

【10】征：召集。

【11】妖姬：艳丽的女人。静女：语出《诗经·邶风·静女》："静女其姝。"指少女。

【12】毕集：都来了。

【13】肆：店铺，这里指戏场。

【14】《鸣凤》：指明代传奇《鸣凤记》，传为王世贞门人所作，演夏言、杨继盛诸人与权相严嵩斗争故事。

【15】椒山先生：杨继盛，字仲芳，号椒山，容城（今属河北）人，官至南京兵部右侍郎，因弹劾严嵩被害。

【16】迨：等到。半奏：演到中间。

【17】引商刻羽：演奏音乐。商、羽，古五音名。宋玉《对楚王问》："引商刻羽，杂以流徵，国中属而和者，不过数人而已。是其曲弥高，其和弥寡。"

【18】抗坠疾徐：声音高低快慢。《礼记·乐记》："歌者上如抗，下如队（坠）。"孙希旦集解引方氏悫说："抗，言声之发扬；队，言声之重浊。"

【19】两相国论河套：指《鸣凤记》第六出《两相争朝》，情节是宰相夏言和严嵩争论收复河套事。河套，地名，黄河流经今内蒙古自治区西南部，形曲如套子，中间一带称作河套。在明代，河套为鞑靼族所聚居，经常内扰，杨继盛、夏言诸人主张收复，严嵩反对，所以发生廷争。严嵩为当时专揽朝政的权臣，官至太子少师，结党营私，后被劾罢免。

【20】严嵩：字惟中，分宜（今属江西）人，弘治年间中进士，得到明世宗信任。他弄权纳贿，结党营私，陷害忠良，是著名的奸臣。

【21】西顾：往西看，指为华林部李伶的演出所吸引。叹：赞叹，赞赏。

【22】命酒：叫人拿酒来。

【23】首不复东：头不再往东看，意为不愿看兴化部马伶演出。

【24】未几：没有多久。更进：继续往下演出。

【25】"盖马伶"两句：原因是马伶耻于居李伶之下，卸装逃走。易衣，这里指卸装。

【26】既去：已离开。既，表示行动完成。

【27】辄以易之：随便换人。辄，犹"即"。《汉书·吾丘寿王传》："盗贼不辄伏辜，免脱者众。"可引申为随便。

【28】且三年：将近三年。

【29】故侣：旧日伴侣，指同班艺人。

【30】幸：冀也，希望。

【31】更奏：再次献演。奉：敬献。

【32】已而：不久。

【33】"李伶"二句：李伶顿然惊愕，不禁出声，伏地称弟子。失声，控制不住，不觉出声。匍匐，伏在地上。

【34】凌出：高出，凌驾于对方之上。

【35】华林部：指华林部伶人。过：拜访。

【36】易：轻视。《左传·襄公四年》："贵货易土。"引申为胜过。

【37】为：此是扮演的意思。至矣：像极，妙极。

【38】安从授之：从哪里学到。掩其上：盖过他。掩，盖过。《国语·晋语五》："尔童子，而三掩人于朝。"

【39】固然：确实。

【40】即：通"则"。

【41】昆山：县名，在江苏。顾秉谦：明熹宗天启年间为首辅，是阉党中人。

【42】侪：同类人。

【43】走：跑到。

【44】门卒：门下的差役。

【45】朝房：百官上朝前休息的地方。

【46】"察其"二句：观察其行动，聆听其言语。聆，听。

【47】罗拜：数人环列行礼。

【48】西域：古代地理名称，指今我国新疆维吾尔自治区及中亚一部分地方。

【49】回回：旧时对于回族及伊斯兰教徒的称呼。

【50】无所干求：没有办法得到。

【51】走事昆山：到顾秉谦处去做仆从。事，侍奉。昆山，古人习惯以籍贯指代人，这里即指顾秉谦。下句"分宜"，即指严嵩，严嵩为分宜（今江西分宜）人。

【52】"见昆山"句：见到顾秉谦就好像见到了严嵩。

【53】以分宜教分宜：意即以生活中的严嵩为榜样来学演严嵩。

【54】工：精。

【55】"耻其"句：耻于自己的演技不如人家。不若，不如。

点评

本文讲述了马伶为提高自己的表演艺术，不断刻苦学习、努力探索的故事。马伶作为一位有名的演员，在经历一次演出失败之后，并没有气馁，而是励志发奋，远走几千里，不惜为人奴仆去深入生活，观察人物的言谈举止，体验人物的思想感情，终于塑造出了深受观众赞赏的舞台形象。这个故事表明，高超的艺术是现实生活的反映，艺术家要想获得高超的艺术水平就必须深入生活，不断地进行学习和探索，闭门造车是不能取得高度的艺术成就的。

口 技

林嗣环

林嗣环（1607—约1662），字铁崖，号起八。福建晋江（今福建泉州安溪县官桥镇驷岭村）人。从小聪颖过人，七岁即能属文。及长赴试，因文章峭奇卓绝，考官疑为他人代笔，故不得中。林嗣环遭遇挫折不气馁，倍加发愤攻读，于明崇祯十五年（1642）壬午科中举人，继而于清顺治六年（1649）己丑科登进士及第。授太中大夫，持简随征，便宜行事。后调任广东琼州府先宪兼提督学政。其博学善文，著有《铁崖文集》《海渔编》《岭南纪略》《荔枝话》《口技》等。

京[1]中有善口技[2]者。会[3]宾客大宴，于厅事[4]之东北角，施八尺屏障[5]，口技人坐屏障中，一桌、一椅、一扇、一抚尺[6]而已。众宾团坐。少顷，但闻屏障中抚尺一下[7]，满坐寂然，无敢哗者[8]。

遥闻深巷中犬吠，便有妇人惊觉欠伸[9]，其夫呓语。既而儿醒，大啼。夫亦醒。妇抚儿乳[10]，儿含乳啼，妇拍而呜[11]之。又一大儿醒，絮絮[12]不止。当是时，妇手拍儿声，口中呜声，儿含乳啼声，大儿初醒声，夫叱大儿声，一时齐发，众妙毕备[13]。满坐宾客无不伸颈，侧目，微笑，默叹，以为绝妙。

未几，夫齁声起，妇拍儿亦渐拍渐止。微闻有鼠作作索索[14]，盆器倾侧，妇梦中咳嗽。宾客意少舒[15]，稍稍正坐。

忽一人大呼"火起"，夫起大呼，妇亦起大呼。两儿齐哭。俄而百千人大呼，百千儿哭，百千犬吠。中间[16]力拉崩倒[17]之声，火爆声，呼呼风声，百千齐作[18]；又夹百千求救声，曳屋许许声[19]，抢夺声，泼水声。凡所应有，无所不有。虽人有百手，手有百指，不能指其一端[20]；人有百口，口有百舌，不能名[21]其一处也。于是宾客无不变色离席，奋袖出臂[22]，两股战战[23]，几欲先走[24]。

忽然抚尺一下，群响毕绝[25]。撤屏[26]视之，一人、一桌、一椅、一扇、一抚尺而已。

【1】京：京城。
【2】口技：杂技的一种。用口腔发音技巧来模仿各种声音。
【3】会：适逢，正赶上。
【4】厅事：大厅，客厅。
【5】施：设置，安放。屏障：指屏风、围帐一类用来挡住视线的东西。
【6】抚尺：艺人表演用的道具，也叫"醒木"。
【7】下：拍。
【8】满坐寂然：全场静悄悄的。坐，通"座"，这里指座位上的人。寂然，安静的样子。然，用在形容词的词尾，表示……的样子。哗，喧哗，大声说话。
【9】惊觉：惊醒。欠伸：欠，打呵欠。伸，伸懒腰。
【10】抚：抚摸，安慰。乳：作动词用，喂奶。
【11】呜：指轻声哼唱着哄小孩入睡。
【12】絮絮：连续不断地说话。
【13】众妙毕备：各种妙处都具备，意思是各种声音都模仿得极像。毕，全。
【14】作作索索：老鼠活动的声音。
【15】意少舒：心情稍微放松了些。意，心情。少，稍微。舒，伸展、松。
【16】中间：其中夹杂着。中，其中。间，夹杂。
【17】力拉崩倒：劈里啪啦，房屋倒塌。力拉，拟声词。
【18】齐作：一齐发出。
【19】曳屋许许声：众人拉塌燃烧着的房屋时，一齐用力的呼喊声。曳，拉。许许，拟声词，呼喊声。
【20】不能指其一端：不能指明其中的任何一种声音。形容口技模拟的各种声响同时发出，交织成一片，使人来不及一一辨识。一端，一头，这里是"一种"的意思。
【21】名：作动词用，说出。
【22】奋袖出臂：捋起袖子，露出手臂。奋，扬起，举起，撩起。出，露。
【23】股：大腿。战战：打哆嗦，打战。
【24】几：几乎，差点儿。先走：抢先逃跑。走，跑。
【25】群响毕绝：各种声音全都消失了。毕绝，都消失了。
【26】撤屏：撤去屏风。

点评

口技是民间表演艺术，是杂技的一种，实际上是一种仿生艺术。表演者用口模仿各种声音，能使听的人产生一种身临其境的感觉，是我国文化艺术的宝贵遗产之一。《口技》这篇散文，就表现了一位口技艺人的高超技艺。本文以时间先后为序，记叙了一场精彩的口技表演。表演者以高超的口技表演艺术，用各种不同的声响，异常逼真地摹拟出一组有节奏、连续性的生活场景，令人深切感受到口技这一传统民间艺术的魅力。

第十二章　直面人生

人生不如意者十之八九，当以不求完美的态度待之。面对不完美的人生，鲁迅先生却说："真的猛士敢于直面惨淡的人生，敢于正视淋漓的鲜血。"古往今来，面对逆境，很多人选择了妥协和失败。但是，逆境成就的英雄也不计其数，他们敢于直面人生，积极应对困难和挑战，在逆境人生中寻求自我救赎之路的同时给我们带来了不同的启示与感动。逆境中的英雄情结，早已积淀成中国优秀传统文化不可或缺的部分，它支撑中华民族走过了一段段艰难的历程，也奠定了中华民族崛起的基石。

在面对逆境时，古代文人用以下几种典型的态度直面人生：

一、以死明志

古代文人的最高追求是"文死谏"，面对逆境人生，面对生活的打击和迫害，他们没有采取"穷则独善其身"的保身法则，而是以死明志，以保全自己的节操和价值追求。据《史记·屈原贾生列传》中记载，屈原"博闻强志，明于治乱，娴于辞令"，但因别人的嫉妒而被楚怀王疏远，也因屡屡进谏被顷襄王放逐，终投汨罗江而死。"和则留，不和则去"本是春秋战国时期士人崇尚的自由法则，屈原也完全可以选择更好的去处，但他不管是在郢都任职还是被疏远放逐，始终对自己的国家有一份坚守。当国都被攻破，自己的宗庙和国家都已万劫不复之时，他选择了投江自尽。这种方式惨烈而决绝，虽有许多无奈和失望，但他殉国明志的激烈之举换来了流芳百世，赢得了后人对他的景仰。魏徵也是一个敢于直谏的大臣，他不顾性命，多次拂太宗之意，如果不是唐太宗比较英明，能够多次容忍他的"犯上"，也不知道魏徵死去多少次了。

他们这种为了理想而顽强不屈地对现实进行批判的精神，早已突破了儒家明哲保身、温柔敦厚的处世原则，为中国文化增添了一股深沉刚烈之气，培养了中国士人主动承担的勇气。

二、以忍明志

在挫折和打击面前，还有一种情形是忍辱负重。这里的"忍"绝不是偷生、屈服和忍让，不是懦弱的表现，而是为了实现人生的理想而不得已采取的权宜之策。司马迁生长于史官家庭，受到了良好的传统文化熏陶。他的父亲司马谈临终之前把修史的希望寄托在了他的身上，希望司马迁能担此重任，完成自己未竟的事业。面对历史和父亲托付下来的神圣使命，司马迁表明了"小子何敢让焉"的坚定态度。面对李陵之祸，他可以选择伏法受诛，了结一生，但这样父亲的嘱托也将成为幻影。在绝望中，他选择了宫刑，经历了人生中最残酷粗暴的身体摧残和精神践踏。在《报任安书》里他说道："祸莫僭于欲利，悲莫痛于伤心，行莫丑于辱先，诟莫大于宫刑。"但在才命相违之下，司马迁以更冷峻的眼光直面人生、审视现实，以更尖锐的笔端修史著书。天降大任于斯人，司马迁在实现自我价值的路上坚定了生存信念与人格理想，也超越了儒家思想中传统的殉道精神和见辱则死的消极观念，在逆境中凭借着《史记》激扬的文字获得了新生。

三、以隐明志

古代还有许多文人，在人生受挫、官场失意等种种不如意的时候，或感觉到人生理想再也得不到实现的时候，便抱着对黑暗现实否定的态度选择归隐田园山林，以不合作的态度捍卫着自我人格的独立和精神的自由，在他们身上保存了许多美好的人性和崇高的人格理想。《南史·隐逸传上》谓其"行吟山泽，皆用宇宙而成心，借风云以为气"，这也是历代文人在逆境中寻求解脱自认为最好且选择最多的方式之一。纵观历代的众多隐士，隐得最彻底、最自然的一位当属东晋时期的陶渊明。他怀着"兼济天下"的雄心壮志入仕，但由于庶族寒门出身，其理想难以化为现实。最终因"不为五斗米折腰"而坚定了归隐的决心，彻底结束了仕途的努力与曾经的彷徨。陶渊明在"兼济天下"的人生路上失意后，最终走上了"独善其身"的坦途。

刘禹锡在仕途失意后，被贬到安徽，但他毫不在意，寄情于山水，知县知道后，为了教训他，将其住房面积减半，但他看到新居那里依山傍水，岸柳婆娑，写下了"杨柳青青江水平，闻郎江上唱歌声"这首诗，知县看到后又将其迁到仅容一床一桌一椅的陋室中，但他依旧不改初心，身居陋室，却感"何陋之有"，写下了"斯是陋室，惟吾德馨"的千古名句，他不做追名逐利的鸢，不做目光短浅的鼠，有着高尚的情操。白居易、苏轼、欧阳修、陆游等等也莫不如此。于是，"不为五斗米折腰"也就成了中国士大夫的一个精神堡垒，用以保护自己选择的自由。虽然这是一种无奈的退避软弱，但也是一种境界，一种苍凉自得、清凉寂静、柔中带刚的境界，一种心如止水、悲凉萧疏其实又超脱有为的境界，一种宁为另类、不做败类的境界，一种洁身自好、难得糊涂甚至可以说大智若愚的境界。

四、以乐明志

面对仕途的不顺，面对贬谪和打击，是消极沉沦还是积极乐观，既是一个人性格的体现，也是一个人思想境界的体现。那些敢于直面人生的古代文人，往往以达观的态度面对自己的不利人生，或者说，旷达情怀是他们抗争黑暗世道的一种精神武器。刘禹锡和白居易是好朋友，面对被贬的经历，白居易的态度是"为我引杯添酒饮，与君把箸击盘歌。诗称国手徒为尔，命压人头不奈何。举眼风光长寂寞，满朝官职独蹉跎。亦知合被才名折，二十三年折太多"。牢骚和不满的情绪跃然纸上，而刘禹锡却说"沉舟侧畔千帆过，病树前头万木春。今日听君歌一曲，暂凭杯酒长精神。"劝解、自信和乐观的态度一目了然。

苏轼更是一个乐观旷达的典型，他因"乌台诗案"差点被杀，被贬黄州后，又面临着生活的困境，但面对仕途的起伏和政治上的荣辱，苏轼没有被压倒，他泰然处之，始终保持乐观旷达的精神境界。面对仕途贬谪，面对人生至暗时刻，他是"回首向来萧瑟处，归去，也无风雨也无晴"，看得开，想得开，乐观之情溢于言表。特别是他那首被誉为"千古绝调"的豪放派代表作《念奴娇·赤壁怀古》，虽有功业未成、壮志未酬、韶华易逝、人生苦短等哀叹，但哀而不伤，嗟叹而不颓丧。相反，那由大江、惊涛、巨石、高岩所构成的宏伟画面，那睥睨一世、叱咤风云的英雄人物所组成的历史长卷展现在读者面前，使人视野为之开阔，胸襟为之扩大，精神为之振奋。这些，都是他心境乐观旷达的表现。

报任安书

司马迁

司马迁（前145或前135—？），字子长，夏阳（今陕西韩城南）人。西汉史学家、思想家、文学家。文学家司马谈之子。早年受学于孔安国、董仲舒，漫游各地，了解风俗，采集传闻。初任郎中，奉使西南。元封三年（前108）任太史令，继承父业，著述历史。因替李陵败降之事辩解而受宫刑。后任中书令，发奋继续完成所著史籍，被后世尊称为史迁、太史公、历史之父。他以其"究天人之际，通古今之变，成一家之言"的史识创作了中国第一部纪传体通史《史记》（原名《太史公书》），被公认为是中国史书的典范。该书记载了从上古传说中的黄帝时期，到汉武帝元狩元年，长达3000多年的历史，是"二十五史"之首，被鲁迅誉为"史家之绝唱，无韵之《离骚》"。

太史公[1]牛马走司马迁再拜言。

少卿足下：曩[2]者辱赐书，教以慎于接物，推贤进士为务，意气勤勤恳恳，若望[3]仆不相师，而用流[4]俗人之言。仆非敢如此也。仆虽罢驽[5]，亦尝侧闻[6]长者之遗风矣。顾自以为身残处秽[7]，动而见尤，欲益反损，是以独抑郁而谁与语。谚曰："谁为为之？孰令听之？"盖钟子期死，伯牙终身不复鼓琴[8]。何则？士为知己者用，女为悦己者容。若仆大质已亏缺矣，虽才怀随、和[9]，行若由、夷[10]，终不可以为荣，适足以见笑而自点[11]耳。

书辞宜答，会东从上来[12]，又迫贱事，相见日浅，卒卒[13]无须臾之间得竭志意。今少卿抱不测之罪，涉旬月，迫季冬[14]，仆又薄从上雍[15]，恐卒然不可讳[16]。是仆终已不得舒愤懑以晓左右，则长逝者魂魄私恨无穷。请略陈固陋。阙然久不报，幸勿为过。

仆闻之，修身者智之符也，爱施者仁之端也，取与者义之表也，耻辱者勇之决也，立名者行之极也。士有此五者，然后可以托于世，而列于君子之林矣。故祸莫憯于欲利，悲莫痛于伤心，行莫丑于辱先，诟莫大于宫刑[17]。刑余之人，无所比数，非一世也，所从来远矣。昔卫灵公与雍渠同载，孔子适陈[18]；商鞅因景监见，赵良寒心[19]；同子参乘，袁丝变色[20]：自古而耻之。夫中材之人，事有关于宦竖[21]，莫不伤气，况于慷慨[22]之士乎！如今朝廷虽乏人，奈何令刀锯之余荐天下豪俊哉！仆赖先人绪业，得待罪辇毂下[23]，二十余年矣。所以自惟[24]：上之，不能纳忠效信，有奇策材力之誉，自结明主；次之，又不能拾遗补阙，招贤进能，显岩穴之士；外之，不能备行伍，攻城野战，有斩将搴[25]旗之功；下之，不能积日累劳，取尊官厚禄，以为宗族交游光宠。四者无一遂，苟合取容，无所短长之效，可见如此矣。乡者，仆亦尝厕下大夫之列[26]，陪奉外廷末议[27]。不以此时引纲维[28]，尽思虑，今已亏形为扫除之隶，在阘茸[29]之中，乃欲卬首信眉[30]，论列是非，不亦轻朝廷，羞当世之士邪！嗟乎！嗟乎！如仆尚何言哉！尚何言哉！

且事本末未易明也。仆少负不羁之才，长无乡曲[31]之誉，主上幸以先人之故，使得奉薄技，出入周卫[32]之中。仆以为戴盆何以望天[33]，故绝宾客之知，忘室家之业，日夜思竭其不肖之才力,务壹心营职,以求亲媚于主上。而事乃有大谬不然者。夫仆与李陵俱居门下[34],素非相善也,趋舍[35]异路,未尝衔杯酒[36]接殷勤之余欢。然仆观其为人自奇士,事亲孝,与士信,临财廉,取与义,分别有让,恭俭下人,常思奋不顾身以徇国家之急。其素所畜积也,仆以为有国士之风。夫人臣出万死不顾一生之计,赴公家之难,斯已奇矣。今举事一不当,而全躯保妻子之臣随而媒孽[37]其短,仆诚私心痛之。且李陵提步卒不满五千,深践戎马之地,足历王庭[38],垂饵虎口,横挑强胡[39],卬[40]亿万之师,与单于连战十有余日,所杀过当。虏救死扶伤不给,旃[41]裘之君长咸震怖,乃悉征其左右贤王[42],举引弓之民,一国共攻而围之。转斗千里,矢尽道穷,救兵不至,士卒死伤如积。然李陵一呼劳军,士无不起,躬自流涕,沫[43]血饮泣,更张空弮[44],冒白刃,北向争死敌者。陵未没时,使有来报,汉公卿王侯皆奉觞上寿[45]。后数日,陵败书闻,主上为之食不甘味,听朝不怡。大臣忧惧,不知所出。仆窃不自料其卑贱,见主上惨怆怛悼,诚欲效其款款之愚[46],以为李陵素与士大夫绝甘分少[47],能得人之死力,虽古之名将不能过也。身虽陷败,彼观其意,且欲得其当而报于汉。事已无可奈何,其所摧败,功亦足以暴于天下矣。仆怀欲陈之,而未有路。适会召问,即以此指推言陵之功,欲以广主上之意,塞睚眦[48]之辞。未能尽明,明主不深晓,以为仆沮贰师[49],而为李陵游说,遂下于理[50]。拳拳之忠,终不能自列。因为诬上,卒从吏议。家贫,财赂不足以自赎,交游莫救视,左右亲近不为一言。身非木石,独与法吏为伍,深幽囹圄[51]之中,谁可告诉者!此正少卿所亲见,仆行事岂不然乎?李陵既生降,颓[52]其家声,而仆又佴之蚕室[53],重为天下观笑。悲夫!悲夫!

事未易一二为俗人言也。仆之先非有剖符丹书[54]之功,文史星历[55],近乎卜祝之间,固主上所戏弄,倡优所畜,流俗之所轻也。假令仆伏法受诛,若九牛亡一毛,与蝼蚁[56]何以异?而世俗又不与能死节者比,特以为智穷罪极,不能自免,卒就死耳。何也?素所自树立使然也。人固有一死,死或重于泰山,或轻于鸿毛,用之所趋异也。太上不辱先,其次不辱身,其次不辱理色,其次不辱辞令,其次诎体受辱,其次易服[57]受辱,其次关木索[58]、被箠楚受辱,其次剔毛发、婴金铁受辱[59],其次毁肌肤、断肢体受辱,最下腐刑[60]极矣!传曰:"刑不上大夫。"[61]此言士节不可不勉励也。猛虎在深山,百兽震恐,及在槛阱[62]之中,摇尾而求食,积威约之渐也。故士有画地为牢,势不可入;削木为吏,议不可对,定计于鲜[63]也。今交手足,受木索,暴肌肤,受榜箠[64],幽于圜墙之中,当此之时,见狱吏则头抢[65]地,视徒隶则心惕息[66]。何者?积威约之势也。及以至是,言不辱者,所谓强颜耳,曷足贵乎!且西伯[67],伯也,拘于羑里[68];李斯[69],相也,具于五刑[70];淮阴[71],王也,受械于陈[72];彭越[73]、张敖[74],南面称孤,系狱抵罪;绛侯[75]诛诸吕,权倾五伯[76],囚于请室[77];魏其,大将也,衣赭衣,关三木[78];季布[79]为朱家钳奴;灌夫[80]受辱于居室。此人皆身至王侯将相,声闻邻国,及罪至罔加,不能引决自裁。在尘埃之中,古今一体,安在其不辱也?由此言之,勇怯,势也;强弱,形也。审矣,何足怪乎?且人不能早自裁绳墨之外,以稍陵迟,至于鞭箠之间,乃欲引节,斯不亦远乎!古人所以重施刑于大夫者,殆为此也。

夫人情莫不贪生恶死,念父母,顾妻子,至激于义理者不然,乃有所不得已也。今仆不幸,早失父母,无兄弟之亲,独身孤立,少卿视仆于妻子何如哉?且勇者不必死节,怯夫慕义,何处不勉焉!仆虽怯懦,欲苟活,亦颇识去就之分矣,何至自沉溺缧绁[81]之辱哉!且夫臧获[82]婢妾,犹能引决,况仆之不得已乎?所以隐忍苟活,幽于粪土之中而不辞者，恨私心有所不尽，鄙陋没世，而文采不表于后世也。

古者富贵而名磨灭，不可胜记，唯倜傥[83]非常之人称焉。盖文王拘而演《周易》[84]；仲尼厄而作《春秋》[85]；屈原[86]放逐，乃赋《离骚》；左丘失明，厥有《国语》[87]；孙子[88]膑脚，《兵法》修列；不韦[89]迁蜀，世传《吕览》；韩非[90]囚秦，《说难》《孤愤》；《诗》三百篇[91]，大底圣贤发愤之所为作也。此人皆意有所郁结，不得通其道，故述往事、思来者。乃如左丘无目，孙子断足，终不可用，退而论书策，以舒其愤，思垂空文以自见。

仆窃不逊，近自托于无能之辞，网罗天下放失[92]旧闻，略考其事，综其终始，稽其成败兴坏之理，上计轩辕，下至于兹，为十表，本纪十二，书八章，世家三十，列传七十，凡百三十篇。亦欲以究天人之际，通古今之变，成一家之言。草创未就，会遭此祸，惜其不成，是以就极刑而无愠[93]色。仆诚已著此书，藏之名山，传之其人，通邑大都，则仆偿前辱之责，虽万被戮，岂有悔哉？然此可为智者道，难为俗人言也！

且负下未易居，下流多谤议。仆以口语遇遭此祸，重为乡党所戮笑[94]，以污辱先人，亦何面目复上父母之丘墓乎？虽累百世，垢弥甚耳！是以肠一日而九回[95]，居则忽忽若有所亡，出则不知其所往。每念斯耻，汗未尝不发背沾衣也！身直为闺阁之臣[96]，宁得自引深藏于岩穴邪！故且从俗浮沉，与时俯仰，以通其狂惑。今少卿乃教以推贤进士，无乃与仆私心剌谬乎？今虽欲自雕琢[97]，曼辞以自饰，无益于俗，不信，适足取辱耳。要之，死日然后是非乃定。书不能悉意，略陈固陋。谨再拜。

注释

【1】太史公：太史公不是自称，也不是公职，汉代只有太史令一职，且古人写信不可能自称公。钱穆在《太史公考证》一文中认为，《史记》原名是《太史公》。牛马走：谦词，意为像牛马一样以供奔走。走，义同"仆"。此十二字《汉书·司马迁传》无，据《文选》补。意思是司马迁为了《史记》一书像做牛做马一样活着。本词条基本上依照《昭明文选》李善注本，并参照五臣注本及汉书。

【2】曩：从前。

【3】望：怨。

【4】流：流转、迁移的意思。

【5】罢：通"疲"。驽：劣马。疲驽，比喻才能低下。

【6】侧闻：从旁听说。犹言"伏闻"，自谦之词。

【7】身残处秽：指因受宫刑而身体残缺，兼与宦官贱役杂处。

【8】钟子期、伯牙：春秋时楚人。伯牙善鼓琴，钟子期知音。钟子期死后，伯牙破琴绝弦，终生不复鼓琴。事见《吕氏春秋·本味篇》。

【9】随、和：随侯之珠和氏之璧，是战国时的珍贵宝物。

【10】由、夷：许由和伯夷，两人都是古代被推为品德高尚的人。

【11】点：玷污。

【12】会东从上来：太始四年（前93）三月，汉武帝东巡泰山，四月，又到海边的不其山，五月间返回长安。司马迁从驾而行。

【13】卒卒：匆匆忙忙的样子。

【14】季冬：冬季的第三个月，即十二月。汉律，每年十二月处决囚犯。

【15】薄：迫。雍：地名，在今陕西凤翔县南，设有祭祀五帝的神坛五畤。据《汉书·武帝纪》："四年冬十月，行幸雍，祠五畤。"本文当即作于是年，司马迁五十三岁。

【16】不可讳：死的委婉说法。任安这次下狱，后被汉武帝赦免。但两年之后，任安又因戾太子事件被处腰斩。

【17】宫刑：一种破坏男性生殖器的刑罚，也称"腐刑"。

【18】"昔卫灵公"二句：春秋时，卫灵公和夫人乘车出游，让宦官雍渠同车，而让孔子坐后面一辆车。孔子深以为耻辱，就离开了卫国。事见《孔子家语》。这里说"适陈"，未详。

【19】"商鞅"二句：商鞅得到秦孝公的支持变法革新。景监是秦孝公宠信的宦官，曾向秦孝公推荐商鞅。赵良是秦孝公的臣子，与商鞅政见不同。事见《史记·商君列传》："今君之见秦王也，因嬖人景监以为主，非所以为名也。"

【20】"同子"二句：同子指汉文帝的宦官赵谈，因为与司马迁的父亲司马谈同名，避讳而称"同子"。袁丝，亦即袁盎，汉文帝时任郎中。有一天，文帝坐车去看他的母亲，宦官陪乘，袁盎伏在车前说："臣闻天子所与共六尺舆者，皆天下豪英，今汉虽乏人，陛下独奈何与刀锯之余共载？"于是文帝只得依言令赵谈下车。事见《汉书·袁盎列传》。

【21】竖：供役使的小臣。后泛指卑贱者。

【22】慷慨：意气激昂。

【23】待罪：做官的谦词。辇毂下：皇帝的车驾之下。代指京城长安。

【24】惟：思考。

【25】蹇：拔取。

【26】乡：通"向"。厕：参加。下大夫：太史令官位较低，属下大夫。

【27】外廷：汉制，凡遇疑难不决之事，则令群臣在外廷讨论。末议：微不足道的意见。"陪外廷末议"是谦词。

【28】纲维：国家的法令。

【29】阘茸：下贱，低劣。

【30】信：通"伸"。

【31】乡曲：乡里。汉文帝为了访求自己治理天下的得失，诏令各地"举贤良方正能直言切谏者"，亦即有乡曲之誉者，选以授官，二句言司马迁未能由此途径入仕。

【32】周卫：周密的护卫，即宫禁。

【33】戴盆何以望天：当时谚语。形容忙于职守，识见浅陋，无暇他顾。

【34】李陵：字少卿，西汉名将李广孙，善骑射。武帝时，为骑都尉，率兵出击匈奴贵族，战败投降，封右校王。后病死匈奴。俱居门下：司马迁曾与李陵同在侍中曹（官署名）内任侍中。

【35】趋舍：向往和废弃。

【36】衔杯酒：在一起喝酒。指私人交往。

【37】媒蘖：酿酒的酵母。这里用作动词，夸大的意思。

【38】王庭：匈奴单于的居处。

【39】胡：指匈奴。

【40】卬：即"仰"，仰攻。当时李陵军被围困谷地。

【41】旃：毛织品。《史记·匈奴传》："自君王以下，咸食畜肉，衣其皮革。被旃裘。"

【42】左右贤王：左贤王和右贤王，匈奴封号最高的贵族。

【43】沫：以手掬水洗脸。

【44】劲：强硬的弓弩。

【45】上寿：这里指祝捷。

【46】恒：悲痛。款款：忠诚的样子。

【47】士大夫：此指李陵的部下将士。绝甘：舍弃甘美的食品。分少：即使所得甚少也平分给众人。

【48】睢眦：怒目相视。

【49】沮：毁坏。贰师：贰师将军李广利，汉武帝宠妃李夫人之兄。李陵被围时，李广利并未率主力救援，致使李陵兵败。其后司马迁为李陵辩解，武帝以为他有意诋毁李广利。

【50】理：掌司法之官。

【51】圜圄：监狱。

【52】隤：坠毁。李陵是名将之后，据《史记·李广传》记载："单于既得陵，素闻其家声……乃以其女妻陵而贵之。……自是之后，李氏名败。"

【53】佴：推置其中。蚕室：温暖密封的房子。言其像养蚕的房子。初受腐刑的人怕风，故须住此。

【54】剖符：把竹做的契约一剖为二，皇帝与大臣各执一块，上面写着同样的誓词，说永远不改变立功大臣的爵位。丹书：把誓词用丹砂写在铁制的契券上。凡持有剖符、丹书的大臣，其子孙犯罪可获赦免。

【55】文史星历：史籍和天文历法，都属太史令掌管。

【56】蝼蚁：喻地位低微。

【57】易服：换上罪犯的服装。古代罪犯穿深红色的衣服。

【58】木索：木枷和绳索。

【59】婴：环绕。颈上带着铁链服苦役，即钳刑。

【60】腐刑：即宫刑。

【61】刑不上大夫：《礼记·曲礼》中语。

【62】槛：关兽的笼子。阱：捕兽的陷坑。

【63】鲜：态度鲜明。即自杀，以示不受辱。

【64】榜：鞭打。箠：竹棒。此处用作动词。

【65】抢：碰，撞。

【66】惕息：胆战心惊。

【67】西伯：即周文王，为西方诸侯之长。

【68】羑里：在今河南汤阴县。文王曾被殷纣王囚禁于此。

【69】李斯：秦始皇时任为丞相，后因秦二世听信赵高谗言，被受五刑，腰斩于咸阳。

【70】五刑：秦汉时五种刑罚，见《汉书·刑法志》："当三族者，皆先黥、劓，斩左右止，笞杀之，枭其首，菹其骨肉于市。"

【71】淮阴：指淮阴侯韩信。

【72】受械于陈：汉立，淮阴侯韩信被刘邦封为楚王，都下邳（今江苏邳县）。后高祖疑其谋反，用陈平之计，在陈（楚地）逮捕了他。械，拘禁手足的木制刑具。

【73】彭越：汉高祖的功臣。

【74】张敖：汉高祖功臣张耳的儿子，袭父爵为赵王。彭越和张敖都因被人证告称孤谋反，下狱定罪。

【75】绛侯：汉初功臣周勃，封绛侯。惠帝和吕后死后，吕后家族中吕产、吕禄等人谋夺汉室，周勃和陈平一起定计诛诸吕，迎立刘邦中子刘恒为文帝。

【76】五伯：即"五霸"。

【77】请室：大臣犯罪等待判决的地方。周勃后被人证告谋反，囚于狱中。

【78】魏其：大将军窦婴，汉景帝时被封为魏其侯。武帝时，营救灌夫，被人证告，下狱判处死罪。三木：头枷、手铐、脚镣。

【79】季布：楚霸王项羽的大将，曾多次打击刘邦。项羽败死，刘邦出重金缉捕季布。季布改名换姓，受髡刑和钳刑，卖身给鲁人朱家为奴。

【80】灌夫：汉景帝时为中郎将，武帝时官太仆。因得罪了丞相田蚡，被囚于居室，后受诛。居室：少府所属的官署。

【81】缧绁：捆绑犯人的绳子，引申为捆绑、牢狱。

【82】臧获：奴曰臧，婢曰获。

【83】倜傥：豪迈不受拘束。

【84】文王拘而演《周易》：传说周文王被殷纣王拘禁在羑里时，把古代的八卦推演为六十四卦，成为《周易》的骨干。

【85】仲尼厄而作《春秋》：孔丘字仲尼，周游列国宣传儒学，在陈地和蔡地受到围攻和绝粮之苦，返回鲁国作《春秋》一书。

【86】屈原：曾两次被楚王放逐，幽愤而作《离骚》。

【87】左丘：春秋时鲁国史官左丘明。《国语》：史书，相传为左丘明撰著。

【88】孙子：春秋战国时著名军事家孙膑。膑脚：孙膑曾与庞涓一起从鬼谷子习兵法。后庞涓为魏惠王将军，骗膑入魏，割去了他的膑骨（膝盖骨）。孙膑有《孙膑兵法》传世。

【89】不韦：吕不韦，战国末年大商人，秦初为相国。曾命门客著《吕氏春秋》（一名《吕览》）。始皇十年，令吕不韦举家迁蜀，吕不韦自杀。

【90】韩非：战国后期韩国公子，曾从荀卿学，入秦被李斯所谮，下狱死。著有《韩非子》，《说难》《孤愤》是其中的两篇。

【91】《诗》三百篇：今本《诗经》共有三百零五篇，此举其成数。

【92】失：通"佚"。

【93】愠：怒。

【94】戮笑：辱笑。

【95】九回：九转。形容痛苦之极。

【96】闺阁之臣：指宦官。闺、阁都是宫中小门，指皇帝深密的内廷。

【97】雕琢：雕刻。这里指自我装饰。

点评

任安，字少卿，荥阳人，曾任益州刺史、北军使者护军，是司马迁的朋友，曾写信给司马迁，要他利用担任中书令的机会，"推贤进士"。隔了很长时间，司马迁写了这封信答复他，而这时任安已经因事下狱。信中，司马迁历叙身世遭遇，抒发了自己内心极大的悲愤和痛苦，对汉武帝的刚愎自用不无微词。信中还表现了司马迁积极的处世态度，提出了"人固有一死，死，或重于泰山，或轻于鸿毛"的人生观，明确地表示：只要能够完成"究天人之际，通古今之变，成一家之言"的《史记》，虽万死而不辞。全文感情真挚强烈，夹叙夹议，回环反复，把作者的心灵曲折表现得淋漓尽致。可以说，《报任安书》是一篇用血泪写成的至情之文，司马迁用千回百转之笔表达了自己光明磊落、愤激不平之气和九曲回肠之情。它是被侮辱和被损害者对封建专制社会的血泪控诉。一字一滴泪，一句一滴血，句句慷慨激越，段段唏嘘绝伦；它又是不屈不挠对黑暗社会声讨的檄文，是伟大的民族精英在身残处秽中关于人生观、世界观的宣言。

行路难

李 白

本诗选自《全唐诗》。

金樽清酒斗十千[1]，玉盘珍羞直万钱[2]。
停杯投箸[3]不能食，拔剑四顾心茫然。
欲渡黄河冰塞川，将登太行雪满山。
闲来垂钓碧溪上，忽复乘舟梦日边。[4]
行路难！行路难！多歧路，今安在？[5]
长风破浪[6]会有时，直挂云帆[7]济沧海。

注释

【1】樽：古代盛酒的器具，以金为饰。清酒：清醇的美酒。斗十千：一斗值十千钱（即万钱），形容酒美价高。

【2】珍羞：珍贵的菜肴。羞，美味的食物。直：通"值"，价值。

【3】箸：筷子。

【4】闲来垂钓碧溪上，忽复乘舟梦日边：这两句暗用典故：姜太公吕尚曾在渭水的磻溪上钓鱼，得遇周文王，助周灭商；伊尹曾梦见自己乘船从日月旁边经过，后被商汤聘请，助商灭夏。这两句表示诗人自己对从政仍有所期待。碧，一作"坐"。

【5】多歧路，今安在：岔道这么多，如今身在何处？歧，一作"歧"。安，哪里。

【6】长风破浪：比喻实现政治理想。据《宋书·宗悫传》载：宗悫少年时，叔父宗炳问他的志向，他说："愿乘长风破万里浪。"

【7】云帆：高高的船帆。船在海里航行，因天水相连，船帆好像出没在云雾之中。

点评

《行路难》是乐府古题，多咏叹世路艰难及贫困孤苦的处境。李白这首《行路难》诗主要抒发了怀才不遇的情怀，抒写了诗人在政治道路上遭遇艰难时产生的不可抑制的激愤情绪，但诗人并未因此而放弃远大的政治理想，仍盼着总有一天会施展自己的抱负。全诗在悲愤中不乏豪迈气概，在失意中仍怀有希望，表现了一种积极的追求、乐观的自信和顽强地坚持理想的品格。

陋室铭【1】

刘禹锡

本文选自《全唐文》卷六百零八集。

刘禹锡（772—842），字梦得，彭城（今徐州）人，祖籍洛阳。其先为中山靖王刘胜。有"诗豪"之称。他的家庭是一个世代以儒学相传的书香之家。贞元九年（793）进士及第，初在淮南节度使杜佑幕府中任记室，为杜佑所器重，后从杜佑入朝，为监察御史。他是王叔文派政治革新活动的中心人物之一，改革失败被贬。后历任朗州司马、连州刺史、夔州刺史、和州刺史、主客郎中、礼部郎中、苏州刺史等职。会昌时，加检校礼部尚书，卒年七十，赠户部尚书。刘禹锡诗文俱佳，涉猎题材广泛，与柳宗元并称"刘柳"，与韦应物、白居易合称"三杰"，并与白居易合称"刘白"。有《陋室铭》《竹枝词》《杨柳枝词》《乌衣巷》等名篇。哲学著作《天论》三篇，论述天的物质性，分析天命论产生的根源，具有唯物主义思想。有《刘梦得文集》，存世有《刘宾客集》。

山不在高，有仙则名。水不在深，有龙则灵。斯是陋室【2】，惟吾德馨【3】。苔痕上阶绿，草色入帘青。【4】谈笑有鸿儒【5】，往来无白丁【6】。可以调素琴【7】，阅金经【8】。无丝竹之乱耳【9】，无案牍之劳形【10】。南阳诸葛庐，西蜀子云亭。【11】孔子云：何陋之有？

注释

【1】陋室：简陋的屋子。铭：古代刻在器物上用来警戒自己或称述功德的文字，后来成为一种文体。这种文体一般都是用骈句，句式较为整齐，朗朗上口。

【2】斯是陋室：这是简陋的屋子。斯，指示代词，此，这。是，表肯定的判断动词。

【3】惟吾德馨：只是因为我品德高尚就感觉不到简陋了。馨，散布很远的香气，这里指品德高尚。《尚书·君陈》："黍稷非馨，明德惟馨尔。"

【4】苔痕上阶绿，草色入帘青：苔痕蔓延到台阶上，使台阶都绿了；草色映入竹帘，使室内染上青色。上，长到；入，映入。

【5】鸿儒：大儒，这里指博学的人。鸿，同"洪"，大。儒，旧指读书人。

【6】白丁：平民。这里指没有什么学问的人。

【7】调素琴：弹奏不加装饰的琴。调，调弄，这里指弹琴。素琴，不加装饰的琴。

【8】金经：儒释道的经典都可以说是金经。金，珍贵的。

【9】丝竹：琴瑟、箫管等乐器的总称，"丝"指弦乐器，"竹"指管乐器。这里指奏乐的声音。乱耳：扰乱双耳。

【10】案牍：官府的公文、文书。劳形：使身体劳累。劳，形容词的使动用法，使……劳累。形，形体，身体。

【11】南阳：地名，今河南南阳。诸葛亮在出山之前，曾在南阳卧龙岗中隐居躬耕。诸葛亮，字孔明，三国时蜀汉丞相，著名的政治家和军事家，出仕前曾隐居南阳卧龙岗中。子云：指扬雄，西汉时文学家，蜀郡成都人。庐：简陋的小屋子。

点评

刘禹锡任监察御史期间，因参加了王叔文的"永贞革新"被贬至安徽和州县当一名小小的通判，半年时间，当地知县强迫刘禹锡搬了三次家，面积一次比一次小，最后仅是斗室。刘禹锡遂愤然提笔写下这篇超凡脱俗、情趣高雅的《陋室铭》，并请人刻上石碑，立在门前。铭是古代一种刻于金石上的押韵文体，多用于歌功颂德与警戒自己。作者在《陋室铭》中托物言志，通过对陋室恬静、雅致的描绘，极力形容陋室的不陋和主人高雅的风度。"斯是陋室，惟吾德馨"，实际上也就是借陋室之名来阐明作者的隐居生活态度是安贫乐道，表达出室主不与世事沉浮的独立人格，以及高洁傲岸的节操和积极乐观的人生观、价值观。它向人们揭示了这样一个道理：尽管居室简陋、物质匮乏，但只要居室主人品德高尚、生活充实，那就会满屋生香，处处可见雅趣逸志，自有一种超越物质的神奇精神力量。

酬[1] 乐天[2] 扬州初逢席上见赠[3]

刘禹锡

本诗选自《全唐诗》。

巴山楚水[4]凄凉地，二十三年[5]弃置身[6]。
怀旧[7]空吟[8]闻笛赋[9]，到乡翻似[10]烂柯人[11]。
沉舟[12]侧畔[13]千帆过，病树前头万木春。
今日听君歌一曲[14]，暂凭杯酒长精神[15]。

【1】酬：答谢。这里是指以诗相答的意思。用诗歌赠答。

【2】乐天：指白居易，字乐天。

【3】见赠：赠送给我。

【4】巴山楚水：指四川、湖南、湖北一带。古时四川东部属于巴国，湖南北部和湖北等地属于楚国。刘禹锡被贬后，迁徙于朗州、连州、夔州、和州等边远地区，这里用"巴山楚水"泛指这些地方。

【5】二十三年：从唐顺宗永贞元年（805）刘禹锡被贬为连州刺史，至宝历二年（826）冬应召，约22年。因贬地离京遥远，实际上到第二年才能回到京城，所以说23年。

【6】弃置身：指遭受贬谪的诗人自己。弃置，贬谪。置，放置。

【7】怀旧：怀念故友。

【8】吟：吟唱。

【9】闻笛赋：指西晋向秀的《思旧赋》。三国曹魏末年，向秀的朋友嵇康、吕安因不满司马氏篡权而被杀害。后来，向秀经过嵇康、吕安的旧居，听到邻人吹笛，不禁悲从中来，于是作《思旧赋》。序文中说自己经过嵇康旧居，因写此赋追念他。刘禹锡借用这个典故怀念已死去的王叔文、柳宗元等人。

【10】翻似：倒好像。翻，副词，反而。

【11】烂柯人：指晋人王质。相传晋人王质上山砍柴，看见两个童子下棋，就停下观看。等棋局终了，手中的斧柄柯已经朽烂。回到村里，才知道已过了一百年。同代人都已经亡故。作者以此典故表达自己遭贬23年的感慨。刘禹锡也借这个故事表达世事沧桑，人事全非，暮年返乡恍如隔世的心情。柯，斧柄。

【12】沉舟：这是诗人以沉舟、病树自比。

【13】侧畔：旁边。

【14】歌一曲：指白居易的《醉赠刘二十八使君》。

【15】长精神：振作精神。长，增长，振作。

此诗作于唐敬宗宝历二年（826），刘禹锡罢和州刺史返回洛阳，同时白居易从苏州返洛阳，二人在扬州初逢之时。白居易在筵席上写了一首诗《醉赠刘二十八使君》相赠："为我引杯添酒饮，与君把箸击盘歌。诗称国手徒为尔，命压人头不奈何。举眼风光长寂寞，满朝官职独蹉跎。亦知合被才名折，二十三年折太多。"在诗中，白居易对刘禹锡被贬谪的遭遇，表示了同情和不平。于是刘禹锡写了这首《酬乐天扬州初逢席上见赠》回赠白居易。这首诗是显示自己对世事变迁和仕宦升沉的豁达襟怀，表现了诗人的坚定信念和乐观精神，同时又暗含哲理，表明新事物必将取代旧事物。刘禹锡在这首诗中所表现的身经危难、百折不回的坚强毅力，给后人以莫大的启迪和鼓舞，所以古今传诵，交口称赞。

醉翁亭记

欧阳修

本文选自《欧阳文忠公集》。

环[1]滁[2]皆山也。其西南诸峰，林壑[3]尤美，望之蔚然而深秀者，琅邪也[4]。山行六七里，渐闻水声潺潺，而泻出于两峰之间者，酿泉[5]也。峰回路转[6]，有亭翼然[7]临于泉上者，醉翁亭也。作[8]亭者谁？山之僧智仙也。名之者谁？太守自谓也。太守与客来饮于此，饮少辄醉，而年又最高，故自号曰醉翁也。醉翁之意[9]不在酒，在乎山水之间也。山水之乐，得之心而寓之酒也。

若夫日出而林霏开[10]，云归而岩穴暝[11]，晦明[12]变化者，山间之朝暮也。野芳发而幽香[13]，佳木秀而繁阴[14]，风霜高洁[15]，水落而石出者，山间之四时也。朝而往，暮而归，四时之景不同，而乐亦无穷也。

至于负者[16]歌于途，行者休于树[17]，前者呼，后者应，伛偻提携[18]，往来而不绝者，滁人游也。临溪而渔，溪深而鱼肥，酿泉为酒，泉香而酒洌[19]，山肴野蔌[20]，杂然而前陈者[21]，太守宴也。宴酣[22]之乐，非丝非竹[23]，射[24]者中，弈[25]者胜，觥筹交错[26]，起坐而喧哗者，众宾欢也。苍颜[27]白发，颓然乎其间[28]者，太守醉也。

已而夕阳在山，人影散乱，太守归而宾客从也。树林阴翳[29]，鸣声上下[30]，游人去而禽鸟乐也。然而禽鸟知山林之乐，而不知人之乐；人知从太守游而乐，而不知太守之乐其乐[31]也。醉能同其乐，醒能述以文者，太守也。[32]太守谓谁？庐陵[33]欧阳修也。

注释

【1】环：环绕。
【2】滁：滁州，今安徽滁州琅琊区。
【3】壑：山谷。
【4】蔚然而深秀者，琅邪也：树木茂盛，又幽深又秀丽的，是琅琊山。蔚然，草木茂盛的样子。而，表并列。
【5】酿泉：泉的名字。因水清可以酿酒，故名。
【6】峰回路转：山势回环，路也跟着拐弯。比喻事情经历挫折失败后，出现新的转机。回，回环，曲折环绕。
【7】翼然：像鸟张开翅膀一样。
【8】作：建造。
【9】意：这里指情趣。"醉翁之意不在酒"，后来用以比喻本意不在此而另有目的。
【10】林霏：树林中的雾气。霏，原指雨、雾纷飞，此处指雾气。开：消散，散开。
【11】归：聚拢。暝：昏暗。

【12】晦明：指天气阴晴明暗。晦，阴暗。

【13】芳：香花。发：开放。

【14】佳木秀而繁阴：好的树木枝繁叶茂，形成一片浓密的绿荫。秀，茂盛，繁茂。繁阴：一片浓密的树荫。这里名词作动词，形成一片浓密的绿荫。

【15】风霜高洁：即风高霜洁，天高气爽，霜色洁白。

【16】负者：背着东西的人。

【17】休于树：在树下休息。

【18】伛偻：腰弯背曲的样子，这里指老年人。提携：指搀扶着走的小孩子。

【19】洌：酒清。

【20】山肴：野味。野蔌：野菜。蔌，蔬菜。

【21】杂然：众多而杂乱的样子。陈：摆放，摆设。

【22】酣：尽情地喝酒。

【23】非丝非竹：不在于琴弦管箫。

【24】射：这里指投壶，宴饮时的一种游戏，把箭向壶里投，投中多的为胜，负者照规定的杯数喝酒。

【25】弈：下棋。这里用作动词，下围棋。

【26】觥筹交错：酒杯和酒筹交互错杂。形容喝酒尽欢的样子。觥，酒杯。筹，酒筹，宴会上行令或游戏时饮酒计数的筹码。

【27】苍颜：苍老的容颜。

【28】颓然乎其间：醉醺醺地坐在众人中间。颓然，原意是精神不振的样子，这里形容醉态，倒下的样子。

【29】阴翳：形容枝叶茂密成荫。翳，遮蔽。

【30】鸣声上下：意思是鸟到处叫。上下，指高处和低处的树林。

【31】乐其乐：以游人的快乐为快乐。前"乐"字意动用法，以……为乐。后"乐"字，快乐。

【32】醉能同其乐，醒能述以文者：醉了能够同大家一起欢乐，醒了能够用文章记述这乐事的人。

【33】庐陵：庐陵郡，就是吉州。今江西吉安，欧阳修先世为庐陵大族。

点评

宋仁宗庆历五年（1045），参知政事范仲淹等人遭谗离职，欧阳修上书替他们分辩，被贬到滁州做了两年知州。到任以后，他内心抑郁，但还能发挥"宽简而不扰"的作风，取得了某些政绩。《醉翁亭记》就写在这个时期。文章描写了滁州一带朝暮四季自然景物的幽深秀美、滁州百姓和平宁静的生活，特别是作者在山林中与民一齐游赏宴饮的乐趣。全文贯穿一个"乐"字，其中则包含着比较复杂曲折的内容。一则暗示出一个封建地方长官能"与民同乐"的情怀，一则在寄情山水背后隐藏着难言的苦衷。作者正当四十岁的盛年却自号"醉翁"，而且经常出游，加上他那"饮少辄醉""颓然乎其间"的种种表现，都表明欧阳修是借山水之乐来排遣谪居生活的苦闷。北宋王朝虽然政治开明、风调雨顺，但却不思进取、沉溺于现状，一些有志改革图强的人纷纷受到打击，眼睁睁地看着国家的积弊不能消除，这又不能不使他感到沉重的忧虑和痛苦。这对宋仁宗时代的昏暗政治，无疑在客观上是一种揭露，其中闪烁着思想光芒。

定风波[1]·莫听穿林打叶声

苏　轼

本诗选自《全宋词》。

《全宋词》是中国近百年来最重要的古籍整理成果之一。宋词和唐诗均为中国古典诗的艺术高峰。《全唐诗》与《全宋词》，堪称中国文学的双璧。

苏轼（1037—1101），字子瞻，又字和仲，号铁冠道人、东坡居士，世称苏东坡、苏仙。眉州眉山（今属四川眉山）人，祖籍河北栾城，北宋文学家、书法家、画家。嘉祐二年（1057），苏轼进士及第。宋神宗时曾在凤翔、杭州、密州、徐州、湖州等地任职。元丰三年（1080），因"乌台诗案"被贬为黄州团练副使。宋哲宗即位后，曾任翰林学士、侍读学士、礼部尚书等职，并出知杭州、颍州、扬州、定州等地，晚年因新党执政被贬惠州、儋州。宋徽宗时获大赦北还，途中于常州病逝。宋高宗时追赠太师，谥号"文忠"。苏轼是北宋中期的文坛领袖，在诗、词、散文、书、画等方面取得了很高的成就。其文纵横恣肆；其诗题材广阔，清新豪健，善用夸张比喻，独具风格，与黄庭坚并称"苏黄"；其词开豪放一派，与辛弃疾同是豪放派代表，并称"苏辛"；其散文著述宏富，豪放自如，与欧阳修并称"欧苏"，为"唐宋八大家"之一。苏轼亦善书，为"宋四家"之一；工于画，尤擅墨竹、怪石、枯木等。有《东坡七集》《东坡易传》《东坡乐府》等传世。

三月七日，沙湖[2]道中遇雨。雨具先去，同行皆狼狈，余独不觉。已而[3]遂晴，故作此词。

莫听穿林打叶声[4]，何妨吟啸[5]且徐行。竹杖芒鞋[6]轻胜马，谁怕？一蓑烟雨任平生[7]。

料峭[8]春风吹酒醒，微冷，山头斜照[9]却相迎。回首向来[10]萧瑟[11]处，归去，也无风雨也无晴[12]。

注释

【1】定风波：词牌名。
【2】沙湖：在今湖北黄冈东南三十里。苏轼被贬黄州后，准备在沙湖买田终老。
【3】已而：不久，过一会儿。
【4】穿林打叶声：指大雨点透过树林打在树叶上的声音。
【5】吟啸：吟咏长啸。
【6】芒鞋：草鞋。

【7】一蓑烟雨任平生：披着蓑衣在风雨里过一辈子也处之泰然。一蓑，蓑衣，用棕制成的雨披。

【8】料峭：微寒的样子。

【9】斜照：偏西的阳光。

【10】向来：方才。

【11】萧瑟：风吹雨落的声音。

【12】也无风雨也无晴：风雨天气和晴朗天气是一样的，没有差别。

 点评

  这首醉归遇雨抒怀之词作于宋神宗元丰五年（1082）春，当时是苏轼因"乌台诗案"被贬为黄州团练副使的第三个春天。词人与朋友春日出游突遇风雨，词人却毫不在乎，泰然处之，吟咏自若，缓步而行。它通过野外途中偶遇风雨这一生活中的小事，于简单中见深意，于寻常处生奇警，表现出虽处逆境屡遭挫折而不畏惧、不颓丧的倔强性格和旷达胸怀，寄寓着超凡脱俗的人生理想。苏轼是以此来磨砺自己的人格境界，并贯穿在他一生的生命历程之中。纵观全词，一种醒醉全无、无喜无悲、胜败两忘的人生哲学和处世态度呈现在读者面前。"也无风雨也无晴"，是一种宠辱不惊、胜败两忘、旷达潇洒的境界，是一种"至人无己，神人无功，圣人无名"的境界，是一种回归自然、天人合一、宁静超然的大彻大悟。读罢全词，令人心情振奋，心境豁然，心灵净化。人生的沉浮、情感的忧乐，读者自会有一番全新的体悟。

第十三章 家国情怀

习近平总书记指出:"我们要在全社会大力弘扬家国情怀,培育和践行社会主义核心价值观,弘扬爱国主义、集体主义、社会主义精神,提倡爱家爱国相统一,让每个人、每个家庭都为中华民族大家庭作出贡献。"由教育部颁布的《完善中国优秀传统文化教育指导纲要》也指出,要加强以"天下兴亡、匹夫有责"为代表的家国情怀教育。家国情怀作为中国优秀传统文化的基本维度和重要标识,是每个炎黄子孙对华夏命运共同体的一种认同和宗奉,是全体社会成员对民族大家庭的一种坚守和护持,是一种即使国家置身危亡绝域民族身处苦难险境而终能慨然不败的精神基因。

一、家国情怀的概念

"家"在我国古代具有双重意义,既指家庭,又指家族。许慎在《说文解字》指出:"家,居也。从'宀',豭省声。""家"作为象形会意字,从"宀","宀"像屋之形,是供人居住的房子;屋下养豕,为农牧经济的象征,段玉裁在《说文解字注》中进一步解释:"其内谓之家,引申之天子诸侯曰国,大夫曰家。"由此可以看出,在古代,"家"作为人居住的地方,规模有大有小,既可指"三口之家""五口之家",又可指诸侯士大夫之"世家大族"。宋代以来,这种世家大族发展尤为迅速,几百口、几千口一家的家族屡见不鲜。

"国"的字义在古代有一个逐渐演变的过程,既指王之国,又指诸侯国(诸侯国有时也称邦国);既指国都,又指诸侯国的封地,后来逐渐与"天下""九州"同义,意指全中国。古时皇帝自称天子,意为天之子,拥有天下所有领地,所谓"普天之下,莫非王土",所以天子领地称"天下";天子将部分土地分封给兄弟子侄,称为诸侯王,诸侯王的领地称为"国";而诸侯王又可以把部分土地分给子侄,称为卿、大夫,卿、大夫的领地就叫"家"。许慎在《说文解字》中说,"国,邦也",继而他在解释"邦"的意思时又说,"邦,国也"。段玉裁在《说文解字注》注释"邦"的含义时,他说许慎其实是"邦国互训",邦即是国,国即是邦,但二者又有区别,"周礼注曰,大曰邦,小曰国。邦之所居亦曰国",由此可知二者之间是有区别的。

情怀主要是指外界事物引起的"喜、怒、哀、惧、爱、恶、欲"等心理状态或思想感情。"情"主要指"喜、怒、哀、惧、爱、恶、欲"(《礼记》)或"喜、怒、哀、乐、爱、恶"(《白虎通》)等情感。"怀"最初是指"念思"(《说文解字》)的意思,后来引申出"至、和、伤"等含义。"情怀"二字最初连接在一块儿使用笔者暂未考证,但是在《诗经·小明》中有"念彼共人,睠睠反顾"字句,在这里"睠睠"的意思实际上是指"睠睠情怀"(意指怀归之意)的意思,《毛诗讲义》亦证"念彼共人,睠睠然情怀反顾"。宋代吴潜有诗云"岁晚情怀易感触,不堪衰泪忽沾襟"(《明仲小佺归江浙饯之西渡有感》),"情怀"在这里指"各种复杂的思想感情"。

至于"家国情怀"四字连用的时间,应该是近代的事情。古代多以"家国同一""家国一体""家国天下"等成语表达对家庭与国家的种种感情。在"修身、齐家、治国、平天下"的思想观念的引导下,在"公德者,私德之外推也"的思维方式的影响下,尤其是在"忠孝合一、移孝于忠"的观念引导下,古人往往具有浓厚的家国情怀,有着修身进德、治理家庭与安邦兴国、济世报国的志向与情感。这种家国情怀是由内而外、由身及家、由家及国的,更是由自然情感转化向政治情感、由自然伦理向政治伦理的演化,体现了个体对家庭、家族与国家的归属感、荣誉感、自豪感与责任感。

古代家国情怀更为深厚的历史文化底蕴在于:既要治理好家庭,维系家族发展;又要治理好国家,促进国家发展。治理好家庭的关键则在于以礼治家,以礼治家的核心就在于提倡孝道,培养家人的孝德;治理好国家的重要方面则是为政以德、以德治国,以德治国的核心就在于提倡忠道,培养个体忠信品质。"孝"与"忠"在宗法精神(亲亲尊尊精神)的影响下合二为一,在家尽孝在国则能尽忠,正所谓"求忠臣必出于孝子之门"。

二、家国情怀思想的演变

"爱国"一词在历史文献中很早就出现了。《战国策·西周》就曾提及"周君岂能无爱国哉"。《汉纪·惠帝纪》中也说到"封建诸侯各世其位,欲使亲民如子,爱国如家"。中国传统文化里,家与国经常相提并论,所谓"修身、齐家、治国、平天下",读书人时刻想着"齐家治国",以至"平天下"。随着历史的演进,家、国、天下的观念起了变化,但中国人的家国情怀一脉相承下来。

夏到战国后期是中华民族爱国思想的萌芽时期。由于当时统一的多民族国家尚未真正建立,这一时期的爱国思想主要表现为对故土即邦国的热爱。楚国爱国诗人屈原就是当时的典型代表,他的全部爱国思想和情感都是以爱楚国为前提的。另一方面,爱国思想逐渐发展为"爱天下""爱四海""爱九州"的情感。在诸子百家中,"天下"占有很高的位置。《老子》中关于"天下"的内容就涉及了29章,共出现55次。孔子则站在"天下"的立场上为整个华夏民族思考命运,孟子去齐国以求天下安民之举。荀子更是指出:"国,小具也,可以小人有也,可以小道得也,可以小力持也;天下者,大具也,不可以小人有也,不可以小道得也,不可以小力持也。国者,小人可以有之,然而未必不亡也;天下者,至大也,非圣人莫之能有也。"(《荀子·正论》)"爱天下"的情感逐渐成为爱国思想的主要内涵,并影响后世。

秦灭六国,建立了中国历史上第一个统一的多民族国家,从此民族与国家之间有了更直接的联系,爱国思想突出表现在对祖国锦绣山河、悠久历史、灿烂文化的热爱,忧国、忧民、忧天下的意识,以及维护祖国统一和对于民族尊严的追求与奋斗。历代古人笔下的千古名句和实际行动真切流露出对民族的爱和对祖国的爱。

三、家国情怀的意蕴

(一)忠孝一体、家国同构是古人家国情怀的核心要义

在国人的传统观念里,国与家紧密相连、休戚与共,家是缩小的国,国是放大的家,个人命运与民族存亡息息相关,《孟子·离娄上》曾做出过精辟阐述:"天下之本在于国,国之本在于家,家之本在于身。"换言之,家国情怀是建立在血缘和亲情基础上的一种社会伦理关系,在家尽孝、为国尽忠是家国情怀的核心要义,集中体现出经世济民的中国古

代文人忠孝一体、家国同构的追求,而这种追求又是以齐家修身为前提的,正如《大学》所言:"欲治其国者,先齐其家;欲齐其家者,先修其身。"这是家国情怀传承流布的内在动因和基本条件。有鉴于此,古代许多开明之家、贤达之士恪守"一屋不扫,何以扫天下"的信条,注重以家训家规来教诫家人和子弟,以诗词家书来蒙养门生和后人,启发和引导他们勤学奉公、崇德向善、敬业乐群、恤民效国。

(二)国家统一、民族兴盛是古人家国情怀的终极价值

中国是一个具有深厚文化底蕴的文明古国,古代文人借诗言志、以文咏情,诗词歌赋成为他们表达家国情怀的重要方式。两宋时期,家国情怀成了彼时诗词的基调和主旋律,其中张扬爱国主义的优秀篇章更为后人所推崇传诵。家国情怀的词作以豪放派为主,而豪放派的代表人物则为苏轼,正是苏轼一方面彻底摒弃了传统词体表达范式,破除了"诗言志"而"词言情"和"诗庄词媚"的风格界限,另一方面将充溢家国情怀的诗词创作推向巅峰,正是这种艺术表现使苏轼成为有宋一代词人中展现家国情怀的先锋和重镇。南宋由于北方国土尽失山河破碎,涌现出一批爱国主义诗人、词人,陆游是重要代表人物之一。在陆游诸多诗词作品中,浓郁的家国情怀是一根深蕴其中的主线并贯穿始终。与陆游比肩的南宋爱国词人当属辛弃疾,辛弃疾是南宋政坛上一位壮怀伟志的豪杰,也是当时词坛上一位"横绝六合,扫空万古"的泰斗级人物。纵观辛弃疾的一生,恢复中原收复失地也是其诗词抒写的原点和状摹的重心。

(三)忧患意识、入世精神是古人家国情怀的重要标识

阳刚与阴柔是我国古典美学的一对重要范畴,阳刚美的特点在于动态和力感,阴柔美的特征则在于静态和柔媚。宋代诗词明显地呈现出这种美学观念,表现为两种不同的风格——豪放与婉约。婉约同样能够准确生动地传递家国情怀,宋代婉约派诗词的代表性人物是李清照,她对时局命运的忧虑和关注常常隐含在对家国之思、故土之恋、时局之忧及个人凄苦的抒写中。

在国家祥和安宁、政治尚属清明的承平年代里,尚有范仲淹等文人士子怀揣济世之心挥笔写就了激发后人心智的优秀作品;而当外敌入侵、国难当头的危急时刻,更有一批投军御敌的仁人志士用鲜血和生命谱写了垂范后世的不朽篇章。南宋末年著名政治家、文学家文天祥在《过零丁洋》一诗中写道:"山河破碎风飘絮,身世浮沉雨打萍。"诗人把自己命运和国家前途紧紧联系在一起。明清两朝时而边关吃紧时而海防告急,中华民族之血性日愈浓稠与贲张。于谦、陈子龙、夏完淳、黄遵宪、谭嗣同、梁启超、秋瑾等的诗词,振聋发聩,荡气回肠,浸透着作者的家国情怀和时代担当。

离 骚

屈 原

屈原(约前340—前278),战国时期楚国诗人、政治家。芈姓,屈氏,名平,字原;又自云名正则,字灵均。生于楚国丹阳秭归(今湖北秭归)。少年时受过良好的教育,博闻强识,志向远大。早年受楚怀王信任,任左徒、三闾大夫,兼管内政外交大事。他提倡

"美政"，主张对内举贤任能，修明法度，对外力主联齐抗秦。因遭贵族排挤毁谤，被先后流放至汉北和沅湘流域。公元前278年，秦将白起攻破楚都郢（今湖北江陵），屈原悲愤交加，怀石自沉于汨罗江，以身殉国。屈原是中国历史上第一位伟大的爱国诗人，中国浪漫主义文学的奠基人，被誉为"中华诗祖""辞赋之祖"。他是"楚辞"的创立者和代表作者，开辟了"香草美人"的传统。屈原的出现，标志着中国诗歌进入了一个由集体歌唱到个人独创的新时代。他被后人称为"诗魂"。1953年是屈原逝世2230周年，世界和平理事会通过决议，确定屈原为当年纪念的世界四大文化名人之一。主要作品有《离骚》《九歌》《九章》《天问》等。他创作的"楚辞"是中国浪漫主义文学的源头，与《诗经》并称"风骚"，对后世诗歌产生了深远影响。

帝高阳之苗裔兮[1]，朕皇考曰伯庸[2]。摄提贞于孟陬兮[3]，惟庚寅吾以降[4]。皇览揆余初度兮[5]，肇锡余以嘉名[6]。名余曰正则兮，字余曰灵均[7]。

纷吾既有此内美兮[8]，又重之以修能[9]。扈江离与辟芷兮[10]，纫秋兰以为佩[11]。汨余若将不及兮[12]，恐年岁之不吾与[13]。朝搴阰之木兰兮[14]，夕揽洲之宿莽[15]。日月忽其不淹兮[16]，春与秋其代序[17]。惟草木之零落兮[18]，恐美人之迟暮[19]。不抚壮而弃秽兮[20]，何不改此度[21]？乘骐骥以驰骋兮[22]，来吾道夫先路[23]！

昔三后之纯粹兮[24]，固众芳之所在[25]。杂申椒与菌桂兮[26]，岂维纫夫蕙茝[27]！彼尧舜之耿介兮[28]，既遵道而得路[29]。何桀纣之猖披兮[30]，夫唯捷径以窘步[31]。惟夫党人之偷乐兮[32]，路幽昧以险隘[33]。岂余身之惮殃兮[34]，恐皇舆之败绩[35]。忽奔走以先后兮，及前王之踵武[36]。荃不察余之中情兮[37]，反信谗而齌怒[38]。余固知謇謇之为患兮[39]，忍而不能舍也。指九天以为正兮[40]，夫唯灵修之故也。曰黄昏以为期兮[41]，羌中道而改路[42]。初既与余成言兮[43]，后悔遁而有他。余既不难夫离别兮[46]，伤灵修之数化[45]。

余既滋兰之九畹兮[46]，又树蕙之百亩[47]。畦留夷与揭车兮[48]，杂杜衡与芳芷。冀枝叶之峻茂兮[49]，愿俟时乎吾将刈[50]。虽萎绝其亦何伤兮[51]，哀众芳之芜秽[52]。

众皆竞进以贪婪兮[53]，凭不厌乎求索。羌内恕己以量人兮[54]，各兴心而嫉妒[55]。忽驰骛以追逐兮[56]，非余心之所急。老冉冉其将至兮[57]，恐修名之不立。

朝饮木兰之坠露兮，夕餐秋菊之落英[58]。苟余情其信姱以练要兮[59]，长顑颔亦何伤。擥木根以结茝兮[60]，贯薜荔之落蕊[61]。矫菌桂以纫蕙兮[62]，索胡绳之纚纚[63]。謇吾法夫前修兮[64]，非世俗之所服。虽不周于今之人兮[65]，愿依彭咸之遗则[66]。长太息以掩涕兮，哀民生之多艰[67]。余虽好修姱以鞿羁兮，謇朝谇而夕替[68]。既替余以蕙纕兮[69]，又申之以揽茝[70]。亦余心之所善兮，虽九死其犹未悔[71]。怨灵修之浩荡兮[72]，终不察夫民心。众女嫉余之蛾眉兮，谣诼谓余以善淫[73]。固时俗之工巧兮，偭规矩而改错[74]。背绳墨以追曲兮[75]，竞周容以为度[76]。忳郁邑余侘傺兮[77]，吾独穷困乎此时也。宁溘死以流亡兮[78]，余不忍为此态也[79]。鸷鸟之不群兮，自前世而固然[80]。何方圜之能周兮，夫孰异道而相安[81]？屈心而抑志兮，忍尤而攘诟[82]。伏清白以死直兮，固前圣之所厚[83]。

悔相道之不察兮，延伫乎吾将反[84]。回朕车以复路兮，及行迷之未远[85]。步余马于兰皋兮，驰椒丘且焉止息[86]。进不入以离尤兮，退将复修吾初服[87]。制芰荷以为衣兮，集芙蓉以为裳[88]。不吾知其亦已兮，苟余情其信芳[89]。高余冠之岌岌兮，长余佩之陆离[90]。芳与泽其杂糅兮，唯昭质其犹未亏[91]。忽反顾以游目兮[92]，将往观乎四荒。佩缤纷其繁饰兮，芳菲菲其弥章。[93]民生各有所乐兮，余独好修以为常。[94]虽体解吾犹未变兮，岂余心之可惩。[95]

女媭之婵媛兮，申申其詈予。[96]曰："鲧婞直以亡身兮，终然夭乎羽之野。[97]汝何博謇而好修兮，纷独有此姱节。[98]薋菉葹以盈室兮，判独离而不服。[99]众不可户说兮，孰云察余之中情。[100]世并举而好朋兮，夫何茕独而不予听？[101]

依前圣以节中兮，喟凭心而历兹。[102]济沅、湘以南征兮，就重华而陈词。[103]启《九辩》与《九歌》兮，夏康娱以自纵。[104]不顾难以图后兮，五子用失乎家巷。[105]羿淫游以佚畋兮，又好射夫封狐。[106]固乱流其鲜终兮，浞又贪夫厥家。[107]浇身被服强圉兮，纵欲而不忍。[108]日康娱而自忘兮，厥首用夫颠陨。[109]夏桀之常违兮[110]，乃遂焉而逢殃。后辛之菹醢兮，殷宗用而不长。[111]汤、禹俨而祗敬兮，周论道而莫差。[112]举贤才而授能兮，循绳墨而不颇。[113]皇天无私阿兮，览民德焉错辅。[114]夫维圣哲以茂行兮，苟得用此下土。[115]瞻前而顾后兮，相观民之计极。[116]夫孰非义而可用兮？孰非善而可服？[117]阽余身而危死兮，览余初其犹未悔。[118]不量凿而正枘兮，固前修以菹醢。[119]曾歔欷余郁邑兮，哀朕时之不当。[120]揽茹蕙以掩涕兮，沾余襟之浪浪。[121]

跪敷衽以陈辞兮，耿吾既得此中正。[122]驷玉虬以桀鹥兮，溘埃风余上征。[123]朝发轫于苍梧兮，夕余至乎县圃。[124]欲少留此灵琐兮[125]，日忽忽其将暮。吾令羲和弭节兮，望崦嵫而勿迫。[126]路漫漫其修远兮[127]，吾将上下而求索。饮余马于咸池兮，总余辔乎扶桑。[128]折若木以拂日兮，聊逍遥以相羊。[129]前望舒使先驱兮，后飞廉使奔属。[130]鸾皇为余先戒兮，雷师告余以未具。[131]吾令凤鸟飞腾兮，继之以日夜。[132]飘风屯其相离兮，帅云霓而来御。[133]纷总总其离合兮，斑陆离其上下。[134]吾令帝阍开关兮，倚阊阖而望予。[135]时暧暧其将罢兮，结幽兰而延伫。[136]世溷浊而不分兮，好蔽美而嫉妒。[137]

朝吾将济于白水兮，登阆风而绁马。[138]忽反顾以流涕兮，哀高丘之无女。[139]溘吾游此春宫兮，折琼枝以继佩。[140]及荣华之未落兮，相下女之可诒。[141]吾令丰隆乘云兮，求宓妃之所在。[142]解佩纕以结言兮，吾令謇修以为理。[143]纷总总其离合兮，忽纬繣其难迁。[144]夕归次于穷石兮，朝濯发乎洧盘。[145]保厥美以骄傲兮，日康娱以淫游。[146]虽信美而无礼兮，来违弃而改求。[147]览相观于四极兮，周流乎天余乃下。[148]望瑶台之偃蹇兮，见有娀之佚女。[149]吾令鸩为媒兮[150]，鸩告余以不好。雄鸠之鸣逝兮，余犹恶其佻巧。[151]心犹豫而狐疑兮，欲自适而不可。[152]凤皇既受诒兮[153]，恐高辛之先我。欲远集而无所止兮，聊浮游以逍遥。[154]及少康之未家兮，留有虞之二姚。[155]理弱而媒拙兮，恐导言之不固。[156]世溷浊而嫉贤兮，好蔽美而称恶。[157]闺中既以邃远兮，哲王又不寤。[158]怀朕情而不发兮，余焉能忍而与此终古？[159]

索琼茅以筳篿兮，命灵氛为余占之。[160]曰："两美其必合兮，孰信修而慕之[161]？思九州之博大兮，岂唯是其有女？[162]"曰："勉远逝而无狐疑兮，孰求美而释女？[163]何所独无芳草兮，尔何怀乎故宇？[164]"世幽昧以眩曜兮，孰云察余之善恶？[165]民好恶其不同兮，惟此党人其独异！[166]户服艾以盈要兮[167]，谓幽兰其不可佩。览察草木其犹未得兮，岂珵美之能当？[168]苏粪壤以充帏兮，谓申椒其不芳。[169]

欲从灵氛之吉占兮，心犹豫而狐疑。巫咸将夕降兮，怀椒糈而要之。[170]百神翳其备降兮，九疑缤其并迎。[171]皇剡剡其扬灵兮，告余以吉故。[172]曰："勉升降以上下兮，求矩矱之所同[173]。汤、禹俨而求合兮，挚、咎繇而能调。[174]苟中情其好修兮，又何必用夫行媒？[175]说操筑于傅岩兮，武丁用而不疑。[176]吕望之鼓刀兮，遭周文而得举。[177]宁戚之讴歌兮，齐桓闻以该辅。[178]及年岁之未晏兮，时亦犹其未央。[179]恐鹈鴂之先鸣兮，使夫百草为之不芳。[180]"

何琼佩之偃蹇兮，众薆然而蔽之。[181]惟此党人之不谅兮，恐嫉妒而折之。[182]时缤纷其变易兮[183]，又何可以淹留？兰芷变而不芳兮，荃蕙化而为茅。[184]何昔日之芳草兮，今直为此萧艾也[185]？岂其有他故兮，莫好修之害也！[186]余以兰为可恃兮，羌无实而容长[187]。委厥美以从俗兮，苟得列乎众芳。[188]椒专佞以慢慆兮，榝又欲充夫佩帏。[189]既干进而务入兮，又何芳之能祗？[190]固时俗之流从兮，又孰能无变化？览椒兰其若兹兮，又况揭车与江离？[191]惟兹佩之可贵兮，委厥美而历兹。[192]芳菲菲而难亏兮，芬至今犹未沫。[193]和调度以自娱兮，聊浮游而求女。[194]及余饰之方壮兮，周流观乎上下。[195]

灵氛既告余以吉占兮，历吉日乎吾将行。[196]折琼枝以为羞兮，精琼靡以为粻。[197]为余驾飞龙兮，杂瑶象以为车。[198]何离心之可同兮？吾将远逝以自疏。[199]邅吾道夫昆仑兮[200]，路修远以周流。扬云霓之晻蔼兮，鸣玉鸾之啾啾。[201]朝发轫于天津兮，夕余至乎西极。[202]凤凰翼其承旗兮，高翱翔之翼翼。[203]忽吾行此流沙兮，遵赤水而容与。[204]麾蛟龙使梁津兮，诏西皇使涉予。[205]路修远以多艰兮，腾众车使径待。[206]路不周以左转兮，指西海以为期。[207]屯余车其千乘兮，齐玉轪而并驰。[208]驾八龙之婉婉兮，载云旗之委蛇。[209]抑志而弭节兮，神高驰之邈邈。[210]奏《九歌》而舞《韶》兮，聊假日[211]以偷乐。陟升皇之赫戏兮，忽临睨夫旧乡。[212]仆夫悲余马怀兮，蜷局顾而不行。[213]

乱曰[214]：已矣哉[215]！国无人莫我知兮[216]，又何怀乎故都！既莫足与为美政兮，吾将从彭咸之所居！[217]

注释

【1】高阳：颛顼之号。苗裔：苗，初生的禾本植物。裔，衣服的末边。此苗裔连用，喻指子孙后代。

【2】朕：我。皇：美。考：已故的父亲。

【3】摄提：太岁在寅时为摄提格。此指寅年。贞：正。孟：开始。陬：正月。

【4】庚寅：指庚寅之日。古以干支相配来纪日。降：降生。

【5】揆：推理揣度。

【6】肇：开始。锡：赐。名：命名。

【7】字：表字，这里活用作动词，起个表字。

【8】内美：内在的美好品质。

【9】重：再。

【10】扈：楚方言，披挂。江离、芷：均为香草名。

【11】纫：草有茎叶可做绳索。秋兰：香草名。即泽兰，秋季开花。

【12】汩：水疾流的样子，此处用以形容时光飞逝。

【13】不吾与：宾语前置，即"不与吾"，不等待我。

【14】搴：拔取。

【15】揽：采摘。宿莽：草名，经冬不死。

【16】忽：迅速的样子。

【17】代序：指不断更迭。

【18】惟：思虑。

【19】迟暮：衰老。

【20】抚：趁。

【21】此度：指现行的政治法度。

【22】骐骥：骏马。

【23】道：通"导"，引导。

【24】三后：夏禹、商汤、周文王。

【25】固：本来。

【26】申椒、菌桂：均为香木名。

【27】蕙、茝：均为香草名。

【28】耿介：光明正大。

【29】遵道：遵循正道。

【30】猖披：猖狂。

【31】捷径：邪道。

【32】偷乐：苟且享乐。

【33】幽昧：黑暗。

【34】殃：灾祸。

【35】败绩：喻指君国的倾危。

【36】踵武：足迹，即脚印。

【37】荃：香草名，喻楚怀王。

【38】齌怒：暴怒。

【39】謇謇：形容忠贞直言的样子。

【40】九天：古人认为天有九重，故言。正：通"证"。

【41】期：约定。

【42】羌：楚语，表转折，相当于现在的"却"。

【43】成言：诚信之言。

【44】既：本来。

【45】数化：多次变化。

【46】滋：栽种。

【47】树：种植。亩：二百四十步为亩。

【48】畦：五十亩为畦。留夷、揭车：均为香草名。

【49】冀：希望。峻：长。

【50】刈：收获。

【51】萎：枯萎。绝：落尽。

【52】芜：荒芜。秽：污秽。

【53】竞：并。

【54】羌：楚人语气词。

【55】兴：生。

【56】忽：急。驰骛：乱驰。

【57】冉冉：渐渐。

【58】英：花。

【59】苟：确实。信姱：诚信而美好。练要：心中简练合于要道。

【60】擥：持取。

【61】贯：拾取。

【62】矫：举起。

【63】索：草有茎叶可做绳索。此作动词，意为搓绳。纚纚：绳索美好貌。

【64】法：效法。

【65】周：合。

【66】彭咸：殷贤大夫，谏其君，不听，投江而死。

【67】民生：万民的生存。艰：难。

【68】余虽好修姱以鞿羁兮，謇朝谇而夕替：我虽然崇尚美德而约束自己呀，可早上进谏而晚上即遭贬黜。修姱，洁净而美好。谇，进谏。替，废。

【69】纕：佩带，比喻高尚的德行。

【70】申：加上。揽茝：采集香草，比喻高尚的德行。

【71】悔：怨恨。

【72】灵修：神仙，此处指楚怀王。浩荡：荒唐，没有准则。

【73】众女嫉余之蛾眉兮，谣诼谓余以善淫：许多女人嫉妒我秀美的蛾眉啊，诽谤我好做淫荡之事。众女，群臣，喻指许多小人。蛾眉，喻高尚的德行。谣，诋毁。诼，诽谤。淫，淫荡。

【74】偭：背向，引申为违背。改：更改。错：通"措"，措施，指先圣之法。

【75】绳墨：正曲直之具，喻准绳、准则。曲：歪曲。

【76】周容：苟合取容，指以求容媚为常法。

【77】忳郁邑：忳，郁闷。邑，通"悒"，忧愁苦闷。侘傺：失意的样子。

【78】溘死：突然死去。流亡：随水漂流而去。

【79】此态：苟合取容之态。

【80】不群：指不与众鸟同群。前世：古代。

【81】异道：不同的道路。

【82】屈：委屈，使心受委屈。忍尤：忍受责骂。攘：忍受。诟：侮辱，耻辱。

【83】伏：通"服"，保持，坚守。厚：推崇。

【84】相道：观看。延：长，久。

【85】回：调转。及行迷：趁着迷路。

【86】步：徐行。兰皋：长着兰草的水边高地。止息：停下来休息。

【87】离尤：遭受责罚。离，通"罹"，遭受。修吾初服：指修身洁行。

【88】制芰荷：制，裁制。芰荷，荷叶。芙蓉：莲花。

【89】不吾知：宾语前置，即"不知吾"，不了解我。苟：只要。信芳：确实美好。信，确实。芳，美好。

【90】高：长，用作动词。岌岌：高耸的样子。陆离：修长而美好的样子。

【91】唯：只有。

【92】游目：放眼观看。

【93】缤纷：繁多，极言多。弥章：更加明显，章，明显。

【94】民生：人生。以为常：认为是常规。
【95】犹：仍然。惩：受创而改变。
【96】女媭：屈原的姐姐。婵媛：牵挂。申申：反反复复。
【97】婞直：刚正。羽之野：羽山的郊野。
【98】博謇：过于刚直。姱节：美好的节操。
【99】盈室：满屋。判：区别。
【100】众：众人。云：助词，无实义。
【101】朋：朋党。茕：孤独。
【102】前圣：前代圣贤。喟：叹息声。
【103】济：渡过。就：靠近。
【104】启：禹之子。夏朝的开国君主。《九辩》《九歌》：相传是启从天上偷带到人间的乐曲。夏康：启子太康。
【105】图：图谋。五子：指夏康等兄弟五人。用：因此。
【106】羿：指后羿。封狐：大狐。
【107】鲜：少。浞：寒浞，羿相。
【108】浇：寒浞之子。强圉：强壮多力。不忍：不能加以克制。
【109】日：天天。用夫：因此。
【110】夏桀：夏之亡国之君。
【111】辛：殷纣王之名。菹醢：肉酱，名词动用，指剁成肉酱。用而：因而。
【112】俨：庄严。莫差：没有丝毫差错。
【113】授：任用。颇：倾斜。
【114】私阿：偏私。错：置。
【115】茂行：美好的德行。下土：天下。
【116】瞻前而顾后：观察古往今来的成败。相观：观察。
【117】非义：不行仁义。非善：不行善事。
【118】阽：临危，遇到危险。览：反观。
【119】量：度。前修：前贤。
【120】曾：屡次。当：遇。
【121】茹：柔软。浪浪：泪流不止的样子。
【122】敷：铺开。中正：治国之道。
【123】驷：驾车。征：上天远行。
【124】发轫：出发。苍梧：舜所葬之地。县圃：神山，在昆仑山之上。
【125】灵琐：神之所在处。
【126】令：命令。羲和：神话中的太阳神。崦嵫：神话中日所入之山。
【127】漫漫：路遥远的样子。修远：长远。
【128】咸池：日浴处。扶桑：日所拂之木。
【129】若木：日所入之处的树木。逍遥：自由自在的样子。相羊：徘徊。
【130】前：在前面。后：在后面。
【131】先戒：在前面警戒。雷师：雷神。
【132】飞腾：腾空而飞。日夜：指日夜兼程。

【133】飘风：旋风。帅：率领。
【134】离合：忽散忽聚。斑：文彩杂乱，五彩缤纷。
【135】帝：天帝。阊阖：天门。
【136】暧暧：昏暗的样子。结：编结。
【137】溷浊：混乱污浊。蔽：掩盖。
【138】白水：神话中的水名。绁：拴，系。
【139】反顾：回头望。高丘：高山。
【140】春宫：东方青帝的居舍。琼枝：玉树的花枝。
【141】荣华：花朵。可诒：可以赠送。
【142】丰隆：云神。宓妃：神女，伏羲氏之女。
【143】结言：约好之言。謇修：伏羲氏之臣。
【144】离合：言辞未定。纬繣：不相投合。
【145】次：住宿。濯发：洗头发。
【146】保：依仗。淫游：过分的游乐。
【147】虽：诚然。改求：另外寻求。
【148】览相观：细细观察。周流：周游。
【149】瑶台：以玉砌成的台。有娀：传说中的上古国名。
【150】鸩：鸟名。
【151】鸣逝：边叫边飞。佻：轻浮。
【152】犹豫：拿不定主意。自适：亲自去。
【153】受诒：指完成聘礼之事。
【154】远集：远止。浮游：漫游。
【155】及：趁着。有虞：传说中的上古国名。
【156】理弱：指媒人软弱。导言：媒人撮合的言辞。
【157】嫉贤：嫉妒贤能。称恶：称赞邪恶。
【158】闺中：女子居住的内室。哲王：明智的君王。
【159】怀：怀抱。终古：永久。
【160】琼茅：灵草。莛：小竹片。灵氛：传说中的上古神巫。
【161】信修：诚然美好。
【162】九州：泛指天下。女：美女。
【163】勉：努力。释：舍弃。
【164】何所：何处。故宇：故国。
【165】眩曜：惑乱浑浊。察：明辨。
【166】民：指天下众人。党人：朋党之人。
【167】服：佩用。
【168】览察：察看。理美：即"美理"，美玉。
【169】粪壤：粪土。申椒：申地之椒。
【170】巫咸：古神巫。夕降：傍晚从天而降。怀：馈。
【171】百神：指天上的众神。并迎：一起来迎接。
【172】皇：皇天。吉故：明君遇贤臣的吉祥故事。

【173】矱：度。

【174】合：志同道合的人。挚：伊尹名。咎繇：夏禹之臣。

【175】苟：如果。用：凭借。

【176】操：持，拿。用：重用。

【177】吕望：指吕尚。举：举用。

【178】宁戚：春秋时卫人，齐桓公认为贤人，以他为卿。该：周详。

【179】晏：晚。未央：未尽。

【180】鹈鴂：鸟名，即伯劳。一说杜鹃。为之：因此。

【181】偃蹇：盛多美丽的样子。薆：遮蔽。

【182】谅：信。折：摧毁。

【183】变易：变化。

【184】茅：比喻已经蜕化变质的谗佞之人。

【185】直：竟然。

【186】他故：其他的理由。害：弊端。

【187】无实：不结果实。

【188】委：丢弃。得：能够。

【189】椒：楚大夫子椒。樧：茱萸。

【190】干进：求进。务入：钻营。祇：散发。

【191】揭车与江离：比喻自己培育的一般人才。

【192】兹佩：喻指屈原的内美与追求。历兹：到如今这一地步。

【193】芳菲菲：指香气浓郁。沫：消失。

【194】和调度：指调节自己的心态，缓和自己的心情。自娱：自乐。聊：姑且。求女：寻求志同道合的人。

【195】方：正。上下：到处。

【196】吉占：指两美必合而言。历：选择。

【197】羞：通"馐"，指美食。琼靡：玉屑。

【198】飞龙：长翅膀的龙。象：象牙。

【199】离心：不同的去向。远逝：远去。

【200】邅：楚地方言，转向。

【201】晻蔼：旌旗蔽日貌。鸣：响起。

【202】天津：天河的渡口。在东极箕、斗之间。西极：西方的尽头。

【203】翼：古代一种旗帜。翼翼：和貌。

【204】流沙：指西极，其处流沙如水。赤水：出昆仑山。容与：游戏貌。

【205】麾：指挥。西皇：帝少皞。

【206】艰：指路途艰险。腾：飞驰。

【207】不周：山名，在昆仑西北。西海：神话中西方之海。

【208】屯：聚集。轫：车轮。

【209】婉婉：在前进时蜿蜒曲折的样子。委蛇：旗帜飘扬舒卷的样子。

【210】志：通"帜"，旗帜。弭节：放下赶车的马鞭，使车停止。神：神思，指人的精神。邈邈：浩渺无际的样子。

【211】假日：犹言借此时机。
【212】皇：天。赫戏：形容光明。旧乡：指楚国。
【213】仆：御者。怀：思。蜷局：拳曲不行貌。
【214】乱：终篇的结语。
【215】已矣：绝望之词，谓"算了吧"。
【216】国无人：国家无人。
【217】足：足以。为：实行。居：住所，这里是指一生所选择的道路和归宿。

《离骚》是屈原用他的理想、遭遇、痛苦、热情，以至于整个生命所熔铸而成的宏伟诗篇，闪耀着诗人鲜明的个性光辉，诗人通过为崇高理想而奋斗终生的描写，强烈地抒发了他遭谗被害的苦闷和矛盾的心情，表现了他为国献身的精神和与国家同休戚、共存亡的深挚的爱国主义和同情人民的感情，表现了诗人勇于追求真理和光明，坚持正义和理想的不屈不挠的斗争精神。同时也深刻地揭露了以楚君为首的楚国贵族集团腐朽黑暗的本质，抨击他们颠倒是非，结党营私，谗害贤能，邪恶误国的罪行。

木兰诗

本诗选自《乐府诗集》。
《乐府诗集》，北宋郭茂倩编。诗集内容十分丰富，反映社会生活面很广，主要辑录汉魏到唐、五代的乐府歌辞兼及先秦至唐末的歌谣，共5000多首。它搜集广泛，各类有总序，每曲有题解。《木兰诗》与《孔雀东南飞》是乐府诗集的双璧。
郭茂倩（1041—1099），字德粲，北宋郓州须城（今山东东平）人，为莱州通判郭劝之孙，太常博士郭源明之子。神宗元丰七年（1084）时为河南府法曹参军。编有《乐府诗集》百卷传世。

唧唧复唧唧[1]，木兰当户[2]织。不闻机杼声[3]，唯闻女叹息。
问女何所思，问女何所忆。女亦无所思，女亦无所忆。昨夜见军帖[4]，可汗[5]大点兵，军书十二卷[6]，卷卷有爷[7]名。阿爷无大儿，木兰无长兄，愿为市鞍马[8]，从此替爷征。
东市买骏马，西市买鞍鞯[9]，南市买辔头[10]，北市买长鞭。旦辞[11]爷娘去，暮宿黄河边，不闻爷娘唤女声，但闻黄河流水鸣溅溅[12]。旦辞黄河去，暮至黑山头，不闻爷娘唤女声，但闻燕山胡骑鸣啾啾[13]。
万里赴戎机[14]，关山度若飞[15]。朔气传金柝[16]，寒光照铁衣[17]。将军百战死，壮士十年归。
归来见天子，天子坐明堂[18]。策勋十二转[19]，赏赐百千强[20]。可汗问所欲，木兰不用尚书郎[21]，愿驰千里足[22]，送儿还故乡。

爷娘闻女来，出郭相扶将[23]；阿姊闻妹来，当户理红妆[24]；小弟闻姊来，磨刀霍霍[25]向猪羊。开我东阁门，坐我西间床。脱我战时袍，著[26]我旧时裳。当窗理云鬓[27]，对镜帖花黄[28]。出门看火[29]伴，火伴皆惊忙：同行十二年，不知木兰是女郎。

雄兔脚扑朔，雌兔眼迷离[30]；双兔傍地走，安能辨我是雄雌[31]？

注释

【1】唧唧：纺织机的声音。一说为叹息声，意思是木兰无心织布，停机叹息。

【2】当户：对着门。

【3】机杼声：织布机发出的声音。机，指织布机。杼，织布梭子。

【4】军帖：征兵的文书。

【5】可汗：古代西北地区民族对君主的称呼。

【6】军书十二卷：征兵的名册很多卷。十二，表示很多，不是确指。下文的"十二转""十二年"，用法与此相同。

【7】爷：和下文的"阿爷"一样，都指父亲。

【8】愿为市鞍马：为，为此。市，买。鞍马，泛指马和马具。

【9】鞯：马鞍下的垫子。

【10】辔头：驾驭牲口用的嚼子、笼头和缰绳。

【11】辞：离开，辞行。

【12】溅溅：水流激射的声音。

【13】胡骑：胡人的战马。胡，古代对北方少数民族的称呼。啾啾：马叫的声音。

【14】万里赴戎机：不远万里，奔赴战场。戎机，指战争。

【15】关山度若飞：像飞一样地跨过一道道的关，越过一座座的山。度，越过。

【16】朔气传金柝：北方的寒气传送着打更的声音。朔，北方。金柝，即刁斗。古代军中用的一种铁锅，白天用来做饭，晚上用来报更。

【17】寒光照铁衣：冰冷的月光照在将士们的铠甲上。

【18】明堂：明亮的厅堂，此处指宫殿。

【19】策勋十二转：记很大的功。策勋，记功。转，勋级每升一级叫一转，十二转为最高的勋级。十二转不是确数，形容功劳极高。

【20】赏赐百千强：赏赐很多的财物。百千，形容数量多。强，有余。

【21】不用：不愿意做。尚书郎：尚书省的官。尚书省是古代朝廷中管理国家政事的机关。

【22】愿驰千里足：希望骑上千里马。

【23】郭：外城。扶：扶持。将：助词，不译。

【24】理：梳理。红妆：指女子的艳丽装束。

【25】霍霍：拟声词，磨刀的声音。

【26】著：通"着"，穿。

【27】云鬓：像云那样的鬓发，形容好看的头发。

【28】帖花黄：帖，通"贴"。花黄，古代妇女的一种面部装饰物。

【29】火：通"伙"。古时一起打仗的人用同一个锅吃饭，后意译为同行的人。

【30】雄兔脚扑朔，雌兔眼迷离：据说，提着兔子的耳朵悬在半空时，雄兔两只前脚时时动弹，雌兔两只眼睛时常眯着，所以容易辨认。扑朔，爬搔，扑腾。迷离，眯着眼。

【31】双兔傍地走，安能辨我是雄雌：两只兔子贴着地面跑，怎能辨别哪个是雄兔，哪个是雌兔呢？傍地走，贴着地面并排跑。

《木兰诗》是一首长篇叙事诗，讲述了一个叫木兰的女英雄形象。她女扮男装，替父从军，在战场上建立功勋，回朝后不愿做官，只求回家团聚的故事。既富有传奇色彩，而又真切动人。诗歌热情赞扬了木兰勇敢善良的品质、保家卫国的热情和英勇无畏的精神。木兰的形象是人民理想的化身，她集中了中华民族勤劳、善良、机智、勇敢、刚毅和淳朴的优秀品质，是一个深深扎根在中国北方广大土地上的有血有肉、有人情味的英雄形象，在男尊女卑的封建社会里尤为可贵。

出师表[1]

诸葛亮

先帝创业未半而中道崩殂[2]，今天下三分[3]，益州疲弊[4]，此诚危急存亡之秋也[5]。然侍卫之臣不懈于内[6]，忠志之士忘身于外者[7]，盖追先帝之殊遇[8]，欲报之于陛下也[9]。诚宜开张圣听[10]，以光先帝遗德[11]，恢弘志士之气[12]，不宜妄自菲薄[13]，引喻失义[14]，以塞忠谏之路也[15]。

宫中府中[16]，俱为一体[17]；陟罚臧否[18]，不宜异同[19]。若有作奸犯科及为忠善者[20]，宜付有司论其刑赏[21]，以昭陛下平明之理[22]，不宜偏私[23]，使内外异法也[24]。

侍中、侍郎郭攸之、费祎、董允等[25]，此皆良实，志虑忠纯[26]，是以先帝简拔以遗陛下[27]。愚以为宫中之事，事无大小，悉以咨之[28]，然后施行，必能裨补阙漏[29]，有所广益[30]。

将军向宠，性行淑均[31]，晓畅[32]军事，试用[33]于昔日，先帝称之曰能[34]，是以众议举宠为督[35]。愚以为营[36]中之事，悉以咨之，必能使行阵和睦[37]，优劣得所[38]。

亲[39]贤臣，远小人，此先汉所以兴隆也[40]；亲小人，远贤臣，此后汉所以倾颓也[41]。先帝在时，每与臣论此事，未尝不叹息痛恨于桓、灵也[42]。侍中、尚书、长史、参军[43]，此悉贞良死节之臣[44]，愿陛下亲之信之，则汉室之隆[45]，可计日[46]而待也。

臣本布衣[47]，躬耕于南阳[48]，苟全性命于乱世[49]，不求闻达于诸侯[50]。先帝不以臣卑鄙[51]，猥自枉屈[52]，三顾[53]臣于草庐之中，咨[54]臣以当世之事，由是感激[55]，遂许先帝以驱驰[56]。后值倾覆[57]，受任于败军之际，奉命于危难之间，尔来二十有一年矣[58]。

先帝知臣谨慎，故临崩寄臣以大事也[59]。受命以来，夙夜忧叹[60]，恐托付不效，以伤先帝之明；故五月渡泸[61]，深入不毛[62]。今南方已定，兵甲[63]已足，当奖率[64]三军，北定中原，庶竭驽钝[65]，攘除奸凶[66]，兴复汉室，还于旧都[67]。此臣所以报先帝而忠陛下之职分也[68]。至于斟酌损益[69]，进尽忠言，则攸之、祎、允之任也。

愿陛下托臣以讨贼兴复之效[70]，不效，则治臣之罪[71]，以告[72]先帝之灵。若无兴德之言[73]，则责攸之、祎、允等之慢[74]，以彰其咎[75]；陛下亦宜自谋，以咨诹善道[76]，察纳雅言[77]，深追先帝遗诏[78]。臣不胜受恩感激。

今当[79]远离，临表涕零[80]，不知所言[81]。

注释

【1】出：出征。表：古代向帝王上书陈情言事的一种文体。

【2】创：开创，创立。业：统一中原的大业。而：表转折。中道：中途。崩殂：死。崩，古代称帝王、皇后之死。殂，死亡。

【3】三分：天下分为三个国家，即魏、蜀、吴三国。

【4】益州疲弊：指蜀汉国力薄弱，处境艰难。益州，这里指蜀汉。疲弊，人力疲惫，民生凋敝，困苦穷乏。

【5】此：这。诚：确实，实在。之：结构助词，的。秋：时候。

【6】然：但是。侍：侍奉。卫：守卫。懈：懈怠，放松。于：在。内：朝廷上。

【7】忠：忠诚。士：将士。忘身：奋不顾身。外：朝廷外，指战场上。

【8】盖：连词。连接上一句或上一段，表示原因。追：追念。殊遇：特殊的对待，即优待、厚遇。

【9】欲：想要。报：报答。之：代词。于：向，对。

【10】诚：实在，确实。宜：应该。开张圣听：扩大圣明的听闻，意思是要后主广泛地听取别人的意见。开张，扩大。圣，圣明。

【11】以：来。光：发扬光大。遗德：遗留的美德。

【12】恢弘：这里是形容词作动词，意思是发扬扩大。也作"恢宏"。恢，大。弘，大，宽。气，志气。

【13】妄自菲薄：过分看轻自己。妄，随便，胡乱，轻率。菲薄，微薄。

【14】引喻失义：说话不恰当。引喻，引用，比喻。这里是说话的意思。义，适宜，恰当。

【15】以：因而。塞：阻塞。忠：忠诚。谏：直言规劝，使改正错误。这里指进谏。

【16】宫中：指皇宫中。府中：指朝廷中。

【17】俱：全，都。体：整体。

【18】陟：提升，提拔。罚：惩罚。臧否：善恶，这里形容词用作动词。意思是"评论人物的好坏"。

【19】异同：这里偏重在异。

【20】作奸犯科：做奸邪事情，犯科条法令。作奸，为非作歹。科，科条，法令。及：和。为：做。

【21】付：交给。有司：职有专司，就是专门管理某种事情的官。论：评定。刑：罚。

【22】以：来。昭：彰显，显扬。平：公平。明：严明。理：治。

【23】偏私：偏袒私情，不公正。

【24】内外异法：宫内和丞相府内刑赏之法不同。内外，指宫内和朝廷。异法，刑赏之法不同。法，法制。

【25】侍中、侍郎郭攸之、费祎、董允：郭攸之、费祎是侍中，董允是侍郎。侍中、侍郎，都是官名。

【26】此皆良实，志虑忠纯：这些都是善良、诚实的人，他们的志向和心思忠诚无二。良实，善良诚实，这里形容词做名词，指善良诚实的人。志，志向。虑，思想，心思。忠纯，忠诚纯正。

【27】简拔：选拔。简：挑选。拔：选拔。遗：给予。

【28】悉以咨之：都拿来问问他们。悉，副词，都，全。咨，询问，征求意见。之，指郭攸之等人。

【29】必能裨补阙漏：一定能够弥补缺点和疏漏之处。裨，弥补，补救。阙，同"缺"，缺点。

【30】有所广益：得到更多的好处。广益：很多的益处。益：好处、益处。

【31】性行淑均：性情品德善良平正。性行，性情品德。淑，善。均，公平。

【32】晓畅：谙熟，精通。

【33】试用：任用。

【34】能：能干，有才能。

【35】是以：因为这，因此。众：大家。举：推举。督：武职，向宠曾为中部督。

【36】营：军营，军队。

【37】行阵：指部队。和睦：团结和谐。

【38】优劣：才能高的和才能低的。得所：得到恰当的位置。

【39】亲：亲近。

【40】先汉：西汉。兴隆：兴盛。

【41】后汉：东汉。倾颓：衰败。

【42】叹息：感叹惋惜。痛恨：感到痛心遗憾。恨，遗憾，不满意。桓、灵：东汉末年的桓帝和灵帝。他们都因信任宦官，加深了政治的腐败。

【43】尚书、长史、参军：都是官名。尚书指陈震，长史指张裔，参军指蒋琬。

【44】此悉贞良死节之臣：这些都是坚贞可靠，能够以死报国的忠臣。悉，全，都。贞，坚贞。良，善良可靠。死节，能够以死报国。死，为……而死。

【45】隆：兴盛。

【46】计日：计算着日子。

【47】布衣：平民百姓。

【48】躬耕：亲自耕种，实指隐居农村。躬，亲自，自身。耕，耕种。南阳：东汉郡名。即今河南南阳。

【49】苟：苟且。全：保全。于：在。

【50】求：谋求。闻达：闻名显达。

【51】以：认为。卑鄙：身份低微，见识短浅。卑，身份低下。鄙，见识短浅。与今义不同。

【52】猥：辱，这里有降低身份的意思。枉屈：委屈。

【53】顾：拜访，探望。

【54】咨：询问。

【55】由是：因此。感激：感动奋激。

【56】许：答应。驱驰：驱车追赶。这里是奔走效劳的意思。

【57】后值倾覆：后来遇到兵败。汉献帝建安十三年（208）曹操追击刘备，在当阳长坂大败刘军；诸葛亮奉命出使东吴，联合孙权于赤壁打败曹操才转危为安。值，遇到。倾覆，指兵败。

【58】尔来：那时以来。二十有一年：从刘备访诸葛亮于隆中到此次出师北伐已经二十一年。有，通"又"，跟在数词后面表示约数。

【59】故临崩寄臣以大事：刘备在临死的时候，把国家大事托付给诸葛亮，并且对刘禅说："汝与丞相从事，事之如父。"临，将要。故，所以。寄，托付。以，把。

【60】夙夜忧叹：整天担忧叹息。夙夜，早晚。夙，清晨。忧，忧愁焦虑。

【61】泸：水名，即金沙江。

【62】不毛：不长草。这里指人烟稀少的地方。毛，庄稼，苗。

【63】兵：武器。甲：装备。

【64】奖率：激励率领，奖励统帅。奖，鼓励。

【65】庶：希望。竭：竭尽。驽钝：比喻才能平庸，这是诸葛亮自谦的话。驽，劣马，走不快的马，指才能低劣。钝，刀刃不锋利，指头脑不灵活，做事迟钝。

【66】攘除：排除，铲除。奸凶：奸邪凶恶之人，此指曹魏政权。

【67】还：回。于：到。旧都：指东汉都城洛阳或西汉都城长安。

【68】此臣所以报先帝而忠陛下之职分也：这是我用来报答先帝、效忠陛下的职责本分。所以，用来……的。

【69】斟酌损益：斟情酌理、有所兴办。比喻做事要掌握分寸。处理事务斟酌情理，有所兴革。斟酌，考虑，权衡。损益，增减，兴革。损，除去。益，兴办，增加。

【70】托臣以讨贼兴复之效：把讨伐曹魏复兴汉室的任务交给我。托，委托，交给。效，效命的任务。

【71】不效则治臣之罪：没有成效就治我的罪。效，取得成效。

【72】告：告慰，告祭。

【73】兴德之言：发扬圣德的言论。兴，发扬。德，道德。言，言论。

【74】慢：怠慢，疏忽，指不尽职。

【75】彰其咎：揭示他们的过失。彰，表明，显扬。咎，过失，罪。

【76】咨诹善道：询问治国的好道理。诹，询问。

【77】察纳：认识采纳。察，明察。雅言：正确的言论，正言，合理的意见。

【78】深追：深切追念。先帝遗诏：刘备给后主的遗诏，见《三国志·蜀志·先主传》注引《诸葛亮集》，诏中说："勿以恶小而为之，勿以善小而不为。惟贤惟德，能服于人。"遗诏，皇帝在临终时所发的诏令。

【79】当：在……时候。

【80】临：面对。涕：眼泪。零：落下。

【81】不知所言：不知道该说些什么话。这是表示自己可能失言。谦词。

《出师表》以恳切的言辞,针对当时的局势,反复劝勉刘禅要继承先主刘备的遗志,开张圣听,赏罚严明,亲贤远佞,以完成"兴复汉室"的大业,表现了诸葛亮北定中原的坚强意志和对蜀汉忠贞不贰的品格。诸葛亮辅佐刘备、刘禅,并不完全是出于回报刘备"三顾"的恩遇,而是为了实现自己的"恢复汉室"的政治抱负。他忧心国事、鞠躬尽瘁的忠忧,正是他实现其政治抱负的表现。这是历史上的政治家诸葛亮的可贵之处。

虞美人[1]·春花秋月何时了

李 煜

李煜(937—978),南唐中主李璟第六子,初名从嘉,字重光,号钟隐、莲峰居士,祖籍彭城(今江苏徐州铜山区),南唐最后一位国君。北宋建隆二年(961),李煜继位,尊宋为正统,岁贡以保平安。开宝四年(971)十月,宋太祖灭南汉,李煜去除唐号,改称"江南国主";并于次年贬损仪制,撤去金陵(今南京)台殿鸱吻,以示尊奉宋廷。开宝八年(975),宋军攻破金陵,李煜被迫降宋,被俘至汴京(今开封),封为右千牛卫上将军、违命侯。太平兴国三年(978)七月七日,李煜死于汴京,世称南唐后主、李后主。李煜精书法、工绘画、通音律,诗文均有一定造诣,尤以词的成就最高。李煜的词,继承了晚唐以来温庭筠、韦庄等花间派词人的传统,又受李璟、冯延巳等的影响,语言明快、形象生动、用情真挚、风格鲜明,其亡国后词作更是题材广阔,含意深沉,在晚唐五代词中别树一帜,对后世词坛影响深远。

春花秋月何时了[2],往事知多少。小楼昨夜又东风,故国不堪回首月明中。
雕栏玉砌应犹在[3],只是朱颜改[4]。问君能有几多愁[5],恰似一江春水向东流。

注释

【1】此调原为唐教坊曲,初咏项羽宠姬虞美人死后地下开出一朵鲜花,因以为名。又名《一江春水》《玉壶水》《巫山十二峰》等。双调,五十六字或五十八字,上下阕各四句,皆为两仄韵转两平韵。

【2】了:了结,完结。

【3】雕栏玉砌:指远在金陵的南唐故宫。砌,台阶。应犹:一作"依然"。

【4】朱颜改:指所怀念的人已衰老。

【5】君:作者自称。能:或作"都""那""还""却"。

《虞美人》这首词，是李煜被俘到汴京后所作的绝命词，也是他的代表作。这首词通过今昔交错对比，流露了不加掩饰的故国之思，家国情怀之大，甚至在他这个囚徒的心中也没有放弃分毫，表现了一个亡国之君的无穷的哀怨。这是一曲生命的哀歌，作者通过对自然永恒与人生无常的尖锐矛盾的对比，抒发了亡国后顿感生命落空的悲哀。整首词正是反映了有亡国之痛的人的感情，才担负了所有这些人的感情痛苦。

岳阳楼记

范仲淹

范仲淹（989—1052），字希文。苏州吴县（今江苏苏州）人。北宋杰出的思想家、政治家、文学家。范仲淹幼年丧父，母亲改嫁长山朱氏，遂更名朱说。大中祥符八年（1015），范仲淹苦读及第，授广德军司理参军，迎母归养，改回本名。后历任兴化县令、秘阁校理、陈州通判、苏州知州等职，因秉公直言而屡遭贬斥。康定元年（1040），与韩琦共任陕西经略安抚招讨副使，采取"屯田久守"方针，巩固西北边防。庆历三年（1043），出任参知政事，发起"庆历新政"。不久后，新政受挫，范仲淹被贬出京，历知邠州、邓州、杭州、青州。皇祐四年（1052），改知颍州，范仲淹扶疾上任，于途中逝世，年六十四。追赠兵部尚书、楚国公，谥号"文正"，世称范文正公。范仲淹政绩卓著，文学成就突出。他倡导的"先天下之忧而忧，后天下之乐而乐"的思想和仁人志士节操，对后世影响深远。有《范文正公文集》传世。

庆历四年春，滕子京谪守巴陵郡。越明年，政通人和，百废俱兴。乃重修岳阳楼，增其旧制，刻唐贤今人诗赋于其上，属予作文以记之。

予观夫巴陵胜状，在洞庭一湖。衔远山，吞长江，浩浩汤汤，横无际涯。朝晖夕阴，气象万千。此则岳阳楼之大观也，前人之述备矣。然则北通巫峡，南极潇湘，迁客骚人[1]，多会于此，览物之情，得无异乎[2]？

若夫霪雨霏霏，连月不开，阴风怒号，浊浪排空；日星隐曜，山岳潜形；商旅不行，樯倾楫摧；薄暮冥冥，虎啸猿啼。登斯楼也，则有去国怀乡，忧谗畏讥，满目萧然，感极而悲者矣。

至若春和景明，波澜不惊，上下天光，一碧万顷；沙鸥翔集，锦鳞游泳；岸芷汀兰[3]，郁郁青青。而或长烟一空[4]，皓月千里，浮光跃金[5]，静影沉璧，渔歌互答，此乐何极！登斯楼也，则有心旷神怡，宠辱皆忘，把酒临风，其喜洋洋[6]者矣。

嗟夫！予尝求古仁人之心，或异二者之为。何哉？不以物喜，不以己悲[7]，居庙堂之高则忧其民[8]，处江湖之远则忧其君[9]。是进亦忧，退亦忧。然则何时而乐耶？其必曰"先天下之忧而忧，后天下之乐而乐"乎！噫！微斯人，吾谁与归？[10]

时六年九月十五日。

注释

【1】迁客：谪迁的人，指降职远调的人。骚人：诗人。战国时屈原作《离骚》，因此后人也称诗人为骚人。

【2】览物之情，得无异乎：看到自然景物而引发的情感，怎能不有所不同呢？览，观看，欣赏。得无……乎，大概……吧。

【3】岸芷汀兰：岸上的小草，小洲上的兰花。芷，香草的一种。汀，小洲，水边平地。

【4】而或长烟一空：有时大片烟雾完全消散。或，有时。长，大片。一，全。空，消散。

【5】浮光跃金：湖水波动时，浮在水面上的月光闪耀起金光。这是描写月光照耀下的水波。有些版本作"浮光耀金"。

【6】洋洋：高兴的样子。

【7】不以物喜，不以己悲：不因为外物好坏和自己得失而或喜或悲。此句为互文。以，因为。

【8】居庙堂之高则忧其民：在朝中做官就担忧百姓。居庙堂之高，处在高高的庙堂上，意为在朝中做官。庙堂，指朝廷。庙，宗庙。堂，殿堂。下文的"进"，即指"居庙堂之高"。

【9】处江湖之远则忧其君：处在僻远的地方做官就为君主担忧。处江湖之远，处在偏远的江湖间，意思是不在朝廷上做官。之，定语后置的标志。下文的"退"，即指"处江湖之远"。

【10】微斯人，吾谁与归：如果没有这种人，那我同谁一道呢？微，如果没有。斯人，这种人，指前文的"古仁人"。谁与归，就是"与谁归"。归，归依。

点评

《岳阳楼记》是范仲淹应好友巴陵郡太守滕子京之请，于北宋庆历六年（1046）九月十五日为重修岳阳楼写的。写作此文时，滕子京正因为被诬陷擅自动用官钱而被贬，范仲淹正是借作记之机，含蓄规劝他要"不以物喜，不以己悲"，试图以自己先忧后乐的济世情怀和乐观精神感染老友。孟子说"达则兼善天下，穷则独善其身"，这已成为封建时代许多士大夫的信条。范仲淹写这篇文章的时候正贬官在外，"处江湖之远"，本来可以采取独善其身的态度，落得清闲快乐，但他提出正直的士大夫应立身行道的准则，认为个人的荣辱升迁应置之度外，"不以物喜，不以己悲"，要"先天下之忧而忧，后天下之乐而乐"，以此勉励自己和朋友，这是难能可贵的。范仲淹吃苦在前、享乐在后的品质和精神既是他一生爱国的写照，又熔铸成为中华民族的传统美德，成为一份宝贵的精神财富，激励后人积极向上、奋发有为。朱熹称范仲淹为"有史以来天地间第一流人物"！

满江红

岳 飞

本诗选自《全宋词》。

岳飞（1103—1142），字鹏举，相州汤阴（今河南汤阴县）人。南宋抗金名将。中国历史上著名军事家、战略家，民族英雄，位列南宋中兴四将之一。他于北宋末年投军，从1128年遇宗泽起到1141年为止的十余年间，率领岳家军同金军进行了大小数百次战斗，所向披靡，官至枢密副使，封武昌郡开国公。1140年，完颜兀术毁盟攻宋，岳飞挥师北伐，先后收复郑州、洛阳等地，又于郾城、颍昌大败金军，进军朱仙镇。宋高宗、秦桧却一意求和，以十二道金字牌下令退兵，岳飞在孤立无援之下被迫班师。在宋金议和过程中，岳飞遭受秦桧、张俊等人的诬陷，被捕入狱。1142年1月，岳飞以"莫须有"的"谋反"罪名，与长子岳云和部将张宪同被杀害。宋孝宗时岳飞冤狱被平反，改葬于西湖畔栖霞岭。孝宗时追谥武穆，宁宗时追封鄂王，理宗时改谥忠武。明徐阶编《岳武穆遗文》一卷。词存三首。

怒发冲冠，凭栏处，潇潇[1]雨歇。抬望眼，仰天长啸[2]，壮怀激烈。三十功名尘与土[3]，八千里路云和月[4]。莫等闲[5]，白了少年头，空悲切！

靖康耻[6]，犹未雪；臣子恨，何时灭。驾长车，踏破贺兰山[7]缺。壮志饥餐胡虏肉，笑谈渴饮匈奴血。待从头，收拾旧山河，朝天阙[8]！

注释

【1】潇潇：形容雨势急骤。
【2】长啸：感情激动时撮口发出清而长的声音，为古人的一种抒情举动。
【3】三十功名尘与土：年已三十，建立了一些功名，不过很微不足道。
【4】八千里路云和月：形容南征北战路途遥远、披星戴月。
【5】等闲：轻易，随便。
【6】靖康耻：宋钦宗靖康二年（1127），金兵攻陷汴京，虏走徽、钦二帝。
【7】贺兰山：贺兰山脉位于宁夏回族自治区与内蒙古自治区交界处。
【8】朝天阙：朝见皇帝。天阙，本指宫殿前的楼观，此指皇帝生活的地方。

点评

一般认为，此词应该诞生在岳飞于绍兴十年七月下旬奉诏被迫班师到入狱之间的一年多时间里。作品显示岳飞的愤怒到了极致，也反映了作者心情的郁闷和沉重，同时还表现了作者抗击金兵、收复故土、统一祖国的强烈的爱国精神，感情悲愤交加、气势磅礴。我国古代进步的知识分子，往往都把忠君看作爱国的表现。在封建社会里，尤其在民族矛盾激化，上升为主要矛盾的时期，忠君与爱国常常是紧密结合在一起的。因此，岳飞在这首词中所表露的忠于朝廷的思想，是跟渴望杀尽敌人、保卫祖国疆土的壮志密切结合着的。岳飞此词激励着中华民族的爱国心，抗战期间这首词以其低沉却雄壮的基调，感染了中华儿女。

病起书怀

陆 游

本诗选自《全宋诗》。

陆游（1125—1210），字务观，号放翁，越州山阴（今绍兴）人，南宋文学家、史学家、爱国诗人。陆游生逢北宋灭亡之际，少年时即深受家庭爱国思想的熏陶。宋高宗时，参加礼部考试，因受秦桧排斥而仕途不畅。宋孝宗即位后，赐进士出身，历任福州宁德县主簿、敕令所删定官、隆兴府通判等职，因坚持抗金，屡遭主和派排斥。乾道七年（1171），应四川宣抚使王炎之邀，投身军旅，任职于南郑幕府。次年，幕府解散，陆游奉诏入蜀，与范成大相知。宋光宗继位后，升为礼部郎中兼实录院检讨官，不久即因"嘲咏风月"罢官归居故里。嘉泰二年（1202），宋宁宗诏陆游入京，主持编修孝宗、光宗《两朝实录》和《三朝史》，官至宝谟阁待制。书成后，陆游长期蛰居山阴，嘉定二年（1210）与世长辞，留绝笔《示儿》。陆游创作诗歌今存九千多首，内容极为丰富，数量之多居中国古代诗人之冠。他的诗篇反映当时的政治得失、社会风格、民间疾苦等。著有《剑南诗稿》《渭南文集》《南唐书》《老学庵笔记》等。

病骨支离纱帽宽，孤臣[1]万里客江干。
位卑未敢忘忧国，事定犹须待阖棺[2]。
天地神灵扶庙社[3]，京华父老望和銮[4]。
出师一表[5]通今古，夜半挑灯更细看。

注释

【1】孤臣：孤立无助或不受重用的远臣。
【2】阖棺：指死亡，诗中意指盖棺论定。
【3】庙社：宗庙和社稷，以喻国家。
【4】京华：京城之美称。因京城是文物、人才汇集之地，故称。和銮：同"和鸾"。古代车上的铃铛。挂在车前横木上称"和"，挂在轭首或车架上称"銮"。诗中代指君主御驾亲征，收复祖国河山的美好景象。
【5】出师一表：指三国时期诸葛亮所作《出师表》。

点评

本诗作于宋孝宗淳熙三年（1176）四月，陆游时年五十二岁，被免官后病了二十多天，移居成都城西南的浣花村，病愈之后仍为国担忧，为了表现要效法诸葛亮北伐，统一中国的决心，挑灯夜读《出师表》，挥笔泼墨，写下此诗，"位卑"句成为后世许多忧国忧民的寒素之士用以自警自励的名言。此诗贯穿了诗人忧国忧民的爱国情怀，表现了中华子民热爱祖国的伟大精神，揭示了百姓与国家的血肉关系。诗人想到自己一生屡遭挫折，壮志难酬，而年已老大，自然有着深深的慨叹和感伤；但他在诗中说一个人盖棺方能论定，表明诗人对前途仍然充满着希望。其中"位卑未敢忘忧国"句既是诗人内心的真实写照，也是历代志士爱国之心的真实写照。

十一月四日风雨大作

陆 游

本诗选自《全宋诗》。

其一

风卷江湖雨暗村，四山声作海涛翻。
溪柴[1]火软蛮毡暖，我与狸奴[2]不出门。

其二

僵卧[3]孤村不自哀，尚思[4]为国戍轮台。
夜阑卧听风吹雨[5]，铁马冰河入梦来[6]。

注释

【1】溪柴：若耶溪所出的小束柴火。
【2】狸奴：指生活中被人们驯化而来的猫的昵称。
【3】僵卧：直挺挺地躺着。这里形容自己穷居孤村，无所作为。
【4】思：想着，想到。
【5】夜阑：夜深。风吹雨：风雨交加，和题目中"风雨大作"相呼应；当时南宋王朝处于风雨飘摇之中，"风吹雨"也是时局写照，故诗人直到深夜尚难成眠。
【6】铁马：披着铁甲的战马。《宋书》："铁马二千，风驱电击。"冰河：冰封的河流，指北方地区的河流。

点评

家庭的教育使陆游从小就树立了忧国忧民的思想和杀敌报国的壮志。他一生以诗文做武器，反复呼吁国家统一，表达强烈的爱国感情。这两首诗是绍熙三年（1192）十一月作者退居家乡山阴时所作。时年诗人虽然已经67岁了，但收复国土的强烈愿望和爱国情怀仍丝毫未减，于是，在一个"风雨大作"的夜里，触景生情，由情生思，在梦中实现了自己金戈铁马驰骋中原的愿望。同陆游的许多爱国诗篇一样，这两首诗充满爱国豪情，大气磅礴，风格悲壮，在我国古代爱国诗篇中占有重要的地位，也以豪迈和悲壮的风格为浩如烟海的诗歌海洋增添了独特的色彩，并以其永恒的魅力影响着后人。

示 儿

陆 游

本诗选自《全宋诗》。

死去元知[1]万事空，但悲不见九州同[2]。
王师北定中原日[3]，家祭无忘告乃翁[4]。

注释

【1】元知：原本知道。元，本来。
【2】但：只是。悲：悲伤。九州：这里代指宋代的中国。古代中国分为九州，所以常用九州指代中国。同：统一。
【3】王师：指南宋朝廷的军队。北定：将北方平定。中原：指淮河以北被金人侵占的地区。
【4】家祭：祭祀家中先人。无忘：不要忘记。乃翁：你的父亲，指陆游自己。

点评

《示儿》是宋代诗人陆游创作的一首七言绝句，是诗人的绝笔。作于宋宁宗嘉定二年十二月。此时陆游八十五岁，一病不起，在临终前，给儿子们写下了这首诗。这既是诗人的遗嘱，也是诗人发出的最后的抗战号召。此诗是陆游爱国诗中的又一首名篇。陆游一生致力于抗金斗争，一直希望能收复中原。虽然频遇挫折，却仍然未改变初衷。从诗中可以领会到诗人的爱国激情是何等执着、深沉、热烈、真挚。也凝聚着诗人毕生的心事，诗人始终如一地抱着当时汉民族必然要光复旧物的信念，对抗战事业具有必胜的信心。题目是《示儿》，相当于遗嘱。在短短的篇幅中，诗人披肝沥胆地嘱咐着儿子，无比光明磊落，激动人心,浓浓的爱国之情跃然纸上。

水龙吟

辛弃疾

本诗选自《全宋词》。

辛弃疾(1140—1207),原字坦夫,改字幼安,别号稼轩,历城(今山东济南)人。南宋豪放派词人、将领,有"词中之龙"之称。与苏轼合称"苏辛",与李清照并称"济南二安"。出生时,中原已为金兵所占。21岁参加抗金义军,不久归南宋。历任湖北、江西、湖南、福建、浙东安抚使等职。一生力主抗金。曾上《美芹十论》与《九议》,条陈战守之策。由于辛弃疾的抗金主张与当政的主和派政见不合,后被弹劾落职,退隐江西带湖。开禧北伐前后,相继被起用为绍兴知府、镇江知府、枢密都承旨等职。开禧三年(1207),辛弃疾病逝,年六十八。后赠少师,谥号"忠敏"。现存词六百多首,有词集《稼轩长短句》等传世。

楚天千里清秋,水随天去秋无际。遥岑[1]远目,献愁供恨,玉簪螺髻[2]。落日楼头,断鸿[3]声里,江南游子。把吴钩[4]看了,栏干拍遍,无人会,登临意。

休说鲈鱼堪脍[5],尽西风,季鹰归未?求田问舍,怕应羞见,刘郎才气。[6]可惜流年,忧愁风雨[7],树犹如此[8]!倩[9]何人唤取,红巾翠袖[10],揾[11]英雄泪!

注释

【1】遥岑:远山。岑,小而高的山。

【2】玉簪螺髻:玉做的簪子,像海螺形状的发髻,这里比喻高矮和形状各不相同的山岭。

【3】断鸿:失群的孤雁。

【4】吴钩:古代吴地制造的一种宝刀。这里应该是以吴钩自喻,空有一身才华,但是得不到重用。唐·李贺《南园》:"男儿何不带吴钩,收取关山五十州。"

【5】鲈鱼堪脍:用西晋张翰典。《世说新语·识鉴篇》记载:张翰在洛阳做官,在秋季西风起时,想到家乡莼菜羹和鲈鱼脍的美味,便立即辞官回乡。后来的文人将思念家乡、弃官归隐称为莼鲈之思。

【6】"求田问舍"三句:《三国志·魏书·陈登传》,许汜曾向刘备抱怨陈登看不起他,"久不相与语,自上大床卧,使客卧下床"。刘备批评许汜在国家危难之际只知置地买房,"如小人(刘备自称)欲卧百尺楼上,卧君于地,何但上下床之间邪"。求田问舍,置地买房。刘郎,刘备。才气,胸怀,气魄。

【7】忧愁风雨:风雨,比喻飘摇的国势。化用宋·苏轼《满庭芳》:"百年里,浑教是醉,三万六千场。思量,能几许,忧愁风雨,一半相妨。"

【8】树犹如此：用西晋桓温典。《世说新语·言语》："桓公北征经金城，见前为琅邪时种柳，皆已十围，慨然曰：'木犹如此，人何以堪！'攀枝执条，泫然流泪。"此处借以抒发自己不能抗击敌人、收复失地、虚度时光的感慨。

【9】倩：请托。

【10】红巾翠袖：女子装饰，代指女子。

【11】揾：擦拭。

这首词是作者在建康通判任上所作。全词就登临所见发挥，由写景进而抒情，将内心的感情写得既含蓄而又淋漓尽致。虽然出语沉痛悲愤，但整首词的基调还是激昂慷慨的，表现出辛词豪放的风格特色。辛弃疾一生以恢复为志，以功业自许，却命运多舛、备受排挤、壮志难酬。但他恢复中原的爱国信念始终没有动摇，他把满腔激情和对国家兴亡、民族命运的关切、忧虑，全部寄寓于词作之中。本词抒写力图恢复国家统一的爱国热情，倾诉壮志难酬的悲愤，对当时执政者的屈辱求和颇多谴责。

指南录后序

文天祥

本文选自《文山先生全集》。

文天祥（1236—1282），字宋瑞，一字履善，又字宋瑞，自号文山，浮休道人，吉州庐陵（今江西吉安）人。南宋末大臣，文学家，民族英雄。宝祐四年（1256）举进士第一，官到右丞相兼枢密使。宋恭帝德祐元年（1275），元兵东下，于赣州组义军，入卫临安（今浙江杭州）。次年除右丞相兼枢密使，出使元军议和被拘，后脱逃至温州，转战于赣、闽、岭等地，曾收复州县多处。祥兴元年（1278）兵败被张弘范俘虏，在狱中坚持斗争三年多，誓死不屈，就义于大都（今北京）。能诗文，诗词多写其宁死不屈的决心。有《文山先生全集》。

德祐二年正月十九日，予除右丞相兼枢密使[1]，都督诸路军马。时北兵已迫修门[2]外，战、守、迁皆不及施。缙绅、大夫、士萃于左丞相府，莫知计所出。会使辙[3]交驰，北邀当国者[4]相见，众谓予一行为可以纾祸。国事至此，予不得爱身，意北亦尚可以口舌动也。初，奉使往来，无留北者，予更欲一觇[5]北，归而求救国之策。于是辞相印不拜，翌日，以资政殿学士行[6]。

初至北营，抗辞慷慨，上下颇惊动，北亦未敢遽轻吾国。不幸吕师孟构恶于前[7]，贾余庆献谄于后[8]，予羁縻不得还，国事遂不可收拾。予自度不得脱，则直前诟虏帅失信，数吕师孟叔侄为逆，但欲求死，不复顾利害。北虽貌敬，实则愤怒，二贵酋名曰"馆伴"[9]，夜则以兵围所寓舍，而予不得归矣。未几，贾余庆等以祈请使[10]诣北，北驱予并往，而不在使者之目。予分当引决[11]，然而隐忍以行，昔人云："将以有为也。"[12]

至京口，得间奔真州，即具以北虚实告东西二阃[13]，约以连兵大举。中兴机会，庶几在此。留二日，维扬帅下逐客之令[14]，不得已，变姓名，诡踪迹，草行露宿，日与北骑相出没于长淮间。穷饿无聊，追购又急；天高地迥，号呼靡及。已而得舟，避渚州，出北海，然后渡扬子江，入苏州洋，展转四明、天台，以至于永嘉。

呜呼！予之及于死者，不知其几矣。诋大酋，当死；骂逆贼，当死；与贵酋处二十日，争曲直，屡当死；去京口，挟匕首以备不测，几自刭死；经北舰十余里，为巡船所物色，几从鱼腹死；真州逐之城门外，几彷徨死；如扬州，过瓜洲扬子桥，竟使遇哨，无不死；扬州城下，进退不由，殆例送死；坐桂公塘土围中，骑数千过其门，几落贼手死；贾家庄几为巡徼所陵迫死；夜趋高邮，迷失道，几陷死；质明[15]，避哨竹林中，逻者数十骑，几无所逃死；至高邮，制府檄下，几以捕系死；行城子河，出入乱尸中，舟与哨相后先，几邂逅死；至海陵，如高沙，常恐无辜死；道海安、如皋，凡三百里，北与寇往来其间，无日而非可死；至通州，几以不纳死；以小舟涉鲸波[16]，出无可奈何，而死固付之度外矣！呜呼，死生昼夜事也。死而死矣，而境界危恶，层见错出，非人世所堪。痛定思痛，痛何如哉！

予在患难中，间以诗记所遭。今存其本，不忍废，道中手自抄录。使北营，留北关外，为一卷；发北关外，历吴门、毗陵，渡瓜洲，复还京口，为一卷；脱京口，趋真州、扬州、高邮、泰州、通州，为一卷；自海道至永嘉，来三山[17]，为一卷。将藏之于家，使来者读之，悲予志焉。

呜呼！予之生也幸，而幸生也何所为？[18]求乎为臣，主辱臣死有余僇[19]；所求乎为子，以父母之遗体行殆而死[20]，有余责。将请罪于君，君不许；请罪于母，母不许。请罪于先人之墓，生无以救国难，死犹为厉鬼以击贼，义也。赖天之灵，宗庙之福，修我戈矛，从王于师，以为前驱；雪九庙[21]之耻，复高祖之业；所谓誓不与贼俱生，所谓鞠躬尽力，死而后已，亦义也。嗟夫！若予者，将无往而不得死所矣。向也使予委骨于草莽，予虽浩然无所愧怍，然微以自文于君亲[22]，君亲其谓予何！诚不自意，返吾衣冠[23]，重见日月[24]，使旦夕得正丘首[25]，复何憾哉！复何憾哉！

是年夏五，改元景炎，庐陵文天祥自序其诗，名曰《指南录》。

注释

【1】枢密使：宋朝所置掌管军事的最高长官，位与宰相等。

【2】修门：《楚辞·招魂》："魂兮归来，入修门些。"本指楚国郢都城门，这里代指南宋都城临安的城门。

【3】使辙：指使臣车辆。

【4】当国者：指宰相。

【5】觇：侦察，窥视。

【6】以资政殿学士行：以资政殿学士的身份前往。资政殿学士，宋朝给予离任宰相的荣誉官衔。

【7】吕师孟：时为兵部尚书，叛将吕文焕之侄。构恶：结怨。

【8】贾余庆：官同签书枢密院事。知临安府，后代文天祥为右丞相，时与文天祥同出

使元营。献谄：《指南录·纪事》："予既絷维，贾余庆以逢迎继之。""献谄"之事当即指此。

【9】馆伴：接待外国使臣的人员。

【10】祈请使：奉表请降的使节。

【11】分：本分。引决：自杀。

【12】"昔人"二句：作者在这里引用韩愈《张中丞传后叙》之语，意谓自己暂时隐忍，保全性命，以图有所作为。

【13】东西二阃：指宋淮东制置使李庭芝和淮西制置使夏贵。阃，城郭门限，这里代指在外统兵将帅。

【14】维扬帅：指淮东制置使李庭芝。维扬，扬州，当时为淮东制置使所驻之地。下逐客之令：文天祥到真州后，与真州安抚使苗再成计议，约李庭芝共破元军。李庭芝因听信谗言，怀疑文天祥通敌，令苗再成将其杀死，苗再成不忍，放文天祥脱逃。

【15】质明：黎明。

【16】涉鲸波：指出海。鲸波，指海中汹涌的大浪。

【17】三山：即今福建福州，因城中有闽山、越王山、九仙山，故名"三山"。

【18】"予之"二句：这两句是说，我能活下来是幸运的，但侥幸生存是为了做什么呢？

【19】僇：侮辱。

【20】以父母之遗体行殆：《礼记·祭义》："不敢以先父母之遗体行殆。"父母遗体，父母授予自己的身体。殆，危险。

【21】九庙：皇帝祭祀祖先共有九庙，这里以九庙指代国家。

【22】微以：无以。自文：自我表白。

【23】返吾衣冠：回到我的衣冠之乡，即回到南宋。

【24】日月：这里指皇帝和皇后。

【25】使旦夕得正丘首：《礼记·檀弓上》："古之人有言曰：狐死正丘首，仁也。"传说狐狸死时，头必朝向出生时的山丘。作者用这个典故来表明不忘故国的情怀。

点评

宋恭帝德祐二年（1276）正月，元军兵临临安城下，南宋满朝文武惊慌失措。文天祥挺身而出，受命于危难之际，出使元营谈判。在敌人面前，文天祥慷慨陈词，力图挽狂澜于既倒，说服敌方撤军。元军扣留了文天祥，并于二月九日押解北上。二月二十九日夜，文天祥一行在镇江逃脱，历尽艰险，经真州等地到大通州，然后航海南下，先到温州，再转福州。他把患难之中所写的诗编成《指南录》，写有自序，每首诗前，多有小序，故该文称后序。文章叙述了他出使元军、被驱北行、中途逃脱、辗转回到永嘉的艰险遭遇，准确地表现了作者颠沛流离的艰辛和遭遇困厄的苦况，表达了作者坚强不屈的民族气节和万死不辞的爱国主义精神。

过零丁洋[1]

文天祥

本诗选自《全宋诗》。

辛苦遭逢起一经[2]，干戈[3]寥落四周星。
山河破碎风飘絮，身世浮沉雨打萍。
惶恐滩[4]头说惶恐，零丁洋里叹零丁。
人生自古谁无死？留取丹心照汗青[5]。

注释

【1】零丁洋：零丁洋即"伶仃洋"。现在广东省珠江口外。1278年底，文天祥率军在广东五坡岭与元军激战，兵败被俘，囚禁船上曾经过零丁洋。

【2】起一经：因为精通一种经书，通过科举考试而被朝廷起用做官。文天祥二十岁考中状元。

【3】干戈：指抗元战争。寥落：荒凉冷落。一作"落落"。四周星：四周年。文天祥从1275年起兵抗元，到1278年被俘，一共四年。

【4】惶恐滩：在今江西省万安县，是赣江中的险滩。1277年，文天祥在江西被元军打败，所率军队死伤惨重，妻子儿女也被元军俘虏。他经惶恐滩撤到福建。

【5】汗青：史册。古代用竹简写字，先用火烤干其中的水分，干后易写而且不受虫蛀，也称汗青。

点评

此诗作于宋祥兴二年（1279）。南宋末年，文天祥在潮州与元军作战被俘，途经伶仃洋时，元军逼迫他招降坚守崖山的宋军，他写下了这首诗。诗人以诗明志，表现了慷慨激昂的爱国热情、大义凛然的英雄气概、视死如归的高风亮节以及舍生取义的人生观。

赴戍登程口占示家人

林则徐

林则徐（1785—1850），福建省侯官（今福州市区）人，字元抚，又字少穆，号石麟,晚号竢村老人、竢村退叟、七十二峰退叟、瓶泉居士、栎社散人等,是清朝末期的政治家、思想家和诗人,官至一品,曾任湖广总督、陕甘总督和云贵总督,两次受命钦差大臣;因其主张严禁鸦片,抵抗西方列强的侵略,在中国有"民族英雄"之誉。1839 年,林则徐于广东禁烟时,派人明察暗访,严令外国鸦片商人缴出鸦片,并将没收鸦片于1839年6月3日至25日在虎门销毁。虎门销烟使中英关系陷入极度紧张状态,成为英国入侵中国爆发第一次鸦片战争的借口。尽管林则徐一生力抗西方入侵,但对于西方的文化、科技和贸易则持开放态度,主张学其优而用之。根据文献记载,他至少略通英、葡两种外语,且着力翻译西方报刊和书籍。晚清思想家魏源将林则徐及幕僚翻译的文书合编为《海国图志》,此书对晚清的洋务运动乃至日本的明治维新都具有启发作用。1850 年 11 月 22 日,林则徐在广东普宁病逝。

其一

出门一笑莫心哀,浩荡襟怀到处开。
时事难从无过立[1],达官非自有生来。
风涛回首空三岛[2],尘壤从头数九垓[3]。
休信儿童[4]轻薄语,嗤他赵老送灯台[5]。

【1】立:成。
【2】三岛:指英伦三岛,即英国的英格兰、苏格兰、爱尔兰。此句回顾抗英经历,足见英国无人。
【3】九垓:九州,天下。这句可能是用古神话中竖亥自东极步行至西极的故事(见《山海经·海外东经》),表示自己将风尘仆仆地走遍各地观察形势。
【4】儿童:指幼稚无知的人,代指对林则徐被贬幸灾乐祸的人。
【5】赵老送灯台:即上句的轻薄语。《归田录》:"俚谚云:'赵老送灯台,一去更不来。'"当时清廷中的投降派诅咒林则徐,说他被贬新疆是"赵老送灯台",永无回来之日。

点评

诗人因抗英禁烟被贬,远戍伊犁,心中自有一股不平之气。但临行与家人告别,深恐家人担忧,又需笑言相劝,故开首二句强作欢颜。然而这也的确体现出诗人襟怀坦荡、四海为家的壮志豪情。诗人自信抗英禁烟有功无罪,历史自会做出公正结论,面对贬谪问心无愧。"时事"二句便是对人生经验的总结,人不能生而知之,要想办成一件事,总要经过多次反复和波折,包括犯错误。这也是对家人子女的教诲。"风涛"一联以轻蔑口吻讥讽英帝国主义国中无人,外强中干;而自己正好借远戍之机游遍全国,了解情况,寻求抗击侵略者的方法,胸怀广阔,气势豪迈。末二句针对朝中投降派幸灾乐祸,说自己永无回乡之日的谰言,表示自己一定会安全返回家乡,返回首都,再与侵略者一决雌雄。"儿童轻薄语"五字生动刻画了那些卖国小人的卑鄙行径,表达出作者对他们的无比蔑视和嘲笑。全诗虽有眷恋故乡之意,却毫无小儿女悲戚之态,雄健豪劲,不失民族英雄本色。

其二

力微任重久神疲,再竭衰庸[1]定不支。
苟利国家生死以,岂因祸福避趋之[2]?
谪居正是君恩厚,养拙刚于戍卒宜[3]。
戏与山妻谈故事,试吟断送老头皮[4]。

注释

【1】衰庸:意近"衰朽",衰老而无能,这里是自谦之词。
【2】"苟利"二句:郑国大夫子产改革军赋,受到时人的诽谤,子产曰:"何害!苟利社稷,死生以之。"(见《左传·昭公四年》)诗语本此。以,用,去做。
【3】养拙:犹言藏拙,有守本分、不显露自己的意思。刚:正好。戍卒宜:做一名戍卒为适当。这句诗谦恭中含有愤激与不平。
【4】"戏与"二句:山妻,对自己妻子的谦称。故事,旧事,典故。作者自注,宋真宗闻隐者杨朴能诗,召对问:"此来有人作诗送卿否?"对曰:"臣妻有一首,云'更休落魄耽杯酒,且莫猖狂爱咏诗。今日捉将官里去,这回断送老头皮'。"上大笑,放还山。东坡赴诏狱,妻子送出门皆哭。坡顾谓曰:"子独不能如杨处士妻作一首诗送我乎?"妻子失笑,坡乃出。这两句诗用此典故,表达他的旷达胸襟。

点评

林则徐抗英有功,却遭投降派诬陷,被道光帝革职。他忍辱负重,于道光二十一年(1841)7月14日被发配到新疆伊犁。诗人在古城西安与妻子离别赴伊犁时,在满腔愤怒下写下此诗。抒发了自己的爱国情感以及性情人格,表达了作者愿为国献身、不计个人得失的崇高精神。认真体味这首七律,当能感觉出它和屈原的《离骚》一脉相通的心声。

少年中国说

梁启超

本文选自《饮冰室合集》。
梁启超(1873—1929),字卓如,一字任甫,号任公,又号饮冰室主人、饮冰子、哀时客、中国之新民、自由斋主人。清朝光绪年间举人,中国近代思想家、政治家、教育家、史学家、文学家。戊戌变法(百日维新)领袖之一,中国近代维新派、新法家代表人物。梁启超幼年时从师学习，八岁学为文，九岁能缀千言，17岁中举。1890年赴京会试，不中。后投康有为门下，接受康有为的思想学说并由此走上改良维新的道路，人称"康梁"。1895年春，梁启超再次赴京会试，并协助康有为发动在京应试举人联名请愿，是为"公车上书"。此后先后领导北京和上海的强学会，又与黄遵宪一起办《时务报》，任长沙时务学堂的主讲，并著《变法通议》为变法做宣传。戊戌变法失败后，与康有为一起流亡日本，政治思想上逐渐走向保守，但是他是近代文学革命运动的理论倡导者。逃亡日本后，梁启超在《饮冰室合集》《夏威夷游记》中继续推广"诗界革命"，批判了以往那种诗中运用新名词以表新意的做法。在海外推动君主立宪。辛亥革命之后一度入袁世凯政府，担任司法总长；之后对袁世凯称帝、张勋复辟等严词抨击，并加入段祺瑞政府。他倡导新文化运动，支持五四运动。梁启超涉猎广泛，在哲学、文学、史学、经学、法学、伦理学、宗教学等领域，均有建树，一生著述宏富，其《饮冰室合集》凡149卷，计一千余万字。

　　日本人之称我中国也，一则曰老大帝国，再则曰老大帝国。是语也，盖袭译欧西人[1]之言也。呜呼！我中国其果老大矣乎？梁启超曰：恶[2]！是何言！是何言！吾心目中有一少年中国在！

　　欲言国之老少，请先言人之老少。老年人常思既往，少年人常思将来。惟思既往也，故生留恋心；惟思将来也，故生希望心。惟留恋也，故保守；惟希望也，故进取。惟保守也，故永旧；惟进取也，故日新。惟思既往也，事事皆其所已经者，故惟知照例；惟思将来也，事事皆其所未经者，故常敢破格。老年人常多忧虑，少年人常好行乐。惟多忧也，故灰心；惟行乐也，故盛气。惟灰心也，故怯懦；惟盛气也，故豪壮。惟怯懦也，故苟且；惟豪壮也，故冒险。惟苟且也，故能灭世界；惟冒险也，故能造世界。老年人常厌事，少年人常喜事。惟厌事也，故常觉一切事无可为者；惟喜事也，故常觉一切事无不可为者。老年人如夕照，少年人如朝阳；老年人如瘠牛，少年人如乳虎；老年人如僧，少年人如侠；老年人如字典，少年人如戏文；老年人如鸦片烟，少年人如泼兰地酒；老年人如别行星之陨石，少年人如大洋海之珊瑚岛；老年人如埃及沙漠之金字塔[3]，少年人如西伯利亚之铁路；老年人如秋后之柳，少年人如春前之草；老年人如死海之潴[4]为泽，少年人如长江之初发源。此老年与少年性格不同之大略也。任公曰：人固有之，国亦宜然。

　　梁启超曰：伤哉，老大也！浔阳江头琵琶妇，当明月绕船，枫叶瑟瑟，衾寒于铁，似梦非梦之时，追想洛阳尘中春花秋月之佳趣[5]。西宫南内，白发宫娥，一灯如穗，三五对坐，谈开元、天宝间遗事，谱《霓裳羽衣曲》[6]。青门种瓜人，左对孺人，顾弄孺子，忆侯门似海珠履杂沓之盛事[7]。拿破仑之流于厄蔑，阿剌飞之幽于锡兰，与三两监守吏，或过访之好事者，道当年短刀匹马驰骋中原，席卷欧洲，血战海楼，一声叱咤，万国震恐之丰功伟烈[8]，初而拍案，继而抚髀[9]，终而揽镜。呜呼，面皱齿尽，白发盈把，颓然老矣！若是者，舍幽郁[10]之外无心事，舍悲惨之外无天地，舍颓唐之外无日月，舍叹息之外无音声，舍待死之外无事业。美人豪杰且然，而况寻常碌碌者耶？生平亲友，皆在墟墓；起居饮食，待命于人。今日且过，遑知他日？今年且过，遑恤明年？普天下灰心短气之事，未有甚于老大者。于此人也，而欲望以拿云[11]之手段，回天之事功，挟山超海[12]之意气，能乎不能？

　　呜呼！我中国其果老大矣乎？立乎今日以指畴昔，唐虞三代[13]，若何之郅治[14]；秦皇汉武，若何之雄杰；汉唐来之文学，若何之隆盛；康乾间之武功，若何之烜赫。历史家所铺叙，词章家所讴歌，何一非我国民少年时代良辰美景、赏心乐事之陈迹哉！而今颓然老矣！昨日割五城，明日割十城，处处雀鼠尽，夜夜鸡犬惊。十八省[15]之土地财产，已为人怀中之肉；四百兆[16]之父兄子弟，已为人注籍之奴[17]，岂所谓"老大嫁作商人妇[18]"者耶？呜呼！凭君莫话当年事，憔悴韶光不忍看！楚囚相对[19]，岌岌顾影，人命危浅，朝不虑夕。国为待死之国，一国之民为待死之民。万事付之奈何，一切凭人作弄，亦何足怪！

梁启超曰：我中国其果老大矣乎？是今日全地球之一大问题也。如其老大也，则是中国为过去之国，即地球上昔本有此国，而今渐渐灭，他日之命运殆将尽也；如其非老大也，则是中国为未来之国，即地球上昔未现此国，而今渐发达，他日之前程且方长也。欲断今日之中国为老大耶？为少年耶？则不可不先明"国"字之意义。夫国也者，何物也？有土地，有人民，以居于其土地之人民，而治其所居之土地之事，自制法律而自守之；有主权，有服从，人人皆主权者，人人皆服从者。夫如是，斯谓之完全成立之国，地球上之有完全成立之国也，自百年以来也。完全成立者，壮年之事也；未能完全成立而渐进于完全成立者，少年之事也。故吾得一言以断之曰：欧洲列邦在今日为壮年国，而我中国在今日为少年国。

夫古昔之中国者，虽有国之名，而未成国之形也。或为家族之国，或为酋长之国，或为诸侯封建之国，或为一王专制之国。虽种类不一，要之，其于国家之体质也，有其一部而缺其一部。正如婴儿自胚胎以迄成童，其身体之一二官支[20]，先行长成，此外则全体虽粗具，然未能得其用也。故唐虞以前为胚胎时代，殷周之际为乳哺时代，由孔子而来至于今为童子时代。逐渐发达，而今乃始将入成童以上少年之界焉。其长成所以若是之迟者，则历代之民贼有窒其生机者也。譬犹童年多病，转类老态，或且疑其死期之将至焉，而不知皆由未完成未成立也。非过去之谓，而未来之谓也。

且我中国畴昔，岂尝有国家哉？不过有朝廷耳！我黄帝子孙，聚族而居，立于此地球之上者既数千年，而问其国之为何名，则无有也。夫所谓唐、虞、夏、商、周、秦、汉、魏、晋、宋、齐、梁、陈、隋、唐、宋、元、明、清者，则皆朝名耳。朝也者，一家之私产也；国也者，人民之公产也。朝有朝之老少，国有国之老少。朝与国既异物，则不能以朝之老少而指为国之老少明矣。文、武、成、康[21]，周朝之少年时代也；幽、厉、桓、赧[22]，则其老年时代也。高、文、景、武[23]，汉朝之少年时代也；元、平、桓、灵[24]，则其老年时代也。自余历朝，莫不有之。凡此者谓为一朝廷之老也则可，谓为一国之老也则不可。一朝廷之老且死，犹一人之老且死也，于吾所谓中国者何与焉？然则，吾中国者，前此尚未出现于世界，而今乃始萌芽云尔。天地大矣，前途辽矣。美哉我少年中国乎！

玛志尼者，意大利三杰之魁也。以国事被罪，逃窜异邦。乃创立一会，名曰"少年意大利"。举国志士，云涌雾集以应之。卒乃光复旧物，使意大利为欧洲之一雄邦。夫意大利者，欧洲之第一老大国也。自罗马亡后，土地隶于教皇，政权归于奥国，殆所谓老而濒于死者矣。而得一玛志尼，且能举全国而少年之，况我中国之实为少年时代者耶！堂堂四百余州之国土，凛凛四百余兆之国民，岂遂无一玛志尼其人者！

龚自珍氏之集有诗一章，题曰《能令公少年行》[25]。吾尝爱读之，而有味乎其用意之所存。我国民而自谓其国之老大也，斯果老大矣；我国民而自知其国之少年也，斯乃少年矣。西谚有之曰："有三岁之翁，有百岁之童。"然则，国之老少，又无定形，而实随国民之心力以为消长者也。吾见乎玛志尼之能令国少年也，吾又见乎我国之官吏士民能令国老大也。吾为此惧！夫以如此壮丽浓郁翙翙绝世之少年中国，而使欧西日本人谓我为老大者，何也？则以握国权者皆老朽之人也。非哦几十年八股，非写几十年白折[26]，非当几十年差，非挨几十年俸，非递几十年手本[27]，非唱几十年诺[28]，非磕几十年头，非请几十年安，则必不能得一官、进一职。其内任卿贰[29]以上、外任监司以上者，百人之中，其五官不备[30]者，殆九十六七人也。非眼盲则耳聋，非手颤则足跛，否则半身不遂也。彼其一身饮食步履视听言语，尚且不能自了，须三四人左右扶之捉之，乃能度日，于此而乃欲责之以国事，是何异立无数木偶而使治天下也！且彼辈者，自其少壮之时既已不知亚细亚、欧罗巴为何处地方，汉祖唐宗是那朝皇帝，犹嫌其顽钝腐败之未臻其极，又必搓磨[31]之，陶冶之，待其脑髓已涸，血管已塞，气息奄奄，与鬼为邻之时，然后将我二万里山河，四万万人命，一举而畀于其手。呜呼！老大帝国，诚哉其老大也！而彼辈者，积其数十年之八股、白折、当差、挨俸、手本、唱喏、磕头、请安，千辛万苦，千苦万辛，乃始得此红顶花翎[32]之服色，中堂大人[33]之名号，乃出其全副精神，竭其毕生力量，以保持之。如彼乞儿拾金一锭，虽轰雷盘旋其顶上，而两手犹紧抱其荷包，他事非所顾也，非所知也，非所闻也。于此而告之以亡国也，瓜分也，彼乌从而听之，乌从而信之！即使果亡矣，果分矣，而吾今年七十矣，八十矣，但求其一两年内，洋人不来，强盗不起，我已快活过了一世矣！若不得已，则割三头两省[34]之土地奉申贺敬，以换我几个衙门；卖三几百万之人民作仆为奴，以赎我一条老命，有何不可？有何难办？呜呼！今之所谓老后、老臣、老将、老吏者，其修身齐家治国平天下之手段，皆具于是矣。西风一夜催人老，凋尽朱颜白尽头。使走无常[35]当医生，携催命符以祝寿，嗟乎痛哉！以此为国，是安得不老且死，且吾恐其未及岁而殇也。

梁启超曰：造成今日之老大中国者，则中国老朽之冤业也；制出将来之少年中国者，则中国少年之责任也。彼老朽者何足道，彼与此世界作别之日不远矣，而我少年乃新来而与世界为缘。如僦屋[36]者然，彼明日将迁居他方，而我今日始入此室处。将迁居者，不爱护其窗栊，不洁治其庭庑[37]，俗人恒情，亦何足怪！

若我少年者，前程浩浩，后顾茫茫。中国而为牛为马为奴为隶，则烹脔鞭棰[38]之惨酷，惟我少年当之；中国如称霸宇内，主盟地球，则指挥顾盼之尊荣，惟我少年享之。于彼气息奄奄与鬼为邻者何与焉？彼而漠然置之，犹可言也；我而漠然置之，不可言也。使举国之少年而果为少年也，则吾中国为未来之国，其进步未可量也；使举国之少年而亦为老大也，则吾中国为过去之国，其渐亡可翘足而待也。

故今日之责任，不在他人，而全在我少年。少年智则国智，少年富则国富，少年强则国强，少年独立则国独立，少年自由则国自由，少年进步则国进步，少年胜于欧洲则国胜于欧洲，少年雄于地球则国雄于地球。红日初升，其道大光[39]。河出伏流，一泻汪洋。潜龙腾渊，鳞爪飞扬。乳虎啸谷，百兽震惶。鹰隼试翼，风尘翕张。奇花初胎，矞矞皇皇[40]。干将发硎，有作其芒[41]。天戴其苍，地履其黄。纵有千古，横有八荒。前途似海，来日方长。美哉我少年中国，与天不老！壮哉我中国少年，与国无疆！

"三十功名尘与土，八千里路云和月。莫等闲，白了少年头，空悲切。"此岳武穆《满江红》词句也，作者自六岁时即口受记忆，至今喜诵之不衰。自今以往，弃"哀时客"之名，更自名曰"少年中国之少年"。

 注释

【1】欧西人：泛指西方英、法、美等国的人。

【2】恶：表示感叹的助词，犹"唉"，这里有反对的意思。

【3】金字塔：古代埃及法老墓，以石筑成，底面为四方形，侧面作三角形之方尖塔，望之状如"金"字，故译名"金字塔"。"金字塔"与下句"铁路"对举，取其古雅而无实用意。

【4】死海：湖名，一名咸海。因水中含盐量高，鱼类不生，故名。在约旦和巴勒斯坦间。潴：聚积的水流。

【5】"浔阳"六句：用白居易《琵琶行》诗所写的故事。琵琶妇原是长安歌女（此处误为洛阳歌女），老大嫁作商人妇。商人离她经商而去。在浔阳江头的夜晚，枫叶瑟瑟，她回想往事，有不胜零落之感。浔阳江，在今九江市北，长江流经九江市的一段。

【6】"西宫"六句：就白居易《长恨歌》所咏唐玄宗与杨贵妃事，用元稹《行宫》"白头宫女在，闲坐说玄宗"诗意，谓安史之乱后，白头宫人忆及当年事，备感凄凉。西宫，唐太极宫；南内，唐兴庆宫。李隆基自蜀返京后，先居兴庆宫，后迁太极宫。《霓裳羽衣曲》，本名《婆罗门曲》，传为开元中西凉节度使杨敬述所献。传说李隆基梦游月宫，听诸仙奏曲，默记其调，醒后令乐工谱成。

【7】"青门"四句：用汉初邵平故事。邵平在秦末为东陵侯。秦亡后，在长安东门外种瓜为生。此句谓邵平回想当年的繁华，颇为感伤。青门，汉长安东门。孺人，古代大夫之妻称孺人，明、清两代七品官的妻子封孺人。珠履，用珠子装饰的鞋。杂沓，杂乱。

【8】伟烈：丰功伟绩。烈，功绩。贾谊《过秦论》："及至始皇，奋六世之余烈，振长策而御宇内。"

【9】抚髀：以手拍股，表示振奋或感叹。《三国志·蜀志·先主传》裴注引《九州春秋》："备住荆州数年，尝于（刘）表坐起至厕，见髀里肉生，慨然流涕。还坐，表怪问备，备曰：'吾常身不离鞍，髀肉皆消；今不复骑，髀里肉生。日月若驰，老将至矣，而功业不建，是以悲耳！'"髀，大腿。

【10】幽郁：深沉的忧郁。

【11】拿云：上干云霄之意。李贺《致酒行》："少年心事当拿云。"

【12】挟山超海：喻英雄壮举。《孟子·梁惠王上》："挟太山以超北海。"

【13】唐虞三代：指唐尧、虞舜和夏、商、周三代。

【14】郅治：至治，把国家治理得太平强盛。郅，极，至。

【15】十八省：清初全国共分十八个省。光绪末年增至二十三省，但人们习惯上仍称十八省。

【16】四百兆：即四亿，当时中国有四亿人口。

【17】注籍之奴：登记入奴籍的人。这里指失去自由的人。

【18】老大嫁作商人妇：白居易《琵琶行》中的诗句。

【19】楚囚相对：喻遇到强敌，窘迫无计。《晋书·王导传》载，晋元帝时，国家动乱，中州人士纷纷避乱江左。"过江人士，每至暇日，相要出新亭饮宴。周顗中坐而叹曰：'风景不殊，举目有江河之异。'皆相视流涕。惟（王）导愀然变色曰：'当共勠力王室，

克复神州，何至作楚囚相对泣邪？'"

【20】官支：五官、四肢。

【21】文、武、成、康：周朝初年的几代帝王。周文王奠定了灭商的基础；周武王灭商建立周朝；成王、康王把国家治理得非常强盛，史称"成康之治"。所以下句将其比作周朝的少年时代。

【22】幽、厉、桓、赧：指周幽王、厉王、桓王、赧王。幽王宠褒姒，废申后，申侯联合犬戎攻周，幽王被杀，西周灭亡。周厉王暴虐，被流放于彘（今山西霍州）。周桓王时，东周王室衰落。周赧王死后不久，东周灭亡。

【23】高、文、景、武：指汉初四代皇帝。汉高祖灭秦、楚，建立汉王朝。文帝、景帝发展生产，国家强盛，史称"文景之治"。武帝重武功，国力强盛。

【24】元、平、桓、灵：汉元帝、平帝、桓帝、灵帝。汉元帝时，西汉开始衰落。汉平帝死后不久，王莽篡国，西汉灭亡。桓帝、灵帝是东汉末年的两代帝王，其执政期间外戚、宦官专权，政治黑暗，为东汉灭亡种下了祸根。

【25】《能令公少年行》：龚自珍抒怀之诗，收入《定庵全集》，原意是说一个人不追求名利，放宽胸怀，就能常葆青春。这里取其常葆青春意。

【26】白折：清代科举应试的试卷之一。殿试取中进士后，还要进行朝考，以分别授予官职。朝考用白折，即用工整的楷书写在白纸制的折子上。

【27】手本：明清官场中下级晋见上级时用的名帖。

【28】非唱几十年诺：古代的一种礼节。对人打恭作揖，口中出声，叫唱喏。诺，当作"喏"。

【29】卿贰：卿是朝廷各部的长官，贰指副职。

【30】五官不备：指五官功能不全。

【31】搓磨：磋磨，切磋琢磨。原是精益求精意，这里指磨去棱角、锋芒。

【32】红顶花翎：大官的帽饰。清代官员帽顶上顶珠的颜色、质料，标志着官阶的品级，一品官用红宝石顶珠。花翎，用孔雀翎做的帽饰，以翎眼多者为贵，五品以上用花翎，六品以下用蓝翎。

【33】中堂大人：清代大学士相当于宰相，尊称中堂大人。

【34】三头两省：闽粤方言，三两个省。

【35】走无常：迷信说法，阴司用活人为鬼役，摄取后死者的魂。充当这种鬼差者，称走无常。

【36】僦屋：租赁房屋。

【37】庭庑：庭院廊屋。

【38】胾：切成小块的肉。这里用作动词，宰割之意。箠：鞭子。这里用作动词，鞭打之意。

【39】其道大光：语出《周易·益》："自上下下，其道大光。"光，广大，发扬。

【40】矞矞皇皇：《太玄经·交》："物登明堂，矞矞皇皇。"一般用于书面古语，光明盛大的样子。

【41】干将发硎，有作其芒：意思是宝剑刚磨出来，锋刃大放光芒。干将，原是铸剑师的名字，这里指宝剑。硎，磨刀石。

　　《少年中国说》写于戊戌变法失败后的 1900 年，当时，八国联军侵华，勾结清政府，镇压义和团运动，当时八国联军还制造舆论，污蔑中国是"老大帝国"，是"东亚病夫"，是"一盘散沙"，不能自立，只能由列强共管或瓜分。而中国人中，有一些无知昏庸者，也跟着叫嚷"中国不亡是无天理""任何列强三日内就可以灭亡中国"，散布悲观情绪，民族危机空前严重。本文驳斥了帝国主义分子的无耻谰言，也纠正了国内一些人自暴自弃、崇洋媚外的奴性心理，唤起人民的爱国热情，激起民族的自尊心和自信心。文章极力歌颂少年的朝气蓬勃，指出封建统治下的中国是"老大帝国"，文章热切希望出现"少年中国"，极力讴歌了祖国未来的英姿及其光辉灿烂的前程，对肩负着建设少年中国重任的中国少年寄予无限希望，鼓励他们奋然而起，投入到改造中国的战斗中去，反映了作者渴望祖国繁荣昌盛的爱国思想和积极乐观的民族自信心。文章不拘格式，多用比喻，具有强烈的鼓励性和进取精神，寄托了作者对少年中国的热爱和期望。

第十四章 求贤若渴

一、"求贤若渴"的概念

"求贤若渴"语出南朝宋范晔《后汉书·周举传》"昔在前世，求贤如渴"。意思是慕求贤人，如渴思饮，形容求贤心情十分迫切。"求贤若渴"还有一个经典的成语故事，说的是战国时期，晋献公用璧玉、骏马向虞国行贿借道灭掉虢国与虞国，俘虏虞国大夫百里奚，晋献公将百里奚作为奴隶陪嫁到楚国，秦穆公用五张羊皮换取百里奚并与他共商国是。百里奚向他推荐蹇叔，秦穆公重金迎接蹇叔，并封他为上大夫。这个故事就是因为百里奚和蹇叔这两个贤才被千方百计地重用而被广为流传。

后世不同作品中也多次出现这个词语，如《三国志·蜀志·诸葛亮传》："总揽英雄，思贤如渴。"《隋书·韦世康传》："朕夙夜庶几，求贤若渴，冀与公共治天下，以致太平。"《宋史·窦贞固传》："求贤若渴，从谏如流。"明罗贯中《三国演义》第三十八回："某具言主公求贤若渴，不记旧恨。"第四十七回："人言曹丞相求贤若渴，今观此问，甚不相合。"清吴敬梓《儒林外史》第十二回："二位先生可谓求贤若渴了！若是急于要会权先生，或者也不必定须亲往。"清石玉昆《三侠五义》第十四回："包公笑道：'我求贤若渴，见了此等勇士，焉有不爱之理。'"都说明了我国古代对人才的重视。

历史上"求贤若渴，礼贤下士"的经典例子也很多，比如：文王用姜子牙辅佐武王伐纣，建立了周朝；齐桓公不记追杀之仇，拜管仲为相，争霸中原；楚庄王用孙叔敖使农商并举，文化繁荣，使楚国国力大增，最终饮马黄河，问鼎中原，实现了自己称霸的愿望；秦孝公用商鞅实行变法，加强了中央集权，增强了国力，为秦统一中国奠定了基础；刘备三顾茅庐，请得诸葛亮出山；曹操光脚迎接许攸，最终荡平天下；李世民不拘一格，用人之长，避人之短，成就伟业……可见人才在我国古代的重要性。

二、我国古代的人才标准

司马光在《资治通鉴》中就曾经说过："才者，德之资也；德者，才之帅也。"

曹操在《论吏士行能令》中，还针对汉末以来重德轻才的思想直截了当地提出："未闻无能之人、不斗之士并受禄赏，而可以立功兴国者也。故明君不官无功之臣，不赏不战之士，治平尚德行，有事赏功能。"明确提出战乱时期与和平时期应该有侧重点不同的用人标准，即《敕有司取士毋废偏短令》中所谓"夫有行之士，未必能进取；进取之士，未必能有行也"。这就是说，战乱时期不可求全责备，否则就无人可用了。这种用人标准，典型地反映了一个重要的用人思想，即打天下重才，守天下尚德。

唐太宗说："致安之本，惟在得人。""能安天下者，惟在用得贤才。"唐太宗坚持德才兼备的用人方针。

康熙认为，如果重才不重德，"虽能济世，亦能败俗"；但只重德不重才，"操守虽清，不能办事，亦何裨于国"。因此用人必德才兼备。

可见，德才兼备是中国古代公认的选贤任能的标准，是中国社会传统人才观的精髓。

三、中国古代重视人才选拔的原因

"中兴以人才为本"，自古有"得人者昌，失贤者亡"之说。

早在西周时期，太师姜尚就提出了"治国安家，得人也。亡国破家，失人也"的思想。管子从历史经验中认识到，圣王之治，"非得人者，未之尝闻"；暴王之败，"非失人者，未之尝闻""人，不可不务也，此天下之极也"。墨子认为，"国有贤良之士众，则国家之治厚；贤良之士寡，则国家之治薄"。诸葛亮特别强调"举贤"对于治国的重要性。他曾总结两汉兴衰治乱、用人得失的历史教训，"亲贤臣，远小人，此先汉之所以兴隆也；亲小人，远贤臣，此后汉之所以倾颓也"，并据此提出了"治国之道，务在举贤"的方针，并反复加以论述。他说："夫国危不治，民不安君，此失贤之过也。夫失贤而不危，得贤而不安，未之有也。"又说："为人择官者乱，为官择人者治，是以聘贤求士。"

唐太宗李世民集前人重才思想之大成，结合自己的治国体会，提出"为政之要，惟在得人"的著名论断，这是当时对人才重要性的最高概括。朱元璋非常重视人才群体的作用。他对礼部臣僚们说："为天下者，譬如作大厦，大厦非一木所成，必聚才而后成，天下非一人独理，必选贤而后治。故为国得宝不如举贤。"清康熙皇帝的人才思想更具有经典意义。他指出："自古选贤任能，为治之大道。"所以，"致治之道，首重人才"。这些论述，从不同的侧面揭示了社稷安危、国运盛衰、天下兴亡，皆系于人才的道理，今天的人读起来仍觉获益匪浅。

四、我国古代的一些比较重要的选官制度和标准

中国古代选官制度基本上有四种：世官制、察举制、九品中正制、科举制。

1. 世官制主要存在于夏、商、周时期，顾名思义，官吏主要通过"世卿世禄"制度产生。

2. 察举制是汉武帝时建立和发展的一整套选官制度，其内容包括地方察举和皇帝征召，主要是以德才作为选拔人才的依据，以孝廉为重要考察科目，所以人们也常说"举孝廉"。

3. 九品中正制是魏晋南北朝时期的重要选官制度，对人物的德才进行评定，区别高下，列为九等，所评定的品级，成为授官的依据。曹魏后期，尤其到了晋朝，九品中正制发生了变化，由于中正官职为世家大族所垄断，选官任人唯看门第家世，出现了"上品无寒门，下品无士族"等级森严的局面。

4. 科举制是我国封建社会最重要的选拔官吏制度。始创于隋朝，完善于唐朝，发展于北宋，衰落于明清。

科举制度有积极意义：剥夺了士族地主的政治特权，削弱了地方豪强士族的势力，使封建官吏的选拔和任用权收归中央，有利于消除选官方面的腐败，改变了自秦汉以来以荐举为主的官吏选拔制度，是历史的一大进步。

科举考试向整个社会开放仕途，有利于笼络人才，缓和了矛盾，扩大了统治阶级的基础。科举制度把读书、考试和做官紧密联系起来，从而提高了官员的文化素质，大大加强

了中央集权，有利于政局的稳定，推动了教育和科技文化的发展。

中国古代人才选拔制度，历经先秦时期的世官制、两汉时期的察举制和魏晋南北朝时的九品中正制，定型为隋唐及后期的科举制。它直接影响了当时的教育目标和教育内容及考试方法。

春秋以前，官吏主要通过"世卿世禄"制度产生。战国时，"世卿世禄"制逐渐废除，官吏的选举发生了根本变化。秦在统一之前，"仕进之途，唯辟田与胜敌而已"，而胜敌是其主要途径。秦统一后的官吏，也就多出于军功。到了汉代，朝廷为了适应专制主义中央集权封建国家统治的需要，在秦的基础上，建立和发展了一整套选举人才的选官制度。这套制度包括察举、皇帝征召、公府与州郡辟除、大臣举荐、考试、任子、纳资及其他多种方式，不限于一途，而且还可以交互使用。之后，我国古代官吏选用又分别出现了魏晋时期的"九品中正制"及隋唐滥觞的科举制。

科举制度到了明清时期，专重"四书""五经"，以八股文取士，禁锢了士人的思想，极大地束缚了知识分子的创造性，也在一定程度上阻碍了科技的发展和社会的进步，是中国近代落后于西方的文化因素。

这些选官用人制度对当时政治、经济、文化等方面的发展，起到了一定的作用，但同时也表现出各种弊端。

招贤令

秦孝公

本文选自《资治通鉴》卷第二。

《资治通鉴》（常简作《通鉴》），是由北宋司马光主编的一部编年体史书，共294卷，约300万字，历时19年完成。主要以时间为纲，事件为目，从周威烈王二十三年（前403）写起，到五代后周世宗显德六年（959）征淮南停笔，涵盖16朝1362年的历史。在这部书里，编者总结出许多经验教训，供统治者借鉴，宋神宗认为此书"鉴于往事，有资于治道"，即以历史的得失作为鉴戒来加强统治，所以定名为《资治通鉴》。《资治通鉴》是中国第一部编年体通史，在中国官修史书中占有极重要的地位。

秦孝公（前381—前338），嬴姓，名渠梁，战国时期的秦国国君（前361—前338在位）。是秦国历史上最英明神武的君王之一。主要成就：重用卫鞅（即商鞅），实行变法，奖励耕战，并迁都咸阳（今陕西咸阳东北），建立县制行政，开阡陌，在加强中央集权的同时，不断发展农业生产。对外，秦与楚和亲，与韩订约，联齐、赵攻魏安邑（今山西夏县西北），拓地至洛水以东，自此国力日强，为秦统一中国奠定了基础。

昔我缪公自岐雍之间，修德行武。东平晋乱，以河[1]为界。西霸戎翟，广地千里。天子致伯，诸侯毕贺，为后世开业，甚光美。会往者厉、躁、简公、出子之不宁[2]，国家内忧，未遑外事，三晋[3]攻夺我先君河西地，诸侯卑[4]秦，丑莫大焉。献公即位，镇抚边境，徙治[5]栎阳，且欲东伐，复缪公之故地，修缪公之政令。寡人思念先君之意，常痛于心。宾客群臣有能出奇计强秦者，吾且尊官，与之分土。

注释

【1】河：黄河。
【2】不宁：动乱不息。
【3】三晋：韩、赵、魏。
【4】卑：蔑视。
【5】徙治：迁都。

点评

战国初期，七雄中秦国最落后。公元前361年，秦孝公即位后，为了使秦国发展壮大，决心广泛招揽人才，下了一道求贤令，招纳有才能的人，为秦国的改革献计献策。此令一下，即感召了各国的贤才，其中以卫国人公孙鞅（即后来的商鞅）为代表。此后，秦国通过一番变法图强，终于实现了雄霸天下的目的。用一人而强一国，秦孝公的用人智慧实在是发人深思。秦孝公求贤令，乃一卷雄文。其一，痛说国耻，历数先祖四代无能，开旷古先河；其二，求霸业而不求吏治，身处穷弱，竟能做鲲鹏远望吞吐八荒；其三，胸襟开阔，敢与权臣分享秦国，公器之心可昭日月。只此三点，堪称真心求贤。这则求贤令，是一篇极富精神力度的空前文告。不仅仅在于它第一个开创了这种搜求人才的方式，更是思维方式的突破，最大限度地向社会普遍地搜求人才，显示出不同凡响的大政治家的创造性才华。

荀　子（节选）

荀　子

本文选自《荀子·哀公篇》。

鲁哀公[1]问于孔子曰："请问取人。"
孔子对曰："无取健[2]，无取诋[3]，无取口啍[4]。健，贪也；诋，乱也；口啍，诞也。故弓调而后求劲焉[5]，马服而后求良焉，士信悫而后求知能焉。士不信悫而有多知能[6]，譬之其豺狼也，不可以身尔也[7]。语曰：'桓公用其贼[8]，文公用其盗[9]。'故明主任计不信怒[10]，暗主信怒不任计。计胜怒则强，怒胜计则亡。"

【1】鲁哀公：名将，公元前494—前468年在位。

【2】健：强，指要强好胜的人。

【3】讦：通"钳"。挟持，钳制，指用强力约制对方。

【4】啍：话多，指能说会道。

【5】调：调和，指弓的强弱和箭的轻重相协调。

【6】悫：诚实。有：通"又"。知：通"智"。

【7】尔：通"迩"，近。

【8】桓公：齐桓公，姜姓，名小白，齐国国君，公元前685—前643年在位。他任用管仲为相，实行改革，使齐国国富兵强，成为春秋时期第一个霸主。用其贼：指任用管仲为相。管仲曾谋杀过小白（桓公），所以说桓公用其贼。

【9】文公：晋文公。用其盗：指任用寺人（宫廷内的近侍）披。披，一作勃鞮（"勃鞮"两音相合即为"披"），字伯楚。公元前655年，晋献公派寺人披追杀重耳（晋文公），寺人披曾斩断了重耳的袖子。重耳出逃，后返国立为文公。寺人披却前来求见，以告发吕甥、郤芮谋反事，文公不记他断袖之仇而接见了他，并听从了他的话，后又经常向寺人披咨询。

【10】任：任凭。计：计算，指计较对自己有利还是有害。信：任凭。怒：愤怒，泛指感情。

本文通过孔子与鲁哀公的对话，探讨了儒家的用人标准，即不要选取要强好胜的人，不要选取钳制别人的人，不要选取能说会道的人。人才首先要忠诚老实，其次才是聪明能干。文章充分阐释了品德对于人才的重要性。

求贤令

曹 操

本文选自《三国志·魏志·武帝纪》。

《三国志》，二十四史之一，是由西晋史学家陈寿所著，记载中国三国时期的曹魏、蜀汉、东吴史事的纪传体国别史，是二十四史中评价最高的"前四史"之一。《三国志》详细记载了从魏文帝黄初元年（220）到晋武帝太康元年（280）60年的历史。《三国志》不仅是一部史学巨著，更是一部文学巨著。陈寿在尊重史实的基础上，以简练、优美的语言，为我们绘制了一幅幅三国人物肖像图。

曹操（155—220），字孟德，一名吉利，小字阿瞒，沛国谯县（今安徽亳州）人。东汉末年杰出的政治家、军事家、文学家、书法家，三国中曹魏政权的奠基人。曾担任东汉丞相，后为魏王，谥号为武。曹操精兵法，善诗歌，抒发自己的政治抱负，并反映汉末人民的苦难生活，气魄雄伟，慷慨悲凉；散文亦清峻整洁，开启并繁荣了建安文学，给后人留下了宝贵的精神财富，史称"建安风骨"，鲁迅评价其为"改造文章的祖师"。同时曹操也擅长书法，尤工章草，唐朝张怀瓘在《书断》中评其为"妙品"。有集三十卷，已散佚。明人辑有《魏武帝集》，今又有《曹操集》。

自古受命及中兴之君[1]，曷尝[2]不得贤人君子与之共治天下者乎？及其得贤也，曾不出闾巷[3]，岂幸相遇哉？上之人不求之耳。今天下尚未定，此特求贤之急时也。孟公绰为赵、魏老则优，不可以为滕、薛大夫[4]。若必廉士而后可用，则齐桓其何以霸世！今天下得无有被褐怀玉[5]而钓于渭滨者乎？又得无盗嫂受金而未遇无知[6]者乎？二三子其佐我明扬仄陋[7]，唯才是举，吾得而用之。

注释

【1】受命：指开国。中兴：由衰败而复兴。
【2】曷尝：哪有。
【3】曾：乃，往往。闾巷：里巷。
【4】"孟公绰"二句：见《论语·宪问》。孟公绰，鲁国人，性寡欲，廉洁有德。老：家老，家臣。优：有余。意思是：孟公绰寡欲廉洁而缺乏才能，做大贵族的家臣力尚有余，但要做滕、薛这样小国的官员都是不行的。
【5】被褐怀玉：穿着粗麻短衣。比喻怀才不遇，流于困顿。语见《老子》。指姜子牙。
【6】盗嫂受金：指陈平。曾传其与嫂子私通，又曾接受贿赂。魏无知了解他是个人才，就推荐给刘邦。刘邦问他有无此事，魏说，你问的是"行"，我荐的是"才"，当前最需人才，盗嫂受金算什么！后刘邦重用陈平，建功立业。
【7】二三子：诸位，你们。明扬仄陋：发现并推举那些埋没在下层中的人才。

敕有司取士勿废偏短令

曹　操

夫有行之士[1]，未必能进取[2]；进取之士，未必能有行也。陈平岂笃行[3]、苏秦岂守信邪？而陈平定汉业，苏秦济弱燕。由此言之，士有偏短[4]，庸[5]可废乎？有司明思此义，则士无遗滞，官无废业矣。"

注释

【1】有行之士：有德行之人。
【2】进取：有所作为。
【3】笃行：行为淳厚的人。
【4】短：缺点。

【5】庸：难道。废：抛弃不任用。

举贤勿拘品行令

曹 操

昔伊挚、傅说出于贱人，管仲，桓公贼[1]也，皆用之以兴[2]。萧何、曹参，县吏也，韩信、陈平负污辱之名，有见笑之耻，卒能成就王业，声著千载。吴起贪将，杀妻自信，散金求官，母死不归[3]，然在魏秦人不敢东向，在楚则三晋不敢南谋。今天下得无有至德之人放在民间，及[4]果勇不顾，临敌力战；若文俗之吏，高才异质，或堪为将守；负辱之名，见笑之行，或不仁不孝而有治国用兵之术，其[5]各举所知，勿有所遗。

注释

【1】贼：以之为贼，指敌对的人。
【2】兴：国家昌盛。
【3】吴起（？—前381）：姜姓，吴氏，名起，卫国左氏（今山东菏泽市定陶区西）人。战国初期军事家、政治家、改革家，兵家代表人物。一生历仕鲁、魏、楚三国，通晓兵家、法家、儒家三家思想，在内政、军事上都有极高的成就，是一个战绩彪炳的常胜将军。在楚国时，辅佐楚悼王主持变法。周安王二十一年（前381），因变法得罪守旧贵族，惨遭杀害。著作有《吴子兵法》，与兵圣孙武并称"孙吴"。唐肃宗时，位列武成王庙内，成为武庙十哲之一。宋徽宗时，追封广宗伯，成为武庙七十二将之一。
【4】及：比如。
【5】其：大家，指属下。

点评

赤壁之战后，刘备占有荆州等地，孙权力量也日益强大，三国鼎立局面基本形成。曹操要实现统一天下的理想，阻力很大。汉时期选拔官吏，被选用人既要有仁义孝悌等方面道德品质，也要有高贵的家世出身。曹操为维护和发展势力，让更多的人为自己的事业服务，不受上述标准限制，强调"唯才是举"。210—217年，他先后下了三次求贤令，选拔和任用一些有才能的人，希望有更多的贤人君子和他一起共治天下。这三篇求贤令，连用史实和典故，突出"唯才是举"，使得求贤标准形象地表达出来。凡是身负治国安邦之才能的高才异士，不管有何不仁不孝之类的污行，都可录用，为曹魏政权的确立奠定了良好的基础。在今天来看，"唯才是举"有一定道理，但完全不要道德，最后造成了魏晋南北朝长期的篡乱。所以德才兼备才是真正的贤才。

短歌行

曹 操

对酒当歌，人生几何！譬如朝露，去日苦多。
慨当以慷，忧思难忘。何以解忧？唯有杜康。
青青子衿，悠悠我心[1]。但为君故，沉吟至今[2]。
呦呦鹿鸣，食野之苹[3]。我有嘉宾，鼓瑟吹笙。
明明如月，何时可掇[4]？忧从中来，不可断绝。
越陌度阡[5]，枉用相存[6]。契阔谈䜩，心念旧恩。
月明星稀，乌鹊南飞。绕树三匝，何枝可依？
山不厌高，海不厌深[7]。周公吐哺，天下归心。

注释

【1】青青子衿，悠悠我心：出自《诗经·郑风·子衿》。原写姑娘思念情人，这里用来比喻渴望得到有才学的人。子，对对方的尊称。衿，古代的衣领。青衿，是周代读书人的服装，这里指代有学识的人。悠悠，长久的样子，形容思虑连绵不断。

【2】沉吟：原指小声叨念和思索，这里指对贤人的思念和倾慕。

【3】呦呦鹿鸣，食野之苹。我有嘉宾，鼓瑟吹笙：出自《诗经·小雅·鹿鸣》。呦呦，鹿叫的声音。苹，艾蒿。

【4】何时可掇：什么时候可以摘取呢？掇，拾取，摘取。另解："掇"为通假字，通"辍"，即停止的意思。何时可掇，意思就是什么时候可以停止呢？

【5】越陌度阡：穿过纵横交错的小路。陌，东西向田间小路。阡，南北向的小路。

【6】枉用相存：屈驾来访。枉，这里是"枉驾"的意思。用，以。存，问候，思念。

【7】海不厌深：一本作"水不厌深"。这里是借用《管子·形解》中的话，原文是："海不辞水，故能成其大；山不辞土，故能成其高；明主不厌人，故能成其众。"意思是希望尽可能多地接纳人才。

点评

这首诗的主题非常明确，就是希望有大量人才来为自己所用。曹操在其政治活动中，为了扩大他在庶族地主中的统治基础，打击世袭豪强势力，曾大力强调"唯才是举"，为此先后发布了"求贤令""举士令""求逸才令"等，而《短歌行》实际上就是一曲"求贤歌"。正因为运用了诗歌的形式，含有丰富的抒情成分，所以能起到独特的感染作用，有力地宣传了他所坚持的主张，配合了他所颁发的政令。

隆中[1] 对[2]

陈 寿

本文选自《三国志·蜀志·诸葛亮传》。

《三国志》是由西晋陈寿所著,记载三国时代历史的断代史,同时也是二十四史中评价最高的"前四史"之一。三国志最早以《魏志》《蜀志》《吴志》三书单独流传,直到北宋咸平六年(1003)三书合为一书。《三国志》是三国分立时期结束后文化重新整合的产物。此书完整地记叙了自汉末至晋初60年间中国由分裂走向统一的历史全貌。

陈寿(233—297),字承祚,西晋巴西安汉(今四川省南充北)人。西晋史学家。他少好学,有志于史学事业,对于《尚书》《春秋》《史记》《汉书》等史书进行过深入的研究。师事同郡学者谯周(蜀国天文学家),在蜀汉时任观阁令史。当时,宦官黄皓专权,大臣都曲意附从。陈寿因为不肯屈从黄皓,所以屡遭谴黜。入晋以后,历任著作郎、治书侍御史等职。280年,西晋灭东吴,结束了分裂局面。陈寿当时48岁,开始撰写《三国志》。历经10年艰辛,终于完成了流传千古的历史巨著《三国志》。

亮躬耕陇亩,好为《梁父吟》[3]。身长八尺,每自比于管仲、乐毅[4],时人莫之许也。惟博陵崔州平、颍川徐庶元直与亮友善,谓为信然。

时先主屯新野。徐庶见先主,先主器之,谓先主曰:"诸葛孔明者,卧龙也,将军岂愿见之乎?"先主曰:"君与俱来。"庶曰:"此人可就见[5],不可屈致[6]也。将军宜枉驾[7]顾之。"

由是先主遂诣亮,凡三往,乃见。因屏人曰:"汉室倾颓,奸臣窃命,主上蒙尘。孤不度德量力[8],欲信大义于天下,而智术浅短,遂用猖蹶,至于今日。然志犹未已,君谓计将安出?"

亮答曰:"自董卓已来,豪杰并起,跨州连郡者不可胜数。曹操比于袁绍,则名微而众寡。然操遂能克绍,以弱为强者,非惟天时,抑亦人谋也。今操已拥百万之众,挟天子而令诸侯,此诚不可与争锋。孙权据有江东,已历三世,国险而民附[9],贤能为之用,此可以为援而不可图也。荆州北据汉、沔,利尽南海,东连吴会,西通巴蜀,此用武之国,而其主不能守,此殆天所以资将军,将军岂有意乎?益州险塞,沃野千里,天府之土,高祖因之以成帝业。刘璋暗弱,张鲁在北,民殷国富而不知存恤,智能之士思得明君。将军既帝室之胄[10],信义著于四海,总揽英雄,思贤如渴,若跨有荆、益,保其岩阻,西和诸戎,南抚夷越,外结好孙权,内修政理;天下有变,则命一上将将荆州之军以向宛、洛[11],将军身率益州之众出于秦川,百姓孰敢不箪食壶浆[12]以迎将军者乎?诚如是,则霸业可成,汉室可兴矣。"

先主曰:"善!"于是与亮情好日密。关羽、张飞等不悦,先主解之曰:"孤之有孔明,犹鱼之有水也。愿诸君勿复言。"羽、飞乃止。

注释

【1】隆中：地名，今襄阳城西古隆中。

【2】对：回答，应对。

【3】《梁父吟》：又作《梁甫吟》，古歌曲名。传说诸葛亮曾经写过一首《梁父吟》歌词。

【4】乐毅：战国时燕昭王的名将，曾率领燕、赵、韩、魏、楚五国兵攻齐，连陷七十余城。

【5】就见：意思是到诸葛亮那里去拜访。就，接近，趋向。

【6】屈致：委屈（他），召（他上门）来。致，招致，引来。

【7】枉驾：屈尊。枉，委屈。驾，车马，借指刘备。

【8】度德量力：衡量（自己的）德行（能否服人），估计（自己的）力量（能否胜人）。

【9】国险而民附：地势险要，民众归附。

【10】胄：后代。刘备是中山靖王刘胜（汉景帝刘启的儿子）的后代，所以称他"帝室之胄"。

【11】宛、洛：河南南阳和洛阳。这里泛指中原一带。

【12】箪食壶浆：形容人民群众热情迎接和款待自己所爱戴的军队。

点评

本文是刘备去襄阳隆中三顾茅庐拜访诸葛亮时的谈话内容。诸葛亮为刘备分析了天下形势，提出先取荆州为家，再取益州成鼎足之势，继而图取中原的战略构想。文章通过隆中对策，塑造了诸葛亮这个具有远见卓识的政治家和军事家的形象。他神机妙算、运筹帷幄、足智多谋、才华横溢、德才兼备，善于审时度势，观察分析形势，善于透过现状，掌握全局，并能高瞻远瞩，推知未来。另一方面，也可以看出刘备的优秀品质：谦虚谨慎、平易近人、心胸宽广、志存高远，能认识到自身的不足，有远大的奋斗目标，坚忍有恒心；重视人才、善用人才、求贤若渴等。

马 说

韩 愈

本文选自《韩昌黎集》。

世有伯乐[1]，然后有千里马。千里马常有，而伯乐不常有。故虽有名马，祗辱于奴隶人之手[2]，骈死于槽枥之间[3]，不以千里称也。

马之千里者，一食[4]或尽[5]粟[6]一石[7]。食[8]马者，不知其能千里而食也。是马也，虽有千里之能，食不饱，力不足，才[9]美[10]不外见[11]，且欲与常马等[12]不可得，安求其能千里也！

策之[13]不以其道[14]，食之不能尽其材[15]，鸣之而不能通其意，执策而临[16]之，曰："天下无马！"呜呼！其[17]真无马邪？其[18]真不知马也。

注释

【1】伯乐：孙阳。春秋时人，擅长相马。现指能够发现人才的人。

【2】祇辱于奴隶人之手：也只能在马夫的手里受到屈辱（或埋没）。辱，这里指受屈辱而埋没才能。奴隶人，古代也指仆役，这里指喂马的人。

【3】骈死于槽枥之间：（和普通的马）一同死在马厩里。骈死，并列而死。于，在。槽枥，喂牲口用的食器，引申为马厩。

【4】一食：吃一顿。食，吃。

【5】尽：全，这里作动词用，是"吃尽"的意思。

【6】粟：本指小米，也泛指粮食。

【7】石：容量单位，十斗为一石，一石约等于一百二十斤。

【8】食：喂食。

【9】才：才能。

【10】美：美好的素质。

【11】外见：表现在外面。见，同"现"，表现，显现。

【12】等：等同，一样。

【13】策之：驱使它。策，马鞭，引申为鞭打，这里指鞭策，驾驭。之，代词，指千里马。

【14】以其道：按照（驱使千里马的）正确的方法。以，按照。道，正确的方法。

【15】尽其材：竭尽它的才能。这里指喂饱马，使它日行千里的能力充分发挥出来。材：资质，才能。

【16】临：面对。

【17】其：难道，表反问语气。

【18】其：恐怕，表推测语气。

点评

《马说》作于贞元十一年至十六年间（795—800）。其时，韩愈初登仕途，很不得志。曾三次上书宰相求擢用，"而志不得通""足三及门，而阍人（守门人）辞焉"。尽管如此，他仍然声明自己"有忧天下之心"，不会遁迹山林。后相继依附于宣武节度使董晋、武宁节度使张建封幕下，郁郁不乐，所以有"伯乐不常有"之叹。全文用了借物喻人的方式，把伯乐比喻为知人善任的贤君，把千里马比喻为未被发现的真正人才，阐述了封建社会中人才被埋没的原因，对统治者不识人才和摧残人才的社会现象进行了抨击。作者希望统治者能识别人才，重用人才，使他们能充分发挥才能。表达了作者怀才不遇、壮志难酬之情和对统治者埋没、摧残人才的愤懑和控诉。

龙 说

韩 愈

本文选自《韩昌黎集》。

龙嘘[1]气成云，云固弗灵于龙也。然龙乘是气，茫洋穷乎玄间，薄日月，伏[2]光景[3]，感震电，神变化[4]，水[5]下土，汩[6]陵谷，云亦灵怪矣哉。

云，龙之所能使为灵也。若龙之灵，则非云之所能使为灵也。然龙弗得云，无以神其灵矣。失其所凭依，信不可欤。异哉！其所凭依，乃其所自为也。

《易》曰："云从龙[7]。"既曰龙，云从之矣。

注释

【1】嘘：喷吐。
【2】伏：遮蔽。
【3】景：同"影"。
【4】神变化：语出《管子·水地篇》："龙生于水，被五色而游，故神。欲小则化为蚕蠋，欲大则藏于天下，欲上则凌于云气，欲下则入于深泉，变化无日，上下无时，谓之神。"
【5】水：名词用作动词，下雨。
【6】汩：漫。
【7】云从龙：语出《易·乾·文言》："云从龙，风从虎，圣人作而万物睹。"

点评

本文以龙喻圣君，以云喻贤臣，借"龙嘘气成云"，然后"乘是气，茫洋穷乎玄间（宇宙间）"的传说，阐明贤臣离不开圣君任用，圣君也离不开贤臣辅佐的道理。可以视为《马说》的姊妹篇。

己亥[1]杂诗

龚自珍

本诗选自《龚自珍全集》。
龚自珍（1792—1841），字璱人，号定盦。仁和（今浙江杭州）人。晚年居住昆山羽琌山馆，又号羽琌山民。清代思想家、诗人、文学家及改良主义的先驱者。27岁中举人，38岁中进士。曾任内阁中书、宗人府主事和礼部主事等官职。主张革除弊政，抵制外国侵略，曾全力支持林则徐禁除鸦片。48岁辞官南归，次年暴卒于江苏丹阳云阳书院。他的诗文主张"更法""改图"，揭露清统治者的腐朽，洋溢着爱国热情，被柳亚子誉为"三百年来第一流"。著有《定盦文集》，留存文章300余篇、诗词近800首。

九州[2]生气恃风雷，万马齐喑[3]究可哀。
我劝天公重抖擞，不拘一格降[4]人才。

注释

【1】己亥：己亥年，为清道光十九年（1839）。
【2】九州：中国的别称之一。生气：生气勃勃的局面。恃：依靠。
【3】万马齐喑：比喻社会政局毫无生气。喑，哑。
【4】降：降生，降临，这里指选拔。

点评

这首诗表达了诗人关心国家前途命运，希望统治者不拘一格选拔人才的思想感情。作者指出，要使中国恢复蓬勃生机，必须倚仗一场猛烈的疾风惊雷般的社会变革的震撼与涤荡。并希望最高统治者振作起来，选拔、任用各种治国的英才，给予他们施展才能的机会，从而振兴中国。

病梅馆记

龚自珍

本文选自《龚自珍全集》。

江宁之龙蟠，苏州之邓尉，杭州之西溪，皆产梅。或曰："梅以曲为美，直则无姿；以欹[1]为美，正则无景；以疏为美，密则无态。"固也[2]。此文人画士，心知其意，未可明诏大号[3]以绳天下之梅也；又不可以使天下之民斫[4]直，删密，锄正，以夭梅病梅[5]为业以求钱也。梅之欹之疏之曲，又非蠢蠢[6]求钱之民能以其智力为也。有以文人画士孤癖之隐[7]明告鬻[8]梅者，斫其正，养其旁条，删其密，夭其稚枝，锄其直，遏其生气，以求重价，而江浙之梅皆病。文人画士之祸之烈至此哉！

予购三百盆，皆病者，无一完者。既泣之三日，乃誓疗之：纵之顺之，毁其盆，悉埋于地，解其棕缚[9]；以五年为期，必复之全之。予本非文人画士，甘受诟厉，辟病梅之馆以贮之。

呜呼！安得使予多暇日，又多闲田，以广贮江宁、杭州、苏州之病梅，穷予生之光阴以疗梅也哉!

注释

【1】欹：倾斜。
【2】固也：本来如此。
【3】明诏大号：公开宣告，大声疾呼。明，公开。诏，告诉，一般指上告下。号，疾呼，喊叫。
【4】斫：砍削。
【5】夭梅病梅：摧折梅，把它弄成病态。夭，使……摧折。病，使……成为病态。
【6】蠢蠢：无知的样子。
【7】隐：隐衷，隐藏心中特别的嗜好。
【8】鬻：卖。
【9】棕缚：棕绳的束缚。

点评

本文写于1839年，正是鸦片战争前夕。清朝封建统治者为了加强思想统治，奴役人民，一方面以八股文作为科举考试选用人才的法定文体，以束缚人们的思想，另一方面大兴文字狱，镇压知识分子。在长期严酷的思想统治下，人才遭受严重的压抑和摧残。从题目字面上看，写作对象是"梅"，落笔重点在"病"字上，十分醒目。作者采用小品文样式，运用以梅喻人、借题发挥、托梅议政的曲笔，透过植梅、养梅、品梅、疗梅的生活琐事，由小见大，表现了破除封建束缚、追求个性解放的鲜明政治观点和主张。文章段段写梅，处处写梅，通篇写梅，产梅之地、夭梅之由、叹梅之病、疗梅之志、疗梅之法，层层写来，有叙有议，都影射腐朽的现实政治，矛头指向专制主义严酷的思想统治，抨击封建统治阶级对人才的压制、摧残的罪行，表达了作者要求改革政治，砸掉禁锢人才的精神枷锁和追求个性解放的迫切愿望，反映了在封建统治下觉醒了的知识分子的反抗情绪和改革时政的要求。

第十五章 纳谏如流

中国古代的纳谏和进谏是政治文化的重要组成部分，也是精华部分，它在本质上体现民主决策的部分特性。谏议制度是中国古代政治体制的一个特点，突出体现了古代政治家的政治智慧。

所谓"谏议"，是指古代臣下向君主提出建议或规劝，以减少决策失误和改正谬误，即所谓"匡正君主，谏诤得失"。有的文献把谏议的功能归结为"献可替否"，即提出可行的方案，以代替有害的不可行的方案。刘向在《说苑·臣术》中说："君有过不谏诤，将危国殒社稷也。有能尽言于君，用则留之，不用则去之，谓之谏；用则可生，不用则死，谓之诤。"此文还指出，是否能虚心纳谏是区别君主贤明与否的标志，"明君好问，暗君好独。明君上贤使能而享其功，暗君畏贤妒能而减其业"。勇于谏诤之臣为"诤臣"，被视为国家栋梁，是一种美誉。《孝经·谏诤》中引孔子的话说："天子有争（诤）臣七人，虽无道，不失其天下。"可见谏诤之臣对国家之重要。

一、古代谏议制度的演变

纵观我国古代谏议制度的演变过程，大致可划分为以下四个阶段。

1. 先秦：谏议制度的萌芽阶段。在殷商以前，由于"无册无典"，当时的谏议状况只能从后人的零星追记中去窥视。严格地说，这些追记大都来自传说，很难说是完全真实的。但有一点可以肯定，在当时还残存着军事民主制的状况下，下属对君主的劝谏是广泛存在的，故有关追记仍有一定的参考价值，其对后世的影响也是很大的。《史记·五帝本纪》载，黄帝曾"置左右大监，监于万国"。这些"大监"在监察的同时显然还有进言之责。《管子·桓公问篇》则记道，"黄帝立明台之议者，上观于贤也"。设"明台"意在广泛采纳民意。尧舜禹时期的有关记载稍有增加。据《吕氏春秋·不苟论第四》载："尧有欲谏之鼓，舜有诽谤之木，汤有司过之士，武王有戒慎之鼗。"所谓"诽谤之木"，就是在上边书写意见和不满的木牌。《淮南子·氾论训》载，大禹曾设"悬钟、鼓、铎、磬、鼗"五种乐器，都是供下属进谏的工具。据《周礼·地官司徒》载，西周即设有"司谏"谏周王，而且负责教育王室子弟。实际上，当时的史官亦有进谏之责。例如，《吕氏春秋·先识览第四》载，夏桀有一个叫"终古"的太史令，曾手执邦国图典对夏桀"泣谏"，但夏桀不听，遂"出奔如商"，即投奔商汤。殷商将灭亡时，殷纣王的内史"向挚"进谏无果，遂"载其图法，出亡之周"。据《周礼·天官冢宰》载："六曰史，掌官书以赞治。"史官原来专掌纪事，后渐分大史、小史、内史、外史、御史，后世专设御史台，则是监察和进谏合一的官了。春秋战国时期，各国渐设有诸多名目的谏官，例如齐国设有大谏，韩、赵、魏设有御史和郎官等。这些官员还都负有监察或教化之责，故还谈不上是专职的谏官。正因如此，先秦时期可视为谏议制度的萌芽阶段。

2. 秦汉魏晋南北朝：谏议制度的发展阶段。秦汉魏晋南北朝时期可视为谏议制度的发展阶段，其最大特点是专职谏官的出现和专门衙署的设立。秦朝设谏议大夫，专掌谏议，人数不固定，多时达数十人，属郎中令。郎中令为掌管宫廷诸事的官员，可见，谏议大夫此时尚没有自己专门的衙署。秦还设有给事中，除负责谏议之责外，还负有监察之责。汉承秦制，郎中令改为光禄勋，谏议大夫亦改为光禄勋下属，亦称谏大夫。秦汉的御史大夫位列三公，是最高监察长官，亦负有谏止或纠正朝廷"阙失"之责。汉代文景时的御史大夫晁错就是直言敢谏的名臣。东汉时不设御史大夫，另设御史台，掌纠劾、进谏之责。魏晋南北朝时期王朝多短命，更迭频繁，职官设置有较大的随意性。此时最引人注目的变化是门下省的设置。它由东汉时侍中寺演变而来，始见于晋，南北朝因之，与中书省、尚书省并称"三省"，专掌章奏谏议诸事，驳正违失。像谏议大夫、给事中、散骑常侍诸谏官皆其下属。

3. 唐宋：谏议制度的成熟阶段。在唐代和宋代，中国谏议制度发展到成熟阶段，其主要标志是职官设置趋于完备，而且谏官职权有了前所未有的提高。隋唐时期皆行三省制，中书省决策，门下省审议，尚书省执行。左谏议大夫、左拾遗这些谏官隶属门下省，而右谏议大夫、右拾遗、右补阙、右散骑常侍则隶属中书省，以保证决策尽可能听到多方面的意见。据《资治通鉴》记载，贞观元年正月，唐太宗即颁诏，命三省长官"及三品以上入阁议事，皆命谏官随之，有失辄谏"。名臣魏徵就是唐太宗时的谏议大夫。谏官品级虽不高，但可以参加廷议，其实际地位显然是很高的。如果皇帝下达诏令，而门下省认为有误，则有"封驳"之权，即退还皇帝，请另颁诏令。这标志着谏官职权的极大提高。杜甫和白居易、元稹都当过左拾遗，供职门下省。王维、陈子昂当过右拾遗，而岑参和韦庄则当过左补阙。宋代将左、右拾遗改为左、右正言，将左、右补阙改为左、右司谏，专设"谏院"，为独立的谏议机构。宋代仍设有谏议大夫和散骑常侍，为荣誉性的寄禄官，但亦可上书言事。尤其引人注目的是，宋代的谏官不只是向君主进谏以匡正时弊，而且可以弹劾百官。司马光、欧阳修、包拯都曾经任职"谏院"。另外，苏东坡和范仲淹曾任右司谏，寇準和王禹偁曾任右正言，范祖禹曾任右谏议大夫。宋代谏官可以谏请君主更改有误的诏令，对君主不经封驳而违背常制下达的诏书可以谏阻，这类诏书习称为"内降"。同时，宋代御史台另专设言事御史，表明御史台除监察外，更明确地担负起谏言之责。宋朝开国皇帝宋太祖有一个影响深远的遗诏：不杀士大夫及上书言事人。于是，"不罪言官"就成为官场一条不成文的法则，也是衡量君主贤明与昏暗的重要标志。另外，唐宋时期科举发达，士大夫阶层壮大，人文精神丰沛，直言敢谏成为一时风尚。

4. 元明清：谏议制度衰落和"台谏合一"阶段。在元明清三朝，封建君主专制发展到登峰造极的程度，而谏官的职权却日趋衰落，其主要标志是不再设专职的谏官。与此相应，专司谏议的衙署也被取消，谏官被合并到监察系统，实行"台谏合一"。元代沿袭金制，取消了门下省，不设专职谏官，以御史兼谏议之事。这正如《元史·李元礼传》所载："今朝廷（元朝）不设谏官，御史职当言路，即谏官也。"给事中一职虽得保留，但已转属起居院，专门为皇帝撰写起居注，完全失去了谏议功能。元代监察御史职权扩大，可以"实封"言事，直达御前。明代亦不设专职谏官，所谓"科道言官"，是指六科给事中和十三道监察御史。六科给事中负责监察中央六部，十三道监察御史负责监察地方十三行省，二者在监察的同时兼负有进谏之责。清承明制，但又稍有变化。明代六科尚有单独的衙署，而清代的六科则归入了都察院。在明代，科、道互不统属时尚能互相监督，而清代则将科、道并为一体，连互相监督的功能也没有了。这表明，监察之职对君主谏劝的功

223

能越来越弱化，而对臣下监察的功能却越来越强了。这一点，也正是君主专制越来越强化的标志。在古代，除了专职谏官和具有监察职权的兼职言官以外，其他朝廷官员也可以上奏议，但这类进言多属于他们行政管辖内的事务。另外，面对重大决策或朝廷重大问题，一些大臣通过经筵进讲或占卜来间接进谏，也往往能收到出其不意的效果。

二、古代谏议制度的作用和局限

皇帝又称"天子"，表面上看似乎是半神半人，具有至高无上的权威，但他实际上就是一个普通的人，不可能全知全能。不要说昏庸者，即使所谓贤明的皇帝也可能犯错误，也可能决策失误，正所谓"金无足赤，人无完人"。正因如此，臣下的进谏就显得十分必要，以使皇帝少犯错误，使国家机器能正常运转，保证政治生态的平衡和稳定。具体地说，古代谏议制度的作用主要表现在以下几个方面。

其一，对君主个人来说，臣下的进谏可以尽可能地防止他堕落，避免陷入骄奢淫逸。在古代，除了创业的君主外，后世君主都生长深宫，条件优越，不知民间疾苦，很容易染上专横任性、贪图享受、懒于理政等恶习。君主一旦染上这类恶习，对整个国家的危害将是十分巨大的。臣下的进谏可以提高君主的整体素质，即使有些恶习，也可以得到一些补救或收敛。如君主恶习深重，又不听谏劝，执迷不悟，那离亡国就不远了。殷纣王"酒池肉林"，比干力谏不听，反而被挖心处死，殷商不久就灭亡了。历史上此类例子不胜枚举。从另一个方面来说，凡成就一番大事业的君主，身边都有几个得力的谋士。例如，刘邦身边有张良、萧何，朱元璋身边有刘基、宋濂。这类的例子可谓俯拾皆是。

其二，对朝廷决策来说，广泛听取臣下的进言可以防止或减少重大失误。这正如唐太宗的谏议大夫魏徵所说："兼听则明，偏听则暗。"古代皇帝深居宫廷，英明勤政者少，昏庸怠政者多。自己昏庸，不了解下情，又不听取臣下的谏言，决策自然就难免失误。相反，不要说英明的皇帝，即使昏庸一些，只要能听得进去臣下的建议，集思广益，也可以避免决策的重大失误。君主在决策时广泛听取臣下的意见，实际上就是古代统治阶级内部一种有限的民主。如果这种民主一点都不存在，而完全由君主独断专行，决策失误就是不可避免的了。"汤武以谔谔而昌，桀纣以唯唯而亡"，就是说的君主能否听取臣下谏言所造成的不同后果。尤其是在风云变幻之际或重大转折关头，决策正确与否关系到兴衰成败，如决策有一着失误，则会导致满盘皆输。例如人们所熟知的三国时期的官渡之战，袁绍就是因为不听田丰的劝谏，贸然出兵，结果全军覆没。战国时，秦发生一起间谍案，秦国旧贵族要趁机夺回失去的权势，就鼓动秦始皇驱逐所有客卿，李斯亦在被逐之列。他临行时给秦始皇上了一道《谏逐客书》，详列利害，力劝秦始皇收回了成命。这就使得李斯等大批人才留下来继续为秦效力，秦最终完成了统一六国的大业。

其三，谏议有利于朝政的清明。治理国家是一项庞大的系统工程，在繁杂的各种环节中说不定会出现什么样的问题。臣下发现问题及时进谏，君主虚心纳谏及时纠正，兴利除弊，就能最大限度地保证国家机器的健康运转。例如西汉时，因分封诸侯王形成众多的地方割据势力，成为危害国家安定的大问题，长期得不到解决。汉武帝接受了主父偃的建议，行"推恩令"，使各诸侯王多分封其子弟为侯，使王国越来越小，名存实亡，再也无力危害中央，从而使这一问题终于得到解决。另外，如君主能虚心纳谏，臣下可以知无不言，从而在朝廷上营造出一种较为民主的气氛，自然可以使朝政较为清明。

其四，对权臣来说，谏议是一种有力的制约。历代兴亡的经验教训告诉人们，越是君主专断，不听取臣下谏言，就越容易出现危害朝政的权臣。相反，君主如能广泛听取臣下的进言，这样的权臣就无所遁其形，即使做些坏事，也不至于给朝政造成太大的危害。《资治通鉴》可能为了发挥"资治"的功能，记载了许多唐太宗和身边大臣魏徵等人讨论谏议的对话。例如，魏徵曾对唐太宗说："人君兼听纳下，则贵臣不得壅蔽，而下情必得上通也。"他们还多次讨论隋炀帝其人，认为隋炀帝本人虽文才武略都很杰出，但自恃才智过人，刚愎自用，不听谏劝，身边尽是阿谀逢迎之徒，终导致国破家亡。

从另一个方面来看，古代谏议制度的局限也是很大的，这主要表现在以下几个方面。

第一，古代谏议的作用是很有限的，它仅仅是君主专制制度的一种补充，而最后起决定作用的还是君主自身。臣下是否敢谏，谏言是否能被采纳，完全取决于君主是否英明和他的个人见识。贞观年间之所以出现了像魏徵那样一大批著名谏臣，主要原因就在于唐太宗深知纳谏的重要，千方百计鼓励臣下直言。为此，他亲祭比干墓，亲撰《祭比干文》，追赠比干为太师，谥号"忠烈公"，立碑勒铭，春秋致祭，并命附近五家农户护陵。这显然是借此鼓励身边大臣勇于直谏。唐太宗还经常对直谏的臣下进行赏赐，例如山东武城（今费县一带）人孙伏伽因进谏有功，唐太宗就赏给他价值百万钱的兰陵公主园。有的人因进谏而马上被提升官职。于是，在贞观年间就形成了一种臣下勇于进谏的良好风气，这也是能出现"贞观之治"的十分重要的原因。相反，周厉王"防民之口，甚于防川"，自然就没有人敢于进谏了，其结果是国人暴动，他的王位被推翻，自己逃亡外地。实际上，由于各种原因，古代君主英明者少，昏庸者多，这就注定了臣下进谏作用的有限性。甚至皇帝的某种心理，也会影响到对臣下谏言的采纳。例如，《明史·海瑞传》对海瑞抬棺进谏嘉靖帝一事有详细记述。嘉靖帝信奉道教，整日在宫中做斋醮，竟二十年不上朝，除大量赏赐外，还大兴土木，弄得国库空虚，致使国家危机四伏。海瑞冒死抬棺进谏，言辞较为激烈。嘉靖帝也明知海瑞所言出于一片忠心，利国利民，但是，嘉靖帝却说："此人可方比干，第朕非纣耳！"立命将海瑞下狱论死。只是嘉靖帝不久死去，海瑞才保住一条性命。明明知道臣下所言极是，只是怕采纳后使海瑞成了比干，自己成了纣王，不仅拒谏，还要对进谏者严惩。在这种政治氛围下，谏议的作用就只能是非常有限的了。

第二，臣下直言进谏风险太大。古代封建君主对臣下拥有生杀予夺的决定权，故臣下进谏是要冒很大风险的，弄不好就会人头落地。这正如《贞观政要·求谏》中唐太宗对魏徵所说："人臣欲谏，辄惧死亡之祸，与夫赴鼎镬，冒白刃，亦何异哉！故忠贞之臣，非不欲竭诚，竭诚者，乃是极难。"唐太宗是古代著名的善于纳谏的英明君主，他尚且说出这种话，可见古代直言谏诤是何等不易。稍有些历史知识的人都知道，古代许多大臣就因为直言敢谏而遭祸，轻则下狱，重则杀头。正因如此，许多大臣就挖空心思察言观色，对昏庸君主不敢直谏，而是曲意逢迎。例如，隋唐之际，颇为著名的大臣裴矩为隋炀帝出了不少坏主意，而入唐后却对唐太宗提了许多好建议。《资治通鉴》的作者司马光为此感叹道："裴矩佞于隋而忠于唐，非其性之有变也。"裴矩还是那个裴矩，看隋炀帝昏庸残暴，为避祸则不进忠言而进佞言。这有力地说明，古代进谏的风险也严重影响到谏议的本身。

第三，古代谏官往往卷入朋党之争，党同伐异，挟私报复，致使进谏沦为朋党之争的工具。仔细看一下历代王朝就会发现，每到王朝中后期，就会出现不同原因、不同背景的朋党之争。此时，谏官们出于各种原因，便自觉或不自觉地卷入其中。于是，他们的进言便不同程度地带有朋党色彩。于是，他们的进言就不是出于国家和大局的利益，而是出于朋党的私利。凡是同一朋党，都说好话，都视为好人，完全失去了是非标准。显然，这类进言不仅起不到建设性作用，反而只能进一步加剧朝政的混乱和腐败。例如明后期，在辽东对后金作战的袁崇焕、熊廷弼、孙承宗等将领都颇能干，但因朋党之争，互相攻讦，致使他们不能充分施展自己的才能，甚至被误杀，辽东战局亦越发不可收拾。

第四，谏官的个人素养和投机心理也影响到谏议的质量和效果。古代谏官队伍良莠不齐，有的谏官个人素养不高，不了解下情，缺少全局观念。有人进谏不是出于公心，而是出于某种不可告人的目的，借进谏来进行政治投机，图谋借以得到升迁。这种人进谏的动机不纯，处处察言观色，总想投其所好，其谏言自然就不能客观公正，效果自然也不会好，甚至进一步引发混乱。

三、古代谏议的形式

纵观古代谏议历史，根据谏议内容和谏议者的性格，出现了以下几种谏议形式。

1. 直谏：陈述利害，让君王做出让步。当然，这需要君王相当贤明，能知是非曲直。

2. 幽默讽谏：幽默可以化解严肃的气氛，打破人的心理隔阂，增进关系。如简雍是三国时蜀国的大臣，刘备的老朋友，为人耿直，不拘小节，幽默风趣，刘备当上蜀国皇帝后，因为天旱无雨，粮食收入少，所以他下命令禁止酗酒，也禁止酿酒，甚至连酿酒的工具也禁止保存，一经查出，与酿酒、酗酒同罪。禁令一下，老百姓叫苦连天，但刘备只装作不知道，一点也不放宽。有一天，简雍同刘备出行，看见一对男女远远走来，简雍就向刘备说："这对男女将犯淫罪，可以将他们拘捕法办。"刘备惊讶地问道："你怎么断定他们会犯淫罪呢？"简雍的回答妙不可言："很简单，因为他们身上都有淫具啊！"刘备听了，也为之忍俊不禁，大笑之后，也就略有所悟，取消了不准保有酿酒器具的禁令。

3. 旁谏：暂时避开进谏的话题而言他，这个"他"要与进谏内容有间接联系，好为启发君王打下伏笔。等君王气消了再直抒心意。如《触龙说赵太后》中记载，赵太后刚刚执政，秦国加紧攻赵。赵国向齐国求救。齐国说："一定要把长安君作为人质，才派兵。"由于赵太后溺爱长安君，就不肯答应，生气地说不准再提长安君做人质的事。但是触龙来到宫中后却不提进谏之事，而是和赵太后聊起了家常。这就使太后的怒色稍稍地消了些。然后触龙又和赵太后聊起了对儿女的爱怜，并在此基础上说出了爱自己的儿子应该为他的长远利益考虑的道理。最后说服了赵太后，把长安君送到齐国做人质。齐国于是派兵救赵。

4. 死谏：冒死进谏，表面上是置生命于不顾，其实是置死地而后生。敢于冒死进谏的人，首先，我们是很敬佩他的勇气。其次，我们一般是相信他是确实为国而舍身的良臣。君王是人，难道他就不这么想吗？只要不在君王盛怒之下，我想死谏是不会死的。

在嫪毐事件上，嬴政对于亲生母亲、太后赵姬的处理比较棘手，一不能杀，二不能用刑。最后，盛怒万分的秦王嬴政下令将太后迁出都城咸阳，囚禁于雍城萯阳宫，并表示永远不愿再见到太后。此事在秦国一时间闹得沸沸扬扬，举国上下议论纷纷，不赞成的人为数不少。余怒未消的秦王嬴政又下令：有敢以太后之事劝谏者，乱刀砍死，并以蒺藜（带刺的刑具）划刺其脊背和四肢，尸体堆在宫门外示众。谁知自古忠臣不畏死，仍有 27 位大臣冒死讲谏，但都是空有忠臣之心而无善言之口，嬴政毫不留情地将这些敢于"以身试法"的人统统杀死，27 具尸体都堆在宫门外。但是茅焦迎难而上，冒死进谏。他说："我听说天上有二十八宿，如今已经死了二十七个人，我来就是要凑够二十八之数。我不是怕死的人！"并指责嬴政狂乱乖戾，历数秦王的过错："陛下车裂假父（指嫪毐），有嫉妒之心；摔死两弟，有不慈之名；迁母于萯阳宫，有不孝之行；划刺谏士，有桀、纣之举。天下人听说这些事情，就会瓦解四散，没人再倾向秦国了。我怕秦国会因此灭亡，所以替陛下感到很危险。我的话讲完了，请用刑吧！"说罢，除去衣服，伏在刑具上。还不糊涂的嬴政听了这一席话，立即转怒为喜。他亲自下殿，一边扶起茅焦，一边说："赦你无罪！请先生穿上衣服，我愿意向你请教。"随后拜茅焦为自己的仲父，封爵为上卿。

5. 退谏：先肯定君王，承认臣下的谏言不对，以迎合君意。再以君王的过失为前提推出一些显而易见的不对的地方。此可谓以退为进。赵国君王吃烤肉，发现肉上缠绕了一丝头发，大怒，准备杀掉烤肉的人。君王说："你罪该死"。烤肉的人说："我有三大罪，望大王容我一一说来。"君王说："快说。"他说："我的刀锋利可斩断肉里的骨头，却斩不断柔韧的细发丝，这是我的第一罪；我的炉火可以烤熟里层的肉质，却烤不断表面的发丝，这是我的第二罪；烤熟后，我翻来覆去寻看有什么不可之处，却没有看到发丝，这是我的第三罪。臣下句句属实，大王明察。"烤肉的人再明白不过了，是说有人陷害他。君王岂能不知？

吕氏春秋（节选）

吕不韦

言极[1]则怒，怒则说者危。非贤者孰肯犯危？而非贤者也，将以要[2]利矣；要利之人，犯危何益？故不肖主无贤者。无贤则不闻极言，不闻极言，则奸人比周，百邪悉起。若此则无以存矣。凡国之存也，主之安也，必有以[3]也。不知所以[4]，虽存必亡，虽安必危。所以不可不论也。齐桓公、管仲、鲍叔、甯戚相与饮。酒酣，桓公谓鲍叔曰："何不起为寿？"鲍叔奉杯而进曰："使公毋忘出奔在于莒也，使管仲毋忘束缚而在于鲁也，使甯戚毋忘其饭牛而居于车下。"桓公避席[5]再拜曰："寡人与大夫能皆毋忘夫子之言，则齐国之社稷幸于不殆[6]矣！"当此时也，桓公可与言极言矣。可与言极言，故可与为霸。荆文王得茹黄之狗[7]，宛路之矰[8]，以畋[9]于云梦，三月不反。得丹之姬，淫，期年[10]不听朝。葆申[11]曰："先王卜，以臣为葆，吉。今王得茹黄之狗，宛路之矰，畋三月不反；得丹之姬，淫，期年不听朝。王之罪当笞。"王曰："不穀免衣襁褓而齿于诸侯，愿请变更而无笞。"葆申曰："臣承先王之令，不敢废也。王不受笞，是废先王之令也。臣宁抵罪于王，毋抵罪于先王。"王曰："敬诺。"引席，王伏。葆申束细荆五十，跪而加之于背，如此者再，谓王："起矣！"王曰："有笞之名一也。"遂致之[12]。申曰："臣闻君子耻之，小人痛之。耻之不变，痛之何益？"葆申趣出，自流于渊，请死罪。文王曰："此不穀之过也，葆申何罪？"王乃变更，召葆申，杀茹黄之狗，析[13]宛路之矰，放丹之姬。后荆国兼国三十九。令荆国广大至于此者，葆申之力也，极言之功也。

【1】极：尽。指说话不加隐讳，毫无保留。

【2】要：求。

【3】以：因，原因。

【4】所以：指国存主安的原因。

【5】避席：离开座席，这是恭敬惶恐的表示。

【6】幸：幸运，侥幸。殆：危险。

【7】荆文王：楚文王，春秋楚国君。茹黄：猎犬名。

【8】宛路：竹名，即箭竹，细长而直，可做箭杆。矰：带丝绳的短箭。

【9】畋：打猎。

【10】期年：一周年。

【11】葆申：名叫申的太保。葆，太保，官名。

【12】遂致之：于是鞭打了楚文王。

【13】析：这里是折的意思。

本文通过摆事实讲道理的论证方法，运用齐桓公、楚文王等典型的历史事例，说明直谏的功效和善于纳谏的好处。君主只有虚心纳谏，才能留住贤能的人才，才能治理好国家；只有敢于进谏的大臣才是君主需要的管理国家之才，只有敢于进谏才算尽到了自己的职分。

谏逐客书

李 斯

本文选自《史记·李斯列传》。

《史记》，原名《太史公书》，是西汉著名史学家司马迁花了十余年时间所写成的一部纪传体史书，是中国历史上第一部纪传体通史，被列为"二十四史"之首。全书共130卷，有10表、8书、12本纪、30世家、70列传，共50余万字，记载了上至上古传说中的黄帝时代，下至汉武帝时共3000多年的历史。与后来的《汉书》《后汉书》《三国志》合称"前四史"。它包罗万象，而又融会贯通，脉络清晰，"王迹所兴，原始察终，见盛观衰，论考之行"（《太史公自序》），所谓"究天人之际，通古今之变，成一家之言"，翔实地记录了上古时期举凡政治、经济、军事、文化等各个方面的发展状况。《史记》对后世史学和文学的发展都产生了深远影响。其首创的纪传体编史方法为后来历代"正史"所传承。同时，《史记》还被认为是一部优秀的文学著作，在中国文学史上有重要地位，被鲁迅誉为"史家之绝唱，无韵之《离骚》"，有很高的文学价值。刘向等人认为此书"善序事理，辨而不华，质而不俚"。

李斯（？—前208），楚上蔡（今河南省上蔡西南）人。秦朝著名政治家、文学家和书法家。李斯早年为郡小吏，师从荀子学习帝王之术。学成之后，入秦为官，丞相吕不韦以为郎官，劝说秦王嬴政灭诸侯、成帝业，任为长史。嬴政纳其计谋，遣谋士持金玉游说关东六国，离间各国君臣，以为客卿，在秦灭六国事业中发挥重大作用。秦王政十年（前237），进上《谏逐客书》，阻止驱逐六国客卿，迁为廷尉。秦统一天下后，联合王绾、冯劫议定尊秦王政为皇帝，并制定礼仪制度，拜为丞相。建议拆除郡县城墙，销毁民间的兵器；反对分封制度，坚持郡县制；主张焚烧民间收藏的《诗》《书》及诸子学说，禁止私学，以加强思想统治。参与制定法律，统一车轨、文字、度量衡制度。李斯的政治主张的实施，对中国和世界产生了深远的影响，奠定了中国两千多年封建专制的基本格局。秦始皇死后，李斯勾结内官赵高伪造遗诏，迫令公子扶苏自杀，拥立胡亥为二世皇帝，后为赵高所忌。秦二世二年（前208），李斯被腰斩于咸阳，夷灭三族。李斯散文现传四篇，为《谏逐客书》《行督责书》《言赵高书》《狱中上书》；碑铭有《峄山刻石》《泰山刻石》《琅邪台刻石》《之罘刻石》《东观刻石》《碣石刻石》《会稽刻石》等七通；书写的刻石有《泰山刻石》《琅邪台刻石》和《峄山刻石》等。

　　臣闻吏议逐客，窃以为过矣。昔穆公求士，西取由余于戎[1]，东得百里奚于宛，迎蹇叔于宋，求丕豹、公孙支于晋[2]。此五子者，不产于秦，而穆公用之，并国二十，遂霸西戎。孝公用商鞅之法，移风易俗，民以殷盛，国以富强，百姓乐用，诸侯亲服，获楚、魏之师，举地千里，至今治强。惠王用张仪之计，拔三川之地[3]，西并巴、蜀，北收上郡，南取汉中，包九夷，制鄢、郢，东据成皋之险，割膏腴之壤，遂散六国之从，使之西面事秦，功施[4]到今。昭王得范雎，废穰侯[5]，逐华阳[6]，强公室，杜私门，蚕食诸侯，使秦成帝业。此四君者，皆以客之功。由此观之，客何负于秦哉！向使四君却客而不内，疏士而不用，是使国无富利之实，而秦无强大之名也。

　　今陛下致昆山之玉，有随、和之宝，垂明月之珠，服太阿[7]之剑，乘纤离之马，建翠凤之旗，树灵鼍[8]之鼓。此数宝者，秦不生一焉，而陛下说之，何也？必秦国之所生然后可，则是夜光之璧，不饰朝廷；犀象之器，不为玩好；郑、卫之女不充后宫，而骏良駃騠不实外厩[9]，江南金锡不为用，西蜀丹青不为采[10]。所以饰后宫，充下陈[11]，娱心意，说耳目者，必出于秦然后可，则是宛珠之簪[12]，傅玑之珥[13]，阿[14]缟之衣，锦绣之饰不进于前，而随俗雅化，佳冶窈窕，赵女不立于侧也。夫击瓮叩缶，弹筝搏髀，而歌呼呜呜快耳者，真秦之声也；郑卫桑间，韶、虞、武、象者，异国之乐也。今弃击瓮叩缶而就郑卫，退弹筝而取韶、虞，若是者何也？快意当前，适观而已矣。今取人则不然，不问可否，不论曲直，非秦者去，为客者逐。然则是所重者在乎色乐珠玉，而所轻者在乎人民也。此非所以跨海内、制诸侯之术也。

　　臣闻地广者粟多，国大者人众，兵强则士勇。是以太山不让土壤，故能成其大；河海不择细流，故能就其深；王者不却众庶，故能明其德。是以地无四方，民无异国，四时充美，鬼神降福，此五帝三王之所以无敌也。今乃弃黔首以资敌国，却宾客以业诸侯，使天下之士退而不敢西向，裹足不入秦，此所谓借寇兵而赍盗粮[15]者也。夫物不产于秦，可宝者多；士不产于秦，而愿忠者众。今逐客以资敌国，损民以益仇，内自虚而外树怨于诸侯，求国无危，不可得也。

【1】由余：亦作"繇余"，西戎的臣子，是晋人的后裔。穆公屡次使人设法招致他归

秦，以客礼待之。入秦后，受到秦穆公重用，帮助秦国攻灭西戎众多小国，称霸西戎。戎：古代中原人多称西方少数部族为戎。此指秦国西北部的西戎，活动范围约在今陕西西南、甘肃东部、宁夏南部一带。

【2】求：一作"来"。丕豹：晋国大夫丕郑之子，丕郑被晋惠公杀死后，丕豹投奔秦国，秦穆公任为大夫。公孙支：字子桑，秦人，曾游晋，后返秦任大夫。

【3】三川之地：指黄河、洛水、伊水三川之地，在今河南西北部黄河以南的洛水、伊水流域。韩宣王在此设三川郡。公元前308年秦武王派兵攻取三川大县宜阳（今河南宜阳县西）。公元前249年秦灭东周，取得韩三川全郡。

【4】施：蔓延，延续。

【5】穰侯：即魏冉，楚人后裔。秦昭王母宣太后之异父弟，秦武王去世，拥立秦昭王，任将军，多次为相，受封于穰（今河南邓州），故称穰侯，后又加封陶（今山东菏泽市定陶区西北）。因秦昭王听用范雎之言，其被免去相职，终老于陶。

【6】华阳：即华阳君芈戎，秦昭王母宣太后之同父弟，曾任将军等职，与魏冉同掌国政，先受封于华阳（今河南新郑北），故称华阳君，后封于新城（今河南新密东南），故又称新城君。公元前266年，与魏冉同被免职遣归封地。

【7】太阿：宝剑名，相传为春秋著名工匠欧冶子、干将所铸。

【8】鼍：亦称扬子鳄，俗称猪婆龙，皮可蒙鼓。

【9】駃騠：骏马名。外厩：宫外的马圈。

【10】西蜀丹青：蜀地素以出产丹青矿石出名。丹，丹砂，可以制成红色颜料。青，青雘，可以制成青黑色颜料。采：彩色，彩绘。

【11】充下陈：此泛指将财物、美女充实府库、后宫。下陈，殿堂下陈放礼器、站立侯从的地方。

【12】宛珠之簪：缀绕珍珠的发簪。宛，缠绕。或以"宛"为地名，指用宛（今河南南阳市）地出产的珍珠装饰的发簪。

【13】傅：附着，镶嵌。玑：不圆的珠子。此泛指珠子。珥：耳饰。

【14】阿：细缯，一种轻细的丝织物。或以"阿"为地名，指齐国东阿（今山东东阿县）。

【15】赍盗粮：把武器粮食送给寇盗。赍，送，送给。

点评

这是李斯给秦王的一个奏章。此事发生在秦王嬴政十年。秦国宗室贵族借韩国派水工助秦修灌溉渠，阴谋消耗秦的国力之事，谏秦王下令驱逐一切客卿。作者先谈历史，以穆公、孝公、惠王、昭王四位国君招士纳贤为例，强调重用客卿之重要。接着再谈现实，列举秦王的爱好，诸如昆山之玉、随和之宝、明月之珠以及所佩太阿之剑、所乘纤离之马，等等，都是来自诸侯各国，说明秦王不应该重物而轻人。文章立意高远，始终围绕"大一统"的目标，从秦王统一天下的高度立论，正反论证，利害并举，说明用客卿强国的重要性。此文理足辞胜，雄辩滔滔，打动了秦王嬴政，使他收回逐客的成命，恢复了李斯的官职。

邹忌[1] 讽[2] 齐王[3] 纳谏

刘 向

本文选自《战国策·齐策一》。

《战国策》，战国末年至秦汉间编集的一部重要的历史著作，也是一部重要的散文集。最初有《国策》《国事》《短长》《事语》《长书》《修书》等名称，经过西汉时期刘向整理编辑，始定名为《战国策》。全书共三十三篇，分国别编辑。依次是：西周一篇、东周一篇，秦五篇、齐六篇、楚四篇、赵四篇、魏四篇、韩三篇、燕三篇、宋、卫合一篇、中山一篇。全书没有系统完整的体例，都是相互独立的单篇。所记史实从东周贞定王十七年（前452），到秦始皇三十一年（前216）。以策士的游说活动为中心，反映了战国时期各国的政治、军事、外交方面的一些活动情况和社会面貌。

刘向（约前77—前6），本名更生，字子政，西汉经学家、目录学家、文学家。中国目录学鼻祖。沛（今江苏沛县）人。汉朝宗室楚元王刘交四世孙，阳城侯刘德之子，经学家刘歆之父。汉元帝即位，授宗正卿。因反对宦官弘恭、石显，坐罪下狱，免为庶人。汉成帝即位后，得到进用，任光禄大夫，改名为"向"，官至中垒校尉，世称刘中垒。曾奉命领校秘书，所撰《别录》，是我国最早的图书分类目录。著有《新序》《说苑》《列女传》等，又编订《楚辞》，与儿子刘歆共同编订《山海经》。散文主要是奏疏和校雠古书的"叙录"，较有名的有《谏营昌陵疏》和《战国策叙录》，叙事简约、平易畅达是其主要特色，作品收录于《刘中垒集》。

邹忌修八尺[4]有余，而形貌昳丽[5]。朝服衣冠，窥镜，谓其妻曰："我孰与城北徐公美？"其妻曰："君美甚，徐公何能及君也？"城北徐公，齐国之美丽者也。忌不自信，而复问其妾曰："吾孰与徐公美？"妾曰："徐公何能及君也？"旦日，客从外来，与坐谈，问之客曰："吾与徐公孰美？"客曰："徐公不若君之美也。"明日徐公来，孰视之，自以为不如；窥镜而自视，又弗如远甚。暮寝而思之，曰："吾妻之美我者，私[6]我也；妾之美我者，畏我也；客之美我者，欲有求于我也。"

于是入朝见威王，曰："臣诚知不如徐公美。臣之妻私臣，臣之妾畏臣，臣之客欲有求于臣，皆以美于徐公。今齐地方千里，百二十城，宫妇左右[7]莫不私王，朝廷之臣莫不畏王，四境之内莫不有求于王：由此观之，王之蔽甚矣。"

王曰："善。"乃下令："群臣吏民，能面刺寡人之过者，受上赏；上书谏寡人者，受中赏；能谤讥于市朝[8]，闻寡人之耳者，受下赏。"令初下，群臣进谏，门庭若市；数月之后，时时而间进[9]；期年之后，虽欲言，无可进者。

燕、赵、韩、魏闻之，皆朝于齐。此所谓战胜于朝廷[10]。

【1】邹忌：战国时齐人，善鼓琴，有辩才，曾任齐相。

【2】讽：指下级对上级以委婉曲折的言语进行规劝。

【3】齐王：即齐威王。

【4】八尺：战国时一尺合今天的七寸左右。

【5】映丽：光艳美丽。

【6】私：偏爱，动词。

【7】宫妇：宫中的姬妾。左右：国君身边的近臣。

【8】谤讥于市朝：在公众场所议论君王的过失。谤，公开指责别人的过错。讥，讽刺。市朝，公共场合。

【9】时时而间进：有时候有人偶然进谏。间，间或，偶尔，有时候。进，进谏。

【10】战胜于朝廷：在朝廷上战胜（别国）。意思是内政修明，不需用兵，就能战胜敌国。

春秋战国之际，七雄并立，各国间的兼并战争，各统治集团内部新旧势力的斗争，以及民众风起云涌的反抗斗争都异常尖锐激烈。在这激烈动荡的时代，"士"作为一种最活跃的阶层出现在政治舞台上。他们以自己的才能和学识，游说于各国之间，有的主张连横，有的主张合纵，所以，史称这些人为策士或纵横家。他们提出一定的政治主张或斗争策略，为某一统治集团服务，并且往往利用当时错综复杂的斗争形势游说，使诸侯采纳，施展着自己治国安邦的才干。各国统治者也认识到，人心的向背，是国家政权能否巩固的决定性因素。失去了民心，国家的统治就难以维持。所以，他们争相招揽人才，虚心纳谏，争取"士"的支持。本文讲述了战国时期齐国谋士邹忌劝说君主纳谏，使之广开言路，改良政治的故事。文章塑造了邹忌这一有自知之明、善于思考、勇于进谏的贤士形象。又表现了齐威王知错能改、从谏如流的明君形象和革除弊端、改良政治的迫切愿望和巨大决心。本文告诉读者：居上者只有广开言路、采纳群言、虚心接受批评意见，并积极加以改正，才有可能成功。

触龙说赵太后

刘 向

赵太后新用事[1]，秦急攻之。赵氏求救于齐。齐曰："必以长安君[2]为质，兵乃出。"太后不肯，大臣强谏。太后明谓左右："有复言令长安君为质者，老妇必唾其面！"

左师[3]触龙言愿见太后。太后盛气而揖[4]之。入而徐趋，至而自谢，曰："老臣病足，曾不能疾走，不得见久矣，窃自恕，而恐太后玉体之有所郄也，故愿望见太后。"太后曰："老妇恃辇而行。"曰："日食饮得无衰乎？"曰："恃粥耳。"曰："老臣今者殊不欲食，乃自强步，日三四里，少益耆食，和于身也。"太后曰："老妇不能。"太后之色少解。

左师公曰："老臣贱息[5]舒祺，最少，不肖，而臣衰，窃爱怜之，愿令得补黑衣之数，以卫王宫。没死以闻!"太后曰:"敬诺。年几何矣?"对曰:"十五岁矣。愿及未填沟壑而托之[6]。"太后曰:"丈夫亦爱怜其少子乎?"对曰:"甚于妇人。"太后笑曰:"妇人异甚!"对曰:"老臣窃以为媪之爱燕后贤于长安君。"曰:"君过矣,不若长安君之甚。"左师公曰:"父母之爱子,则为之计深远。媪之送燕后也,持其踵为之泣,念悲其远也,亦哀之矣。已行,非弗思也,祭祀必祝之,祝曰:'必勿使反。'岂非计久长,有子孙相继为王也哉?"太后曰:"然。"

左师公曰:"今三世以前[7],至于赵之为赵[8],赵王之子孙侯,其继有在者乎?"曰:"无有。"曰:"微独赵,诸侯有在者乎?"曰:"老妇不闻也。"曰:"此其近者祸及身,远者及其子孙。岂人主之子孙则必不善哉?位尊而无功,奉厚而无劳,而挟重器多也。今媪尊长安君之位,而封之以膏腴之地,而不及今令有功于国,一旦山陵崩[9],长安君何以自托于赵?老臣以媪为长安君计短也。故以为其爱不若燕后。"太后曰:"诺。恣君之所使之。"

于是为长安君约车百乘,质于齐,齐兵乃出。

子义[10]闻之曰:"人主之子也、骨肉之亲也,犹不能恃无功之尊、无劳之奉,而守金玉之重也,而况人臣乎。"

注释

【1】新用事:刚刚掌权。用事,指当权,掌管国事。

【2】长安君:赵威后的小儿子,封号为长安君。

【3】左师:春秋战国时,宋、赵等国官制有左师、右师,为掌实权的执政官。

【4】揖:应为"胥"。1973年长沙马王堆汉墓出土帛书《触龙见赵太后章》和《史记·赵世家》均作"胥"。胥,通"须",等待。

【5】贱息:这是对别人谦称自己的子女,与"犬子""贱子"义同。息,子女。

【6】填沟壑:指死后无人埋葬,尸体丢在山沟里。这是对自己死亡的委婉说法。沟壑,山沟。托之:把他托付给(您)。

【7】今三世:从现在算起上推三代。现在一代是赵孝成王,上推第二代是他的父亲赵惠文王,上推第三代是他的祖父赵武灵王。"三世以前"当指他的曾祖父赵肃侯。

【8】赵之为赵:赵氏家族建立赵国(的时候)。前"赵"指赵氏家族。后"赵"指赵国。之,助词,变主谓句为词组,作状语。为,成为,建立。赵国国君原是晋文公大臣赵衰的后代。周威烈王二十三年(前403)韩、赵、魏三家分晋,赵烈侯从晋国一个大夫变为诸侯,正式建立赵国。

【9】山陵崩:古代用以比喻国君或王后的死,表明他们的死不同寻常,犹如山陵崩塌,这是一种委婉的说法。这里指赵太后去世。

【10】子义:赵国贤人。

点评

战国时期,秦国趁赵国政权交替之机,大举攻赵,并已占领赵国三座城市。赵国形势危急,向齐国求援。齐国一定要赵威后的小儿子长安君为人质,才肯出兵。赵威后溺爱长安君，执意不肯，致使国家危机日深。在强敌压境，赵太后又严厉拒谏的危急形势下，触龙因势利导，以柔克刚，用"爱子则为之计深远"的道理，说服赵太后，让她的爱子出质于齐，换取救兵，解除了国家危难。本文展现了触龙以国家利益为重的品质和善于做思想工作的才能。

便宜十六策（节选）

诸葛亮

本文选自《便宜十六策·纳言》。

纳言之政，谓为谏诤，所以采众下之谋也。故君有诤臣，父有诤子，当其不义则诤之，将顺其美，匡救其恶[1]。恶不可顺，美不可逆[2]；顺恶逆美，其国必危。夫人君拒谏，则忠臣不敢进其谋，而邪臣专行其政，此为国之害也。故有道之国，危言危行[3]；无道之国，危行言孙[4]，上无所闻，下无所说。故孔子不耻下问，周公不耻下贱[5]，故行成名著，后世以为圣。是以屋漏在下，止之在上，上漏不止，下不可居[6]矣。

注释

【1】将顺其美，匡救其恶：及时挽救危机，也保全为君为父的美德。

【2】恶不可顺，美不可逆：有恶习就要戒除，不可违逆正道。

【3】有道之国，危言危行：政治清明的国家，臣子能直言无讳。

【4】无道之国，危行言孙：无道之国，在朝者尽为谨小慎微、言语谄媚的人，进而使朝政更为腐败。

【5】不耻下贱：乐与百姓结交。

【6】屋漏在下，止之在上，上漏不止，下不可居：屋顶漏水，若不修补，便无法居住，比喻为政者有缺失，若不能改过，百姓的生活必然不安定。

点评

诸葛亮一生，戎马倥偬，统军征战，运筹帷幄，神机妙算，为蜀汉的建立立下汗马功劳。同时他非常精通兵法，加上自己丰富的战争经验，编著过多种兵书，但大多已经失传。《便宜十六策》是诸葛亮所著的一部重要兵法，全文分为十六个部分，分别论述治理国家的十六个方面，所以称"十六策"，共约六千字。他所提出的一系列治国治军原则，为后代的人们所推崇，可谓是千古治国治军经典。在《纳言》篇中，诸葛亮认为，君主要广采众议，采纳微言，明辨是非，要做到亲贤臣，远小人。这样的话，臣下就能对君忠心不贰。这一善于纳言的思想，至今仍有借鉴意义。

去谄佞[1] 从谠直[2]

白居易

本文选自《全唐文》。

《全唐文》，全称《钦定全唐文》，是清嘉庆年间官修唐五代文章总集。作者3千余人，每一位作者都附有小传。全书一千卷，辑有唐朝、五代文章20 025篇，搜采浩博，考证校勘精密，为学者查阅这些资料提供了方便。《去谄佞从谠直》是唐代白居易创作的一篇散文。

白居易（772—846），字乐天，号香山居士，又号醉吟先生。生于河南新郑，其先太原（今属山西）人，后迁下邽（今陕西渭南东北）。贞元进士，授秘书省校书郎。元和年间任左拾遗及左赞善大夫。后因上表请求严缉刺死宰相武元衡的凶手，得罪权贵，贬为江州司马。长庆初年任杭州刺史，宝历初年任苏州刺史，后官至刑部尚书。在文学上，主张"文章合为时而著，歌诗合为事而作"，是新乐府运动的倡导者。其诗语言通俗，人有"诗魔"和"诗王"之称。和元稹并称"元白"，和刘禹锡并称"刘白"。有《白氏长庆集》传世。

问：天地无私，贤愚间生焉；理乱有时，邪正迭用焉。然则理代岂无愚邪者耶？将有而不任耶？乱代岂无贤正者耶？将有而不用耶？思决所疑，可征其验。

又问：历代之君，无不知用贤则理[3]，用愚则乱[4]，从谏兴，从佞亡也。而取舍之际，纷然自迷，故诛放者多非小人，宠用者鲜有君子，至使衰亡危乱，历代相望。岂臣之邪正惑其心乎？将己之爱恶昏其鉴乎？昏惑之由，必有其故。

臣闻昏明不并兴，邪正不两废。盖[5]贤者进则愚者退矣，曲者用则直者隐矣，亦由昼夜相代，寒暑相推，必然之理也。然则盛明之代，非无小人，小人之道消，不能见而为乱也；昏衰之代，非无君子，君子之道消，不肯出而为理也。故殷纣之末，三仁在朝[6]，虞舜之初，四凶在位[7]。虽仁在朝，不能用之，所以丧天下速于旋踵[8]也；虽凶在位，卒能去之，所以理天下易如覆掌也。用舍兴亡之验，唯明主能察之。然则历代之主，莫不知邦以贤盛，以愚衰，君以谏安，以佞危，然则有前车覆而后车不诫者，何也？盖常人之情，悦其从命逊志者，恶其违己守道者[9]。又君子难进而易退，况恶之乎？小人易进而难退，况悦之乎？是则常主之待君子也，必敬而疏，其遇小人也，必轻而狎[10]。狎则恩易下及，疏则情难上通。是以面从者日亲，动则假虎威而自负也；骨鲠者[11]日疏，言则犯龙鳞而必死也。故政令日以坏，邦家日以倾，斯所以变盛为衰，转安为危者矣。是以明主知君子之守道也，虽违于己，引而进之；知小人之徇惑也，虽从于命，推而远之；知谠言之为良药也，虽逆于耳，恕而容之；知佞言之为美疹也，虽逊于心，忍而绝之。故政令日以和，邦家日以理，斯所以变衰为盛，转危为安者矣。盛衰安危之效，唯明主能鉴之。

【1】谄佞：花言巧语，阿谀逢迎。亦指花言巧语、阿谀逢迎的人。

【2】谠直：正直。亦指正直的人。
【3】理：治理。
【4】愚：愚蠢。
【5】盖：连词。承接上文，表原因或理由。
【6】三仁：指微子、箕子、比干。
【7】四凶：传说中尧舜时代四个恶名昭彰的部族首领：共工、驩兜、三苗、鲧。
【8】旋踵：掉转脚跟，比喻时间极短。
【9】逊志：顺心，迎合心意。守道：坚守某种道德规范。
【10】狎：亲近而态度不庄重。
【11】骨鲠者：耿直之臣。

本文是白居易创作的一篇散文，文章采用问答形式，有问有答，直接阐述了明君用直谏的忠臣则国家由衰而盛，昏君用谄谀的佞臣则国亡家败的道理，至今仍有深刻的现实意义。

贞观政要（节选）

吴 兢

本文选自《贞观政要·求谏》。

《贞观政要》，唐代史学家吴兢创作的一部政论性史书。全书十卷四十篇，分类编辑了唐太宗与魏徵、房玄龄、杜如晦等大臣在治政时的问答及大臣的诤议和劝谏的奏疏等，此外也记载了一些政治、经济上的重大措施。是现存记载太宗朝历史较早的一部史书，在史料学方面具有重要价值，是中国开明封建统治的战略和策略、理论和实践的集大成者。

吴兢（670—749），字号不详，汴州浚仪（今河南开封）人。唐朝大臣，著名史学家。爱好文史，进士及第，授史馆修撰，迁右拾遗、内供奉。唐中宗复位后，授右补阙、起居郎，迁水部郎中。唐玄宗即位，历任谏议大夫、修文馆学士、卫尉少卿、太子左庶子、相州刺史，封长垣县开国子，迁邺郡太守、恒王傅。为人耿直，犯颜直谏，颇有建树。天宝八年去世，时年八十岁，代表作《贞观政要》。

太宗威容俨肃，百僚[1]进见者，皆失其举措[2]。太宗知其若此，每见人奏事，必假颜色，冀闻谏诤，知政教得失。贞观初，尝谓公卿曰："人欲自照，必须明镜；主欲知过，必借忠臣。主若自贤，臣不匡正，欲不危败，岂可得乎？故君失其国，臣亦不能独全其家。至于隋炀帝暴虐，臣下钳口[3]，卒令不闻其过，遂至灭亡，虞世基等，寻亦诛死。前事不远，公等每看事有不利于人，必须极言规谏。"

 注释

【1】百僚：指百官。
【2】失其举措：慌手忙脚，手足无措。
【3】钳口：闭口不言，不敢讲话。

贞观元年，太宗谓侍臣曰："正主任邪臣，不能致理[1]；正臣事邪主，亦不能致理。惟君臣相遇，有同鱼水，则海内可安。朕虽不明，幸诸公数相匡救，冀凭直言鲠议[2]，致天下太平。"谏议大夫王珪对曰："臣闻，木从绳则正，后从谏则圣[3]。是故古者圣主必有争臣七人，言而不用，则相继以死。陛下开圣虑，纳刍荛，愚臣处不讳之朝，实愿罄其狂瞽[4]。"太宗称善，诏令自是宰相入内平章[5]国计，必使谏官随入，预闻政事。有所开说，必虚己纳之。

注释

【1】致理：即"致治"，取得治国的胜利。
【2】鲠议：这里指直言。
【3】圣：贤明的意思。
【4】狂瞽：狂肆直言。
【5】平章：筹商，讨论。

贞观二年，太宗谓侍臣曰："明主思短而益善，暗主护短而永愚。隋炀帝好自矜夸[1]，护短拒谏，诚亦实难犯忤[2]。虞世基不敢直言，或恐未为深罪。昔箕子佯狂自全[3]，孔子亦称其仁。及炀帝被杀，世基合同死否？"杜如晦对曰："天子有诤臣，虽无道，不失其天下。仲尼[4]称：'直哉史鱼[5]，邦有道如矢[6]，邦无道如矢。'世基岂得以炀帝无道，不纳谏诤，遂杜口无言？偷安重位，又不能辞职请退，则与箕子佯狂而去，事理不同。昔晋惠帝[7]贾后[8]将废愍怀太子，司空张华竟不能苦争，阿意苟免。及赵王伦举兵废后，遣使收华，华曰：'将废太子日，非是无言，当时不被纳用。'其使曰：'公为三公，太子无罪被废，言既不从，何不引身而退？'华无辞以答，遂斩之，夷其三族。古人有云：'危而不持，颠而不扶，则将焉用彼相？'故'君子临大节而不可夺也'。张华既抗直不能成节，逊言不足全身，王臣之节固已坠矣。虞世基位居宰辅，在得言之地，竟无一言谏诤，诚亦合死。"太宗曰："公言是也。人君必须忠良辅弼，乃得身安国宁。炀帝岂不以下无忠臣，身不闻过，恶积祸盈，灭亡斯及！若人主所行不当，臣下又无匡谏，苟在阿顺，事皆称美，则君为暗主，臣为谀臣，君暗臣谀，危亡不远。朕今志在君臣上下，各尽至公，共相切磋，以成治道。公等各宜务尽忠谠，匡救朕恶，终不以直言忤意辄相责怒。"

注释

【1】矜夸：夸耀自己的长处。

【2】犯忤：冒犯君上的尊严，违逆君上的意志。

【3】箕子佯狂自全：箕子，名胥余，是殷纣王的叔父。箕子去劝说纣王，纣王不听，他便披发装疯，被纣王降为奴隶。

【4】仲尼：孔子的字。

【5】史鱼：史，官名。鱼，春秋时卫国大夫，名鳝。史鱼自以不能进贤退不肖，以致死后仍以尸谏。

【6】矢：箭，如箭之直。

【7】晋惠帝（259—307）：姓司马，名衷。武帝次子。素呆痴，听到百姓饿死，却说："何不食肉糜？"太熙元年（290）继位，为西晋昏庸之主。

【8】贾后：惠帝之后。永平元年（291），引楚王司马玮入京，杀死重臣杨骏，自己专权，内乱遂从宫廷引向宗室，导致诸王之间相互残杀的"八王之乱"。后为赵王伦所杀。

贞观三年，太宗谓司空裴寂[1]曰："比有上书奏事，条数甚多，朕总黏之屋壁，出入观省。所以孜孜不倦者，欲尽臣下之情。每一思政理，或三更方寝。亦望公辈用心不倦，以副朕怀也。"

注释

【1】裴寂（570—632）：唐初大臣。字玄真，蒲州桑泉（今山西临猗西南）人。隋末任晋阳宫副监，以晋阳宫所藏米粮、铠甲、彩帛等，支援李渊起兵。攻入长安后，劝渊为帝。武德年间任尚书左仆射，掌握大权，曾参与制定《唐律》五百条。后改任司空。贞观三年（629）被太宗免官，流放静州。

贞观五年，太宗谓房玄龄等曰："自古帝王多任情喜怒[1]，喜则滥赏无功，怒则滥杀无罪。是以天下丧乱[2]，莫不由此。朕今夙夜[3]未尝不以此为心，恒欲公等尽情极谏。公等亦须受人谏语，岂得以人言不同己意，便即护短不纳？若不能受谏，安能谏人？"

注释

【1】任情喜怒：喜怒无常，由着自己的性子来。

【2】丧乱：这里指丧失国家，混乱朝纲。

【3】夙夜：早晚，朝夕。

贞观六年，太宗以御史大夫[1]韦挺[2]、中书侍郎[3]杜正伦[4]、秘书少监[5]虞世南、著作郎[6]姚思廉[7]等上封事称旨，召而谓曰："朕历观自古人臣立忠之事，若值明主，便宜尽诚规谏，至如龙逄、比干，不免孥戮[8]。为君不易，为臣极难。朕又闻龙可扰而驯，然喉下有逆鳞。卿等遂不避犯触，各进封事。常能如此，朕岂虑宗社之倾败？每思卿等此意，不能暂忘，故设宴为乐。"乃赐绢有差。

注释

【1】御史大夫：唐制，掌刑法典章，纠正百官之罪恶的官职，为御史台之长。

【2】韦挺：京兆人。起初曾为隐太子宫臣。武德七年，因与太子谋逆被流放。贞观初，由王珪推荐，拜御史大夫。

【3】中书侍郎：官名。唐制，为中书省长官的副职。

【4】杜正伦：相州洹水（今河北魏县西南）人。贞观初年，由魏徵举荐，任兵部员外郎，后迁中书侍郎。

【5】秘书少监：唐制，秘书监下的官职。

【6】著作郎：唐制，秘书省的属官。掌修撰碑志、祝文、祭文等事。

【7】姚思廉（557—637）：唐初史学家，名简，字思廉，以字行。本吴兴（今浙江湖州）人，陈亡，迁关中，为万年（今陕西西安）人。少时从父习汉史，得其家学。在隋为代王侑侍读，入唐，为秦王文学馆学士。贞观时官至散骑常侍。

【8】孥戮：连同妻儿被杀戮。

太常卿[1]韦挺尝上疏陈得失，太宗赐书曰："所上意见，极是谠言，辞理可观，甚以为慰。昔齐境之难，夷吾有射钩之罪，蒲城之役，勃鞮为斩袂之仇[2]，而小白不以为疑，重耳待之若旧。岂非各吠非主[3]，志在无二？卿之深诚，见于斯矣。若能克全此节，则永保令名。如其怠之，可不惜也。勉励终始。垂范[4]将来，当使后之视今，亦犹今之视古，不亦美乎？朕比不闻其过，未睹其阙[5]，赖竭忠恳，数进嘉言，用沃朕怀，一何可道！"

注释

【1】太常卿：唐代掌礼乐、郊庙、社稷之事的官职。

【2】勃鞮为斩袂之仇：勃鞮，晋人。曾奉晋献公之命去杀重耳，重耳逃走，勃鞮追上斩其衣袖，重耳奔狄。后重耳归晋，即位为晋君（晋文公），他不念旧恶，仍重用勃鞮。

【3】各吠非主：狗见不是自己的主人就咬。

【4】垂范：把好的风范传至后人。

【5】阙：缺点，错误。

贞观八年，太宗谓侍臣曰："朕每闲居静坐，则自内省，恒恐上不称天心，下为百姓所怨。但思正人匡谏，欲令耳目外通，下无怨滞。又比见人来奏事者，多有怖慑[1]，言语致失次第。寻常奏事，情犹如此，况欲谏诤，必当畏犯逆鳞。所以每有谏者，纵不合朕心，朕亦不以为忤。若即嗔责[2]，深恐人怀战惧，岂肯更言！"

注释

【1】怖慑：害怕的意思。

【2】嗔责：嗔怪，责备。

贞观十五年，太宗问魏徵曰："比来朝臣都不论事，何也？"徵对曰："陛下虚心采纳，诚宜有言者。然古人云：'未信而谏，则以为谤[1]己；信而不谏，则谓之尸禄[2]。'但人之才器各有不同，懦弱之人，怀忠直而不能言；疏远之人，恐不信而不得言；怀禄之人，虑不便身而不敢言。所以相与缄默，俯仰过日[3]。"太宗曰："诚如卿言。朕每思之，人臣欲谏，辄惧死亡之祸，与夫赴鼎镬[4]、冒白刃，亦何异哉？故忠贞之臣，非不欲竭诚。竭诚者，乃是极难。所以禹拜昌言，岂不为此也？朕今开怀抱，纳谏诤。卿等无劳怖惧，遂不极言。"

注释

【1】谤：毁谤。
【2】尸禄：意思是占据官位拿着俸禄而不做实事。
【3】俯仰过日：马马虎虎混日子。
【4】鼎镬：古代的酷刑刑具，用以把人煮死。

贞观十六年，太宗谓房玄龄等曰："自知者明，信为难矣。如属文之士，伎巧之徒，皆自谓己长，他人不及。若名工文匠，商略诋诃[1]，芜词[2]拙迹，于是乃见。由是言之，人君须得匡谏之臣，举其愆过[3]。一日万机，一人听断，虽复忧劳，安能尽善？常念魏徵随事谏正，多中朕失，如明镜鉴形，美恶必见。"因举觞赐玄龄等数人勖[4]之。

注释

【1】商略诋诃：共同商讨，开展批评。
【2】芜词：杂乱没有条理的话。
【3】愆过：错误，过失。
【4】勖：勉励。

贞观十七年，太宗问谏议大夫褚遂良曰："昔舜造漆器[1]，禹雕其俎[2]，当时谏者十有余人。食器之间，何须苦谏？"遂良对曰："雕琢害农事，纂组[3]伤女工。首创奢淫，危亡之渐。漆器不已，必金为之；金器不已，必玉为之。所以诤臣必谏其渐，及其满盈，无所复谏。"太宗曰："卿言是矣。朕所为事，若有不当。或在其渐，或已将终，皆宜进谏。比见前史，或有人臣谏事，遂答云'业已为之'，或道'业已许之'，竟不为停改。此则危亡之祸，可反手而待[4]也。"

注释

【1】舜造漆器：相传造漆器自舜开始。
【2】俎：古代祭祀、设宴时用以盛物的礼器。
【3】纂组：编织。多指精美的织物。

【4】反手而待：很快就可到来。

 点评

　　本文主要是鼓励臣下踊跃向君主谏言献策，这可以算是唐太宗用人思想的精华部分。忠言逆耳，位高权重的人听不进劝谏，就会闭塞视听，无法知道自己的过失并加以改正。贞观年间，唐太宗唯恐臣子畏惧自己的威严，不敢直言不讳，于是频频诱导，鼓励大胆进谏，使得诤谏蔚然成风，国家弊政得以及时纠正。

第十六章 变革图强

改革主要是对国家管理制度的革故鼎新。从根本上说，当政治、经济制度不能保证国家实施有效管理，不能适应生产力发展要求时，改革这种制度，也就是对上层建筑中某些老化、腐朽的环节进行必要的调整、更新和改造，并相应地对生产关系中的某些环节做局部性的调整、更新和改造，就成为必然的趋势。因而，改革实际上是生产力和生产关系、经济基础和上层建筑之间矛盾运动的结果，是不以人的意志为转移的实践活动。

中国古代的改革早在奴隶制时代和奴隶制向封建制转变时期，就显示出了振兴经济、增强国力的巨大作用。至于封建社会的改革，无论它发生在王朝的什么时期，都是对当时或之前弊政进行改革并有所创新的产物。封建社会的阶段性繁荣与改革有关，一些王朝的中兴也与改革有关。

一、古代改革的类型

中国古代历史上革新与变法无数，主要可以分为如下几种类型：一是奴隶社会内部富国强兵的改革，如管仲改革等。二是地主阶级的封建化政治改革，如商鞅变法、李悝变法等。三是少数民族为汉化而进行的改革，如北魏孝文帝改革、辽朝耶律阿保机改革、清初皇太极改革等。四是封建统治者为挽救统治危机而调整统治政策的改革，如王莽改制、周世宗改革、王安石变法、张居正改革等。五是开国的相对贤明君主对统治政策的调整和改革，如汉高祖、光武帝、隋文帝、唐太宗、宋太祖、元世祖、明太祖、康熙帝等对统治政策的调整。

二、改革或变法成败的规律

1. 改革是否顺应历史发展的潮流。

改革是否顺应历史发展的潮流是改革成败最根本的因素。改革与变法实际上是生产力与生产关系、经济基础和上层建筑之间矛盾运动的结果，如果单单借强力强制颁行，最终只会行而不远。例如北魏孝文帝改革正是顺应了当时那种民族大融合的历史发展趋势，公元485年颁布均田令，实行汉化政策。改革促进了北方经济的恢复和发展，加速了北方少数民族封建化进程，促进了北方民族融合。可以说是历史上比较成功的改革之一。但是，历史上的王莽改制却是和历史发展趋势背道而驰。王莽改制以"王田私属，不许买卖"的策略对当时土地兼并剧烈、人民沦为奴婢、阶级矛盾激化的时弊开了一剂药方，而结局适得其反，即是因为当时的历史事实已雄辩地证明封建土地私有制是能促进封建经济走向初步繁荣、推动当时的生产力向前发展的，"王田制"则是一种历史的反动，必然为历史的进步所唾弃。

2. 改革派与保守派之间的力量对比。

有些改革虽然也符合历史发展趋势，但由于顽固派势力过于强大而导致夭亡，如宋朝的王安石变法即为典型例子。他采取一系列措施：青苗法、募役法、农田水利法、方田均税法、保甲法。王安石变法虽取得了一定的成效但却被废除，因为新法触犯了大地主的利益，遭到他们的反对而最终失败。为了维护整个地主阶级长远利益而改革，免不了要触犯某些官僚地主的利益，他们必然站出来反对改革。当宋神宗打算重用王安石针砭天下弊政时，一些元老重臣就起来反对。唐介说，王安石不可大任，"若使为相，恐多变更"，富弼、韩琦、司马光等也反对起用王安石。王安石执政后，在宋神宗支持下，先后制定和颁行了一系列新法，更引起大官僚、大地主和大商人的激烈反对。几乎每颁行一项新法，都要遭到保守势力的阻挠和反对。在政治上，他们指责变法派不守"祖宗之法"，甚至说当时发生的天灾也是实行新法所招致。在学术思想上，指责王安石"背儒崇法"。总之，保守势力对王安石主持的新法，处处攻击非难，致使决心励精图治的宋神宗也动摇了，变法派内部也分裂了。

3. 有无触动当时的政治基础。

封建社会的政治基础是地主阶级，北魏孝文帝在不触动各族地主阶级利益的前提下推行改革，虽遭遇顽固势力阻挠却最终成功，而王莽改制、王安石变法、张居正改革等均因触动了大地主、大官僚的利益而致失败。

4. 改革在王朝所处的时期。

一般而言，王朝初期的改革往往易于成功，主要原因有三方面：一是很多王朝的建立者都经历过农民战争的洗礼，而农民战争又基本动摇或摧毁了旧秩序，"建章立制"的阻力较小。例如汉高祖刘邦，通过实行休养生息政策发展了经济，通过和亲匈奴政策改善了民族关系。二是王朝初期的统治者大多亲历战乱，深谙民生疾苦，易于吸取前朝灭亡的经验教训，调整统治政策以稳定社会、发展经济、巩固统治。唐太宗李世民吸取了隋亡的教训，调整统治政策，善于纳谏，知人善任，加强同少数民族的关系，实行对外开放政策。再就是王朝初期，皇权都比较强大，成为改革的坚强后盾。汉武帝刘彻加强皇权，解决王国问题，兴修水利，发展农业生产，派张骞出使西域，发展同西域少数民族的关系。

然而王朝中后期的改革，则频频"流产"，其改革的主要目的是对"旧制"进行局部修补。其失败的主要原因在于以下三点：

一是王朝中后期，顽固势力日积月累，十分强大，改革的阻力极大，难以深入。例如庆历新政：1043年宋仁宗任用范仲淹改革时弊，严格官吏升迁考核制度；限制官僚子弟亲友通过恩荫做官；加强各级长官的保举和选派；严肃中央政令，取信于民。新政触犯了保守派官僚的利益，遭到他们的阻挠，改革措施仅一年左右即被废止。还有就是清朝的戊戌变法，守旧派势力强大，国家的最高领导权不在维新派手中，而紧握在以西太后为首的王公、大臣手中。几位掌实权的显赫人物恭亲王、庆亲王、刚毅几乎无例外地守旧。维新派只少数几个人，而且在朝中没有实权，最终以慈禧为首的封建顽固派发动戊戌政变，废除了新法，戊戌变法失败。

二是王朝中后期的改革往往着眼于缓和矛盾，稳定政局，只能是对"旧制"的局部修补，改革的幅度较小，无法从根本上消除由来已久的统治危机。例如自万历元年（1573）以后，张居正从整顿吏治开始，逐步推行以振兴明王朝统治为目标的全面改革措施。张居正的改革并不是彻底的，有很大的局限性。16世纪的地主阶级经过漫长的岁月，已经迈过它的黄金时代，走向下坡路，使得统治阶级的眼光愈来愈趋向保守，即便像张居正这样杰出的政治家，也越不出这个阶级局限，提不出远大的政治理想。张居正以近民便俗为改革的依据，是超群出众的见解。但他在接受国事委托时又表示："今国家要务，惟在遵守祖宗旧制。"高度赞扬"政必法祖"的精神，给新政披上"法祖"的外衣。五百年前王安石变法，"法祖"是反对改革的旗号，王安石即以"祖宗不足法"享誉青史，但这旗号到张居正手里却变成新政的法宝。虽然张居正改革起到了使明王朝"起衰振隳，纲纪修明，海内殷阜"的作用。甚至明末有人说他是"救时宰相"，这是褒奖，也是不幸而言中，救时者救得了一时，救不了一世。那发生在衰老机体上蓦然一现的回光，并不能招还那逝去的青春，匆匆就被泯灭了。

最后是王朝中后期，皇权相对衰落，中央集权式微，起不到强有力的保证作用。元英宗自幼受儒家教育，通汉族文化。十八岁登基的他眼看元朝就要走进历史的死胡同，便采取了一系列的措施来挽救尚未病入膏肓的朝廷。他采取了一些改革性的措施：广泛起用汉族地主官员和儒士；发布《振举台纲制》，要求推举贤能，选拔人才；罢徽政院及冗官冗职，精简机构，节制财用，行助役法并减轻徭役；颁行《大元通制》，以加强法制，推行汉法；清除铁木迭儿余党，查处他们的贪赃枉法事件。在这一系列雷霆手段的重击下，元朝朝野上下似乎焕然一新。这些措施理所当然地遭到一部分保守的蒙古贵族的反对，但年轻的皇帝对此并没有足够的警惕。至治三年八月，元英宗由上都启程返京，途中宿营于上都西南二十里南坡店，这时，蓄谋已久的铁木迭儿余党——御史大夫铁失突然发动了政变，年轻的皇帝被铁失一刀杀死，而他蒙汉共治的思想也惨烈地画上了句号。

三、古代改革给我们的启示

1. 改革须先从权贵中推行。

从中国历史上改革的情况看，改革的阻力主要来自上层，要实行改革，必须首先统一上层的认识和立场，这就要造成强大的舆论。商鞅变法，与当时保守势力的代表人物甘龙、杜挚进行了激烈辩论，从而宣传了自己的变法主张。太子犯法，商鞅说："法之不行，自上犯之。"于是"刑其傅公子虔，黥其师公孙贾。明日，秦人皆趋令"。赵武灵王胡服骑射，其阻力也来自上层，所以赵武灵王让公子继告公子成说："行政先信于贵。"通过做工作，争取到了他们的支持，其法才得以推行全军。中国自古是个人情味浓厚的国家，人们常常禁不住以情代法。范仲淹大刀阔斧地裁减地方上贪污而又无能的官员，就遭到了一些官员们的反对，连曾赞成改革的富弼都说："你大笔一挥，可知就造成一家哭啊！"范仲淹回答："一家人哭，比一路人哭怎样？"意谓宁让庸吏贪官一家哭，也不让在他们治理下的一路人哭。所以变法的失败，一个重要原因就是权贵们的反对。综观中国历史上的改革情况，一些人们反对改革的主要动因，一是囿于认识，二是羁于利益。囿于认识主要是指其认识落后于形势的发展，因循守旧，对所谓"祖宗之法"缺乏辩证的分析；羁于利益主要是指其为保护其既得利益和未来利益而反对变法，其反对变法的理由可以讲得冠冕堂皇，骨子里乃为保护其一己之私利而已。二者又是互动的，其由于认识短浅而羁于私利，由于羁于私利而认识短浅。变法必然伴随着一些利益调整，权贵们为保护自己的既得利益和未来利益，往往会竭力反对变法，他们有时也会讲很多变法的好处，但一旦触及自己的利益时，其立场和态度就会发生截然相反的变化。

2. 制定高明而可行的改革方案。

改革方案是否可行，是改革能否成功的一个重要原因。故古人主张，改革必须要有独智之虑，即要有独到的见解和思虑，制定出高明而可行的改革方案。如商鞅为秦孝公首先制定了先富国强兵，夺占黄河和崤山之固，后东向以制诸侯，最后成帝王之业的宏伟规划，取得孝公的支持后，开始变法。宋代王安石的《上仁宗皇帝言事书》《上时政疏》，亦是其施行变法的纲领。清代康有为的"公车上书"等也是当时改革的纲领性文件。总之，有无高明而可行的方案，是改革能否施行以至成败的前提，这就必须进行深入调查，充分论证，精心思忖，反复推敲，努力使方案趋于完善，步骤合于形势。

3. 最高统治者必须具有将改革进行到底的决心。

改革是一项极为复杂的工程，中间难免出现矛盾、曲折和反复。国家的最高统治者改革的决心如何，往往是改革成败的关键。管仲改革之所以取得成功，一个重要原因是他得到了齐桓公的支持，他自己又掌握了国相大权。商鞅变法之所以取得成功，关键性原因也是取得了秦孝公的支持，而其最后被杀，也是因为最高统治者易人，他失去了"靠山"。赵武灵王胡服骑射取得成功，也是因为他本人就是国家的最高统治者，他雄才大略，变法态度坚决，又取得了一些重臣的支持。因此，顽固的保守势力在他面前最终都败下阵来。至于宋朝王安石变法之败，清代康、梁维新之亡，都与最高统治者的态度、权威等有直接的关系。因此，最高统治者的态度关系着变法成败。

4. 变法时机的选择要适宜。

《吕氏春秋·察今》中说："治国无法则乱，守法而弗变则悖，悖乱不可以持国。世易时移，变法宜矣。"讲的就是要把握好改革的时机。历史上的一些成功的改革者，都是顺应历史潮流，把握时机，适时进行改革的。如商鞅选择在"诸侯卑秦"，秦孝公感到"丑莫大焉"，决心继承先人之志，变法图强，下达求贤令之后，西行入秦，以"强国之术说君"，君大悦，于是决定在秦国实行变法。变法在秦孝公的大力支持下，取得了成功。相反，历史上一些王朝的统治者由于缺乏应有的敏锐，盲目骄傲，思想麻痹，看不到"世易时移"的新特点，丢掉了改革的机会，导致最后被动挨打。如近代以来，西方经过工业革命后，火器有了很大发展，在武器装备上已将清帝国远远抛在后面。但醉心于"天朝""中心"的清朝君臣们对此麻木不仁，视而不见，一味关着门称老大。第一次鸦片战争爆发，大清帝国的君臣们尝到了西方"船坚炮利"的厉害，受到了历史的惩罚，这才手忙脚乱起来。这一历史事实证实了古人"守法而弗变则悖，悖乱不可以持国"训言的正确。

5. 军事改革要系统运筹并周密施行。

军事改革是国家改革的一个重要方面。历史上有一些比较单纯的军事改革，例如魏舒的毁车以为行、赵武灵王的胡服骑射等，但是大部分军事改革都是被纳入到整个国家改革之中的，是国家改革中的一个重要组成部分。例如商鞅变法、王安石变法等都是如此。从中国历史上军事改革的情况看，军事改革必须系统运筹，周密施行。宋神宗和王安石在讨论变法时，都讲到"措置得兵"的问题，即是指此。王安石说："西事稍弭，边计正当措置。天下困敝，惟为兵患。若措置得兵，即中国可以富强，余皆不足议也。"强调了利用和平间隙进行军事改革的重要意义和基本要求。

6. 改革者要有义无反顾、勇于献身的精神。

从中国历史上改革的情况看，那些改革的积极倡导者几乎都没有一个好的结局。这是因为改革必然遭到保守势力的反对，而这些保守势力往往都握有重权，他们会利用自己的权力对改革者始则反对、继则扼杀、不行则暗中进行打击报复。所以历史上很多人对改革望而生畏，随波逐流者多，敢挽狂澜者少；讲大道理者多，真行实干者少；善始者多，克终者少。但是历史证明，中国不能没有这些改革者。没有了他们，中国就真的失去了希望。他们往往是当时富国强兵的先行者、上层建筑的修补者、缓和阶级矛盾的调停者,在一定意义上说,也是历史前进的推动者。谭嗣同云:"各国变法,无不从流血而成,今日中国未闻有变法而流血者,此国之所以不昌也。有之,请自嗣同始。"他被捕后,在监狱墙上题诗曰:"望门投止思张俭,忍死须臾待杜根。我自横刀向天笑,去留肝胆两昆仑。"在临刑时又慷慨陈词,大意是为了救国,我愿洒了我的血,以唤醒千百人站起来继续进行维新事业。谭嗣同这种为了改革而义无反顾、勇于献身的精神感天地,泣鬼神,是应大力弘扬的。改革者没有这种精神,其改革大都半途而废。

中国历史上的改革还有一重要特点,就是人存政在,人去政息。究其原因,除了是否建立了行之有效的新制度之外,还有一极为重要原因,就是变法坚持时间之长短。变法没有不建立制度的,但中国封建社会是个人治的社会,即使变法建立了新制度,人们也可照样将其废除。习惯势力是一种非常强大的力量,变法实施时间一长,人们一旦习惯,后人再改也就难了。如商鞅变法,"秦民之国都言初令不便者以千数""行之十年,秦民大说"。但新法长期不改,也会变成"旧法"。只有不断变革,社会才会进步。这就是《易传》所谓的"生生不息"。

我国的先人们从理论上和实践上告诉我们:世界上的一切事物都是发展变化的,变易是永恒的,不变是相对的。治国、理军必须遵循这一客观规律,适时进行改革,切不可墨守成规,求稳怕乱,反对变革。客观规律是不以人的意志为转移的。

西门豹治邺[1]

褚少孙

本文选自《史记·滑稽列传》。

《滑稽列传》,出自《史记》卷一百二十六,列传第六十六。这是专记滑稽人物的类传。滑稽是言辞流利,正言若反,思维敏捷,没有阻难之意,后世用作诙谐幽默之意。《太史公自序》曰:"不流世俗,不争势利,上下无所凝滞,人莫之害,以道之用。作《滑稽列传》。"《滑稽列传》主旨是颂扬淳于髡、优孟、优旃一类滑稽人物"不流世俗,不争势利"的可贵精神,及其"谈言微中,亦可以解纷"的非凡讽谏才能。他们出身虽然微贱,但却机智聪敏,能言多辩,善于缘理设喻,察情取譬,借事托讽,因而其言其行起到了与"六艺于治一也"的重要作用。

褚少孙,世号褚先生,西汉时期杰出的文学家、史学家。司马迁死后,《史记》有些篇散失了,据班固说是"十篇缺,有录无书"。褚少孙做了补充工作。明人辑有《褚先生集》。褚少孙甚爱《史记》,尤其爱读其列传。美中不足的是司马迁死时,《史记》尚缺十篇未写完。褚少孙就拜访学识渊博的名流、谈古论今的学士,费尽周折,得到前朝《封册书》,历尽艰辛补缀了《史记》之缺,补写的有《景纪》《武纪》《礼书》《兵书》和汉兴以来的《将相年表》《日者列传》《三王世家》《龟策列传》及《傅靳蒯成列传》计十篇,并写之《滑稽列传》。褚少孙一生著书甚多,他苦爱学习的劲头及渊博的学识对后人影响极大。至于褚少孙增补进去的文字,历来方家学者褒贬不一,大多以为较之太史公,显得

"蔓弱"。不过，西门豹治邺县篇中的巫婆、官绅骗钱害人一段，叙来有条不紊，栩栩如生，历历如画，在众多读者心目中留下了难以磨灭的印象。

  魏文侯时，西门豹为邺令。豹往到邺，会长老，问之民所疾苦。长老曰："苦为河伯娶妇，以故贫。"豹问其故，对曰："邺三老[2]、廷掾[3]常岁赋敛百姓，收取其钱得数百万，用其二三十万为河伯娶妇，与祝巫共分其余钱持归。当其时，巫行视小家女好者，云'是当为河伯妇'，即娉取。洗沐之，为治新缯绮縠[4]衣，闲居斋戒；为治斋宫河上，张缇绛帷[5]，女居其中，为具牛酒饭食，行十余日。共粉饰之，如嫁女床席，令女居其上，浮之河中。始浮，行数十里乃没。其人家有好女者，恐大巫祝为河伯取之，以故多持女远逃亡。以故城中益空无人，又困贫，所从来久远矣。民人俗语曰'即不为河伯娶妇，水来漂没，溺其人民'云。"西门豹曰："至为河伯娶妇时，愿三老、巫祝、父老送女河上，幸来告语之，吾亦往送女。"皆曰："诺。"

  至其时，西门豹往会之河上。三老、官属、豪长者、里父老皆会，以人民往观之者三二千人。其巫，老女子也，已年七十。从弟子女十人所，皆衣缯单衣[6]，立大巫后。西门豹曰："呼河伯妇来，视其好丑。"即将女出帷中，来至前。豹视之，顾谓三老、巫祝、父老曰："是女子不好，烦大巫妪为入报河伯，得更求好女，后日送之。"即使吏卒共抱大巫妪投之河中。有顷，曰："巫妪何久也？弟子趣之！"复以弟子一人投河中。有顷，曰："弟子何久也？复使一人趣[7]之！"复投一弟子河中。凡投三弟子。西门豹曰："巫妪、弟子，是女子也，不能白事。烦三老为入白之。"复投三老河中。西门豹簪笔磬折[8]，向河立待良久。长老、吏傍观者皆惊恐。西门豹曰："巫妪、三老不来还，奈之何？"欲复使廷掾与豪长者一人入趣之。皆叩头，叩头且破，额血流地，色如死灰。西门豹曰："诺，且留待之须臾。"须臾，豹曰："廷掾起矣。状河伯留客之久，若皆罢去归矣。"邺吏民大惊恐，从是以后，不敢复言为河伯娶妇。

  西门豹即发民凿十二渠，引河水灌民田，田皆溉。当其时，民治渠少烦苦，不欲也。豹曰："民可以乐成，不可与虑始[9]。今父老子弟虽患苦我，然百岁后期令父老子孙思我言。"至今皆得水利，民人以给足富。十二渠经绝驰道，到汉之立，而长吏以为十二渠桥绝驰道，相比近，不可。欲合渠水，且至驰道，合三渠为一桥。邺民人父老不肯听长吏，以为西门君所为也，贤君之法式不可更也。长吏终听置之。故西门豹为邺令，名闻天下，泽流后世，无绝已时，几[10]可谓非贤大夫哉！

注释

【1】邺：古地名，在今河北临漳县西南。
【2】三老：古代掌管教化的乡官。
【3】廷掾：县令的助手，负责处理案件。
【4】缯绮縠：上等绸料。
【5】张缇绛帷：张挂起赤黄色和大红色的帷帐。
【6】单衣：即"禅衣"。古代仅次于朝服的盛服。
【7】趣：同"促"，催促。
【8】磬折：像磬的形状一样弯着腰，形容十分恭敬。

【9】民可以乐成，不可与虑始：百姓可同他们一起享受成功，不可与他们商量事情如何开始。

【10】几：通"岂"，难道。

这是一篇历史散文，写西门豹治邺的两大实绩：革除"为河伯娶妇"的陋习，凿渠引水灌溉农田。革除陋习是全文的重点，兴建水利是辅助性的笔墨。从革除为河伯娶妇这一陋习的过程中，可以看出西门豹胆识过人，谋略超群。他明知这一陋习由来已久，自己所面对的势力十分强大，不仅有恶势力的代表三老、廷掾与巫祝，而且还有被愚弄而并不觉悟的百姓。但他从长老的谈话中了解到这一陋习对百姓为害最烈，便毅然担负起了移风易俗的重任，主动地向恶势力发起挑战，并且战而胜之。如果没有必胜的信心与压倒一切的气概，是不可能进行这一场表面上看来力量对比如此悬殊的斗争的。但西门豹又不是一个勇者的形象，而是一个智者的形象。他的识见与胆略并不是外露的，而是内含的，是他作为智者形象的深层性格结构的重要组成部分。因而，在革除为河伯娶妇陋习的整个过程中，听不到西门豹的一句豪言壮语，见不到他有任何剑拔弩张的表示，有的只是与识见胆略相联系的充满睿智的种种谈吐与行为，一个足智多谋、料事如神、玩强敌于股掌之上的智者形象十分传神地得到了表现。

商鞅变法

司马迁

本文选自《史记·商君列传》。

孝公既用卫鞅，鞅欲变法，恐天下议己[1]。卫鞅曰："疑[2]行无名，疑事无功。且夫有高人之行者，固见非于世[3]；有独知之虑者，必见敖[4]于民。愚者暗[5]于成事，知者见于未萌[6]。民不可与虑[7]始而可与乐成。论至德者不和于俗，成大功者不谋于众。是以圣人苟可以强国，不法其故[8]；苟可以利民，不循其礼。"孝公曰："善。"甘龙曰："不然。圣人不易民[9]而教，知者不变法而治。因民而教，不劳而成功；缘[10]法而治者，吏习而民安之。"卫鞅曰："龙之所言，世俗之言也。常人安于故俗，学者溺于所闻。以此两者居官守法可也，非所与论于法之外也。三代不同礼而王[11]，五伯[12]不同法而霸。智者作法，愚者制[13]焉；贤者更礼，不肖[14]者拘焉。"杜挚曰："利不百，不变法；功不十，不易器[15]。法古无过，循礼无邪。"卫鞅曰："治世不一道，便国不法古。故汤武不循古而王，夏殷不易礼而亡。反古者不可非，而循礼者不足多[16]。"孝公曰："善。"以卫鞅为左庶长，卒定变法之令。

令民为什伍[17]，而相牧司[18]连坐[19]。不告奸者腰斩，告奸者与斩敌首同赏，匿奸者与降敌同罚。民有二男以上不分异[20]者，倍其赋。有军功者，各以率[21]受上爵；为私斗者，各以轻重被刑大小。僇力[22]本业，耕织致粟帛多者复其身[23]。事末利[24]及怠而贫者，举以为收孥[25]。宗室[26]非有军功论，不得为属籍[27]。明尊卑爵秩等级，各以差次名[28]田宅，臣妾衣服以家次。有功者显荣，无功者虽富无所芬华[29]。

令既具[30]，未布[31]，恐民之不信，已乃立三丈之木于国都市南门[32]，募民有能徙置北门者予十金。民怪之，莫敢徙。复曰"能徙者予五十金"。有一人徙之，辄[33]予五十金，以明不欺。卒下令。

令行于民期年[34]，秦民之国都言初令之不便者以千数。于是太子犯法。卫鞅曰："法之不行，自上犯之。"将法[35]太子。太子，君嗣也，不可施刑，刑其傅公子虔，黥[36]其师公孙贾。明日，秦人皆趋令[37]。行之十年，秦民大说，道不拾遗，山无盗贼，家给人足。民勇于公战，怯于私斗，乡邑大治。秦民初言令不便者有来言令便者，卫鞅曰"此皆乱化[38]之民也"，尽迁之于边城。其后民莫敢议令。

于是以鞅为大良造。将兵围魏安邑，降之。居三年，作为筑冀阙[39]宫庭于咸阳，秦自雍徙都之。而令民父子兄弟同室内息者为禁。而集小（都）乡邑聚为县，置令、丞，凡三十一县。为田开阡陌[40]封疆[41]，而赋税平。平斗桶权衡丈尺。行之四年，公子虔复犯约，劓[42]之。居五年，秦人富强，天子致胙[43]于孝公，诸侯毕贺。

注释

【1】卫鞅：商鞅为卫国人，故称。恐天下议己：是说孝公欲从商鞅之言而变法，可是又怕天下议论他，不是说商鞅"恐天下议己"。

【2】疑：犹豫不定。

【3】且夫有高人之行者，固见非于世：超出常人的人本来就会被世俗非难的。

【4】敖：通"謷"。嘲笑，毁谤。

【5】暗：不清楚，不明白。

【6】知：同"智"。未萌：指事情发生以前。

【7】虑：事先谋划。

【8】法：效法。故：指成法。

【9】易民：改变民风民俗。

【10】缘：依照，沿袭。

【11】王：成王，统一天下。

【12】五伯：指五霸。

【13】制：被制约。

【14】不肖：不成才，没出息。

【15】器：指古代标志名位、爵号的器物。

【16】多：推重，赞扬。

【17】什伍：户籍编制，十家为什，五家为伍。

【18】牧司：检举，监督。

【19】连坐：一人犯法，其他人连带治罪。坐，定罪，判罪。

【20】分异：分家另过。这是为繁殖人口，发展生产。

【21】率：标准。

【22】僇力:"勠力"。尽力,致力于。

【23】复其身:免其本身劳役或赋税。复,免除。

【24】事末利:从事工商业。末,非根本,不重要的事物。古代以农业为本,以工商业为末。

【25】收孥:古时一人犯法,其妻子、儿女连坐,削籍没入官府充当奴婢,谓之收孥。孥,妻子、儿女之统称。

【26】宗室:此指王族。

【27】属籍:家族的名册,谱牒。

【28】差次:等级次序。名:占有。

【29】芬华:比喻显荣。即显赫荣耀。

【30】具:准备就绪。

【31】布:颁布,公布。

【32】国都市南门:指都城后边市场南门。古代国都建制:前朝、后市,左祖、右社。

【33】辄:就。金:古代货币单位。

【34】期年:一整年。

【35】法:处罚,治罪。

【36】黥:墨刑。用刀在面额上刺字,再涂以墨。

【37】趋令:遵照新法执行。

【38】乱化:扰乱教化。

【39】冀阙:古代宫庭外公布法令的门阙。冀,记。出列教令,当记于门阙。

【40】阡陌:纵横交错的田塍。南北叫阡,东西称陌。

【41】封:聚土作为标志。疆:划定疆界。

【42】劓:古代割掉鼻子的刑罚。

【43】致胙:天子把祭祀用的肉赐给诸侯,表示荣宠的特殊礼遇。

点评

战国初期,秦国井田制瓦解、土地私有制产生和赋税改革都晚于其他六国,社会经济的发展落后于齐、楚、燕、赵、魏、韩六个大国。为了增强秦国实力,在诸侯国的争霸中处于有利地位而不被别国吞并,秦孝公引进人才,变法图强。本文记载了商鞅变法的初期阶段,为了变法成功,他排除异见,为了取信于民,他城门立木,充分体现了商鞅变法的决心和信心。商鞅变法是中国古代一次成功的变革,经过商鞅变法,秦国的旧制度被彻底废除,经济得到了发展,秦国逐渐成为战国七雄中实力最强的国家,为后来秦国统一天下奠定了坚实的基础。

胡服骑射

司马光

本文选自《资治通鉴·周纪》。

司马光（1019—1086），字君实，号迂夫，晚号迂叟，陕州夏县（今属山西）涑水乡人，世称涑水先生。自幼聪慧，七岁时，以石破瓮抢救坠水儿童，传为佳话。宋仁宗宝元初中进士甲科。四十岁前历任苏州、武成军、郓州、并州判官等职。四十岁召还为开封府推官，累除知制诰、天章阁待制、知谏院。神宗即位，擢为翰林学士，力辞曰"臣不能为四六"，不获辞。神宗任用王安石实施变法，司马光因与变法派政见不合而又无力抗拒，力求外补。熙宁四年（1071），以西京留守退居洛阳，筑独乐园，专意编著《资治通鉴》。哲宗即位，高太后垂帘听政，召还主国政，将新法废除殆尽。元祐元年（1086），拜左仆射兼门下侍郎，是年九月，卒于位，当政仅一年多。赠温国公，谥文正。司马光在政治上，始终与变法派对立。在为人方面，他正直磊落，务实敢言，律己严谨。司马光著述宏富，有《资治通鉴》二百九十四卷、《续诗话》一卷、笔记《涑水纪闻》十六卷等。其诗文集名《传家集》，有八十卷。其集中存诗十四卷，共一千一百多首，其中律诗近九百首。他的诗质朴充实，不事华藻，却又能寓情于辞，言尽其意。

赵武灵王北略中山之地，至房子，遂之代，北至无穷，西至河[1]，登黄华之上。与肥义谋胡服骑射以教百姓，曰："愚者所笑，贤者察[2]焉。虽驱世[3]以笑我，胡地、中山，吾必有之！"遂胡服。

国人皆不欲，公子成称疾不朝。王使人请之曰："家听于亲，国听于君。今寡人作教易服而公叔不服，吾恐天下议之也。制国有常[4]，利民为本；从政有经[5]，令行为上。明德先论于贱[6]，而从政先信于贵，故愿慕公叔之义以成胡服之功也。"公子成再拜稽首曰："臣闻中国者，圣贤之所教也，礼乐之所用也，远方之所观赴[7]也，蛮夷之所则效也。今王舍此而袭[8]远方之服，变古之道，逆人之心，臣愿王熟图[9]之也！"使者以报。

王自往请之，曰："吾国东有齐、中山，北有燕、东胡，西有楼烦、秦、韩之边。今无骑射之备，则何以守之哉？先时中山负齐之强兵，侵暴吾地，系累[10]吾民，引水围鄗[11]；微[12]社稷之神灵，则鄗几于不守也，先君丑之。故寡人变服骑射，欲以备四境之难，报中山之怨。而叔顺中国之俗，恶变服之名，以忘鄗事之丑，非寡人之所望也！"公子成听命，乃赐胡服，明日服而朝。于是始出胡服令，而招骑射焉。

……

五月戊申，大朝东宫，传国于何。王庙见礼毕，出临朝，大夫悉为臣。肥义为相国，并傅王。武灵王自号"主父"。主父欲使子治国，身胡服，将士大夫西北略胡地。将自云中、九原南袭咸阳，于是诈[13]自为使者，入秦，欲以观秦地形及秦王之为人。秦王不知，已而怪其状甚伟，非人臣之度，使人逐之，主父行已脱关矣。审问之，乃主父也。秦人大惊。

- 【1】河：黄河。
- 【2】察：理解。
- 【3】驱世：全天下。
- 【4】常：章法。
- 【5】经：常规。
- 【6】明德先论于贱：宣传道德要先从卑贱的下层开始。
- 【7】观赴：朝拜。
- 【8】袭：效法。
- 【9】熟图：认真考虑。
- 【10】系累：骚扰。
- 【11】鄗：古县名。春秋属晋，战国属赵。在今河北柏乡北。
- 【12】微：如果不是。
- 【13】诈：假装。

古人把中原作为文明的中心，把周围的地方称作"蛮夷之地"，俗称"东夷、西戎、南蛮、北胡"，含有贬义。然而，赵武灵王毫不介意这些看法，只要是对自己的国家有帮助的，不管是哪里的风俗都可以拿来为自己所用，赵国后来的昌盛和这有很大的关系。赵武灵王"胡服骑射"是我国古代军事史上的一次大变革，被历代史学家传为佳话。特别是赵武灵王以敢为天下先的进取精神，在中原王朝把少数民族视为"异类"的政治背景下，在一片"攘夷"的声浪中，力排众议，冲破守旧势力的阻挠，坚决实行向夷狄学习的国策，表现了作为古代社会改革家的魄力和胆识。这一变革，使人们的心理和思维方式发生了明显变化，使勇于革新的思想得到树立，减弱了华夏民族鄙视胡人的心理，增强了胡人对华夏民族的归依心理，缩短了二者之间的心理距离，促进了二者之间的经济文化交流，为以后的民族大融合和国家大统一奠定了心理基础。

答司马谏议[1]书

王安石

选自《临川先生文集》。

王安石（1021—1086），字介甫，晚号半山，小字獾郎，封荆国公，世人又称王荆公。抚州临川（今江西抚州）人，北宋杰出的政治家、思想家、文学家。他出生在一个小官吏家庭。父益，字损之，曾为临江军判官，一生在南北各地做了几任州县官。王安石少好读书，记忆力特强，从小受到较好的教育。庆历二年（1042）登杨镇榜进士第四名，先后任淮南判官、鄞县知县、舒州通判、常州知州、提点江东刑狱等地方官吏。治平四年（1067）神宗初即位，诏王安石知江宁府，旋召为翰林学士。熙宁二年（1069）提为参知政事，从熙宁三年起，两度任同中书门下平章事，推行新法。熙宁九年罢相后，隐居，病死于江宁（今江苏南京市）钟山，谥文。

某启[2]：

昨日蒙教[3]，窃以为与君实游处相好之日久[4]，而议事每不合，所操之术[5]多异故也。虽欲强聒[6]，终必不蒙见察，故略上报[7]，不复一一自辨。重念蒙君实视遇厚[8]，于反复不宜卤莽[9]，故今具道所以[10]，冀[11]君实或见恕也。

盖儒者[12]所争，尤在名实[13]，名实已明，而天下之理得矣。今君实所以见教者，以为侵官、生事、征利、拒谏，以致天下怨谤[14]也。某则以谓：受命于人主[15]，议法度而修之于朝廷[16]，以授之于有司[17]，不为侵官；举[18]先王之政，以兴利除弊，不为生事；为天下理财，不为征利；辟邪说[19]，难壬人[20]，不为拒谏。至于怨诽之多，则固前知其如此也[21]。

人习于苟且非一日，士大夫多以不恤[22]国事、同俗自媚于众为善，上乃[23]欲变此，而某不量敌之众寡，欲出力助上以抗之[24]，则众何为而不汹汹然[25]？盘庚之迁[26]，胥怨者民也[27]，非特朝廷士大夫而已。盘庚不为怨者故改其度[28]，度义[29]而后动，是[30]而不见可悔故也。如君实责我以在位久，未能助上大有为，以膏泽[31]斯民，则某知罪矣；如曰今日当一切不事事[32]，守前所为[33]而已，则非某之所敢知[34]。

无由会晤，不任区区向往之至[35]。

注释

【1】司马谏议：司马光，当时任右谏议大夫（负责向皇帝提意见的官）。神宗用王安石行新法，他竭力反对。元丰八年（1085），哲宗即位，高太皇太后听政，召他主国政。次年为相，废除新法。为相八个月病死，追封温国公。

【2】某：自称。启：写信说明事情。

【3】蒙教：承蒙指教。这里指接到来信。

【4】窃：私自。这里用作谦词。君实：司马光的字。古人写信称对方的字以示尊敬。游处：同游共处，即同事交往的意思。

【5】操：持，使用。术：方法，主张。

【6】强聒：硬在耳边啰唆，强作解说。聒，语声嘈杂。

【7】略：简略。上报：给您写回信。

【8】重念：再三想想。视遇厚：看重的意思。视遇，看待。

【9】反复：指书信往来。卤莽：简慢无礼。

【10】具道：详细说明。所以：原委。

【11】冀：希望。

【12】儒者：这里泛指封建士大夫。

【13】名实：名义和实际。

【14】怨谤：怨恨，指责。

【15】人主：皇帝。这里指宋神宗赵顼。

【16】议法度：讨论、审定国家的法令制度。修：修订。

【17】有司：负有专责的官员。

【18】举：推行。

【19】辟邪说：驳斥错误的言论。辟，驳斥，排除。

【20】难：责难。壬人：佞人，指巧辩谄媚之人。

【21】固：本来。前：预先。

【22】恤：关心。同俗自媚于众：指附和世俗的见解，向众人献媚讨好。

【23】上：皇上。这里指宋神宗赵顼。乃：却。

【24】抗：抵制，斗争。之：代词，指上文所说的"士大夫"。

【25】汹汹然：吵闹、叫嚷的样子。

【26】盘庚：商朝中期的一个君主。商朝原来建都在奄（今山东曲阜），常有水灾。为了摆脱政治上的困境和自然灾害，盘庚即位后，决定迁都到殷（今河南安阳西北）。这一决定曾遭到全国上下的反对。后来，盘庚发表文告说服了他们，完成了迁都计划。事见《尚书·盘庚》。

【27】胥怨：全都抱怨。胥，皆。

【28】改其度：改变他原来的计划。

【29】度义：考虑是否合理。度，考虑。

【30】是：这里用作动词，意谓认为做得对。

【31】膏泽：施加恩惠。

【32】一切不事事：什么事都不做。事事，做事。前一"事"字是动词，后一"事"字是名词。

【33】守前所为：墨守前人的做法。

【34】所敢知：愿意领教的。知，领教。

【35】不任区区向往之至：意谓私心不胜仰慕。这是旧时写信的客套语。不任，不胜，受不住，形容情意的深重。区区，小，这里指自己，自谦词。向往，仰慕。

点评

全文立论的论点是针对司马光认为新法"侵官、生事、征利、拒谏、致怨"的指责，指出儒者所争，尤在于名实。名实已明，而天下之理得矣，从而说明变法是正确的。司马光的攻击名实不副，全是谬论。文章逐条驳斥司马光的谬论，并批评士大夫阶层的因循守旧，表示出作者坚持改革、决不为流言蜚语所动的决心。这篇短信笔力精锐，文字经济而富有说服力，语气委婉而严正，既不伤害私人的友谊，也不向反对的意见妥协。作者的修辞和逻辑推理是针对具体的人、具体的场合，运用了反驳、对比、类推等方法，层层逼进进行的，它是驳论性政论文的典范之作。

答手诏条陈十事（节选）

范仲淹

本文选自《宋史·范仲淹传》。

伏奉手诏"今来用韩琦、范仲淹、富弼，皆是中外人望，不次拔擢。韩琦暂往陕西，范仲淹、富弼皆在两地，所宜尽心为国家，诸事建明，不得顾避。兼章得象等同心忧国，足得商量。如有当世急务可以施行者，并须条列闻奏，副朕拔擢[1]之意"者。臣智不逮[2]人，术不通古，岂足以奉大对。然臣蒙陛下不次之擢，预闻政事，又诏意丁宁[3]，臣战汗惶怖，曾不获让。

臣闻历代之政，久皆有弊。弊而不救，祸乱必生。何哉？纲纪浸隳[4]，制度日削，恩赏不节，赋敛无度，人情惨怨，天祸暴起。惟尧舜能通其变，使民不倦。

《易》曰："穷则变，变则通，通则久。"此言天下之理有所穷塞，则思变通之道。既能变通，则成长久之业。我国家革五代之乱，富有四海，垂八十年，纲纪制度，日削月侵，官壅[5]于下，民困于外，夷狄骄盛，寇盗横炽，不可不更张以救之。然则欲正其末，必端其本；欲清其流，必澄其源。臣敢约前代帝王之道，求今朝祖宗之烈，采其可行者条奏[6]。愿陛下顺天下之心，力行此事，庶几法制有立，纲纪再振，则宗社灵长，天下蒙福。

注释

【1】拔擢：提拔。
【2】逮：到，及。
【3】丁宁：叮咛，反复地嘱咐。
【4】浸隳：逐渐毁坏。
【5】壅：堵塞。
【6】条奏：逐条上奏。

点评

《答手诏条陈十事》是北宋名臣范仲淹于庆历三年（1043）九月，在宋仁宗连日催促下，认真总结其从政28年来酝酿已久的改革思想而呈上的新政纲领，其中他提出了十项改革主张：明黜陟、抑侥幸、精贡举、择官长、均公田、厚农桑、修武备、推恩信、重命令、减徭役。该文写成后，立即呈送给宋仁宗。宋仁宗和朝廷其他官员表示赞同，便逐渐以诏令形式颁发全国。于是，北宋历史上轰动一时的庆历新政就在范仲淹的领导下开始了，范仲淹的改革思想得以付诸实施。但由于既得利益集团所代表的保守势力的反对等原因,范仲淹的改革十策在"庆历新政"中推行失败。

公车上书(节选)

康有为

康有为(1858—1927),原名祖诒,字广厦,号长素,又号明夷、更生,广东南海丹灶(今属佛山市南海区)人,人称康南海,中国晚清时期重要的政治家、思想家、教育家,近代维新派的代表人物。康有为出生于封建官僚家庭,光绪五年(1879)开始接触西方文化。光绪十四年(1888),康有为到北京参加顺天乡试,借机第一次上书光绪帝请求变法,受阻未上达。光绪十七年(1891)后在广州设立万木草堂,收徒讲学。光绪二十一年(1895)得知《马关条约》签订,联合1300多名举人上万言书,即"公车上书"。光绪二十四年(1898)开始进行戊戌变法,变法失败后逃往日本,自称持有皇帝的衣带诏,组织保皇会,鼓吹开明专制,反对革命。辛亥革命后,作为保皇党领袖,他反对共和制,一直谋划溥仪复位。民国六年(1917),康有为和张勋发动复辟,拥立溥仪登基,不久即在当时北洋政府总理段祺瑞的讨伐下宣告失败。康有为晚年始终宣称忠于清朝,溥仪被冯玉祥逐出紫禁城后,他曾亲往天津,到溥仪居住的静园觐见探望。民国十六年(1927)病死于青岛。康有为作为晚清社会的活跃分子,在倡导维新运动时,体现了历史前进的方向。但后来,他与袁世凯成为复辟运动的精神领袖。

窃闻与日本议和,有割奉天[1]沿边及台湾一省,补[2]兵饷二万万两,及通商苏杭,听[3]机器、洋货流行内地,免其厘税等款,此外尚有缴械、献俘、迁民之说。阅《上海新报》,天下震动。闻举国廷诤[4],都人惶骇[5]。又闻台湾臣民不敢奉诏,思戴本朝。人心之固,斯诚列祖、列宗及我皇上深仁厚泽,涵濡煦覆,数百年而得此。然伏[6]下风数日,换约期迫矣,犹未闻明诏赫然[7]峻拒[8]日夷之求,严正议臣之罪。

甘忍大辱,委弃其民,以列圣艰难缔构[9]而得之,一旦从容误听而弃之,如列祖、列宗何?如天下臣民何?然推皇上孝治天下之心,岂忍上负宗庙,下弃其民哉!良[10]由误于议臣之言,以为京师为重,边省为轻,割地则都畿[11]能保,不割则都畿震动,故苟从权宜,忍于割弃也。又以群议纷纭,虽力撑和议,而保全大局,终无把握,不若隐忍求和,犹苟延旦夕也。又以为和议成后,可十数年无事,如庚申以后也。左右贵近,论率如此。故盈廷之言,虽切而不入;议臣之说,虽辱而易行,所以甘于割地、弃民而不顾也。

窃以为弃台民之事小,散天下民之事大;割地之事小,亡国之事大。社稷安危,在此一举,举人等栋折榱坏[12],同受倾压,故不避斧钺之诛[13],犯冒越之罪,统筹大局,为我皇上陈之。

何以谓弃台民即散天下也?天下以为吾戴朝廷,而朝廷可弃台民,即可弃我,一旦有事,次第割弃,终难保为大清国之民矣。民心先离,将有见土崩瓦解之患。《春秋》书"梁亡"者,梁未亡也,谓自弃其民,同于亡也。故谓弃台民之事小,散天下民之事大。日本之于台湾,未加一矢,大言恫喝,全岛已割。诸夷以中国之易欺也,法人将问滇、桂，英人将问藏、粤，俄人将问新疆，德、奥、意、日、葡、荷皆狡焉思启[14]。有一不与，皆日本也，都畿必惊；若皆应所求，则自啖其肉，手足腹心，应时尽矣，仅存元首，岂能生存？且行省已尽，何以为都畿也？故谓割地之事小，亡国之事大。此理至浅，童愚可知，而以议臣老成，乃谓割地以保都畿，此敢于欺皇上、愚天下也，此中国所痛哭，日本所阴喜，而诸夷所窃笑者也。

诸夷知吾专以保都畿为事，皆将阳为恐吓都畿，而阴窥边省，其来必速。日本所为日日扬言攻都城，而卒无一砲震于大沽[15]者，盖深得吾情也。恐诸国之速以日本为师也，是我以割地而鼓舞其来也，皇上试召主割地议和之臣，以此诘之，度诸臣必不敢保他夷之不来，而都畿之不震也，则今之议割地、弃民何为乎？皇上亦可以翻然独断矣。或以为庚申和后，乃有甲申之役，二十年中可图自强，今虽割弃，徐图补救。此又敢以美言欺皇上、卖天下者也。

夫治天下者势也，可静而不可动，如箭之在栝[16]，如马之在埒[17]，如决堰陂之水，如运高山之石，稍有发动，不可禁压，当其无事，相视莫敢发难；当其更变，朽株尽可为患。昔者辛巳以前，吾属国无恙也，自日本灭琉球，吾不敢问，于是法取越南，英灭缅甸，朝鲜通商，而暹罗[18]半剪，不过三四年间，而吾属国尽矣。甲午以前，吾内地无恙也，今东边及台湾一割，法规滇、桂，英规滇、粤及西藏，俄规新疆及吉林、黑龙江，必接踵而来，岂肯迟迟以礼让为国哉？况数十国之逐逐[19]于后乎？譬大病后，元气既弱，外邪易侵，变症百作，岂与同治之时，吾国势犹盛，外夷窥伺情形未洽比哉？且民心既解，散勇无归，外患内讧，祸在旦夕。而欲苟借和款，求安目前，亡无日矣，今乃始基耳。症脉俱见，不待卢扁[20]，此举人等所为日夜忧惧，不惮僭越而谋及大计也。

夫言战者，固结民心，力筹大局，可以图存；言和者，解散民体，鼓舞夷心，更速其亡。以皇上圣明，反复讲辩，孰利孰害，孰得孰失，必当独断圣衷，翻然变计者。不揣狂愚，统筹大计，近之为可和可战，而必不致割地、弃民之策；远之为可富可强，而断无敌国外患之来。伏乞皇上下诏鼓天下之气，迁都定天下之本，练兵强天下之势，变法成天下之治而已。

注释

- 【1】奉天：清代辽宁省旧称。
- 【2】补：赔偿。
- 【3】听：任凭，听凭。
- 【4】廷诤：上书朝廷进行抗争。
- 【5】惶骇：惊骇。
- 【6】伏：处于。
- 【7】赫然：鲜明。
- 【8】峻拒：严厉拒绝。
- 【9】缔构：缔造。
- 【10】良：的确。
- 【11】都畿：京都及周围地区。
- 【12】栋折榱坏：犹栋折榱崩。比喻倾覆。

【13】斧钺之诛：用斧、钺杀人的刑罚。泛指死刑。钺，古代兵器，像大斧。诛，杀戮，杀死。

【14】思启：指打坏主意。

【15】大沽：为天津市七十二沽的最后一沽，有京津门户、海陆咽喉之称。

【16】栝：箭末扣弦处。

【17】埒：矮墙，特指马射场围墙。

【18】暹罗：中国对现东南亚国家泰国的古称。

【19】逐逐：急于得利貌。

【20】卢扁：指古代名医扁鹊。因家于卢国，故又名卢扁。

 点评

　　清光绪二十一年（1895），康有为与梁启超集结1300多名举人，联名上书光绪帝，反对在甲午战争中败于日本的清政府签订丧权辱国的《马关条约》。公车上书被认为是维新派登上历史舞台的标志，也被认为是中国民众的政治运动的开端。"上书"情词慷慨，气势磅礴，极言救时之方，详陈自强之道，引经据典，文贯中西，可以说是当时爱国知识分子救亡图存、振兴中华的一篇宣言书。首先强烈反对割让台湾，指出割让台湾给日本是"弃台民""散天下"，会造成"民心先离"，中国将有土崩瓦解之患。又反对议和，认为是"解散民体，鼓舞夷心，更速其亡"，故要求"拒和、迁都、练兵、变法"，并提出了变法维新四项主张：一、下诏鼓天下之气；二、迁都定天下之本；三、练兵强天下之势；四、变法成天下之治。康有为指出前三项还只是权宜应敌之策，第四项才是立国自强的根本大计。虽然，公车上书和戊戌变法都先后失败，但是维新思想从此唤醒和激励了越来越多的中国人救亡图存，在中国近代史上有着重要的地位，并拉开维新变法的序幕。"公车上书"标志着酝酿多年的维新变法思潮已发展为爱国救亡的政治活动，对社会的影响和震动很大。

第十七章　以民为本

一、"以民为本"概念

以民为本是我国古代儒家民本思想的一种反映，诞生于春秋战国时期。"民"就是老百姓，与"君"相对。由西周太师姜尚最早提出，在他看来，"得人""得心"是直接关系到国家生死存亡的关键因素。《尚书·五子之歌》记载："民惟邦本，本固邦宁。"意思是百姓是国家的根本，只有根本稳固，国家才能安宁。后经过儒家不断的丰富和发展，形成了儒家系统的民本思想。例如，孟子提出"民为贵，社稷次之，君为轻"的"民贵君轻"说，荀子提出"君者，舟也；庶人者，水也"等，都充分肯定了"民"的地位和作用，认识到了人民群众的巨大力量，承认民在社会生活和国家政治中的重要地位。后世很多政治家也都支持这一观点，如管子说："齐国百姓，国之本也。""夫霸王之所始也，以人为本。本治则国固，本乱则国危。"汉代的贾谊也说过："民者，万世之本也。""国以民为本，君以民为本，吏以民为本。"《三国志》中有："为国者，以民为基。"宋代的石介说过："民为天下国家之根本。"梁启超说："国家之主人为谁？即一国之民是也。"毛泽东说："人民，只有人民，才是创造世界历史的动力。""这个上帝不是别人，就是全中国的人民大众。"可见，"以民为本"思想在我国一直延续了几千年。

但纵观古今中外发现，我国传统的"以民为本"思想与西方的"人本主义"以及我们今天提倡的"以人为本"思想还是有一定的区别的。

二、"以民为本""人本主义""以人为本"的区别

中国儒家的民本思想是在等级制度前提下的以民为本，因为在封建时代"民"是与"君"、与"官"相对应的称谓，在封建统治者的心目中，"民"在根本上是归属于被统治者、被奴役者，属于"臣民""小民""贱民"，并不是拥有平等权利的主人，"民可使由之，不可使知之"，所以只讲皇权不讲人权，对人民只有体恤、施舍而无权利可言。统治者遵循民本思想的根本目的是欲通过整合民意，以维护、巩固和强化特定的统治秩序和社会秩序，进而谋求特定的阶级利益和实现特定的政治目标。如唐太宗的"可爱非君，可畏非民，天子者，有道则人推而为主，无道则人弃而不用，诚可畏也"；孟子的"失天下者，失其民也；失其民者，失其心也"；荀子的"民不亲不爱，而求其为己用、为己死，不可得也。民不为己用、不为己死，而求兵之劲、城之固，不可得也"；等等，都具有明显的政治性和工具性作用。所以，我国传统的"以民为本"思想，是站在封建统治者的立场上的一种经验之谈，是封建统治者中开明派的统治经验的较为清醒的总结，其基本思想主要表现为重民、贵民、安民、恤民、爱民等，根本目的都是为了巩固封建专制主义的统治、维护皇权，无论讲"民可使由之，不可使知之"，还是讲"水可载舟，亦可覆舟"，都是一种统治术略。我国传统的"以民为本"思想的基本价值理念主要表现在以下几个方面：

一、重民贵民。"敬天保民""民惟邦本""民贵君轻""立君为民"等古训表现出对民众的重视。《左传》从国家兴亡的高度阐述了"民"的重要性，其中曰："国将兴，听于民；国将亡，听于神。"二、爱民仁民。墨子主张"兼相爱，交相利"的爱民思想。三、安民保民。《尚书》中云："欲至于万年，惟王子子孙孙永保民。"孔子也反对将人动物化，反对无视人的尊严，像对待牲畜一样对待人。《论语》记载，马棚失火，孔子问伤人了吗，不问马。说明在孔子看来，人比马重要。他不仅反对残害生灵，诅咒始作俑者应该断子绝孙，而且反对强加意志于人，指出"匹夫不可夺志""己所不欲，勿施于人"。孟子则直截了当地要求执政者"无为其所不为，无欲其所不欲""所欲，与之聚之；所恶，勿施尔也"。

我国古代的民本思想虽然存在固有的阶级局限性，但却揭示了深刻的执政规律，并发挥了客观的历史作用。一、顺应了民意，约束了专制权力。二、维护了社会秩序，保持了国家稳定。三、加强了文化认同，巩固了民族团结，促进了国家统一，推动中华文明的发展和社会的进步。这种统治术略对于后来的人们，也具有一定的启迪、借鉴意义和警示作用。

但这种传统的"以民为本"的思想，同西方的"人本主义"思想以及我们今天所讲的"以人为本"的治国理政根本理念都有所区别，是不能混淆使用的。

人本主义，顾名思义就是以人为本，一切以人为中心，一切为了人的利益。强调人是社会活动的主体，根本出发点是为了人的权利、尊严、需要、成长、发展以及最终实现人的价值。这种人本思想有着独特的历史作用：一方面，肯定了人的主体地位，颂扬了人的个性解放；另一方面，颠覆了封建神权，促成了民主政治。西方文艺复兴时启蒙运动把人本主义提高到空前高度，这也说明人本思想是社会文明程度的标志。时至近现代，人本思想作为一种价值理念深深渗透到了许多西方国家的政治及社会生活之中，并在心理层面内化为人们的普遍价值追求，成为社会的一种主流价值取向。但西方人本主义注重于自身的愿望、理解、爱好，并不顾及他人、社会的看法，个人对自己负责，所谓"人人为自己，上帝为大家"，它以个人或个体灵魂的幸福、快乐作为道德基准，带有浓厚的个人主义倾向。

今天，我们提倡的"以人为本"的民本思想，是新时代中国特色社会主义的核心理念。重点在于对现实中人的生存质量和生命价值的关怀，强调关注个性，坚持以人为根本的价值准则，推崇人的主体地位和能动作用，肯定人的价值，尊重人的人格，以个人现实需要的满足和对人的个性尊严的尊重为最高理念。执政为民，是党的一切工作的出发点和落脚点，必须做到权为民所用、情为民所系、利为民所谋。我们所熟悉的"百年大计，教育为本；教育大计，教师为本"以及"学校教育，学生为本"等，都是"以人为本"的直接体现。

儒家民本思想充分肯定"民"的地位和作用，认识到了人民群众的巨大力量，承认民在社会生活和国家政治中的重要地位，认识到君与民相互制约的关系。民本思想在中国历史上产生了积极的作用，有其重要价值，对我们今天构建和谐社会、维护世界和平都具有重要价值，弥足珍贵，不容抛弃。古今中外的历史事实警示我们，只有以民为本，国家才能兴旺昌盛，否则必遭灭亡。

三、古代"以民为本"具体体现

1. 要爱民。

老子说过:"圣人无常心,以百姓之心为心。"孔子形成一个以"仁"为核心的人本思想,重视人的价值,主张对人欲给予正确引导,努力开发民智,挖掘人力的人道主义精神。

由于认识到民众是国家的根本,民本思想家提出统治者要行"德治""仁政"的政治主张,"为政以德,譬如北辰,居其所而众星共之"(《论语·为政》),要求统治者改良政治,关注民众的物质利益。孔子还说:"百姓足,君孰与不足?百姓不足,君孰与足?"提倡足民;"因民之所利而利之",提倡利民。孟子说:"乐民之乐者,民亦乐其乐;忧民之忧者,民亦忧其忧。乐以天下,忧以天下,然而不王者,未之有也。"(《孟子·梁惠王下》)《管子·牧民》记载:"政之所兴,在顺民心;政之所废,在逆民心。"顺民心,才能发挥人民的积极性,就是告诫君王人民对国家的重要性!

2. 要富民。

管子说:"凡治国之道,必先富民……故治国常富,而乱国常贫。""仓廪实而知礼节,衣食足而知荣辱",说的就是先富后教的道理。

有这样一个典故:秦朝末年,有个书生叫郦食其,很有学问。他曾献计帮助刘邦智取陈留,被封为广野君。秦朝灭亡后,刘邦和项羽争霸。刘邦联合各地反项羽力量,据守荥阳、成皋。荥阳西北有座敖山,山上有座小城,是秦时建立的,因为城内有许多专门储存粮食的仓库,所以称为敖仓,它是当时关东最大的一个粮仓。在项羽猛烈的攻击下,刘邦计划后撤,把成皋以东让给项羽。刘邦想听听郦食其的想法。郦食其说:"王者以民为天,而民以食为天,楚军不知道守护粟仓而东去,这是上天帮助汉朝成功的好机会啊!如果我们放弃成皋,退守巩、洛,把这样重要的粮仓拱手让给敌人,这对当前的局面是非常不利的啊!希望你迅速组织兵力,固守敖仓,一定会改变目前不利的局势。"刘邦依计而行,终于取得了胜利。

《贞观政要·务农》记载李世民语:"凡事皆须务本。国以人为本,人以衣食为本,凡营衣食,以不失时为本。"可见粮食(物资)和时机的重要性。

"民以食为天",指人民以粮食为自己生活所系。《史记·郦生陆贾列传》:"王者以民人为天,而民人以食为天。"孙中山在《上李鸿章书》中说:"夫国以民为本,民以食为天,不足食胡以养民?"由此可知,国家以人民为根基,而人民以粮食为自己生活所系,欲国安必先安民,欲安民必先发展经济,使民富足。

3. 要化民。

孔子说过:"道之以德,齐之以礼,有耻且格。"

儒家所主张的"修身、齐家、治国、平天下",把个人、家、国、天下四者统一起来,强调"天下兴亡,匹夫有责",所谓"先天下之忧而忧,后天下之乐而乐",正是这种精神的真实写照。另外,以儒家伦理为支撑点的民族文化精神,在知识分子中的影响最大,它表现为一种以天下为己任的强烈的社会责任感。

尚书·五子之歌

太康尸位[1]，以逸豫灭厥德[2]，黎民咸贰[3]，乃盘游无度[4]，畋于有洛之表[5]，十旬弗反[6]。有穷后羿因民弗忍[7]，距于河[8]。厥弟五人御其母以从[9]，徯于洛之汭[10]。五子咸怨[11]，述大禹之戒以作歌[12]。

其一曰："皇祖有训[13]，民可近[14]，不可下[15]。民惟邦本[16]，本固邦宁[17]。予视天下愚夫愚妇，一能胜予[18]。一人三失[19]，怨岂在明[20]？不见是图[21]。予临兆民[22]，懔乎若朽索之驭六马[23]，为人上者，奈何不敬[24]？"

其二曰："训有之，内作色荒[25]，外作禽荒[26]。甘酒嗜音[27]，峻宇雕墙[28]。有一[29]于此，未或不亡[30]。"

其三曰："惟彼陶唐[31]，有此冀方[32]。今失厥道[33]，乱其纪纲[34]，乃厎灭亡[35]。"

其四曰："明明[36]我祖，万邦之君[37]。有典有则[38]，贻厥子孙[39]。关石和钧[40]，王府则有[41]。荒坠厥绪[42]，覆宗绝祀[43]！"

其五曰："呜呼曷归[44]？予怀之悲[45]。万姓仇予[46]，予将畴依[47]？郁陶乎予心[48]，颜厚有忸怩[49]。弗慎厥德[50]，虽悔可追[51]？"

注释

【1】尸位：处在尊位而不理事。

【2】以逸豫灭厥德：喜好安乐，丧失君德。以，因。逸豫，安逸享乐。灭，湮没，丧失。厥，其。德，德行。

【3】黎民：百姓。咸：皆。贰：两属，犹言"二心"。

【4】盘游：乐游。无度：无节制。

【5】畋：田猎。有洛之表：洛水之南。表，外也。

【6】旬：十日为旬。反：同"返"。

【7】有穷：国名。后：诸侯称后。羿：夏时有穷之君。因民弗忍：因百姓不堪忍受太康之恶。

【8】距：通"拒"，抵御。河：黄河，洛水为其支流。

【9】御其母：以其母亲代行天子之职。御，对天子之敬称。从：治。

【10】徯：等待。洛之汭：洛水之曲。汭，河曲。

【11】怨：怨恨。

【12】述：遵循。大禹：夏禹。夏开国之君。戒：教导。作歌：谓作为诗歌以咏也。

【13】皇祖：大禹。皇，大也。训：教诲。

【14】近：亲近。

【15】下：降伏。

【16】民：国民。惟：为。邦本：国之根本。

【17】固：安定。宁：安也。

【18】愚夫愚妇：愚民也。谓人民之知识暗昧者也。愚，暗也，蒙昧也。一能胜予：皆能胜过我。大禹此言意谓能够敬畏小民，方可得民心。

【19】一人：古者称天子为一人，天子自称曰予一人。三失：屡有过失。三，言过非一也。失，过误也。

【20】明：指明显。

【21】不见是图：犹言见微知著。于不显细微之时，豫图谋划之。见，显也。图，谋也，度也，计议也。

【22】临：居上视下。兆民：众民。

【23】懔：敬畏。朽索：谓腐朽的绳索。驭：驾驭。以驾车而能节制马之行止，比喻治理天下。六马：天子之车，驾六马也。

【24】奈何：如何。不敬：无敬畏之心。

【25】作：为。色荒：谓荒淫于女色。

【26】禽荒：沉迷于田猎。

【27】甘酒嗜音：喜欢美酒与淫声。甘、嗜，喜欢。音，音乐，声乐。

【28】峻宇：屋之崇峻者。峻，高大。雕墙：彩绘的宫墙。雕，用彩画装饰。

【29】有一：有其一。

【30】或：有。

【31】惟：发语词。陶唐：陶唐氏，尧初居陶，后徙唐，故称陶唐氏。

【32】冀方：言尧帝都于冀州，统领天下四方。冀，指冀州，古九州之一。

【33】厥：其。道：道理。此言天道。

【34】乱：紊乱，不治。纪纲：典章法度。

【35】厎：导致。

【36】明明：明察于事理。多用于歌颂帝王或神灵。

【37】万邦之君：天子，拥有天下万邦。

【38】有典有则：有典章有法度。

【39】贻：遗传。厥：其。

【40】关石和钧：关，重量名；石，容量名。关石借指赋税。一说，关指征税之处，石为量器，关石借指征收财税。和钧，谓指计量标准准确划一。

【41】王府：王室和官府，犹言中央和地方。则：助词，即，乃。有：丰，犹言富有。

【42】荒坠厥绪：指太康失其业以取亡。后以"坠绪"指行将断绝的皇统。绪，统系，世系。

【43】覆宗：败祖业。覆，败也。宗，祖也。绝祀：绝后祀。绝，灭也。祀，祭也。

【44】呜呼：叹词。曷归：何去何从，何所依归？曷，何。归，归附。

【45】予：我。怀：胸怀，心怀。悲：伤悲，悲痛。

【46】万姓：谓人民。

【47】畴依：谁依。畴，谁。依，依靠。

【48】郁陶：愁肠百结，忧思无所寄托。

【49】颜厚：谓不知耻。忸怩：惭色。

【50】弗：不。慎：慎行。厥：其。德：祖德。

【51】虽悔可追：唯有明君能够悔改过误，国家才可挽救。虽，通"唯"。追，补救。

 **点评**

　　大禹的儿子启作为夏朝君主开启了"父传子,家天下"的世袭君主制时代。然而继承启的王位的儿子太康,就因为没有德行,导致老百姓反感。太康贪图享乐,在外打猎长期不归,国都被后羿侵占。太康的五个弟弟和母亲被赶到洛河边,追述大禹的告诫而作《五子之歌》,表达了五个人的悔意。大概意思是:一、大禹说过,老百姓可以亲近,而不可轻视。人民为国家之本,本固了国家才能安宁。二、大禹说过,不要贪图女色、打猎玩乐、嗜酒、造豪华的住宅。只要有其一项,就会导致亡国。三、陶唐氏部落本来有很广大的土地,因为失德,败坏纲常,导致灭亡。四、大禹为后世楷模,制定了法典,因为太康废弃了典章,导致宗庙祭祀灭绝。五、我们被后羿逼到洛河对岸,没有归宿,叹息不谨慎的行为,追悔莫及。《五子之歌》中体现的民本思想,是中国传统文化中非常重要的思想资源,是中国古代的明君、贤臣为维护与巩固其统治而提出的一种政治观。

孟　子（节选）

孟　子

　　庄暴[1]见孟子,曰:"暴见于王,王语暴以好乐[2],暴未有以对也。曰:好乐何如?"
　　孟子曰:"王之好乐甚,则齐国其庶几[3]乎!"
　　他日,见于王曰:"王尝语庄子以好乐,有诸?"
　　王变乎色,曰:"寡人非能好先王之乐也,直好世俗之乐耳。"
　　曰:"王之好乐甚,则齐其庶几乎!今之乐由古之乐也。"
　　曰:"可得闻与?"
　　曰:"独乐乐,与人乐乐,孰乐?"
　　曰:"不若与人。"
　　曰:"与少乐乐,与众乐乐,孰乐?"
　　曰:"不若与众。"
　　"臣请为王言乐。今王鼓乐于此,百姓闻王钟鼓之声、管籥之音[4],举疾首蹙頞而相告曰:'吾王之好鼓乐,夫何使我至于此极也?父子不相见,兄弟妻子离散。'今王田猎于此,百姓闻王车马之音,见羽旄之美,举疾首蹙頞[5]而相告曰:'吾王之好田猎,夫何使我至于此极也?父子不相见,兄弟妻子离散。'此无他,不与民同乐也。
　　"今王鼓乐于此,百姓闻王钟鼓之声、管籥之音,举欣欣然有喜色而相告曰:'吾王庶几无疾病与?何以能鼓乐也?'今王田猎于此,百姓闻王车马之音,见羽旄[6]之美,举欣欣然有喜色而相告曰:'吾王庶几无疾病与?何以能田猎也?'此无他,与民同乐也。今王与百姓同乐,则王矣!"（《孟子·梁惠王下》）

 注释

【1】庄暴：人名，即下文提到的庄子。
【2】乐：《易》曰："雷出地奋豫，先王以作乐崇德。"古代的乐是为了身心合德而作。音乐是道德情感的外化，也是达到天地万物和谐境界的途径。
【3】庶几：差不多。这里指"差不多治理好了，有希望了"。
【4】钟鼓之声、管籥之音：这里泛指音乐。管籥，两种管乐器。
【5】疾首蹙頞：形容心里非常怨恨和讨厌。疾首，头痛。蹙頞，皱眉头。
【6】羽旄：古代军旗的一种，用雉羽、牦牛尾装饰旗杆。旄，牦牛尾。

点评

本文以庄暴和孟子的对话为形式，阐述孟子想要告诉君主仁君应"与民同乐"、实行"仁政"的基本儒家思想。文章就君王"独乐乐"还是"与人乐乐"的问题反复论证，阐明了要取得天下就必须得民心的道理，"与民同乐"体现了孟子的民本思想。他善于抓住齐王心理，逐步将对方的思想引上自己铺设的轨道，使本文独具特色，显示了孟子高超的论辩艺术。在论证过程中，突出地运用了对比法，孟子为齐王形象地描绘出"不与民同乐"和"与民同乐"两种截然不同的后果，把抽象的道理鲜明具体地呈现于齐王面前，产生了不容辩驳的逻辑力量。文章围绕着"乐"这一话题，阐明"不与民同乐"就会失去民心，而"与民同乐"就会得到民心、统一天下的"王道"思想。

孟子曰："民为贵，社稷[1]次之[2]，君为轻。是故得乎丘民而为天子，得乎天子为诸侯，得乎诸侯为大夫。诸侯危社稷，则变置。牺牲[3]既成，粢盛既洁，祭祀以时，然而旱干水溢，则变置社稷。"（《孟子·尽心下》）

 注释

【1】社稷：社，土神。稷，谷神。古代帝王或诸侯建国时，都要立坛祭祀社稷，所以，社稷又作为国家的代称。
【2】次之：其次，占第二位。
【3】牺牲：古指祭祀用牲的通称。色纯为"牺"，体全为"牲"。

点评

此段文字是孟子民本思想最为典型、最为明确的体现。"民贵君轻"成为后世广泛流传的名言，一直为人引用。国君和社稷都可以改立更换，只有老百姓是不可更换的。所以，百姓最为重要。《尚书》也说："民惟邦本，本固邦宁。"老百姓才是国家的根本，根本稳固了，国家也就安宁了。

荀 子（节选）

荀 子

鲁哀公问于孔子曰："寡人生于深宫之中，长于妇人之手，寡人未尝知哀也，未尝知忧也，未尝知劳也，未尝知惧也，未尝知危也。"

孔子曰："君之所问，圣君之问也。丘，小人也，何足以知之？"

曰："非吾子，无所闻之也。"

孔子曰："君入庙门而右，登自阼阶[1]，仰视榱栋[2]，俯见几筵[3]，其器存，其人亡，君以此思哀，则哀将焉而不至矣？君昧爽而栉冠，平明而听朝，一物不应，乱之端也，君以此思忧，则忧将焉而不至矣？君平明而听朝，日昃而退[4]，诸侯之子孙必有在君之末庭者，君以思劳，则劳将焉而不至矣？君出鲁之四门以望鲁四郊，亡国之虚则必有数盖焉[5]，君以此思惧，则惧将焉而不至矣？且丘闻之：'君者，舟也；庶人者，水也。水则载舟，水则覆舟。'君以此思危，则危将焉而不至矣？"（《荀子·哀公篇》）

注释

【1】阼阶：大堂前东边的台阶，是主人登堂的台阶。阼：通"阼"，台阶。

【2】榱：橡子。栋：屋中的正梁。

【3】几筵：此指灵座，即供奉神主、摆供品的桌子。

【4】日昃：太阳偏西。

【5】虚：同"墟"。盖：茅草盖的屋，这里形容亡国者的子孙极为贫贱。

点评

本文把古代的君主比喻为船，把老百姓比喻为水，水可以载舟，也可以覆舟，隐含的意思是老百姓可以扶持你做君主，也可以推翻君主。体现了荀子民贵君轻的民本思想。

冯谖客孟尝君

刘 向

齐人有冯谖者，贫乏不能自存，使人属孟尝君，愿寄食门下。孟尝君曰："客何好？"曰："客无好也。"曰："客何能？"曰："客无能也。"孟尝君笑而受之曰："诺。"

左右以君贱之也，食以草具。居有顷，倚柱弹其剑，歌曰："长铗归来乎！食无鱼。"

左右以告。孟尝君曰："食之，比门下之客。"居有顷，复弹其铗，歌曰："长铗归来乎！出无车。"左右皆笑之，以告。孟尝君曰："为之驾，比门下之车客[1]。"于是乘其车，揭其剑，过其友曰："孟尝君客我。"后有顷，复弹其剑铗，歌曰："长铗归来乎！无以为家。"左右皆恶之，以为贪而不知足。孟尝君问："冯公有亲乎？"对曰："有老母。"孟尝君使人给其食用，无使乏。于是冯谖不复歌。

后孟尝君出记[2]，问门下诸客："谁习计会，能为文收责于薛者乎？"冯谖署曰："能。"孟尝君怪之，曰："此谁也？"左右曰："乃歌夫长铗归来者也。"孟尝君笑曰："客果有能也，吾负之，未尝见也。"请而见之，谢曰："文倦于事，愦于忧，而性懧愚[3]，沉于国家之事，开罪于先生。先生不羞，乃有意欲为收责于薛乎？"冯谖曰："愿之。"于是约车治装[4]，载券契而行，辞曰："责毕收，以何市而反？"孟尝君曰："视吾家所寡有者。"

驱而之薛，使吏召诸民当偿者悉来合券。券遍合，起，矫命，以责赐诸民。因烧其券，民称万岁。

长驱到齐，晨而求见。孟尝君怪其疾也，衣冠而见之，曰："责毕收乎？来何疾也！"曰："收毕矣。""以何市而反？"冯谖曰："君云'视吾家所寡有者'。臣窃计，君宫中积珍宝，狗马实外厩，美人充下陈[5]。君家所寡有者，以义耳！窃以为君市义。"孟尝君曰："市义奈何？"曰："今君有区区之薛，不拊爱子其民[6]，因而贾利之[7]。臣窃矫君命，以责赐诸民，因烧其券，民称万岁。乃臣所以为君市义也。"孟尝君不说，曰："诺，先生休矣！"

后期年，齐王谓孟尝君曰："寡人不敢以先王之臣为臣。"孟尝君就国于薛，未至百里，民扶老携幼，迎君道中。孟尝君顾谓冯谖："先生所为文市义者，乃今日见之。"

冯谖曰："狡兔有三窟，仅得免其死耳；今君有一窟，未得高枕而卧也。请为君复凿二窟。"孟尝君予车五十乘，金五百斤，西游于梁，谓惠王曰："齐放其大臣孟尝君于诸侯，诸侯先迎之者，富而兵强。"于是梁王虚上位，以故相为上将军，遣使者，黄金千斤，车百乘，往聘孟尝君。冯谖先驱，诫孟尝君曰："千金，重币也；百乘，显使也。齐其闻之矣。"梁使三反，孟尝君固辞不往也。

齐王闻之，君臣恐惧，遣太傅赍[8]黄金千斤，文车二驷[9]，服剑[10]一，封书谢孟尝君曰："寡人不祥，被于宗庙之祟[11]，沉于谄谀之臣，开罪于君，寡人不足为也。愿君顾先王之宗庙，姑反国统万人乎？"冯谖诫孟尝君曰："愿请先王之祭器[12]，立宗庙于薛[13]。"庙成，还报孟尝君曰："三窟已就，君姑高枕为乐矣。"

孟尝君为相数十年，无纤介之祸者[14]，冯谖之计也。

注释

【1】车客：能乘车的食客。孟尝君将门客分为三等：上客食鱼、乘车；中客食鱼；下客食菜。

【2】出记：出通告，出文告。

【3】"文倦"三句：倦于事，为国事劳碌。愦于忧，困于思虑而心中昏乱。懧，同"懦"，怯弱。

【4】约车治装：预备车子，治办行装。

【5】下陈：后列。

【6】拊爱：即抚爱。子其民：视民如子，形容特别爱护百姓。

【7】贾利之：以商人手段向百姓牟取暴利。

【8】赍：拿东西送人。

【9】文车：雕刻或绘有花纹的车。驷：四匹马拉的车，与"乘"同义。

【10】服剑：佩剑。

【11】被于宗庙之祟：受到祖宗神灵的处罚。

【12】愿：希望。请：指向齐王请求。祭器：宗庙里用于祭祀祖先的器皿。

【13】立宗庙于薛：孟尝君与齐王同族，故请求分得先王传下来的祭器，在薛地建立宗庙，将来齐即不便夺毁其国，如果有他国来侵，齐亦不能不相救。这是冯谖为孟尝君所定的安身之计，为"三窟"之一。

【14】纤介：细微。

本文记叙了冯谖为巩固孟尝君的政治地位而进行的种种政治外交活动（焚券市义，谋复相位，在薛建立宗庙），表现了冯谖的政治识见和卓越才能——善于利用矛盾以解决矛盾。文中冯谖在全部核查诸民借据之后，把债全部赐还百姓，表现了他重视民本的远见卓识和临机大胆决断的性格，不但为孟尝君买回民心，也为孟尝君的统治奠定了雄厚基础，取得了人民的支持。

石壕吏

杜 甫

本诗选自《全唐诗》。

杜甫（712—770），字子美，自号少陵野老，世称"杜工部""杜少陵"等，巩县（今河南省巩义市）人。杜甫生在"奉儒守官"并有文学传统的家庭中，是著名诗人杜审言之孙。7岁学诗，15岁扬名，但却一生不得志。35岁以前读书与游历。天宝年间到长安，仕进无门，困顿了十年，才获得右卫率府胄曹参军的小职。安史之乱爆发后，他流亡颠沛，竟为叛军所俘。脱险后，授官左拾遗。因直言进谏，触怒权贵，被贬到华州（今陕西省渭南市华州区），负责祭祀、礼乐、学校、选举、医筮、考课等事。乾元二年（759），他弃官西行，最后到四川，定居成都，一度在剑南节度使严武幕中任检校工部员外郎，故又有杜工部之称。晚年举家东迁，途中留滞夔州二年，出峡。漂泊鄂、湘一带，贫病而卒。杜甫是唐代伟大的现实主义诗人，被世人尊为"诗圣"，其诗被称为"诗史"。为了跟另外两位诗人李商隐与杜牧即"小李杜"区别开来，杜甫与李白又合称"大李杜"。杜甫忧国忧民，人格高尚，诗艺精湛，在中国古典诗歌中备受推崇，影响深远。杜甫一生写诗一千五百多首，其中很多是传诵千古的名篇，比如"三吏"和"三别"。有

《杜工部集》传世。

　　暮投石壕村[1]，有吏[2]夜捉人。老翁逾墙走[3]，老妇出门看。
　　吏呼一何怒[4]！妇啼一何苦[5]。听妇前致词[6]，三男邺城戍[7]。
　　一男附书至[8]，二男新战死。存者且偷生，死者长已矣[9]！
　　室中更无人，惟有乳下孙[10]。有孙母未去[11]，出入无完裙。
　　老妪力虽衰[12]，请从吏夜归[13]。急应河阳役[14]，犹得备晨炊[15]。
　　夜久语声绝，如闻泣幽咽[16]。天明登前途，独与老翁别。

注释

【1】投：投宿。石壕村：地名，在今河南省三门峡市陕州区东七十里。
【2】吏：官吏，低级官员，这里指抓壮丁的差役。
【3】逾：越过；翻过。走：跑，这里指逃跑。
【4】呼：诉说，叫喊。一何：何其，多么。怒：恼怒，凶猛，粗暴，这里指凶狠。
【5】啼：哭啼。苦：凄苦。
【6】前致词：指老妇走上前去（对差役）说话。前，上前，向前。致，对……说。
【7】邺城：即相州，治安阳（今河南安阳）。戍：防守，这里指服役。
【8】附书至：捎信回来。书，书信。至，回来。
【9】长已矣：永远完了。已，停止，这里引申为完结。
【10】乳下孙：正在吃奶的孙子。
【11】去：离开，这里指改嫁。
【12】老妪：老妇人。衰：弱。
【13】请从吏夜归：请让我和你晚上一起回去。请，请求。从，跟从，跟随。
【14】急应河阳役：赶快到河阳去服役。应，响应。河阳，今河南孟州，当时唐王朝官兵与叛军在此对峙。
【15】犹得：还能够。得，能够。备：准备。晨炊：早饭。
【16】泣幽咽：低微断续的哭声。有泪无声为"泣"，哭声哽塞低沉为"咽"。

点评

　　为平息安史之乱，郭子仪、李光弼等九位节度使，率兵20万围攻安庆绪所占的邺郡（治今河南安阳），胜利在望。但在第二年春天，由于史思明派来援军，加上唐军内部矛盾重重，形势发生逆转，在敌人两面夹击之下，唐军全线崩溃。郭子仪等退守河阳（今河南孟州），并四处抽丁补充兵力。乾元二年（759）春，杜甫由左拾遗贬为华州司功参军。他离开洛阳，历经新安、石壕、潼关，夜宿晓行，风尘仆仆，赶往华州任所。所经之处，哀鸿遍野，民不聊生，这引起诗人感情上的强烈震动。他在由新安县西行途中，投宿石壕村，遇到吏卒深夜捉人，于是就其所见所闻，写成这篇不朽的诗作。《石壕吏》是杜甫著名的"三吏"之一，是一首杰出的现实主义的叙事诗，写了差吏到石壕村乘夜捉人征兵，连年老力衰的老妇也被抓服役的故事，揭露了官吏的残暴和兵役制度的黑暗，对安史之乱中人民遭受的苦难深表同情。

兵车行

杜 甫

本诗选自《全唐诗》。

车辚辚[1]，马萧萧[2]，行人[3]弓箭各在腰。
耶[4]娘妻子走[5]相送，尘埃不见咸阳桥[6]。
牵衣顿足拦道哭，哭声直上干[7]云霄。
道旁过者[8]问行人，行人但云点行频[9]。
或从十五北防河[10]，便至四十西营田[11]。
去时里正与裹头[12]，归来头白还戍边。
边庭[13]流血成海水，武皇开边[14]意未已。
君不闻，汉家山东[15]二百州，千村万落生荆杞[16]。
纵有健妇把锄犁，禾生陇亩无东西[17]。
况复秦兵耐苦战[18]，被驱不异犬与鸡。
长者[19]虽有问，役夫敢申恨[20]？
且如[21]今年冬，未休关西[22]卒。
县官[23]急索租，租税从何出？
信知生男恶，反是生女好。
生女犹得嫁比邻[24]，生男埋没随百草。
君不见，青海头[25]，古来白骨无人收。
新鬼烦冤[26]旧鬼哭，天阴雨湿声啾啾[27]！

注释

【1】辚辚：车轮声。《诗经·秦风·车辚》："有车辚辚。"
【2】萧萧：马嘶叫声。《诗经·小雅·车攻》："萧萧马鸣。"
【3】行人：指被征出发的士兵。
【4】耶：同"爷"，父亲。
【5】走：奔跑。
【6】咸阳桥：即西渭桥。汉武帝建元三年始建，因与长安城便门相对，也称便桥或便门桥。故址在今陕西咸阳市西南。唐代称咸阳桥，为长安通往西北的必经之路。
【7】干：冲。
【8】过者：过路的人，这里是杜甫自称。
【9】但云：只说。点行频：频繁地点名征调壮丁。

【10】或：不定指代词，有的，有的人。北防河：当时常与吐蕃发生战争，曾征召陇右、关中、朔方诸军集结河西一带防御。因其地在长安以北，所以说"北防河"。

【11】西营田：古时实行屯田制，军队无战事即种田，有战事即作战。"西营田"也是防备吐蕃的。

【12】里正：唐制，每百户设一里正，负责管理户口、检查民事、催促赋役等。裹头：男子成丁，就裹头巾，犹古之加冠。古时以皂罗（黑绸）三尺裹头，曰头巾。新兵因为年纪小，所以需要里正给他裹头。

【13】边庭：边疆。

【14】武皇：汉武帝刘彻。唐诗中常有以汉指唐的委婉避讳方式。这里借武皇代指唐玄宗。唐人诗歌中好以"汉"代"唐"，下文"汉家"也是指唐王朝。开边：用武力开拓边疆。

【15】汉家：汉朝。这里借指唐。山东：崤山或华山以东。古代秦居西方，秦地以外，统称山东。

【16】荆杞：荆棘与杞柳，都是野生灌木。

【17】陇亩：田地。陇，通"垄"，田埂。无东西：不分东西，意思是行列不整齐。

【18】况复：更何况。秦兵：指关中一带的士兵。耐苦战：能顽强苦战。

【19】长者：指上文的"道旁过者"，即杜甫。征人敬称他为"长者"。

【20】役夫敢申恨：征人自言不敢诉说心中的愤恨。这是反诘语气，表现士卒敢怒而不敢言的情态。役夫，行役的人。敢，岂敢，怎么敢。

【21】且如：就如。

【22】未休关西卒：关西，当时指函谷关以西的地方。这句是说，因为对吐蕃的战争还未结束，所以关西的士兵都未能罢遣还家。

【23】县官：官府。

【24】比邻：近邻。

【25】青海头：即青海边。这里是自汉代以来经常发生战争的地方。唐初也曾在这一带与突厥、吐蕃发生大规模的战争。

【26】烦冤：愁烦冤屈。

【27】啾啾：象声词，形容凄厉的哭叫声。

点评

天宝以后，唐王朝对西北、西南少数民族的战争越来越频繁。连年不断的大规模战争，不仅给边疆少数民族带来沉重灾难，也给广大中原地区人民带来同样的不幸。这是一首反对唐玄宗穷兵黩武、给人民造成了巨大灾难的政治讽刺诗，具有深刻的思想内容。它借征夫对长者的答话，倾诉了人民对战争的痛恨和它所带来的痛苦。地方官吏在这样的情况下还要横征暴敛，百姓更加痛苦不堪。这是诗人深切地了解民间疾苦和寄予深刻同情的名篇之一。

卖炭翁

白居易

本诗选自《全唐诗》。

白居易（772—846），字乐天，号香山居士，又自号乐居士、醉吟先生，是我国文学史上负有盛名且影响深远的著名唐代大诗人。元和时曾任翰林学士、左赞善大夫，因得罪权贵，贬为江州司马，晚年官至太子少傅。846年，白居易在洛阳逝世，葬于香山，谥号"文"。白居易与李白、杜甫齐名，有"诗魔"和"诗王"之称。他与元稹共同倡导新乐府运动，世称"元白"，与刘禹锡并称"刘白"。在文学上积极倡导新乐府运动，主张"文章合为时而著，歌诗合为事而作"，写下了不少感叹时世、反映人民疾苦的诗篇，对后世颇有影响。白居易的诗歌题材广泛，形式多样，语言平易通俗。他一生作诗很多，以讽喻诗为最有名，由于语言通俗易懂，被称为"老妪能解"。代表诗作有《长恨歌》《卖炭翁》《琵琶行》等。

苦宫市也[1]。

卖炭翁，伐薪烧炭南山中[2]。
满面尘灰烟火色[3]，两鬓苍苍[4]十指黑。
卖炭得钱何所营[5]？身上衣裳口中食。
可怜身上衣正单，心忧炭贱愿天寒。
夜来城外一尺雪，晓驾炭车辗冰辙[6]。
牛困人饥日已高，市南门外泥中歇[7]。
翩翩两骑[8]来是谁？黄衣使者白衫儿[9]。
手把文书口称敕[10]，回车叱牛牵向北[11]。
一车炭，千余斤[12]，宫使驱将惜不得[13]。
半匹红绡一丈绫[14]，系向牛头充炭直[15]。

注释

【1】苦宫市也：宫市，唐代皇宫里需要物品，就向市场上去拿，随便给点钱，实际上是公开掠夺。唐德宗时用太监专管其事。

【2】伐：砍伐。薪：柴。南山：城南之山。

【3】烟火色：烟熏色的脸。此处突出卖炭翁的辛劳。

【4】苍苍：灰白色，形容鬓发花白。

【5】何所营：做什么用。营，经营，这里指需求。

【6】辗：同"碾"，压。辙：车轮滚过地面碾出的痕迹。

【7】市：长安有贸易专区，称市，市周围有墙有门。

【8】翩翩：轻快洒脱的情状。这里形容得意忘形的样子。骑：骑马的人。

【9】黄衣使者白衫儿：黄衣使者，指皇宫内的太监。白衫儿，指太监手下的爪牙。

【10】把：拿。称：说。敕：皇帝的命令或诏书。

【11】回：掉转。叱：呵斥。牵向北：指牵向宫中。

【12】千余斤：不是实指，形容很多。

【13】驱：赶着走。将：语助词。惜不得：舍不得。

【14】半匹红绡一丈绫：唐代商务交易，绢帛等丝织品可以代货币使用。当时钱贵绢贱，半匹绡和一丈绫，比一车炭的价值相差很远。这是官方用贱价强夺民财。

【15】系：绑扎。这里是挂的意思。直：通"值"，价值。

点评

《卖炭翁》是白居易《新乐府》组诗中的第三十二首，自注云："苦宫市也。"白居易写作《新乐府》是在唐宪宗元和（806—820）初年，这正是宫市危害最深的时候。"宫市"的"宫"指皇宫，"市"是买的意思。皇宫所需的物品，本来由官吏采买。中唐时期，宦官专权，横行无忌，连这种采购权也抓了过去，常有数十百人分布在长安东西两市及热闹街坊，以低价强购货物，甚至不给分文，还勒索"进奉"的"门户钱"及"脚价钱"。名为"宫市"，实际是一种公开的掠夺。白居易对宫市十分了解，对人民又有深切的同情，所以才能写出这首感人至深的《卖炭翁》来。此诗以个别事例来表现普遍状况，描写了一个烧木炭的老人谋生的困苦。诗人以"卖炭得钱何所营？身上衣裳口中食"两句展现了几乎濒于生活绝境的老翁所能有的唯一希望。卖炭翁好不容易烧出一车炭、盼到一场雪，一路上满怀希望地盘算着卖炭得钱换衣食，结果却遇上了"手把文书口称敕"的"宫使"。在皇宫的使者面前，在皇帝的文书和敕令面前，跟着那"叱牛"声，卖炭翁在从"伐薪""烧炭""愿天寒""驾炭车""辗冰辙"，直到"泥中歇"的漫长过程中所盘算的一切、所希望的一切，全都化为泡影。通过卖炭翁的遭遇，作者深刻地揭露了"宫市"的腐败本质，对统治者掠夺人民的罪行给予了有力的鞭挞与抨击，讽刺了当时腐败的社会现实，表达了作者对下层劳动人民的深切同情，有很强的社会典型意义。

第十八章 和合大同

一、"和合"的概念

"和"的观念是中国传统文化最核心的内容之一，指和谐、和平、祥和；"合"指结合、融合、合作。"和合"连起来，指在承认不同事物之矛盾、差异的前提下，把彼此不同的事物统一于一个相互依存的和合体中。

现存的甲骨文和金文中有"和""合"二字；先秦时，"和合"便是百家研究争论的一个重要内容。儒家学派创始人孔子以"和"作为人文精神的核心，曰："礼之用，和为贵。"儒家经典《中庸》中有一句十分精辟的话："中也者，天下之大本也；和也者，天下之达道也。致中和，天地位焉，万物育焉。"孔子"和而不同"的思想比较能够反映和合文化的本质。道家也认为万物都包含着阴阳，阴阳相互作用而构成和，是宇宙万物的本质以及天地万物生存的基础。汉时传入的佛教的中土化，主要也体现在和合上。

和合思想自产生以来，作为对普遍的文化现象本质的概括，始终贯穿在中国文化发展史上各个时代、各家各派之中，而成为中国文化的精髓和被普遍认同的人文精神，并在不同事物和合的过程中，吸取各个事物的优长而克其短，使之达到最佳组合，由此促进新事物的产生，推动事物的发展。

由此可见，和合文化有两个要素：一是客观地承认不同，比如阴阳、天人、男女、父子、上下等，相互不同；二是把不同的事物有机地合为一体，如阴阳和合、天人合一、五行和合等。和合范畴显然比一般性地提和平、和谐或合作、联合内涵更为丰富，外延更为广泛，层次也更深入。

在古人心目中，"四海之内皆兄弟"的观念根深蒂固。中国人的传统文化心理，以家庭、家族、种族、民族、群体为本，重群体、轻个人，重大我、轻小我，就是强调社会价值和个人价值的统一性，个人价值要在社会价值中实现。即使一个生活在偏远地区目不识丁的人，他都知道"国家国家，先国后家""国之将亡，何以为家"。"和合"精神是我国传统文化所倡导治国、处世、为人的一大准则。以此来协调各种社会关系，体现了中国人讲究团结合作、热爱和平的优良传统。

二、实现和合的途径

传统文化认为必须坚持中庸之道，以中庸为手段，达到中和的目的。要求处理问题不偏不倚，恰如其分，恰到好处。也就是把握准确的度，既不要不到位，也不要太过分，"过犹不及"。当然，处理矛盾交错、情况复杂的社会问题，要做到准确把握一个度，是非常困难的。所以孔子说："天下国家可均也，爵禄可辞也，白刃可蹈也，中庸不可能也！"（《中庸》）所以，实现中庸，必须具有三个前提：

一是承认各种事物互不相同，各有特色，这是客观事实，不以人的意志为转移。所以这个世界只能"和而不同"。

二是要有忍让意识。处理问题最好彼此有益，实现"双赢"。"双赢"虽好，但有时实在做不到。为了避免冲突的恶性发展，造成严重的后果，有时就只能单方面让步，达成某种妥协。无论"双赢"或单方面让步都需要一定的忍让。忍让的精神在东方文化中往往受到赞扬。

三是要有修养与品格。孔子说："君子和而不同，小人同而不和。"（《论语·子路》）又说："君子中庸，小人反中庸。"（《中庸》）孔子赞赏和，而鄙视同，因为那些只求事物等同划一而排斥不同事物的人，则是小人了。可见要做到适度与和谐不仅仅是个认识问题，还与人的品格、修养有关。所以要建立和谐社会必须致力于国民整体素质的提高。

三、"大同"的概念

"大同"，指儒家的理想社会或人类社会的最高阶段。

"大同"最早见于《尚书·洪范》，但还不是后来社会政治理想意义上的大同。《诗经·魏风》里的《硕鼠》描写了人们对乐土、乐国、乐郊的向往，是关于大同思想最早的文字记载和文学表现。

《礼记·礼运》里说："大道之行也，天下为公，选贤与能，讲信修睦，故人不独亲其亲，不独子其子，使老有所终，壮有所用，幼有所长，矜、寡、孤、独、废疾者皆有所养，男有分，女有归。货恶其弃于地也，不必藏于己；力恶其不出于身也，不必为己。是故谋闭而不兴，盗窃乱贼而不作，故外户而不闭，是谓大同。"这段话意思是说，在实行"大道"的时代，天下都是公共的。人们做事都为天下公共利益着想，社会管理一定推举贤德和能干的人来主持，人与人之间的关系一定讲求信用，保持和睦友善，所以大家不单是以自己的双亲为双亲，不单是以自己的子女为子女，这样使老年人都能善终，壮年人都有事干，幼年人都能健康成长，鳏、寡、孤、独和残疾人都能得到供养；男人都有分内的工作，女人都有如意的归宿。人们憎恶把财物遗弃在地上，而不一定收藏到自己家里；力气都恨它不是自己身上使出来的，但不一定是为了自己。因此，为了一己之私搞阴谋诡计和邪恶之事的人就没有了市场，就不会发生盗窃、造反、害人的事。所以家家户户门户大开，不用关闭，这就叫作"大同"社会。这里，孔子理想的大同社会具体内容是指：人类社会生产资料共有，人们之间没有等级差别，没有剥削压迫，平等和睦相处，各有所得所乐。

这种理想社会具备以下特点：

1. 全民公有的社会制度。

这个全民公有的社会制度，包括权力公有和财物公有，而首先是权力的公有。权力公有的口号是"天下为公"，具体措施是选贤与能，讲信修睦。管理社会的是被选举出来的贤能，而选举贤能的权力在于"天下"，也就是全社会的民众，所以说权力公有。其所以要明确权力公有，是人们从实践中认识到权力可以改变一切，也可以攫取一切。只有取消权力的个人垄断，才能保证社会的其他方面不受垄断；只有坚持权力的公有，才能保证社会其他方面的公有。所以"天下为公"的口号其性质是与王权根本对立的，是反王权的。《礼记正义》解释说："天下为公，谓天子位也。为公谓揖让而授圣德，不私传子孙，即废朱、均而用舜、禹也。"《正义》是以大同思想为基础的，所以举出尧不以帝位传其子丹朱而传给舜，舜又不传于商均而传禹的事例以资证明。《正义》虽然也承认"天下为公"首先是指最高统治的帝位，但从所举事例看，不全是《礼运》所说的大同，因为尧、舜虽然没有把帝位传给自己的子孙，但在思想上是把"天下"作为私有物来"禅让"的，而且又是在不得已的情况下让人的。《史记·五帝本纪》写道："尧知子丹朱之不肖，不足授天下，于是乃权授舜。授舜，则天下得其利而丹朱病；授丹朱，则天下病而丹朱得其利。尧曰：终不以天下之病而利一人，而卒授舜以天下。"尧、舜禅让与"大同"的区别在于：尧、舜的禅让是权宜性的，大同的选贤与能是制度化的；尧、舜禅让是个人指定的，大同是"天下"选举的；尧、舜是终身制的，大同是非终身的。在大同世界里，就根本不存在帝与王。

2. 选贤与能的管理体制。

这个体制是包括中央与地方的。天下既然是天下人的天下，地方更是地方人的地方。地方事务由地方民众选举贤能之士负责管理。这里的选举指的是民举，而不是官举，官举与民举的性质是不同的，但汉儒却混淆了两者的界限，甚至有意改民举为官举。汉儒解释说："选贤与能者，向明不私传天位，此明不世诸侯也。国不传世，唯选贤与能也，黜四凶，举十六相之类是也。"汉儒虽然也以"天下为公"和"选贤与能"分别指中央和地方政权，但用的仍是尧、舜的典故。尧、舜一方面禅让帝位，一方面选贤与能，好事做尽，而民众却未与闻，因而其并不是大同世界本来意义上的选举。随着时间的推移，选举的性质一再改变，迨至隋唐，竟成了专指朝廷对士人的选拔，自《唐书》直至《明史》，均辟有《选举志》，记载历代的科举情况，选举与民众便彻底绝缘了。

3. 讲信修睦的人际关系。

信与睦是良好人际关系的核心，而"天下为公"才是建立良好人际关系的前提和基础。"天下为公"，人人是社会的一员，社会有每人的一份，衣食有着，地位平等，无胁迫的可能，无依附的必要，是大同世界人际关系总的概括。这个以"天下为公"为前提的人际关系同样遭到了后儒的篡改。《礼记正义》解释说："讲信修睦者，讲，谈说也；信，不欺也；修，习；睦，亲也。世淳无欺，谈说辄有信也。故哀公问周丰云'有虞氏未施信于民而民信之'是也。"通过《正义》的解释，"讲信修睦"仅是一种言说交往的表面现象，而且这种现象又是王化影响的结果，大同世界的本质被阉割了。

4. 人得其所的社会保障。

大同世界描绘的社会是人人敬老、人人爱幼，无处不均匀、无人不饱暖的理想社会。在这里，人们视他人父母如自己父母，视他人子女如自己子女。"老有所终，壮有所用，幼有所长，矜、寡、孤、独、废疾者皆有所养。"任何人都能得到社会的关怀，任何人都主动关心社会。男有室，女有家，社会和谐，人民安居。对这段最具实际意义的社会保障，后儒也是多有篡改的，如将社会保障制度解释为一种在君王影响下的社会风气。所谓"君既无私，言信行睦，故人法之而不独亲己亲，不独子己子"，将人人有劳动权利的"壮有所用"解释为"不爱其力以奉老幼"，将"男有分"解释为"无才者耕，有能者仕，各当其职"，而将"女有归"解释为"君上有道，不为失时，故有归也"。特别又从反面论证，有意无意地丑化妇女说："若失时者，则《诗》卫女淫奔，'期我乎桑中，要我乎上宫'，是失时也。""男有分，女有归"，实际是指男女都有自己婚嫁的权利与机会，不致因战乱和不合理的社会制度而成为旷夫怨女，是一种基本的社会保障。

5. 人人为公的社会道德。

在这里，人们有高度的责任心，对社会财富十分珍惜，憎恶一切浪费现象，也反对任何自私自利的行为。"货恶其弃于地也，不必藏于己。"货弃于地是可耻的，货藏于己同样是可耻的。

6. 各尽其力的劳动态度。

在这里，劳动已经成了人们高度自觉而又十分习惯的活动。"力恶其不出于身也，不必为己。"能劳不劳是可耻的，劳而不尽其力也是可耻的，劳动只为了自己同样是可耻的。正是人们这种不计报酬、高度自觉的劳动态度支撑了大同的理想社会，而大同世界高度民主的政治制度和切实可靠的社会保障又是这种劳动态度产生的前提和基础。社会给人们提供了和谐优越的生存条件，人们回报社会以高度的自觉劳动，二者互为条件，互为因果，而又互相促进。

另外，孔子还提出"老安少怀""不患寡而患不均，不患贫而患不安"。与孔子同时的老子也这样描绘大同世界：没有欺压，没有贵贱，平等、博爱，人人劳动，人人"甘其食，美其服，安其居，乐其俗"。孟子描绘了自给自足的小农家庭经济的理想蓝图，"老吾老以及人之老，幼吾幼以及人之幼"。荀子的"四海之内若一家"，子夏的"四海之内皆兄弟"，《礼记·礼运》的"以天下为一家，以中国为一人"，墨子的"兼爱"等，都是一种大同，均表达了不同层次的社会政治理想。这种"大同"思想还为后世很多学者、政治家所接受和继承。

四、"大同"与"小康"的区别

儒家把比"大同"思想较低级的一种社会称为"小康"。"小康"是儒家理想中的所谓政教清明、人民富裕安乐的社会局面，指禹、汤、文、武、成王、周公之治。

《礼记·礼运》中说："今大道既隐，天下为家，各亲其亲，各子其子，货力为己。大人世及以为礼，城郭沟池以为固，礼义以为纪，以正君臣，以笃父子，以睦兄弟，以和夫妇，以设制度，以立田里，以贤勇知，以功为己。故谋用是作，而兵由此起。禹、汤、文、武、成王、周公，由此其选也。此六君子者，未有不谨于礼者也。以著其义，以考其信，著有过，刑仁讲让，示民有常。如有不由此者，在势者去，众以为殃。是谓小康。"

意思是：如今大道已经消逝了，天下各家顾各家，各人把自己的亲人当作亲人，把自己的儿女当作儿女，财富和气力都为自己。天子、诸侯的权力世袭，并成为礼制，修城挖沟作为坚固的防守，制定礼仪作为准则，用来规范君臣关系，淳厚父子，和睦兄弟，和谐夫妻，确立制度，划分田地住宅，尊重有勇有智的人，为自己建功立业。所以，阴谋诡计因此兴起，战争也由此产生了。夏禹、商汤、周文王、周武王、周成王和周公旦，是其中的杰出代表。这六位君子，没有哪个不谨慎奉行礼制。他们说清弄明礼制的内涵，用它们考查人们的信用，揭露过错，用法确定什么是仁，用教育说清什么是让，为百姓确定规范。如果有越轨的，有权有势的也要去掉，大家都把它看成祸害。这种社会就叫作小康。

古人将"小康"与"大同"并列为两种不同的社会状态或社会理想。在古代思想家眼里，"大同"是天下为公、路不拾遗、井然有序的理想社会，"小康"是天下为家、温馨和睦、讲究礼仪的亲情社会。二者的本质区别只有一点，就在于大道的"行"或是"隐"，"大同"与"小康"都是"大道"的体现，"隐道"绝无"失道""丧道"之义，只是尧舜之后，"大道之行"隐在了小康之治里，"小康"恰恰是"大同"之寄寓。换言之，"小康"的理论依据和支撑是"大同"，"大同"的现实演绎和开展就是"小康"。

"大同"思想在儒家传承中有其深远的理论渊源和历史依据。尧舜禹三代之治，被儒家认为是上接炎黄、下启三朝，行禅让，便是大同之世。《论语》中孔子也多次赞叹尧舜，流露出对尧舜时代的强烈向往。

从夏禹之后,他的儿子启继承了王位,世袭制代替了禅让制,中国历史上遂从"公天下"变为了"家天下",大同之世便退出了历史。但后世大儒的政治理想基本上并不以汉唐为高,而是以追寻"大同"为目标。

"小康"描绘的是在夏禹之后到商汤、周文王、周武王、周公治理下出现的盛世。尧舜禹之后,中国社会朝向"小康"的现实努力,恰恰是"大同"思想在中国历史进程中的具体落实,这是理解儒家为政之道的核心之一。

礼 记(节选)

戴 圣

本文选自《礼记·礼运》。

《礼记》,战国至秦汉年间儒家学者解释说明经书《仪礼》的文章选集,是一部儒家思想的资料汇编。《礼记》的作者不止一人,写作时间也有先有后,其中多数篇章可能是孔子的七十二弟子及其学生们的作品,还兼收先秦的其他典籍。《礼记》的内容主要是记载和论述先秦时期中国的礼制,解释礼仪,记录孔子和弟子等的问答,记述修身做人的准则。实际上,这部九万字左右的著作内容广博,门类繁多,涉及政治、法律、道德、哲学、历史、祭祀、文艺、日常生活、历法、地理等诸多方面,几乎包罗万象,集中体现了先秦儒家的政治、哲学和伦理思想,是研究先秦社会的重要资料。

据传,《礼记》一书的编订是西汉礼学家戴德和他的侄子戴圣。戴德选编的八十五篇本叫《大戴礼记》,在后来的流传过程中若断若续,到唐代只剩下了三十九篇。戴圣选编的四十九篇本叫《小戴礼记》,即我们今天见到的《礼记》。这两种书各有侧重和取舍,各有特色。东汉末年,著名学者郑玄为《小戴礼记》做了出色的注解,后来这个本子便盛行不衰,并由解说经文的著作逐渐成为经典,到唐代被列为"九经"之一,到宋代被列入"十三经"之中,成为士人必读之书。

戴德(生卒不详),字延君,汉代礼学家、学者,家族显赫。春秋时期宋国君主宋戴公的二十二世孙,梁(郡治今河南省商丘南)人。一说戴德家族世居魏郡斥丘(今河北成安东南)。戴德活跃于汉元帝时(前43—前33),是后苍的四位弟子之一,曾任信都王刘嚣的太傅。今文礼学"大戴学"的开创者,代表作《大戴礼记》。戴德与侄子戴圣被后人合称为"大小戴"。二人由于在礼学上的重大贡献,被尊称为儒宗。

戴圣(生卒年不详),字次君,梁(郡治今河南商丘南)人。西汉时期官员、学者、礼学家,今文礼学"小戴学"的开创者,后世称其为"小戴"。戴圣与叔父戴德曾跟随后苍学《礼》,两人被后人合称为"大小戴"。汉宣帝时,戴圣以博士参与石渠阁论议,官至九江太守。著作有《小戴礼记》,即今本《礼记》。

昔者仲尼与于蜡宾,事毕,出游于观之上,喟然而叹。仲尼之叹,盖叹鲁也。言偃在侧曰:"君子何叹?"孔子曰:"大道之行也[1],与三代之英,丘未之逮也,而有志焉。大道之行也，天下为公，选贤与[2]能，讲信修[3]睦，故人不独亲其亲，不独子其子，使老有所终，壮有所用，幼有所长，矜[4]、寡、孤、独[5]、废疾[6]者皆有所养，男有分[7]，女有归[8]。货恶其弃于地也，不必藏于己；力恶其不出于身也，不必为己。是故谋闭而不兴[9]，盗窃乱贼而不作，故外户而不闭[10]，是谓大同[11]。今大道既隐，天下为家，各亲其亲，各子其子，货力为己。大人世及以为礼，城郭沟池以为固，礼义以为纪，以正君臣，以笃父子，以睦兄弟，以和夫妇，以设制度，以立田里，以贤勇知，以功为己。故谋用是作，而兵由此起。禹、汤、文、武、成王、周公，由此其选也。此六君子者，未有不谨于礼者也。以著其义，以考其信，著有过，刑仁讲让，示民有常。如有不由此者，在势者去，众以为殃。是谓小康。"

注释

【1】大道：古代指政治上的最高理想。行：施行。

【2】与：通"举"，选举，推举。

【3】修：培养。

【4】矜：通"鳏"，老而无妻的人。

【5】独：老而无子的人。

【6】废疾：残疾人。

【7】分：职分，指职业、职守。

【8】归：指女子出嫁。

【9】是故：因此，所以，这样一来。谋闭而不兴：奸邪之谋不会发生。闭，杜绝。兴，发生。

【10】外户：从外面关闭的门。

【11】谓：叫作。大同：指儒家的理想社会或人类社会最高准则。

点评

大道之行，天下为公，意思是天下是人们所共有的，把品德高尚的人、有才能的人选出来，人人讲求诚信，培养和睦气氛，其所表达的是一种"大同"社会的理想。此文在阐明"大同"社会基本特征的基础上，指出了"大同"社会的美好前景。这里人人都能受到社会关爱，安居乐业，且各尽所能，其中寄托着儒家崇高的社会理想。文中拿现实社会跟理想的"大同"社会做对比，从而顺理成章地指出，现实社会中诸多现象如搞阴谋、盗窃财物、作乱等在大同社会中将不复存在，代之而兴的将是一个"外户而不闭"的和平、安定的局面。其中已经折射出现实社会的真实情形：社会变乱纷呈，动荡不安，尔虞我诈，人人自危，盗贼横行，混乱不堪。总之，此文中所描述的理想社会，反映了中国古代人民对美好社会的憧憬。虽然主观目的只是论说礼仪、阐释古制、宣传儒家思想，但其中"天下为公"的"大同"社会理想，却是两千多年前的古代圣贤留给全人类的思想财富。

论　语（节选）

孔　子

有子曰："礼[1]之用，和[2]为贵。先王之道[3]，斯[4]为美。小大由之，有所不行；知和而和，不以礼节[5]之，亦不可行也。"（《论语·学而》）

注释

【1】礼：在春秋时代，"礼"泛指社会的典章制度和道德规范。孔子的"礼"，既指礼节、仪式，也指人们的道德规范。
【2】和：调和，和谐，协调。
【3】先王之道：指尧、舜、禹、汤、文、武等古代帝王的治世之道。
【4】斯：这，此。这里指礼，也指和。
【5】节：节制。

点评

"和"是儒家特别倡导的伦理、政治和社会原则。《礼记·中庸》写道："喜怒哀乐之未发谓之中，发而皆中节谓之和。"杨遇夫《论语疏证》写道："事之中节者皆谓之和，不独喜怒哀乐之发一事也。和今言适合，言恰当，言恰到好处。"孔子认为，礼的推行和应用要以和谐为贵。但是，凡事都要讲和谐，或者为和谐而和谐，不受礼的约束也是行不通的。这是说，既要遵守礼所规定的等级差别，相互之间又不要出现不和。孔子在本章提出的这个观点是有意义的。在奴隶社会，各等级之间的区分和对立是很严格的，其界限丝毫不容紊乱。上一等级的人，以自己的礼仪显示其威风；下一等级的人，则怀着畏惧的心情唯命是从。但到春秋时代，这种社会关系开始破裂，臣弑君、子弑父的现象已属常见。对此，有子提出"和为贵"说，其目的是为缓和不同等级之间的对立，使之不致破裂，以安定当时的社会秩序。孔子既强调礼的运用以和为贵，又指出不能为和而和，要以礼节制之，可见孔子提倡的和并不是无原则的调和，这是有其合理性的。

子曰："君子和[1]而不同[2]，小人同而不和。"（《论语·子路》）

注释

【1】和：于物来说是事物多样性的统一，于人来说是观点与意见的多样性统一。
【2】同：同质事物的绝对同一，即把相同的事物叠加起来。

所谓"和而不同",是指君子在人际交往中能够与他人保持一种和谐友善的关系,但在对具体问题的看法上却不必苟同于对方。"同而不和",是指小人习惯于在对问题的看法上迎合别人的心理、附和别人的言论,但在内心深处却并不抱有一种和谐友善的态度。在日常生活中,人们对某一问题持有不同的看法,这本是极为正常的。真正的朋友应该通过交换意见、沟通思想而求得共识;即使暂时统一不了思想也不会伤了和气,可以经过实践间的检验来证明谁的意见更为正确。因此,真正的君子之交并不寻求时时处处保持一致;相反,容忍对方有其独立的见解,并不去隐瞒自己的不同观点,才算得上赤诚相见、肝胆相照。但是,那些蝇营狗苟的小人却不是这样,他们或是隐瞒自己的思想,或是根本就没有自己的思想,只知道人云亦云、见风使舵。更有甚者,党同伐异:凡是"朋友"的意见,即使是错了也要加以捍卫;凡是"敌人"的观点,即使是对的也要加以反对。这样一来,人与人之间就划出了不同的圈子,形成了不同的帮派,"朋友"的真正意义也便荡然无存了。与小人不同,真正的君子并不十分注重人际往来中的利益纠葛,但在大是大非面前却勇于坚持立场;真正的君子并不十分计较人际往来中的是非恩怨,但却能在正视不同意见的基础上求同存异。因此,这样的人即使会有这样或那样的缺点,但他至少能保持思想的自由和人格的独立。

尚　同[1]

墨　子

《墨子》,战国时期的哲学著作,由墨子自著和弟子记述墨子言论两部分组成。该书提倡兼爱、非攻、尚贤、尚同、天志、明鬼、非命、非乐、节葬、节用,涉及哲学、逻辑学、军事学、工程学、力学、几何学、光学,先秦的科学技术成就大都依赖《墨子》以传。现存《墨子》一书,宋朝时多有散佚。至清代编《四库全书》时,仅存五十三篇。《墨子》分两大部分:一部分是记载墨子言行,阐述墨子思想,主要反映了前期墨家的思想;另一部分包括《经上》《经下》《经说上》《经说下》《大取》《小取》等六篇,一般称作"墨辩"或"墨经",着重阐述墨家的认识论和逻辑思想,还包含许多自然科学的内容,反映了后期墨家的思想。

墨子(约前468—前376),名翟,春秋末期战国初期宋国人,一说鲁国人。曾担任宋国大夫,是墨家学派的创始人,也是战国时期著名的思想家、教育家、科学家、军事家。墨子是中国历史上唯一一个农民出身的哲学家,创立了墨家学说,在先秦时期影响很大,与儒家并称"显学"。他提出了"兼爱""非攻""尚贤""尚同""天志""明鬼""非命""非乐""节葬""节用"等观点。以兼爱为核心,以节用、尚贤为支点。墨子在战国时期创立了以几何学、物理学、光学为突出成就的一整套科学理论。在当时的百家争鸣中,有"非儒即墨"之称。墨子死后,墨家分为相里氏之墨、相夫氏之墨、邓陵氏之墨三个学派。其弟子根据墨子生平事迹，收集其语录，完成了《墨子》一书。

子墨子言曰：古者民始生未有刑政之时，盖其语，人异义。是以一人则一义，二人则二义，十人则十义。其人兹众[2]，其所谓义者亦兹众。是以人是其义，以非人之义，故交相非也。是以内者父子兄弟作怨恶，离散不能相和合；天下之百姓，皆以水火毒药相亏害。至有余力不能以相劳，腐朽余财不以相分，隐匿良道不以相教，天下之乱，至若禽兽然。

夫明虖天下之所以乱者[3]，生于无政长。是故选天下之贤可者，立以为天子。天子立，以其力为未足，又选择天下之贤可者，置立之以为三公。天子、三公既以立，以天下为博大，远国异土之民，是非利害之辩，不可一二而明知，故画分万国，立诸侯国君。诸侯国君既已立，以其力为未足，又选择其国之贤可者，置立之以为正长[4]。

正长既已具，天子发政于天下之百姓，言曰："闻善而不善，皆以告其上。上之所是必皆是之，上之所非必皆非之。上有过则规谏之，下有善则傍荐之。上同而不下比者，此上之所赏而下之所誉也。意若闻善而不善，不以告其上；上之所是弗能是，上之所非弗能非；上有过弗规谏，下有善弗傍荐；下比不能上同者，此上之所罚而百姓所毁也。"上以此为赏罚，明察以审信。

是故里长者，里之仁人也。里长发政里之百姓，言曰："闻善而不善，必以告其乡长。乡长之所是必皆是之，乡长之所非必皆非之。去若不善言，学乡长之善言；去若不善行，学乡长之善行。"则乡何说以乱哉？察乡之所以治者，何也？乡长唯能一同乡之义，是以乡治也。

乡长者，乡之仁人也。乡长发政乡之百姓，言曰："闻善而不善者，必以告国君。国君之所是必皆是之，国君之所非必皆非之。去若不善言，学国君之善言；去若不善行，学国君之善行。"则国何说以乱哉？察国之所以治者，何也？国君唯能一同国之义，是以国治也。

国君者，国之仁人也。国君发政国之百姓，言曰："闻善而不善，必以告天子。天子之所是皆是之，天子之所非皆非之。去若不善言，学天子之善言；去若不善行，学天子之善行。"则天下何说以乱哉？察天下之所以治者，何也？天子唯能一同天下之义，是以天下治也。

天下之百姓皆上同于天子，而不上同于天，则灾犹未去也。今若天飘风苦雨，溱溱而至者，此天之所以罚百姓之不上同于天者也。是故子墨子言曰："古者圣王为五刑，请以治其民[5]。譬若丝缕之有纪，网罟之有纲，所以连收天下之百姓不尚同其上者也。"（《墨子·尚同上》）

注释

【1】尚同：即人们的意见应当统一于上级，并最终统一于天。这是墨子针对当时国家混乱而提出的政治纲领。墨子认为，天下混乱是由于没有符合天意的好的首领，因此主张选择"仁人"担任各级领导。这种思想与尚贤说在本质上基本一致，都是对当时贵族统治的批判。

【2】兹：通"滋"。

【3】摩：通"乎"。

【4】正长：即"政长"，谓君主或各级行政长官。

【5】请：通"情"，实在，的确。

尚同的意思是，上天选择天下贤良之人，立以为天子，立以为三公、诸侯国君以至乡里之长，社会成员自下而上尚同于天子之"义"，并且"上有过则规谏之"。社会成员的意愿层层上达，天子及其以下的各级官吏按共同的"义"行事，从而实现"天下治"。并且，天子的行为是否合于天下之义，必须据其是否尚同于天。墨子主张地位居下者逐层服从居上者，如百姓服从国君、国君服从天子，从而达到"一同天下之义"的治世。

兼 爱【1】

墨 子

圣人以治天下为事者也，必知乱之所自起，焉能治之；不知乱之所自起，则不能治。譬之如医之攻人之疾者然：必知疾之所自起，焉能攻之；不知疾之所自起，则弗能攻。治乱者何独不然！必知乱之所自起，焉能治之；不知乱之所自起，则弗能治。

圣人以治天下为事者也，不可不察乱之所自起。当【2】察乱何自起？起不相爱。臣子之不孝君父，所谓乱也。子自爱不爱父，故亏父而自利；弟自爱不爱兄，故亏兄而自利；臣自爱不爱君，故亏君而自利。此所谓乱也。虽父之不慈子，兄之不慈弟，君之不慈臣，此亦天下之所谓乱也。父自爱也，不爱子，故亏子而自利；兄自爱也，不爱弟，故亏弟而自利；君自爱也，不爱臣，故亏臣而自利。是何也？皆起不相爱。虽至天下之为盗贼者，亦然。盗爱其室，不爱异室，故窃异室以利其室；贼爱其身，不爱人身，故贼人身以利其身。此何也？皆起不相爱。虽至大夫之相乱家、诸侯之相攻国者，亦然。大夫各爱其家，不爱异家，故乱异家以利其家；诸侯各爱其国，不爱异国，故攻异国以利其国。天下之乱物，具此而已矣。察此何自起？皆起不相爱。

若使天下兼相爱，爱人若爱其身，犹有不孝者乎？视父兄与君若其身，恶【3】施不孝？犹有不慈者乎？视子弟与臣若其身，恶施不慈？故不慈不孝亡【4】。犹有盗贼乎？视人之室若其室，谁窃？视人身若其身，谁贼？故盗贼有亡。犹有大夫之相乱家、诸侯之相攻国者乎？视人家若其家，谁乱？视人国若其国，谁攻？故大夫之相乱家、诸侯之相攻国者有亡。若使天下兼相爱，国与国不相攻，家与家不相乱，盗贼无有，君臣父子皆能孝慈，若此则天下治。

故圣人以治天下为事者，恶得不禁恶而劝爱！故天下兼相爱则治，交相恶则乱。故子墨子曰"不可以不劝爱人"者，此也。（《墨子·兼爱上》）

【1】兼爱：是墨家学派最有代表性的理论之一。所谓兼爱，其本质是要求人们爱人如己，彼此之间不要存在血缘与等级差别的观念。墨子认为，不相爱是当时社会混乱最大的原因，只有通过"兼相爱，交相利"才能达到社会安定的状态。这种理论具有反抗贵族等级观念的进步意义，但同时也带有强烈的理想色彩。

【2】当：读为"尝"，尝试。

【3】恶：何。

【4】亡：通"无"。

墨子针对儒家"爱有等差"的说法，主张爱无等级差别，不分厚薄亲疏。兼爱就是兼相爱，交相利，就是爱人，爱百姓而达到互爱互助，而不是互怨互损。他以兼爱为其社会伦理思想的核心，认为当时社会动乱的原因就在于人们不能兼爱。他提倡"兼以易别"，反对儒家所强调的"爱有差等"的观点。他提出"兼相爱，交相利"，把兼爱与实现人们物质利益方面的平等互利相联系，表现出对功利的重视。墨子的尚贤、尚同、节用、节葬、非攻等主张均以兼爱为出发点，他希望通过提倡兼爱解决社会矛盾。兼爱以天志为源头，引导出天爱万物，养万物，包容万物，得出人也该爱万物，养万物，包容万物。这也是墨子根据尧舜时代的社会特征设计出来的大同世界的模型。兼爱还表现在大国不侵略小国，国与国之间无战事，和平共处。以现代的眼光看，与我国倡导的和平共处、平等互利的外交原则近似。

非 攻

墨 子

今有一人，入人园圃[1]，窃其桃李，众闻则非之，上为政者得则罚之。此何也？以亏人自利也。至攘[2]人犬豕鸡豚者，其不义又甚入人园圃窃桃李。是何故也？以亏人愈多[3]。苟[4]亏人愈多，其不仁兹甚，罪益厚。至入人栏厩[5]取人马牛者，其不仁又甚攘人犬豕鸡豚。此何故也？以其亏人愈多。苟亏人愈多，其不仁兹甚，罪益厚。至杀不辜人[6]也，拖其衣裘、取戈剑者[7]，其不义又甚入人栏厩取人马牛。此何故也？以其亏人愈多。苟亏人愈多，其不仁兹甚，罪益厚。当此，天下之君子皆知而非之[8]，谓之不义。今至大为不义攻国，则弗知非，从而誉之，谓之义。此可谓知义与不义之别乎？

杀一人，谓之不义，必有一死罪矣。若以此说往[9]，杀十人，十重不义，必有十死罪矣；杀百人，百重不义，必有百死罪矣。当此，天下之君子皆知而非之，谓之不义。今至大为不义攻国，则弗知非，从而誉之，谓之义。情不知[10]其不义也，故书其言以遗后世。

若知其不义也，夫奚说[11]书其不义以遗后世哉？

今有人于此，少见黑曰黑，多见黑曰白，则必以此人为不知白黑之辩矣；少尝苦曰苦，多尝苦曰甘，则必以此人为不知甘苦之辩矣。今小为非，则知而非之；大为非攻国，则不知非，从而誉之，谓之义。此可谓知义与不义之辩乎？是以知天下之君子也，辩义与不义之乱也。（《墨子·非攻上》）

注释

【1】园圃：种植果木菜蔬的园地。
【2】攘：偷。
【3】以亏人愈多：因为对别人的损害更加大了。
【4】苟：假如。
【5】栏厩：牛栏马厩。
【6】不辜人：无罪之人。
【7】拖：拿走。
【8】非之：认为它们不对。
【9】以此说往：以此类推。
【10】情不知：实在不知道。
【11】奚：怎么。说：解释。

点评

非攻就是反对一切非正义的战争，但是对防御战，墨子是支持的。他自己就曾经带人参加过好几次帮人守城的战争。墨子的非攻思想本质上是和平主义，兼爱和非攻是体和用的关系。兼爱是大到国家之间要兼相爱交相利，小到人与人之间也要兼相爱交相利；非攻则主要表现在国与国之间。只有兼爱才能做到非攻，也只有非攻才能保证兼爱。

第十九章　天人合一

一、"天人合一"的概念

在"天人合一"这个思想中,"天"的含义是多重的,有时指大自然,有时指天帝,有时指天命。

1. 大自然:《道德经》第四十二章说:"道生一,一生二,二生三,三生万物。"这里的"道"是指事物运动的规律,或有规律的运动。这种运动创造了宇宙本体(道生一);这个本体一分为二,成为阴与阳的对立统一(一生二);两个对立面相互作用产生了新的事物(二生三);这种新的事物是千姿百态、多种多样的(三生万物)。在这种说法中,一切都是事物运动的结果,所以"天"即指"大自然"。

2. 天帝:世界上多数民族和所有的宗教都认为最初是天帝创造了宇宙和万物。在中国传统文化中,也有"人定胜天"的思想,这里,"人定胜天"的"天"就是"天帝"或"天命"的意思。"人定胜天"就是不怕"天帝"、不信"天命"的奋斗精神,这种精神当然是积极的。

3. 天命:最早提出"天"这个概念的人是孔子。他说"天何言哉!四时行焉,百物生焉,天何言哉!"(《论语·阳货》)这就是所谓的自然之天。他说过"天生德于予,桓魋其如予何?"(《论语·述尔》)这就是所谓天命之天。

"天人合一"的概念最早是由庄子阐述,后被汉代思想家董仲舒发展为"天人合一"的哲学思想体系,并由此构建了中国传统文化的主体。"天人合一"又叫"天人相应""天人和谐"等,主要认为人类社会在大自然中生成并发展,是大自然的一部分,所以人与自然相通相应,息息相关,是个统一体。由此得出结论,人与自然必须和谐相处。

关于"天人合一"的思想内容,儒家、道家所指并不相同。

1. 儒家的"天人合一"思想。

儒家的"天人合一"思想从一开始便是讨论人在宇宙中的地位以及人类的精神价值来源。《中庸》开篇即讲"天命之谓性",人性的根源在于天。《周易》讲圣人"与天地合其德",这里所说的"德"应该是现代汉语中"德性"或者说是精神价值。荀子的"人定胜天"思想历来为人们所重视,也恰恰是建立在不违天时、顺应自然的"天人合一"的思想认识基础之上的。荀子在其《天论》篇中提出"天有其时,地有其财,人有其治,夫是之谓能参",这里的"天"强调为"自然"之意。荀子认为,只有顺其自然,才能掌握天时,利用万物,强调只有尽人、物的自然之性,方能参与天地之化育。

2. 道家的"天人合一"思想。

道家的"天人合一"思想与儒家不同,道家在论述天人关系时更注重天人的和谐统一,以"究天人之际,通古今之变"为本。

老子在《道德经》中说"道生一,一生二,二生三,三生万物",这是老子勾画的宇宙生成模式。天地万物都是由道化生的，都不能离开道而独立存在。道家把天地万物看作是一个整体，在这个整体中，人是一个小宇宙，天地万物是一个大宇宙，"人身一小天地，天地一大人身"。

《庄子·齐物论》提出："天地与我并生，而万物与我为一。"认为人与自然、人与天地万物同源同归，所以要和谐相处，共同发展。

所以"天人合一"有两层含义：一是天人相一，即宇宙万物成大天地，人则是一个小天地；二是天人相应，即人与自然本质相通，故一切人事应顺于自然规律，人与自然应达到和谐。

二、"天人合一"思想的主要内容

"天人合一"思想内容涵盖古今、包罗万象，深深影响着中华民族的社会结构、伦理道德、科学艺术和宗教信仰等。其内容主要包括三大方面：

1. "天""人"之间的统一整体性原理。

"天人合一"的哲学思想，首先强调世界万事万物都是由不同方面、不同要素构成的统一整体。《周易》艮卦卦辞说："艮其背，不获其身；行其庭，不见其人。"艮为止，引申为注意、顾及。全句的意思是，如果只注意人体的背部，而没有照顾到全身，那就像走进一个庭院，都没有看见主人一样。显然对走访者来说，会见主人是进入庭院的目的，走入庭院只不过是会见主人的门径。走进庭院不见主人，比喻只顾局部不顾整体，包含着重视整体，将整体视为事物之本质和主旨的思想。

2. "天""人"之间的和谐共存性原理。

"天人合一"还强调诸要素之间的差异性。

《论语·子路》中云："君子和而不同，小人同而不和。"在此，君子和小人并不是用来区分人的地位高下，而是指人的道德理想和追求。人与人之间可以有矛盾有差异，但君子追求的是人与人之间的互补、和谐合作，而小人追求的却是人与人的无差异和雷同，甚至推行顺之者昌、逆之者亡，因此必然产生不合。《国语·郑语》中史伯有"和实生物，同则不继"的议论，在此，"和"是指有差异的统一，"同"则是指无差异的绝对统一。

由此可见，"天""人"之间和谐共存性原理强调的是各要素有差异的统一与均衡，这种统一是和谐，而不是千篇一律。它允许有差异而又不彼此冲突，实现的是在和谐之中共生共合，在差异之中相辅相成。

3. "天""人"之间的主体能动性原理。

我国古代天人关系的发展趋势是：殷商时期，天具有绝对的权威，人仅是天的顺从奴仆。西周时期，天的绝对权威下降，人的作用、地位相应提高。春秋战国时期，天的权威继续下降，人的作用和地位进一步提高，强调天人的和谐、均衡、统一，人的主体能动性得到肯定。

《易传·系辞传》说："祐者助也。天之所助者，顺也。人之所助者，信也。履信思乎顺，又以尚贤也，是以自天祐之，吉无不利也。"它将天的保佑只视为外在的帮助，认为如果人能遵循自然法则，则能得到天的帮助。它将别人的帮助也视为外在的，认为如果人能讲信，则能得到别人的帮助。如果说一个人既讲信又遵循自然法则，就能得到贤人的帮助。一个人如果既能得到天的帮助，又能得到人特别是贤人的帮助，就无往而不吉利。

三、"天人合一"思想的作用

中国传统文化不讲"征服自然",相反地非常重视"顺应天时"。这正是"天人合一""天人相应"的突出表现。

一是用于政治机制的设置。《周礼》设定的官制是"六官",即天官冢宰、地官司徒、春官宗伯、夏官司马、秋官司寇、冬官司空。在古人心目中,这"六官"的职能是与天地四时的自然特征相适应的。同时,"六官"对后世影响深远。后世各朝设置的"六部"(吏、户、礼、兵、刑、工),都有《周礼》"六官"的遗意。

另外,各朝的行政措施也有"顺应天时"的特点。如"赏以春夏,刑以秋冬""春日劝农,秋日点兵"之类。

二是用于经济建设。封建时代主要是农业经济,基本上"靠天吃饭",所以时时处处必须"顺应天时"。传统农业所遵循的二十四节气,仍为今天的农业生产者所重视。

战国时代的孟子说过一段名言:"不违农时,谷不可胜食也;数罟不入洿池,鱼鳖不可胜食也;斧斤以时入山林,材木不可胜用也。"(《孟子·梁惠王上》)孟子的本意只是强调农业生产(也包括渔业和林业)要"顺应天时",但在客观上起到了保持生态平衡、合理利用资源的作用。

三是体现民俗。在民俗中,历来受到中国人重视的是传统节日活动。这些活动都与"顺应天时"关系密切。例如春节,正值旧年过去,新年到来,所以特重除旧布新之意。春联"爆竹一声除旧,桃符万户更新",王安石《元日》诗"千门万户曈曈日,总把新桃换旧符"等名句,都突出了这层意思。新年到来,对个体和社会群体而言,有可能打开新的局面,带来新的机遇,萌发新的希望,从而满怀信心展望未来。这种与"天时"相应的除旧布新的心态,对一个历史悠久的古老民族而言极为重要。正因为年年都有除旧布新的感觉与心态,所以中华民族虽历经五千年之久,却仍然毫无暮气,充满活力,时刻准备迎接新的机遇和挑战,创造新的美好前景。

四是用于人体保健。传统文化认为天时变化在人体上有反应,所以节令交替要特别注意保健。古人重视"两至两分"(即夏至、冬至,春分、秋分),认为这是大节气,对人体有大影响。医生治病用药也要考虑天时节令,力求因时制宜。更加值得重视的是人体的生物节律问题,这种节律是在人类进化的漫长过程中形成的,与自然环境关系密切。现在人类生活的环境(包括自然的与社会的)在很短时期中发生了很大的变化,人体的生物节律难以立即适应,所以必须用种种方法来调剂,使人不致因环境变化而影响健康。

另外,传统饮食养生学也特别强调天人相应、调补阴阳和审因用膳的观念,在营养保健学方面独具特色,主要包括以下内容:

1. 天人相应:是指人的饮食应与自己所处的自然环境相适应。例如:生活在潮湿环境中的人群适量地多吃一些辛辣食物,对祛除寒湿有益;而辛辣食物并不适于生活在干燥环境中的人群,所以说各地区的饮食习惯常与其所处的地理环境有关。一年四季不同时期的饮食也要同当时的气候条件相适应。如:人们在冬季常喜欢吃红焖羊肉、肥牛火锅等,增强机体御寒能力;而在夏季常饮用乌梅汤、绿豆汤等,以消暑解热。

2. 调补阴阳:是指通过合理饮食来调节人体阴阳的平衡。传统养生学认为,人体在正常情况下应该保持在"阴平阳秘"的健康状况,如果机体失去阴阳的平衡状态就会产生疾病,可以通过饮食来调节阴阳以保持健康。例如:人们常用银耳、燕窝等来养阴生津,滋阴润燥以补阴虚；常用羊肉、狗肉、鹿肉等来温肾壮阳，益精填髓以补阳虚。这些都是天人相应在饮食养生中的体现。

3. 审因用膳：是指根据个人的机体情况来合理地调配膳食。我们知道人体需要全面而均衡的营养成分，所以《黄帝内经》提出"谷肉果菜，食养尽之"。在保证全面营养的前提下，还应根据每个人的不同情况适当地调配饮食结构。如阴虚者多进食补阴的食品，阳虚者多进食补阳的食品，气虚者多进食补气的食品，血虚者多进食补血的食品，等等。

易 传（节选）

本文选自《易传·文言传》。

《易传》是一部战国时期解说和发挥《周易》的论文集，其学说据说本于孔子，具体成于孔子后学之手。《易传》共7种10篇，它们是《彖传》上下篇、《象传》上下篇、《文言传》、《系辞传》上下篇、《说卦传》《序卦传》和《杂卦传》。自汉代起，它们又被称为"十翼"。

夫大人[1]者，与[2]天地[3]合其德[4]，与日月合其明，与四时[5]合其序，与鬼[6]神[7]合其吉凶。先[8]天[9]而天弗违，后[10]天而奉[11]天时[12]。

注释

【1】大人：指在高位者，如王公贵族。
【2】与：随从，随着。
【3】天地：指天地之间，自然界。
【4】德：古代特指天地化育万物的功能。
【5】四时：四季。
【6】鬼：隐秘莫测。
【7】神：玄妙，神奇。
【8】先：尊崇，重视。
【9】天：天生的、自然的现象。
【10】后：承继。
【11】奉：遵循。
【12】天时：宜于做某事的自然条件。

点评

本段文字选自乾卦九五爻的传辞，主要意思是说，作为君子的德行，要与天地的运行规律相契合，要与日月的光明相契合，要与春、夏、秋、冬四时的时序相契合，要与鬼神的吉凶相契合。对于先天而言，它构成天道的运行变化规律，那是不能违背的自然功能。对于后天而言，天道的变化运行，也必须奉行它的法则。无论先天或后天的天道，都不能违背它的规律。这段文字充分体现了古人天人合一的思想精髓。

道德经（节选）

老 子

　　道可道[1]，非常道[2]。名可名[3]，非常名。无名[4]天地之始，有名[5]万物之母[6]。故常无欲[7]，以观其妙[8]；常有欲，以观其徼[9]。此两者同出而异名，同谓[10]之玄[11]。玄之又玄，众妙之门[12]。（第一章）

注释

　　【1】道可道：第一个"道"是名词，指的是宇宙的本原和实质，引申为原理、原则、真理、规律等。第二个"道"是动词。指解说、表述的意思，犹言"说得出"。

　　【2】常：一般的，普通的。

　　【3】名可名：第一个"名"是名词，指"道"的形态。第二个"名"是动词，说明的意思。

　　【4】无名：指无形。

　　【5】有名：指有形。

　　【6】母：母体，根源。

　　【7】常：经常。

　　【8】妙：微妙。

　　【9】徼：边际、边界。引申为端倪的意思。

　　【10】谓：称谓。此为指称。

　　【11】玄：玄妙深远。

　　【12】门：一切奥妙变化的总门径，此用来比喻宇宙万物的唯一原"道"的门径。

　　载营魄抱一[1]，能无离乎？专气致柔[2]，能婴儿乎[3]？涤除玄览[4]，能无疵乎？爱民治国，能无知乎[5]？天门开阖[6]，能无雌乎[7]？明白四达，能无为乎？生之畜之[8]，生而不有，为而不恃，长而不宰，是谓玄德[9]。（第十章）

注释

　　【1】载营魄抱一：载，用作语助，相当于"夫"。营魄，即魂魄。抱一，即合一。一，指道。意为魂魄合而为一，二者合一即合于道。又解释为身体与精神合一。

　　【2】专气：即集气。专，结聚之意。

【3】能婴儿乎：能像婴儿一样吗？

【4】涤除玄览：涤，扫除，清除。玄览，犹玄镜，指人心灵深处明澈如镜，深邃灵妙。

【5】爱民治国，能无知乎：即弃智而治国。

【6】天门开阖：天门，有多种解释。一说指耳目口鼻等人的感官，一说指兴衰治乱之根源，一说指自然之理，一说指人的心神出入即意念和感官的配合。此处依"感官说"。开阖，即动静、变化和运动。

【7】雌：即宁静的意思。

【8】畜：养育，繁殖。

【9】玄德：玄秘而深邃的德性。

致虚极，守静笃[1]，万物并作[2]，吾以观复[3]。夫物芸芸[4]，各复归其根[5]。归根曰静，静曰[6]复命[7]。复命曰常[8]，知常曰明[9]。不知常，妄作，凶。知常容[10]，容乃公，公乃王[11]，王乃天[12]，天乃道，道乃久，没身不殆。（第十六章）

注释

【1】致虚极，守静笃：虚和静都是形容人的心境是空明宁静状态。但由于外界的干扰、诱惑，人的私欲开始活动。因此心灵蔽塞不安，所以必须注意"致虚"和"守静"，以期恢复心灵的清明。极、笃，意为极度、顶点。

【2】作：生长，发展，活动。

【3】复：循环往复。

【4】芸芸：纷杂，繁多。

【5】归根：即复归于道。

【6】静曰：一本作"是谓"。

【7】复命：复归本性，重新孕育新的生命。

【8】常：指万物运动变化的永恒规律，即守常不变的规则。

【9】明：明白，了解。

【10】容：宽容，包容。

【11】王：周到，周遍。

【12】天：指自然的天，或为自然界的代称。

有物混成[1]，先天地生。寂兮寥兮[2]，独立不改[3]，周行而不殆[4]，可以为天下母[5]。吾不知其名，字之曰道[6]，强为之名曰大[7]。大曰逝[8]，逝曰远，远曰反[9]。故道大，天大，地大，王亦大[10]。域中[11]有四大，而王居其一焉。人法地，地法天，天法道，道法自然[12]。（第二十五章）

注释

【1】物：指"道"。混成：浑然而成，指浑朴的状态。

【2】寂兮寥兮：没有声音，没有形体。
【3】独立不改：形容"道"的独立性和永恒性，它不靠任何外力而具有绝对性。
【4】周行：循环运行。不殆：不息之意。
【5】天下母：母，指"道"，天地万物由"道"而产生，故称"母"。
【6】字：命名。
【7】大：形容"道"是无边无际的、力量无穷的。
【8】逝：指"道"的运行周行不息、永不停止的状态。
【9】反：意为返回到原点，返回到原状。
【10】王亦大：王为人之主，故亦大。
【11】域中：即空间之中、宇宙之间。
【12】道法自然："道"纯任自然，本来如此。

道常无为而无不为[1]。侯王若能守之[2]，万物将自化[3]。化而欲作[4]，吾将镇之以无名之朴[5]。无名之朴，夫亦将无欲。不欲以静，天下将自定。（第三十七章）

注释

【1】无为而无不为："无为"是指顺其自然，不妄为。"无不为"是说没有一件事是它所不能为的。
【2】守之：即守道。之，指道。
【3】自化：自我化育，自生自长。
【4】欲：指贪欲。
【5】无名之朴：无名，指"道"。朴，形容"道"的真朴。

道生一[1]，一生二[2]，二生三[3]，三生万物。万物负阴而抱阳[4]，冲气以为和[5]。人之所恶，唯孤、寡、不穀[6]，而王公以为称。故物或损之而益，或益之而损。人之所教，我亦教之。强梁者不得其死，吾将以为教父[7]。（第四十二章）

注释

【1】一：这是老子用以代替"道"这一概念的数字表示，即"道"是绝对无偶的。
【2】二：指阴气、阳气。"道"的本身包含着对立的两方面。阴阳二气的统一体即是"道"。因此，对立着的双方都包含在"一"中。
【3】三：即由两个对立的方面相互冲突融合所产生的第三者，进而生成万物。
【4】负阴而抱阳：背阴而向阳。
【5】冲气以为和：此句意为阴阳二气互相冲突交融而成为均匀和谐的状态，从而形成新的统一体。冲，冲突，交融。
【6】孤、寡、不穀：这些都是古时候君主用以自称的谦词。
【7】父：父，有的学者解释为"始"，有的解释为"本"，有的解释为"规矩"。有根本和指导思想的意思。

道生之，德畜之，物形之，势[1]成之。是以万物莫不尊道而贵德。道之尊，德之贵，夫莫之命而常自然[2]。故道生之，德畜之，长之育之，亭之毒之[3]，养[4]之覆[5]之。生而不有，为而不恃，长而不宰，是谓玄德[6]。（第五十一章）

注释

【1】势：万物生长的自然环境。一说，势者，力也；一说，对立。
【2】莫之命而常自然：不干涉或主宰万物，而任万物自化自成。
【3】亭之毒之：一本作"成之熟之"。
【4】养：爱养，护养。
【5】覆：维护，保护。
【6】玄德：即上德。它产生万物而不据为己有，养育万物而不自恃有功。

古之善为道者，非以明[1]民，将以愚之[2]。民之难治，以其智多[3]。故以智治国，国之贼[4]；不以智治国，国之福。知此两者[5]，亦稽式[6]。常知稽式，是谓玄德。玄德深矣，远矣，与物反矣[7]，然后乃至大顺[8]。（第六十五章）

注释

【1】明民：意为让人民知晓巧诈。
【2】将以愚之：此句意为使老百姓无巧诈之心，敦厚朴实，善良忠厚。愚，敦厚，朴实，没有巧诈之心。
【3】智：巧诈，奸诈，而非智慧、知识。
【4】贼：伤害的意思。
【5】两者：指上文"以智治国，国之贼；不以智治国，国之福"。
【6】稽式：法式，法则。
【7】与物反矣：此句意为"玄德"和事物复归于真朴。
【8】大顺：自然。

点评

《道德经》由《道经》和《德经》两篇合一而成。《道经》讲的是天道，自然规律；《德经》讲的是人道，圣人之道。《道德经》由"道"引申到"德"，是"天人感应""天人合一"观的表现。"道"是虚空之间的一切有形世界与无形世界的本原，也是自然界和人类社会的总法则。"道"的本性是自然无为的，能化生万物。天的处事方法就是天道。当证明了天道自然，天道就成为表示自然规律的概念，老子认为天道是人们的行为应该效法的原则。人们效法天道，首先应该敬畏自然、热爱自然、保护自然，做到虚受一切、包容万物，人与自然才能和谐相处，最终呈现"天人合一"的状态。而要真正达到"天人合一"的状态，人们就必须要按"道"的要求，加强自身的修养。思想上要淡泊名利，清心寡欲,虚静自守,包容一切;行为上要物我两忘,卑贱下处,柔弱守中,处于无争、无为、无欲的状态;待人上不骄不躁,诚恳谦虚,只做奉献,不求索取,行不言之教,处无为之事。由此看来,天与人是人世间万事万物诸多矛盾中的一对最本质的矛盾。"天"是指人所处的自然环境,"人"是这个自然环境中的行为主体,"合一"是说"天人"这一矛盾相对相依、相反相成是永恒的。天人合一思想是中华民族五千年来的思想核心与精神实质。

齐物论[1]

庄 子

本文选自《庄子·内篇》。

南郭[2]子綦[3]隐机[4]而坐,仰天而嘘[5],苔[6]焉似丧其耦[7]。颜成子游[8]立侍乎前,曰:"何居乎?形固可使如槁木,而心固可使如死灰乎[9]?今之隐机者,非昔之隐机者也。"子綦曰:"偃[10],不亦善乎,而问之也[11]!今者吾丧我[12],汝知之乎?汝闻人籁[13]而未闻地籁[14],汝闻地籁而未闻天籁[15]夫!"

子游曰:"敢问其方[16]。"子綦曰:"夫大块噫气[17],其名为风。是唯无作,作则万窍怒呺[18]。而独不闻之翏翏乎[19]?山林之畏佳[20],大木百围之窍穴,似鼻、似口、似耳、似枅[21]、似圈[22]、似臼[23]、似洼[24]者,似污[25]者。激[26]者、謞[27]者、叱[28]者、吸[29]者、叫[30]者、譹[31]者、宎[32]者、咬[33]者,前者唱于而随者唱喁[34],泠风[35]则小和,飘风[36]则大和,厉风济[37]则众窍为虚。而独不见之调调[38]之刁刁[39]乎?"

子游曰::"地籁则众窍是已,人籁则比竹[40]是已,敢问天籁。"子綦曰:"夫吹万不同[41],而使其自己[42]也。咸其自取,怒[43]者其谁邪[44]?"

大知闲闲,小知间间[45]。大言炎炎[46],小言詹詹[47]。其寐也魂交[48],其觉也形开[49]。与接为构,日以心斗[50]。缦者、窖者、密者[51]。小恐惴惴[52],大恐缦缦[53]。其发若机栝[54],其司[55]是非之谓也;其留如诅盟[56],其守[57]胜之谓也;其杀[58]如秋冬,以言其日消[59]也;其溺[60]之所为之,不可使复[61]之也;其厌也如缄[62],以言其老洫[63]也;近死之心,莫使复阳[64]也。喜怒哀乐,虑叹变慹[65],姚佚启态[66]。乐出虚[67],蒸成菌[68]。日夜相代乎前而莫知其所萌[69]。已乎,已乎!旦暮[70]得此,其所由[71]以生乎!

非彼无我[72],非我无所取[73]。是亦近矣,而不知其所为使。若有真宰[74],而特不得其朕[75]。可行己信[76],而不见其形,有情而无形[77]。百骸[78]、九窍[79]、六藏[80]、赅[81]而存焉,吾谁与为亲[82]?汝皆说之乎?其有私[83]焉?如是皆有为臣妾[84]乎?其臣妾不足以相治[85]乎?其递[86]相为君臣乎?其有真君[87]存焉?如求得其情与不得,无益损乎其真。一受其成形,不亡以待尽。与物相刃相靡[88],其行尽如驰而莫之能止,不亦悲乎!终身役役[89]而不见其成功,苶[90]然疲役而不知其所归,可不哀邪!人谓之不死,奚益!其形化[91],其心与之然,可不谓大哀乎?人之生也,固若是芒[92]乎?其我独芒,而人亦有不芒者乎?

夫随其成心[93]而师[94]之，谁独且无师乎？奚必知代而心自取者有之？愚者与有焉！未成乎心[94]而有是非，是今日适越而昔至也[96]，是以无有为有[97]。无有为有，虽有神禹[98]且不能知，吾独且奈何哉！

夫言非吹[99]也，言者有言[100]。其所言者特未定[101]也。果有言邪？其未尝有言邪？其以为异于鷇音[102]，亦有辩[103]乎？其无辩乎？道恶乎隐[104]而有真伪？言恶乎隐而有是非？道恶乎往而不存？言恶乎存而不可？道隐于小成[105]，言隐于荣华[106]。故有儒墨之是非，以是其所非而非其所是。欲是其所非而非其所是，则莫若以明[107]。

物无非彼[108]，物无非是[109]。自彼则不见[110]，自知则知之[111]。故曰：彼出于是[112]，是亦因彼[113]。彼是方生之说也。虽然，方生方死，方死方生[114]；方可方不可，方不可方可[115]；因是因非，因非因是[116]。是以圣人不由而照之于天[117]，亦因是也[118]。是亦彼也，彼亦是也。彼亦一是非，此亦一是非[119]，果且有彼是乎哉[120]？果且无彼是乎哉？彼是莫得其偶[121]，谓之道枢[122]。枢始得其环中[123]，以应无穷[124]。是亦一无穷，非亦一无穷也[125]。故曰：莫若以明。

以指喻指之非指，不若以非指喻指之非指也[126]；以马喻马之非马，不若以非马喻马之非马也[127]。天地一指也，万物一马也[128]。

可乎可，不可乎不可。道行之而成[129]，物谓之而然[130]。恶乎然？然于然。恶乎不然？不然于不然。物固有所然[131]，物固有所可。无物不然，无物不可[132]。故为是举莛与楹[133]，厉[134]与西施，恢恑憰怪[135]，道通为一[136]。

其分也，成也[137]；其成也，毁也[138]。凡物无成与毁，复通[139]为一。唯达者知通为一，为是不用[140]而寓诸[141]庸[142]。庸也者，用也；用也者，通[143]也；通也者，得也；适得[144]而几矣。因是已[145]，已而不知其然，谓之道。劳神明[146]为一而不知其同也，谓之朝三。何谓朝三？狙公赋芧[147]，曰："朝三而暮四。"众狙皆怒。曰："然则朝四而暮三。"众狙皆悦。名实未亏而喜怒为用，亦因是也。是以圣人和之以是非而休乎天钧[148]，是之谓两行[149]。

古之人，其知有所至[150]矣。恶乎至？有以为未始[151]有物者，至矣，尽矣，不可以加矣！其次以为有物矣，而未始有封[152]也。其次以为有封焉，而未始有是非也。是非之彰[153]也，道之所以亏也。道之所以亏，爱之所以成。果且有成与亏乎哉？果且无成与亏乎哉？有成与亏，故昭氏之鼓琴也；无成与亏，故昭氏之不鼓琴也[154]。昭文之鼓琴也，师旷之枝策[155]也，惠子之据梧[156]也，三子之知几乎皆其盛[157]者也，故载之末年[158]。唯其好之也，以异于彼[159]，其好之也，欲以明之。彼非所明而明之[160]，故以坚白之昧终[161]。而其子又以文之纶终[162]，终身无成。若是而可谓成乎？虽我亦成也。若是而不可谓成乎？物与我无成也。是故滑疑[163]之耀，圣人之所图[164]也。为是不用而寓诸庸，此之谓以明。

今且[165]有言于此，不知其与是类[166]乎？其与是不类乎？类与不类[167]，相与为类，则与彼无以异矣。虽然，请尝言之：有始也者[168]，有未始有始也者[169]，有未始有夫未始有始也者[170]；有有也者，有无也者[171]，有未始有无也者[172]，有未始有夫未始有无也者[173]。俄而有无矣[174]，而未知有无之果孰有孰无也。今我则已有有谓矣，而未知吾所谓之其果有谓乎？其果无谓乎？

天下莫大于秋毫之末[175]，而太山[176]为小；莫寿乎殇子[177]，而彭祖为夭[178]。天地与我并生，而万物与我为一[179]。既已为一矣，且得有言乎？既已谓之一矣，且得无言乎？

一与言为二，二与一为三。自此以往，巧历[180]不能得，而况其凡乎！故自无适有，以至于三[181]，而况自有适有乎[182]！无适焉[183]，因是已！

夫道未始有封，言未始有常[184]，为是而有畛[185]也。请言其畛：有左有右，有伦有义，有分有辩，有竞有争，此之谓八德[186]。六合[187]之外，圣人存[188]而不论[189]；六合之内，圣人论而不议[190]；春秋[191]经[192]世先王之志[193]，圣人议而不辩[194]。

故分也者，有不分也；辩也者，有不辩也。曰："何也？"圣人怀之，众人辩之以相示[195]也。故曰："辩也者，有不见[196]也。"夫大道不称[197]，大辩不言，大仁不仁[198]，大廉不嗛[199]，大勇不忮[200]。道昭[201]而不道，言辩而不及，仁常而不成，廉清[202]而不信[203]，勇忮而不成[204]。五者园而几向方矣[205]！故知止其所不知，至矣。孰知不言之辩，不道之道？若有能知，此之谓天府[206]。注焉而不满，酌[207]焉而不竭，而不知其所由来，此之谓葆光[208]。

故昔者尧问于舜曰："我欲伐宗、脍、胥敖[209]，南面而不释然[210]。其故何也？"舜曰："夫三子[211]者，犹存乎蓬艾之间[212]。若[213]不释然何哉！昔者十日并出[214]，万物皆照，而况德之进乎[215]日者乎！"

啮缺问乎王倪[216]曰："子知物之所同是乎？"曰："吾恶乎知之！""子知子之所不知邪？"曰："吾恶乎知之！""然则物无知邪？"曰："吾恶乎知之！虽然，尝试言之：庸讵知[217]吾所谓知之非不知邪？庸讵知吾所谓不知之非知邪？且吾尝试问乎汝：民湿寝则腰疾偏死[218]，鳅然乎哉？木处则惴栗恂惧[219]，猿猴然乎哉？三者孰知正处？民食刍豢[220]，麋鹿食荐[221]，蝍蛆[222]甘带，鸱鸦耆[223]鼠，四者孰知正味[224]？猿，猵[225]狙以为雌，麋与鹿交，鳅与鱼游。毛嫱丽姬[226]，人之所美[227]也；鱼见之深入，鸟见之高飞，麋鹿见之决骤[228]。四者孰知天下之正色[229]哉？自我观之，仁义之端，是非之涂[230]，樊然淆乱[231]，吾恶能知其辩！"啮缺曰："子不利害，则至人固不知利害乎？"王倪曰："至人神矣！大泽焚而不能热[232]，河汉沍[233]而不能寒，疾雷破山、飘风振海而不能惊。若然者，乘云气，骑日月，而游乎四海之外，死生无变于己[234]，而况利害之端乎！"

瞿鹊子问乎长梧子曰[235]："吾闻诸夫子[236]：'圣人不从事于务[237]，不就利[238]，不违害[239]，不喜求[240]，不缘道[241]，无谓有谓，有谓无谓，而游乎尘垢之外。'夫子以为孟浪[242]之言，而我以为妙道之行也。吾子以为奚若？"

长梧子曰："是皇帝之所听荧[243]也，而丘也何足以知之！且汝亦大早计，见卵而求时夜[244]，见弹而求鸮[245]炙。予尝为汝妄言之，汝亦以妄听之，奚[246]？旁[247]日月，挟宇宙，为其吻合，置其滑涽[248]，以隶相尊[249]。众人役役，圣人愚芚[250]，参万岁而一成纯[251]。万物尽然，而以是相蕴[252]。予恶乎知说[253]生之非惑邪！予恶乎知恶死之非弱[254]丧[255]而不知归者邪！丽之姬[256]，艾封人之子也。晋国之始得之也，涕泣沾襟。及其至于王所[257]，与王同筐床[258]，食刍豢，而后悔其泣也。予恶乎知夫死者不悔其始之蕲[259]生乎？梦饮酒者，旦[260]而哭泣；梦哭泣者，旦而田猎。方其梦也，不知其梦也。梦之中又占其梦焉，觉而后知其梦也。且有大觉而后知此其大梦也，而愚者自以为觉，窃窃然[261]知之。君乎，牧[262]乎，固哉！丘也与汝皆梦也，予谓汝梦亦梦也。是其言也，其名为吊诡[263]。万世之后而一遇大圣知其解者，是旦暮遇之也。既使[264]我与若辩矣，若胜我，我不若胜[265]，若果是[266]也？我果非也邪？我胜若，若不吾胜，我果是也？而果非也邪？其或[267]是也？其或非也邪？其俱是也？其俱非也邪？我与若不能相知也，则人固受其黮暗[268]。吾谁使正[269]之？使同乎若者正之，既与若同矣，恶能正之？使同乎我者正之，既同乎我矣，恶能正之？使异乎我与若者正之，既异乎我与若矣，恶能正之？使同乎我与若者正之，既同乎我与若矣，恶能正之？然则我与若与人俱不能相知也，而待彼也邪？"

"何谓和之以天倪[270]？"曰："是不是[271]，然不然[272]。是若果是也，则是之异乎不是也亦无辩；然若果然也，则然之异乎不然也亦无辩。化声[273]之相待[274]，若其不相待。和之以天倪，因之以曼衍[275]，所以穷年[276]也。忘年忘义[277]，振于无竟[278]，故寓诸无竟[279]。"

罔两[280]问景[281]曰："曩[282]子行，今子止；曩子坐，今子起。何其无特操[283]与？"景曰："吾有待而然[284]者邪？吾所待又有待而然者邪？吾待蛇蚹蜩翼[285]邪？恶识所以然？恶识所以不然？"

昔者庄周梦为胡蝶，栩栩然[286]胡蝶也。自喻适志[287]与！不知周[288]也。俄然[289]觉，则蘧蘧[290]然周也。不知周之梦为胡蝶与，胡蝶之梦为周与？周与胡蝶则必有分矣。此之谓物化[291]。

注释

【1】齐物论：分为物论、齐论、齐同物论。即人物论、万物论、齐同论、齐同万物论。齐，一，合众为一。物，人物，万物。庄子将这几层论述融合在"齐物论"三个字中，浑融交合，物我皆忘。

【2】南郭：因住在城南而以为名称。

【3】子綦：人名。

【4】隐机：依凭着案几。机，通"几"，案几，矮桌。

【5】嘘：呼气，吐气。

【6】荅：形体破坏的样子，这里指生气索然。

【7】耦：躯体。

【8】颜成子游：南郭子綦的门人。颜成，复姓。

【9】形固可使如槁木：成语"形如槁木"的出处。心固可使如死灰：成语"心如死灰"的出处。死灰，指内心不起念。

【10】偃：子游的名。

【11】不亦善乎，而问之也：补语前置，正序为"而问之不亦善乎"，你问得很好。善，好。而，你。

【12】吾丧我：摒弃小我的私见。吾，真我。丧，忘却。我，偏执小我。

【13】人籁：人吹竹管之声。

【14】地籁：指风吹孔窍之声。

【15】天籁：指万物因其各自的自然而然状态而自鸣。

【16】方：道理。

【17】大块噫气：大地吐气。块，土地。

【18】万窍怒呺：万千个孔穴都鼓怒号叫，指风吹遍了世界。

【19】翏翏：拟声词，风的声音。

【20】山林之畏佳：指山林的高大，这里意为山林被风吹得摇来动去。畏佳，即"嵔

崔",高耸貌。

【21】枅:柱上横木。

【22】圈:圈栏。

【23】臼:地坑。

【24】洼:凹洼深地。

【25】污:有水的小坑。

【26】激:激流声。

【27】謞:箭射出的声音。

【28】叱:叱骂声。

【29】吸:呼吸声。

【30】叫:叫喊声。

【31】譹:号哭声。

【32】宎:风吹深谷之声。

【33】咬:细语声。

【34】前者唱于而随者唱喁:于、喁,表示相应和之声。前者指风,随者指孔穴。

【35】泠风:小风。

【36】飘风:暴风。

【37】厉风济:猛烈的风停止。济,停止。

【38】调调:风摇树之声。

【39】刁刁:也作"刀刀",树摇之声。

【40】比竹:排列竹管,泛指乐器。

【41】夫吹万不同:大道之吹,万物声音各不相同。吹,在这里是个重要概念,指大道的物化表现。

【42】自己:源于自身。是说有这样的孔窍就有这样的声音,都是孔窍之自取。自,从,源于。

【43】怒:奋发,奋起。

【44】邪:语气助词。

【45】大知闲闲,小知间间:大知,绝顶聪明的人。知,同"智"。闲闲,拒绝他人意见的样子。小知,才智浅陋的人。间间,计较小事。

【46】大言:富于雄辩的言论。炎炎:气势猛烈逼人。

【47】小言:徒费口舌的言论。詹詹:喋喋不休,啰里啰唆。

【48】魂交:精神交错。

【49】形开:形体不宁。

【50】与接为构,日以心斗:互文句法。与上句"其寐也魂交,其觉也形开"用法相同。接,与外界接触。构,纠缠不清。日,日日夜夜。心斗,钩心斗角。

【51】缦:通"慢",迟缓。窖:设下圈套。密:心思缜密。

【52】惴惴:忧惧。

【53】缦缦:沮丧。

【54】栝:箭的末端。

【55】司:通"伺",等待时机。

【56】盟：誓言。
【57】守：沉默不语。
【58】杀：威严。
【59】日消：一天天颓丧。
【60】溺：沉溺。
【61】复：恢复原状。
【62】厌：压抑。缄：密封。
【63】洫：衰老颓败。
【64】复阳：恢复生气。
【65】变：无常。慹：不动貌。
【66】姚：轻浮。佚：奢华。启：放纵。态：造作。
【67】乐出虚：乐音出自虚空的箫管。
【68】蒸成菌：湿热的天气能滋长菌类。
【69】相代：相互更替。萌：起始。
【70】旦暮：早晚。
【71】所由：从何处，因谁。
【72】非彼无我：此段中的辩证关系错综复杂又奇特诡异，体现着庄子独特的认识论。彼，即上文"旦暮得此"的"此"，指自然造化。"我"即上文"日夜相代乎前"的现象，与"彼"相对。
【73】取：禀受，体现。
【74】宰：主宰。
【75】眹：迹象，征兆。
【76】信：真实。
【77】情：情景。形：形迹。
【78】百骸：百余骨节。
【79】九窍：指双眼、双耳、双鼻孔、口、生殖器、肛门。
【80】六藏：心、肺、肝、脾、双肾。藏，同"脏"。
【81】赅：完备。
【82】吾谁与为亲：正序为"吾与谁为亲"，我同哪一部分最亲近呢？
【83】私：偏私。
【84】臣妾：西周、春秋时对奴隶的称谓。男奴叫臣，女奴叫妾。
【85】相治：相互支配。
【86】递：轮流。
【87】真君：即上文的"真宰"，意为自然造化。
【88】相刃：交锋，互相竞斗。相靡：互相摩擦。靡，通"摩"。
【89】役役：劳劳碌碌。
【90】苶：疲惫不堪的样子。
【91】形化：形体变化。指少年变为青年、中年、老年直至死亡。
【92】芒：茫然。
【93】成心：由禀受真宰形成的自我意识，即成见。

【94】师：师法，效法。
【95】心：成熟的思想。
【96】今日适越而昔至也：今日去越国而昨天已经到了。指是非是由于成心先已形成。
【97】无有为有：有生于无，以无为有。
【98】神禹：神明的大禹。
【99】言非吹：风吹出自天然，言论出自成心成见。言，言论，言说。非，否定词，不是。吹，风吹。
【100】言者有言：发表言论的人各有说法。
【101】特未定：还不足以成为定则。
【102】鷇音：初生小鸟的叫声。比喻不带成见的话语。鷇，雏鸟。
【103】辩：通"辨"，辨别。
【104】隐：被隐蔽。
【105】小成：小的、片面的认识成果。
【106】荣华：华美的辞藻。
【107】莫若以明：不如用明澈的心境去观照事物的本然。
【108】彼：指两个对立的方面。
【109】物无非是：天下万物没有不是"此"的。
【110】自彼则不见：从"彼"的角度看就看不到这方面。
【111】自知则知之："自知"文义难通，似应为"自是"，意为从自身这方面的角度来看就知道了。
【112】彼出于是：意为"彼"是出自"是"相对而立的。
【113】是亦因彼："是"也是依存于"彼"而存在。
【114】方生方死，方死方生：一方出生的同时另一方也在死灭，一方在死灭的同时另一方也在出生。即万物随起随灭，随灭随起。方，表示动作状态的进行格动词。
【115】方可方不可，方不可方可：正确的同时出现错误，错误的同时出现正确。可，肯定，正确。不可，否定，错误。
【116】因是因非，因非因是：正确就任由它正确，错误就任由它错误。即不去计较是与非。因，任由。
【117】照之于天：观照自然大道。照，观照，反映。天，自然大道。
【118】亦因是也：也是任由如此。是，指自然之道。
【119】彼亦一是非，此亦一是非："彼"有它的是非，"此"也有它的是非。
【120】果且有彼是乎哉：果真有彼与此的分别吗？
【121】莫得其偶：不能互相对立。偶，相对立。
【122】道枢：道的枢纽关键。
【123】枢始得其环中：合乎道的枢纽关键才能如进入环之中心般空空如也。环中，环之中心。环之中心是空的，空空如也才能应变无穷。
【124】以应无穷：以应变无穷的是非流变。
【125】是亦一无穷，非亦一无穷也："是"是变化无穷的，"非"也是变化无穷的。
【126】以指喻指之非指，不若以非指喻指之非指也：以拇指来譬喻拇指不是手指，不如以不是拇指来譬喻拇指不是手指。喻，譬喻，说明。

【127】以马喻马之非马，不若以非马喻马之非马也：以白马来譬喻白马不是马，不如以不是马来譬喻白马不是马。马，每句的前两个"马"字意为白马，后一个"马"字为马的概念。以上两注的两句明显是对公孙龙"指非指""白马非马"命题的批评。"指非指"，前一个"指"为拇指，是具体事物；后一个"指"为手指，是抽象概念，所以"拇指不是手指"。"白马非马"，"白马"是具体事物，后一个"马"为马的概念，所以"白马不是马"。而庄子是针对这些命题有感而发，认为与其从概念出发来说明具体事物不是概念本身，还不如从具体事物来说明概念不是具体事物。庄子的意思是，不必将抽象概念和具体事物当作"彼"与"此"的对立，不如不分彼此是非，一切随任自然。

【128】天地一指也，万物一马也：以其同万物的观点来看，天地就是"一指"，万物就是"一马"。

【129】道：道路。行之而成：人走过而形成。

【130】物谓之而然：事物的名称是人叫出来的。物，某一事物。谓之而然，人叫了而这样。

【131】物固有所然：万物都固有"是"的地方。

【132】无物不然，无物不可：没有一物"不是"，没有一物"不可"。

【133】莛与楹：莛草茎。楹，房柱。莛在此喻"小"，楹在此喻"大"。小大之别，与下文丑美之别相对。

【134】厉：丑陋女子。

【135】恢恑憰怪：泛指诡异奇怪的事物。

【136】道通为一：从"道"的角度看都相通为一。

【137】其分也，成也：有所分散，必有所聚成。分，分开，分解。成，生成，形成。"成"和"分"也是相对立的，一个事物被分解了，这就意味着生成一种新的事物。

【138】其成也，毁也：有所聚成，必有所毁灭。毁，毁灭，指失去了原有的状态。"毁"与"成"也是相对立的，一个新事物通过分解而生成了，这就意味原事物的本有状态必定走向毁灭。

【139】复通：融合，通融。

【140】不用：不用偏执于成心己见。

【141】诸：兼词，相当于"之于"。

【142】庸：用。这里指循环变化。

【143】通：同一。

【144】适得：接近于大道。

【145】因是已：达到了万物的本根。

【146】神明：心思智巧。

【147】狙公：养猴的人。狙，猕猴。赋芧：分发橡子。

【148】天钧：天然均衡的状态。

【149】两行：任由对立双方自然演化。

【150】至：极致。

【151】未始：未曾，不曾。

【152】封：界限，界域。

【153】彰：分明。

【154】有成与亏，故昭氏之鼓琴也；无成与亏，故昭氏之不鼓琴也：即使最完备的乐队也不能同时将所有乐音全演奏出来，总有乐音被遗漏。所以一奏乐，就有所成也有所亏，不奏乐也就无成无亏。昭氏，昭文，著名琴师。

【155】师旷：著名乐师。枝策：指师旷敲打节奏。

【156】惠子：惠施，名家学派代表人物。据梧：指惠子依靠在梧桐树下与人辩论。

【157】盛：最高境界。

【158】载之末年：从事这项技术直到晚年。末年，晚年。

【159】以异于彼：异，炫耀。彼，他人。

【160】彼非所明而明之：他人并不一定要了悟却非要他人了悟。明，了悟，了解。

【161】故以坚白之昧终：所以玩弄"离坚白"的眩惑之论而自愚终身。"坚白"，战国时代的著名论题，与"白马非马"同是诡辩命题，意为石头的坚硬为触觉，白为视觉，任何一种视觉或触觉只能辨析其中之一"坚"或"白"，而不能同时获得。昧，自愚。

【162】其子又以文之纶终：指昭文的儿子后来继承了父亲的余绪。

【163】滑疑：混乱诡异。

【164】图：摒弃，革除。

【165】且：姑且。

【166】类：指"莫若以明"的言论。

【167】类与不类：无论是类同或是不类同。

【168】有始也者：天地万物总有个开始。

【169】有未始有始也者：还有没有开始的开始。

【170】有未始有夫未始有始也者：更有未曾开始的未有开始的开始。上三句意为宇宙本体的"开始"问题追溯起来是无穷无尽的，在"某某之前"总有个"某某之前的之前"，由此确定宇宙的无穷无尽。

【171】有无也者：宇宙万物也有"无"的状态。道家认为天下万物生于有，有生于无。在老子那里，"无"是终极的、绝对的；而在庄子这里，"无"是相对的，"无"之前还有"无无""无无无""无无无无"，等等。

【172】有未始有无也者：还有不曾"无"的"无"的状态。

【173】有未始有夫未始有无也者：更有不曾"无"的不曾"无"的"无"的状态。

【174】俄而有无矣：突然一下子产生了"有"和"无"。俄而，突然，表示时间之快速与偶然。

【175】秋毫之末：秋天野兽的毫毛尖。毫，毫毛。末，尖端，末端。

【176】太山：即泰山。

【177】殇子：夭折的孩子。

【178】彭祖：传说中长寿的人。夭：短命。

【179】天地与我并生，而万物与我为一：互文句。天地万物与我共生并存，都合为一体。

【180】巧历：工于计算的人。

【181】自无适有，以至于三：从"无"到"有"，还推断出个"三"来。

【182】而况自有适有乎：更何况是从"有"到"有"呢。

【183】无适焉：不必再往下推算了。

【184】常：恒常，定数。

【185】畛：界限。

【186】八德：上述左、右、伦、义、分、辩、竞、争，指百家争鸣各派所偏执争论的八种情况。

【187】六合：天地四方。天、地、东、西、南、北，为六合。

【188】存：姑且搁置。

【189】论：论证。

【190】议：评议。

【191】春秋：指记载历史之书。

【192】经：治理。

【193】先王之志：先王政绩的记载。

【194】辩：辩解是非。

【195】相示：互相显示。

【196】有不见：有看不见的地方。

【197】大道不称：大道不可称谓。

【198】大辩不言，大仁不仁：大辩不需言辞，大仁无所偏爱。与《老子》"天地不仁"同义。

【199】大廉不嗛：大廉无须逊让。嗛，通"谦"，谦让。

【200】大勇不忮：大勇从不伤害他人。忮，忌恨，伤害。

【201】昭：光显。

【202】廉清：为贪求美名而清廉。

【203】信：真实。

【204】勇忮而不成：勇滞于悖逆就不能成功。

【205】五者园而几向方矣：这五种情况离道太远，犹如画圆却更接近方了。园，通"圆"。

【206】天府：天然的府藏，指圣人的心胸宽广，可以涵受万物。

【207】酌：汲取。

【208】葆光：含藏光明。

【209】宗、脍、胥敖：三个小国的名字。

【210】南面：临朝，古时帝王坐向为面南背北。释然：愉悦的样子。

【211】三子：三个小国的国君。

【212】蓬艾之间：意为三个国家很小，好像存在于蓬草之间。蓬，蓬蒿。艾，艾草。

【213】若：你，第二人称代词，指尧。

【214】十日并出：十个太阳一齐出升。

【215】进乎：超过，胜过。

【216】啮缺、王倪：均为庄子笔下杜撰之名。

【217】庸讵知：怎么知道

【218】偏死：半身不遂。

【219】惴栗恂惧：恐惧害怕不安。

【220】刍豢：草食曰刍，谷食曰豢。这里泛指牛羊等家畜。

【221】荐：好草。
【222】蝍蛆：蜈蚣。
【223】鸱鸦：猫头鹰。耆：通"嗜"，喜欢。
【224】正味：口味的标准。
【225】猵狙：猕猴，与猿形似。
【226】毛嫱丽姬：古代两位美人。
【227】美：形容词的意动用法，认为很美。
【228】决：迅疾的样子。骤：疾走。
【229】正色：美色的标准。
【230】涂：同"途"，途径。
【231】樊然殽乱：纷乱错杂。
【232】大泽：大湖泽。热：形容词的使动用法，使……觉得热。与下句"寒"的用法相同。
【233】冱：冰冻。
【234】死生无变于己：生死对自身毫无作用。
【235】瞿鹊子、长梧子：庄子杜撰的人名。
【236】夫子：指孔子。
【237】务：俗务。
【238】就利：追逐利益。
【239】违害：躲避灾害。
【240】喜求：热衷于妄求。
【241】缘道：拘泥于俗道。
【242】孟浪：荒诞而不着实际。
【243】听荧：疑惑不明。
【244】时夜：守夜，意喻司职守夜的公鸡。
【245】鸮：猫头鹰。
【246】奚：如何，怎么样。
【247】旁：同"傍"，依傍。
【248】滑涽：纷繁杂乱。
【249】以隶相尊：以贱奴卑隶为尊贵。指混同尊卑贵贱之分。
【250】芚：混沌。
【251】纯：纯清。
【252】相蕴：积淀沉蕴。
【253】说：同"悦"。
【254】弱：少年，古人将刚成年称为"弱冠"。
【255】丧：亡失，离开家乡。
【256】丽之姬：即前文所述的"丽姬"。
【257】王所：王宫。
【258】筐床：方正而安适的床。
【259】蕲：追求。

【260】旦：早上，这里指酒醒后。

【261】窃窃然：自以为明察的样子。

【262】牧：牧人，指卑贱之人。

【263】吊诡：怪异，诡奇。

【264】既使：假使，表假设关系。

【265】不若胜：宾语前置句，正序为"不胜若"。

【266】果是：果然正确。果，果然，果真。

【267】或：一方。

【268】矙暗：暗昧不明，所见偏颇。

【269】正：评判，裁别。

【270】天倪：自然的分别。

【271】是不是：对就是不对。

【272】然不然："这"就是"非这"。

【273】化声：是非之辩。

【274】待：对立。

【275】因之以曼衍：因顺万物的自然演化。因，因顺，随任。曼衍，自然的变化。

【276】穷年：享尽天年。

【277】忘年忘义：忘却时间和仁义。年，年月，这里指时间。

【278】振于无竟：畅游无穷之境。竟，通"境"。

【279】寓诸无竟：寄托于无穷之境。

【280】罔两：影子外围的淡影。

【281】景：同"影"，影子。

【282】曩：先前。

【283】特操：独特的操守。

【284】有待而然：有所依凭才这样。

【285】蛇蚹蜩翼：蛇依凭鳞片，蝉依凭薄翼。

【286】栩栩然：活泼自在的样子。

【287】喻：晓，觉得。适志：得意顺畅。

【288】不知周：忘却了自己是庄周。

【289】俄然：忽然。

【290】蘧蘧：惶恐的样子。

【291】物化：物我两化而融为纯一。

点评

《齐物论》的宗旨在于论述万物齐一的天人合一思想。在庄子看来，人与天皆本于自然，"天地与我并生，而万物与我为一"，庄子正是在对"天"与"人"的这种基本认识中建立了其天人合一的思想学说。所谓"齐物论"，即整齐万物之论。"齐物论"包含齐物与齐论两个意思。庄子认为世界万物包括人的品性和感情，看起来是千差万别，归根结底却又是齐一的，这就是"齐物"；人们的各种看法和观点，看起来也是千差万别的，但世间万物既是齐一的，言论归根结底也应是齐一的，没有所谓是非和不同，这就是"齐论"。在庄子看来，万事万物都是齐一的，都是平等的。庄子的天人合一思想，有利于人们把握人与自然之间的关系，有益于认识人与自然之间、主体与对象之间的伦理关系。在人与自然这对关系中，人是具有主动性、选择性和创造性的有意识的能动的主体，人要不仅懂得自己是自然的一部分，懂得人的生存要依赖于自然，更要懂得去认识和遵循自然规律，从而改造自然，同时调节和保护自然。这也许就是庄子天人合一思想的当代价值所在。

黄帝内经（节选）

　　黄帝曰：阴阳者，天地之道[1]也，万物之纲纪，变化之父母[2]，生杀之本始[3]，神明之府[4]也。治病必求于本。故积阳为天，积阴为地。阴静阳躁，阳生阴长，阳杀阴藏。阳化气，阴成形。寒极生热，热极生寒。寒气生浊，热气生清。清气在下，则生飧泄；浊气在上，则生䐜胀。此阴阳反作，病之逆从也。

　　故清阳为天，浊阴为地；地气上为云，天气下为雨；雨出地气，云出天气。故清阳出上窍，浊阴出下窍；清阳发腠理，浊阴走五脏；清阳实四支[5]，浊阴归六府。

　　水为阴，火为阳。阳为气，阴为味。味归形，形归气，气归精，精归化。精食气，形食味，化生精，气生形。味伤形，气伤精，精化为气，气伤于味。

　　阴味出下窍，阳气出上窍。味厚者为阴，薄为阴之阳。气厚者为阳，薄为阳之阴。味厚则泄，薄则通。气薄则发泄，厚则发热。壮火之气衰，少火之气壮。壮火食气，气食少火。壮火散气，少火生气。气味，辛甘发散为阳，酸苦涌泄为阴。

　　阴胜则阳病，阳胜则阴病。阳胜则热，阴胜则寒，重寒则热，重热则寒。寒伤形，热伤气。气伤痛，形伤肿。故先痛而后肿者，气伤形也。先肿而后痛者，形伤气也。风胜则动[6]，热胜则肿，燥胜则干，寒胜则浮[7]，湿胜则濡写[8]。天有四时五行，以生长收藏，以生寒暑燥湿风，人有五藏化五气，以生喜怒悲忧恐。故喜怒伤气，寒暑伤形，暴怒伤阴，暴喜伤阳。厥气[9]上行，满脉去形。喜怒不节，寒暑过度，生乃不固。故重阴必阳，重阳必阴。故曰：冬伤于寒，春必温病。春伤于风，夏生飧泄。夏伤于暑，秋必痎疟。秋伤于湿，冬生咳嗽。（《黄帝内经·素问·阴阳应象大论》）

注释

【1】道：即法则、规律。

【2】父母：这里是根源、起源的意思。

【3】生杀之本始：指自然界万物生长和消亡的根本动力。生，指生长。杀，指消亡。

【4】神明之府：是说宇宙万物变化极其玄妙，有的显而易见，有的隐匿莫测，都源于阴阳。神，变化玄妙，不能预测。明，指事物昭著清楚。府，物质积聚的地方。

【5】清阳实四支：四肢主外动，所以清阳充实四肢。支，通"肢"。清阳，指在外的清净的阳气。

【6】风胜则动：风性善行，所以风胜则动。就是说风邪偏胜就会出现痉挛、抽搐及眩晕这一类的症状。动，即动摇，这里指痉挛、抽搐及眩晕一类的症状。

【7】浮：即浮肿的意思。

【8】濡写：指腹泻黏腻之病。

【9】厥气：指厥逆不顺之气。

　　天圆地方，人头圆足方以应之。天有日月，人有两目；地有九州[1]，人有九窍；天有风雨，人有喜怒；天有雷电，人有音声；天有四时，人有四肢；天有五音，人有五藏；天有六律，[2]人有六府；天有冬夏，人有寒热；天有十日，人有手十指；辰有十二，人有足十指，茎垂[3]以应之，女子不足二节，以抱人形[4]；天有阴阳，人有夫妻；岁有三百六十五日，人有三百六十节；地有高山，人有肩膝；地有深谷，人有腋腘[5]；地有十二经水，人有十二经脉；地有泉脉，人有卫气；地有草蓂[6]，人有毫毛；天有昼夜，人有卧起；天有列星，人有牙齿；地有小山，人有小节；地有山石，人有高骨；地有林木，人有募筋[7]；地有聚邑，人有腘肉[8]；岁有十二月，人有十二节；地有四时不生草，人有无子。此人与天地相应者也。（《黄帝内经·灵枢·邪客》）

注释

【1】九州：古代划分地域的总称。
【2】六律：古代六种属阳声的音阶。
【3】茎垂：阴茎和睾丸的合称。
【4】以抱人形：怀孕生子。
【5】腋腘：腋窝和腘窝。
【6】草蓂：统指草。蓂，传说中尧时的一种瑞草。
【7】募筋：筋膜，人体皮下结缔组织的一种。
【8】腘肉：隆起的肌肉。

点评

　　"天人合一"哲学思想是中医基础理论形成系统理论的先驱，是《黄帝内经》四大系统哲学思想之一。《黄帝内经》作为一部医学理论经典，从人的角度去考察天及研究人，把天和人作为一个统一体看待，建立了自成体系的"天人合一"论。《黄帝内经》所论述的天是无意志、无目的的天，是独立于人的意志的客观存在。《黄帝内经》所探讨人性问题，侧重于探讨不同人的不同道德、性格、气质、人品与发病的关系。它运用五行理论，结合五音、五色，把人分为金、木、水、火、土五类，又根据宫、商、角、徵、羽的阴阳太少和上下左右，将每一类再分成五种，共二十五种类型的人，并对各类型人的社会属性进行了广泛细致的论述。《黄帝内经》的"天人合一"思想，主要表现为天与人的相互为用、天与人的规律相通和天与人的结构类似。人体的功能活动随着自然界的运动而发生相应的变化，即人的生理功能活动，是随着春夏秋冬四季的变更而发生生长收藏的相应变化的。《黄帝内经》在中国学术史上首次提出了人能够认识自然、顺从自然、改造自然，但必须遵循自然客观规律的新理念。遵循自然客观规律，就能驾驭大自然，让大自然利于人类；不遵循自然客观规律，必然会受到大自然的惩罚。依据人体和自然界有着共同的规律，《黄帝内经》在中国学术史上首次提出了比类的方法论。人与天的结构类似，即是说人的身体体现了天地的结构。《黄帝内经》对天人关系的阐释，是对先秦诸子天人之辩的承袭和发展。它基于唯物论，从自然界和人体本身的有机统一角度出发，研究深奥医理，阐释医学问题，对中华民族的繁荣昌盛做出了巨大的贡献。

举贤良对策（节选）

董仲舒

本文出自《汉书·董仲舒传》。

《举贤良对策》是董仲舒提出的政治主张。董仲舒认为，"道之大原出于天"，自然、人事都受制于天命，因此反映天命的政治秩序和政治思想都应该是统一的。董仲舒的儒家思想大大维护了汉武帝的集权统治，为当时社会政治和经济的稳定做出了贡献。

董仲舒（前179—前104），西汉广川（治今河北景县西南）人，思想家、政治家、教育家、哲学家和今文经学大师。汉景帝时任博士，讲授《公羊传》。汉武帝元光元年（前134），武帝下诏征求治国方略，董仲舒在著名的《举贤良对策》中系统地提出了"天人感应""大一统"和"罢黜百家，独尊儒术"的主张，为武帝所采纳，使儒学成为中国社会正统思想，影响长达二千多年。其学以儒家宗法思想为中心，杂以阴阳五行说，把神权、君权、父权、夫权贯穿在一起，形成帝制神学体系。其后，董仲舒任江都易王刘非国相10年；元朔四年（前125），任胶西王刘端国相，4年后辞职回家，著书写作。这以后，朝廷每有大事商议，皇帝即会下令使者和廷尉前去董家问他的建议，表明董仲舒仍受武帝尊重。董仲舒一生历经四朝，度过了西汉王朝的极盛时期，公元前104年病故，享年约75岁。死后得武帝眷顾，被赐葬于长安下马陵。

臣谨案《春秋》之中，视前世已行之事，以观天人相与之际[1]，甚可畏也。国家将有失道之败，而天乃先出灾害以谴告之，不知自省[2]，又出怪异以警惧之，尚不知变，而伤败乃至。以此见天心之仁爱人君而欲止其乱也。自非大亡[3]道之世者，天尽欲扶持而全安之，事在强勉[4]而已矣。强勉学问，则闻见博而知[5]益明；强勉行道，则德日起而大有功；此皆可使还[6]至而有效者也。《诗》曰"夙夜匪解[7]"，《书》云："茂哉茂哉[8]！"皆强勉之谓也。

……

臣谨案《春秋》之文，求王道之端，得之于正[9]。正次王，王次春[10]。春者，天之所为也；正者，王之所为也。其意曰，上承天之所为，而下以正其所为，正王道之端云尔。然则王者欲有所为，宜求其端于天。天道之大者在阴阳。阳为德，阴为刑；刑主杀而德主生。是故阳常居大[11]夏，而以生育养长为事；阴常居大冬，而积于空虚不用之处。以此见天之任德不任刑也。天使阳出布施于上而主岁功，使阴入伏于下而时出佐阳；阳不得阴之助，亦不能独成岁。终阳以成岁为名[12]，此天意也。王者承天意以从事，故任德教而不任刑。刑者不可任以治世[13]，犹阴之不可任以成岁也。为政而任刑，不顺于天，故先王莫之肯为也。今废先王德教之官，而独任执法之吏治民，毋乃任刑之意与！孔子曰："不教而诛谓之虐[14]。"虐政用于下，而欲德教之被[15]四海，故难成也。

注释

【1】相与之际：相关联之处。

【2】省：省察。

【3】亡：无。

【4】强勉：努力，勉励。

【5】知：智。

【6】还：旋，迅速。

【7】夙夜匪解：见《诗经·大雅·烝民》。谓朝夕不懈。解，通"懈"，懈怠。

【8】茂哉茂哉：见《尚书·皋陶谟》。茂：通"懋"，勉力。

【9】正：谓正月。

【10】正次王，王次春：《春秋·隐公元年》"春王正月"，乃春、王、正月之顺序。

【11】大：盛也。

【12】终阳以成岁为名：意谓《春秋》终究还是以阳来名岁，而不是以阴名岁，故年首称春，书曰"春王正月"。

【13】刑：刑罚。任：主张。

【14】不教而诛谓之虐：见《论语·尧曰》。

【15】被：遍布。

点评

汉武帝元光元年（前134），在崇尚黄老、菲薄五经的太皇太后窦氏死后一年，汉武帝着手推行儒术，他所做的第一件大事，是把各地推举出的贤良——深通古今治国之道的儒家学者召集到京师，开展极其隆重的策问。董仲舒是这次接受策问的贤良之首。他是一位《春秋》公羊学者，将儒家思想与阴阳五行以及当时的崇天神学结合在一起，形成独具特色的董氏理论。在回答武帝提出的三道策问中，他精彩扼要地阐述了自己的观点。武帝接受他的建议"罢黜百家，独尊儒术"，在中国政治史、学术史上产生了深远的影响。本文选自第一道策问。在第一道策问中，天人关系是一个重点问题。董仲舒认为，天关怀人君，时时观察他们的作为，如果积善累德，就会降下祥瑞，加以鼓励；如有失道之处，便以灾害来谴告，以怪异来警惧，以促其改正。只要不是大无道之君，上天总要"扶持而全安之"，只有不知改悔的，才会让他垮台。在天与人的关系上，董仲舒认为人是天所派生的。人是天以自身为参照，有意识地创造出来的。其次，"人副天数"。由于人是天创造出来的，人从外在形体到内在的感情、道，都能感应天的变化。董仲舒的天人合一政治论，由天人关系、天道运行规律论证了君权至上和等级原则，又主张以天制约君主，将原则性与灵活性统一起来，从而提高了统治阶级的政治适应能力，这是儒家政治学说成熟的表现。

淮南子（节选）

刘 安

本文选自《淮南子·精神训》。

《淮南子》，又名《淮南鸿烈》。鸿，广大也，烈，光明也，意即包含了光明宏大之理。为汉初黄老学派著作，二十一卷，成书年代大约在景、武之间，是我国西汉时期创作的一部论文集，由西汉皇族淮南王刘安主持撰写，故而得名。该书在继承先秦道家思想的基础上，综合了诸子百家学说中的精华部分，对后世研究秦汉时期文化起到了不可替代的作用。全书博奥深宏，熔道家、阴阳家、墨家、法家、儒家思想于一炉，是汉代学者对汉以前古代文化一次最大规模的汇集，但其主流则偏向于道家。《淮南子》因属集体创作，采百家之长，故此内容庞杂，近乎一部"先汉学术史"，但并非凭虚蹈空，而是处处紧扣现实，并多用历史、神话、传说、故事来说理，文风新异瑰奇，繁富有序。

刘安（前179—前122），汉高祖刘邦之孙、淮南厉王刘长之子，汉文帝十六年袭父爵为淮南王。善属文辞，才思敏捷。吴楚七国反，曾谋响应，不果。汉武帝即位，安暗整武备，欲反，未发而败，自杀。

古未有天地之时，惟像无形[1]，窈窈冥冥[2]，芒芠漠闵[3]，澒蒙鸿洞[4]，莫知其门。有二神[5]混生，经天营地，孔乎莫知其所终极，滔乎莫知其所止息。于是乃别为阴阳，离为八极[6]；刚柔相成，万物乃形，烦气为虫[7]，精气为人[8]。是故精神天之有也，而骨骸者地之有也[9]，精神入其门而骨骸反其根，我尚何存？是故圣人法天顺情[10]，不拘于俗，不诱于人[11]。以天为父，以地为母，阴阳为纲，四时为纪。天静以清，地定以宁，万物失之者死，法之者生。

夫静漠[12]者，神明之宅也；虚无者，道之所居也。是故或求之于外者，失之于内；有守之于内者，失之于外[13]。譬犹本与末也，从本引之，千枝万叶莫不随也。

夫精神者，所受于天也，而形体者，所禀于地也。故曰："一生二，二生三，三生万物[14]。万物背阴而抱阳，冲气以为和[15]。"故曰一月而膏，二月而胅，三月而胎，四月而肌，五月而筋，六月而骨，七月而成，八月而动，九月而躁，十月而生。形体以成，五藏乃形，是故肺主目，肾主鼻，胆主口，肝主耳，外为表而内为里，开闭张歙[16]，各有经纪。故头之圆也象天，足之方也象地。天有四时五行九解三百六十六日，人亦有四支五藏九窍三百六十六节。天有风雨寒暑，人亦有取与喜怒。故胆为云，肺为气，肝为风，肾为雨，脾为雷，以与天地相参[17]也，而心为之主。是故耳目者，日月也；血气者，风雨也。日中有踆乌[18]，而月中有蟾蜍。日月失其行，薄蚀无光；风雨非其时，毁折生灾；五星[19]失其行，州国受殃。

注释

【1】惟像无形：只有模糊不清的状态而无具体形状。

【2】窈窈冥冥：渺茫恍惚之貌。窈，深远，幽静。冥，昏暗。

【3】芒芠漠闵：混沌不清。芒，通"茫"。芠，古人指宇宙形成前的混沌状态。漠闵，混沌不分。闵，昏昧，糊涂貌。

【4】澒蒙鸿洞：混沌不清。澒蒙，旧谓宇宙形成前的混沌之气或混沌之状。鸿洞，虚空混沌，漫无涯际。

【5】二神：指阴和阳。

【6】八极：八方极远之地。

【7】烦气为虫：杂乱的气产生鱼鸟禽兽和昆虫。

【8】精气为人：纯精的气则产生人类。

【9】精神天之有也，而骨骸者地之有也：人的精神归属于上天，而形骸归属于大地。

【10】法天顺情：圣人遵循天地的运行规则，顺应人的本性。

【11】不拘于俗，不诱于人：不为世俗所拘束，不为人欲所诱惑。

【12】静漠：恬静淡漠，寂静冷漠。

【13】或求之于外者，失之于内；有守之于内者，失之于外：只追求身外之物，就会失去对内心精神世界的保养持守；反过来对某些事情一直耿耿于怀，就会影响人体外形的健康。

【14】一生二，二生三，三生万物：道生阴阳二气，阴阳二气产生出中和之气，万物均从中和之气中产生。语出《道德经》第四十二章。

【15】万物背阴而抱阳，冲气以为和：万物背阴而抱阳，阴阳激荡而成和气。语出《道德经》第四十二章。

【16】歙：合，收敛，吸进。

【17】参：参验。

【18】踆乌：古代传说太阳中的三足乌。

【19】五星：古指水星、金星、火星、木星、土星。

点评

《精神训》深受老庄道家思想的影响，作者从宇宙生成论、人类生成论出发，充分论证了天人合一、天人相类、天人感应等思想。认为人生成于自然，属于自然的一部分，人类本身就是一个又一个的小宇宙，宇宙自然的变化无不在人类身上得以体现。这种人与自然不可分离的天人合一思想对于我们重新认识自然、认识人类、认识自然与人类的关系具有重要启示意义。

西 铭

张 载

本文选自《正蒙·乾称篇》。

《西铭》，张载著，原为《正蒙·乾称篇》的一部分。作者曾于学堂双牖各录《乾称篇》的一部分《砭愚》和《订顽》分别悬挂于书房的东西两牖，作为自己的座右铭。程颐见后，将《砭愚》改称《东铭》，《订顽》改称《西铭》。文中提出"民胞物与"的思想，把宇宙看作一个大家族，体现出了其天人合一的思想。

张载（1020—1077），字子厚，凤翔郿县（今陕西眉县）横渠镇人，北宋思想家、教育家、理学创始人之一。世称横渠先生，尊称张子，封先贤，奉祀孔庙西庑第38位。宋天禧四年（1020），张载出生于长安（今西安），青年时喜论兵法，后求之于儒家"六经"，曾任著作佐郎、崇文院校书等职。后辞归，讲学关中，故其学派称为"关学"。宋神宗熙宁十年（1077），返家途中病逝于临潼，年58岁。其"为天地立心，为生民立命，为往圣继绝学，为万世开太平"的名言被当代哲学家冯友兰称作"横渠四句"，因其言简意宏，历代传诵不衰。张载与周敦颐、邵雍、程颐、程颢合称"北宋五子"，有《正蒙》《横渠易说》等著述留世。

乾称父，坤称母[1]；予兹藐焉，乃混然中处[2]。故天地之塞，吾其体[3]；天地之帅，吾其性[4]。民，吾同胞；物，吾与也[5]。

大君者，吾父母宗子[6]；其大臣，宗子之家相[7]也。尊高年，所以长其长；慈孤弱，所以幼其幼[8]；圣，其合德；贤，其秀也[9]。凡天下疲癃、残疾、茕独、鳏寡，皆吾兄弟之颠连而无告者也[10]。

于时保之，子之翼也[11]；乐且不忧，纯乎孝者也[12]。违曰悖德，害仁曰贼[13]，济恶者不才，其践形，惟肖者也[14]。

知化则善述其事，穷神则善继其志[15]。不愧屋漏为无忝，存心养性为匪懈[16]。恶旨酒，崇伯子之顾养[17]；育英才，颖封人之锡类[18]。不弛劳而厎豫，舜其功也[19]；无所逃而待烹，申生其恭也[20]。体其受而归全者，参乎[21]！勇于从而顺令者，伯奇也[22]。

富贵福泽，将厚吾之生也[23]；贫贱忧戚，庸玉汝于成也[24]。存，吾顺事；没，吾宁也[25]。

注释

【1】乾称父，坤称母：《易传·说卦传》："乾，天也，故称乎父；坤，地也，故称乎母。"

【2】予兹藐焉，乃混然中处：予，我。兹，语气词。藐，弱小，多指幼儿。混然，张伯行《近思录集解》卷二解释为："形气与天地混合无间。"中处，处于天地之中。

【3】故天地之塞，吾其体：天地之塞，乾坤的阴阳二气充塞天地。《孟子·公孙丑上》："其为气也，至大至刚，以直养而无害，则塞于天地之间。"吾其体，我以天地二气为体，此身气血都禀受于它。朱熹《朱子语类》卷九十八："塞只是气，吾之体即天地之气。"

【4】天地之帅，吾其性：天地的乾健坤顺性质为阴阳二气所遵循。帅，带领，遵循。吾其性，我因此而成就了自己的本性。朱熹《朱子语类》卷九十八："帅是主宰，乃天地之常理也，吾之性即天地之理。"

【5】民，吾同胞；物，吾与也：民，人民。同胞，同一父母所生的兄弟。物，万物，此处指人类以外的生物。与，同类。

【6】大君者，吾父母宗子：大君，指天子。吾父母，指乾坤、天地。宗子，嫡长子。

【7】家相：家宰。相，宰相。

【8】尊高年，所以长其长；慈孤弱，所以幼其幼：所以，以此，以之。长其长，前"长"字为动词，后"长"字为名词，意为尊重年长之人。幼其幼同，意为爱抚年幼之人。《孟子·梁惠王上》："老吾老以及人之老，幼吾幼以及人之幼。"

【9】圣，其合德；贤，其秀也：圣，其合德，圣人与天地德性相合为一。《易传·乾卦·文言传》："夫大人者，与天地合其德，与日月合其明，与四时合其序，与鬼神合其吉凶。"贤，其秀也，贤人是钟集了天地的灵秀而产生的。秀，灵秀。

【10】凡天下疲癃、残疾、茕独、鳏寡，皆吾兄弟之颠连而无告者也：疲癃，衰老龙钟的人。茕独，孤苦伶仃的人。鳏寡，鳏夫和寡妇。颠连，困顿，苦难。无告，无可诉告。一说为无靠。《孟子·梁惠王下》："老而无妻曰鳏，老而无夫曰寡，老而无子曰独，幼而无父曰孤。此四者，天下之穷民而无告者。"

【11】于时保之，子之翼也：《诗经·周颂·我将》："畏天之威，于时保之。"于时，郑玄笺："时，是也。"保之，郑玄笺："得安文王之道。"江永《近思录集注》卷二引朱熹注："畏天以自保。"翼，小心翼翼。《诗经·大雅·大明》："维此文王，小心翼翼。"郑玄笺："小心翼翼，恭慎貌。"

【12】乐且不忧，纯乎孝者也：乐且不忧，《易传·系辞传上》："乐天知命，故不忧。"纯乎孝者也，《左传·隐公元年》："君子曰：颍考叔，纯孝也。爱其母，施及庄公。《诗》曰：'孝子不匮，永锡尔类。'其是之谓乎！"所引诗见《诗经·大雅·既醉》。杜预注："纯，犹笃也。"

【13】害仁曰贼：《孟子·梁惠王下》："贼仁者谓之贼。"

【14】济恶者不才，其践形，惟肖者也：济恶，助长为恶。不才，没有才能。《史记·五帝本纪》："昔帝鸿氏有不才子，掩义隐贼，好行凶慝，天下谓之浑沌。少皞氏有不才子，毁信恶忠，崇饰恶言，天下谓之穷奇。颛顼氏有不才子，不可教训，不知话言，天下谓之梼杌。缙云氏有不才子，贪于饮食，冒于货贿，天下谓之饕餮。"践形，体现出人的天赋品质。《孟子·尽心上》："形色，天性也，惟圣人然后可以践形。"赵岐注："圣人内外文明，然后能以正道履居此美形。"践，实现，实行。惟肖，《尚书·说命上》："说筑傅岩之野，惟肖。"肖，相似。《说文》："肖，骨肉相似也。"此处即专指子对父的相似。

【15】知化则善述其事，穷神则善继其志：二"其"字都指天地乾坤而言。天地乾坤所做之事为化育，所存之志为神妙的天机，圣人继承其事其志犹如孝子承继父母。知化、

穷神，语出《易传·系辞传下》："穷神知化，德之盛也。"

【16】不愧屋漏为无忝，存心养性为匪懈：不愧屋漏，语出《礼记·中庸》，原文作："《诗》云：'相在尔室，尚不愧于屋漏。'故君子不动而敬，不言而信。"所引诗见《诗经·大雅·抑》。"相在尔室"意为诸侯卿大夫觐见助祭，"屋漏"为宗庙的西北隅，"不愧"意为有神见己所为而己不惭愧。无忝，《孝经·士章》："忠顺不失，以事其上，然后能保其禄位，而守其祭祀，盖士之孝也。《诗》云：'夙兴夜寐，无忝尔所生。'"所引诗见《诗经·小雅·小宛》。忝，羞辱，有愧于。存心养性，《孟子·尽心上》："存其心，养其性，所以事天也。"匪懈，《孝经·卿大夫章》："非先王之法服不敢服，非先王之法言不敢道，非先王之德行不敢行。三者备矣，然后能守其宗庙，盖卿大夫之孝也。《诗》云：'夙夜匪懈，以事一人。'"所引诗见《诗经·大雅·烝民》。夙夜，早晚。匪懈，不懈。

【17】恶旨酒，崇伯子之顾养：恶旨酒，《孟子·离娄下》："禹恶旨酒而好善言。"意为禹不喜欢美酒，而喜欢有益的话。崇伯子，夏禹之父鲧封于崇，史称崇伯，崇伯子即夏禹。顾养，顾念父母的养育之恩。《孟子·离娄下》："孟子曰：世俗所谓不孝者五。……博弈好饮酒，不顾父母之养，二不孝也。"

【18】育英才，颍封人之锡类：育英才，《孟子·尽心上》："孟子曰：君子有三乐，而王天下不与存焉。父母俱存，兄弟无故，一乐也。仰不愧于天，俯不怍于人，二乐也。得天下英才而教育之，三乐也。"颍封人，即颍考叔，曾任颍谷封人。春秋时郑国人，以事母至孝著称，《左传·隐公元年》有记载。锡类，永锡尔类的简称。锡，赐予。

【19】不弛劳而厎豫，舜其功也：不弛劳，勤劳不松懈。弛，本义为放松弓箭，引申为松懈、延缓、减弱。厎豫，致使其快乐。《尔雅》："厎，致也。豫，乐也。"舜其功也，意为这是舜所获得的成功。史称舜事其父瞽瞍至孝，《大戴礼记·五帝德》："舜之少也，恶悴劳苦，二十以孝闻乎天下。"《孟子·离娄上》："不得乎亲，不可以为人。不顺乎亲，不可以为子。舜尽事亲之道而瞽瞍厎豫，瞽瞍厎豫而天下化，瞽瞍厎豫而天下之为父子者定，此之谓大孝。"

【20】无所逃而待烹，申生其恭也：申生，春秋时晋献公太子，晋献公宠爱骊姬，申生为其所谮，自经而死。文中所说"待烹"，犹言待死，并非确指。恭，申生死后的谥号，《谥法》："敬顺事上曰恭。"事见《国语》及《左传》。《礼记·檀弓上》："晋献公将杀其世子申生，公子重耳谓之曰：'子盖言子之志于公乎？'世子曰：'不可。君安骊姬，是我伤公之心也。'曰：'然则盖行乎？'世子曰：'不可。君谓我欲弑君也，天下岂有无父之国哉？吾何行如之！'使人辞于狐突曰：'申生有罪，不念伯氏之言也，以至于死。申生不敢爱其死，虽然，吾君老矣，子少，国家多难，伯氏不出而图吾君，伯氏苟出而图吾君，申生受赐而死。'再拜稽首，乃卒。是以为恭世子也。"

【21】体其受而归全者，参乎：体其受，身体发肤受之于父母。归全，保全身体归之于父母。参，曾参，字子舆，孔子弟子，以孝著称，相传《大学》《孝经》均为其所作。《孝经·开宗明义章》："身体发肤，受之父母，不敢毁伤，孝之始也。"又《礼记·祭义》："天之所生，地之所养，无人为大。父母全而生之，子全而归之，可谓孝矣。"

【22】勇于从而顺令者，伯奇也：勇于从而顺令，勇于顺从父母的旨意。伯奇，古代孝子。《孔子家语·七十二弟子解》："高宗以后妻杀孝己，尹吉甫以后妻放伯奇。"尹吉甫为周宣王大臣。《汉书》卷七十九颜师古注引《说苑》："前母子伯奇，后母子伯封，兄

弟相重。后母欲令其子立为太子，乃谮伯奇，而王信之，乃放伯奇也。"

【23】富贵福泽，将厚吾之生也：福泽，福利恩泽。厚生，生计温厚，丰衣足食。《尚书·大禹谟》："正德，利用，厚生，惟和。"

【24】贫贱忧戚，庸玉汝于成也：忧戚，忧虑烦恼。戚，忧患，悲哀。庸，用，以，乃。玉汝于成，爱护而使之有成就。张伯行《近思录集解》卷二："盖以玉必琢而后成，拂乱乃所以增益，而劳苦即所以全爱也。"

【25】存，吾顺事；没，吾宁也：存，生存。顺事，顺从天地之事。没，通"殁"，死亡。宁，安宁。

点评

张载认为，乾坤精神是宇宙演化运动的内在动力，是万物生生不息的终极根源。在宇宙万物之中，天地相互交感而创生万物，至诚无私地庇养万物，是乾坤精神的最伟大体现者，故堪称人类万物共同的父母；人类万物则共同禀受天地而生，故自我和他人为相互依存的血脉同胞，人类万物是亲密无间的友好伙伴。这充分体现了《西铭》中的天人合一思想。在天人合一思想的基础上，张载建立了他哲学的终极目的，即要实现自我和他人、家庭和社会、人类和自然的统一和谐。而要实现这种社会理想，首先要在对宇宙无限性、整体性、和谐性的认同的基础上，确立宇宙的基本精神也即自我的价值本性，只有认同了天地自强不息、厚德载物的广大仁性，并在现实的社会实践中尽职尽责地承担自己的社会责任，尽心尽力地去关照社会中的每一个成员，才算是发挥了天地之性，而无愧于天地之间。这是张载构建的具有儒家情怀的精神家园，也是今天构建社会主义和谐社会的优秀传统文化遗产。

第二十章 情深意浓

陆机在他的《文赋》中说："诗缘情而绮靡。"白居易说"感人心者莫先乎情"，《现代汉语词典》对情感下的定义是："对外界刺激肯定或否定的心理反应，如喜欢、愤怒、悲伤、恐惧、爱慕、厌恶等。"情感真挚自然是古典诗词内涵美的一项重要内容，情真意浓是中国优秀传统文化的重要内涵之一。这种情感的真挚自然主要体现在爱国、思乡、爱情、友情、亲情等方面。

一、深沉的爱国情

中华民族历史悠久，涌现出了大量的爱国诗人，他们创作出了大量的爱国诗篇，可以说诗篇中所表现出来的真挚的爱国精神，是华夏民族动人心魄的精神文明之花，爱国情是中国优秀传统文化的根脉所在。真挚的爱国感情主要体现在：当民族国家处于危难时刻，特别是处在亡国亡种的危难时刻，或者是国家处于动荡不安的环境之中，或者是怀抱济世报国而被打压的时候，一些忧国忧民的伟大诗篇就会应运而生。

战国时代的屈原为了楚国的前途和危难，不惜与卖国贼斗争，虽然被流放，但他依然"路漫漫其修远兮，吾将上下而求索"。"靖康耻，犹未雪。臣子恨，何时灭。驾长车，踏破贺兰山缺。壮志饥餐胡虏肉，笑谈渴饮匈奴血。待从头，收拾旧山河，朝天阙。"表现了岳飞抗击金兵、收复故土、统一祖国的强烈的爱国精神。"人生自古谁无死，留取丹心照汗青"，面对敌人的诱降，表现了文天祥的民族气节和舍生取义的生死观。明代杨继盛所作的就义诗"浩气还太虚，丹心照千古。生平未报国，留作忠魂补"，这是诗人面对死亡高唱的充满凛然浩气的爱国壮歌。杨继盛本来就是个刚直不阿、胸怀浩然正气的人，仕进后更以忠直敢谏著称。他力主抗击北方鞑靼人的侵入，因弹劾大将军仇鸾误国被贬狄道县典史。仇鸾伏诛后，诗人复官，于嘉靖三十二年（1553）弹劾奸相严嵩十大罪状，被严嵩迫害入狱。在长期监禁后，于嘉靖三十四年（1555）被杀害。这首诗最难能可贵的是，他并不认为就义便是报国的尽头，临刑前他想到的是"生平未报国，留作忠魂补"，即活着未能斩除佞臣、尽到报效国家的责任，死后要继续用自己的忠魂实现报国之志。后二句直抒胸臆，痛快淋漓地抒发了诗人炽热无比的爱国热情，至死不忘报效国家的雄心壮志。林则徐则以"苟利国家生死以，岂因祸福避趋之？"亮明了自己在与帝国主义的斗争中不顾个人安危的爱国气概。

二、浓烈的思乡情

思乡念国是一种高尚的情感，它蕴含着对故乡亲友的挚爱，对故乡山水的依恋。而思乡情结就是爱国情结的基础，很难想象一个连故乡都不爱的人会去爱国。"露从今夜白，月是故乡明"，表达了炎黄子孙浓重的思乡情结。对故乡的思念是诗歌创作的一个母题，特别是在失去故国、在外流浪的诗人对故乡更有着深深的怀恋之情。

古代诗人写有太多的游子诗，抒发着各不相同却又极为相似的故乡之情。这些诗歌不追求奇特新颖的构思，更不要精工华美的辞藻，只是用深情的语句，写出远客思乡的殷殷深情。大家众所周知的就是李白的《静夜思》："床前明月光，疑是地上霜。举头望明月，低头思故乡。"秋月分外明亮，也特别清冷。对于孤身在外的人来说，最易触动旅思之怀，感受到客居的萧条、年华的易逝。凝望着明月，更易使人想起故乡，思念亲人。大概正是此情此景感染了李白，他挥毫写下了《静夜思》这首具有浓烈思乡之情的诗歌。当杜甫听到官军收复河南河北的消息时，兴奋地写道："白日放歌须纵酒，青春作伴好还乡。即从巴峡穿巫峡，便下襄阳向洛阳。"那种急切的思乡之情、那种激动惊奇之情令人深受感动。

三、执着的男女情

在我国古代数量繁富的诗歌遗产中，爱情诗占了很大的比重。爱情诗在古代民歌中非常发达，从《诗经·国风》、汉魏六朝乐府民歌，到唐代民间曲子词、明清民歌，歌唱爱情的篇章往往在数量上占有绝对优势。在文人诗歌方面，上自屈原的《九歌》、汉魏六朝古诗，下至唐诗、宋词、元曲，爱情诗的数量也很多。我国古典诗词中的爱情诗，不仅数量众多，而且内容丰富多彩，真挚动人。它们表现了古人对爱情的强烈追求及爱情得到满足时的愉悦和欢乐，更多的是由于种种原因造成的生离死别引起的忧伤和痛苦。

在我国古代众多的爱情诗中，写得最好、最感人的是那种以"春蚕到死丝方尽，蜡炬成灰泪始干"的至死不渝、永不分离的爱情追求为内容的诗篇。如汉乐府诗歌《上邪》："上邪！我欲与君相知，长命无绝衰。山无陵，江水为竭，冬雷震震，夏雨雪，天地合，乃敢与君绝！"全诗一开头，这位女子就向天发誓，表明了她与"君"的相爱关系，并希望他们之间的爱情永远不中断，不衰竭。为了表示自己对爱情的忠贞，她一口气列举了五种不可能实现的情况来表明自己的忠贞。

在我国古代的夫妻关系中，虽然受到男尊女卑的影响，但人们还是以相敬如宾为美德，鄙弃那种见异思迁的卑劣行为。一想到夫妻之间的感情，我们自然会想到苏轼与妻子的感情，那首"千里孤坟，无处话凄凉"的词作至今读来令人肝肠寸断。贺铸的"空床卧听南窗雨，谁复挑灯夜补衣"，同样表达了对亡妻的思念之情。杜甫的妻子杨氏是当朝司农少卿杨怡的女儿，两人相差十岁，杨氏嫁与杜甫时只有十九岁，但是他们夫妻却是琴瑟和鸣，相濡以沫。没多久，杜甫家道中落，穷困潦倒，连温饱都成问题。杨氏身为他的妻子，告别了锦衣玉食的生活，经常陪着丈夫四处颠沛流离，日子十分凄苦。但是屋漏偏逢连夜雨，安史之乱的爆发，让夫妻二人不得不分隔两地，也是在这段时间，思念妻儿的杜甫将思念化为写作的动力，创作了很多思念妻子的诗词，这首《月夜》正是出自这个时期："今夜鄜州月，闺中只独看。遥怜小儿女，未解忆长安。香雾云鬟湿，清辉玉臂寒。何时倚虚幌，双照泪痕干？"杜甫的这首诗，采用平淡的语气，没有太多感人肺腑的情话，但是字字深情。

四、美好的朋友情

友情是人类最美好的感情之一，它既是个人事业成功、生活幸福的重要因素之一，也是关系到人际和谐、国家安定的一个重要方面。真正的友谊是人与人心灵相通的亲密的关系。在中国文学史上，歌颂这种高尚真挚友谊的诗歌不胜枚举，如李白的《闻王昌龄左迁龙标遥有此寄》："杨花落尽子规啼，闻道龙标过五溪。我寄愁心与明月，随风直到夜郎西。"这首诗是李白听到王昌龄遭贬时所作的一首抒发真挚友谊的诗歌,诗中表现了对王昌龄的深切同情。李白与杜甫的交往是中国文学史上极为珍贵的一页。二人相处的时间虽然不算长,但二人友谊深厚,心心相印,离别后互相思念,留下了一些感人的诗篇。唐玄宗天宝三年初夏,李白与杜甫在洛阳首次相遇。从夏到秋,他们在梁宋一带漫游。经过冬天小别之后,第二年又在东鲁相聚,直到秋天分手。分手后,杜甫欲去长安,李白则寓居沙丘。想起在一起时欢快的日子,想起二人诚挚的友谊,李白写下了《沙丘城下寄杜甫》这首诗:"我来竟何事?高卧沙丘城。城边有古树,日夕连秋声。鲁酒不可醉,齐歌空复情。思君若汶水,浩荡寄南征。"表达了对杜甫的深切思念之情。

五、温馨的骨肉情

骨肉情深是一种美德,也是家庭中有关亲人关系的道德规范。在中国古典诗歌中有不少描写这种骨肉情感的优美诗篇。这类诗篇可以分为三类:

一是晚辈对长辈的孝敬之情。孝敬长辈尤其是父母是中华民族的传统美德。"孝"曾被儒家作为一切道德的根本。"百善孝为先",从古至今,古典诗歌对于"孝"这个主题进行了无数次的赞美,对父母的天高地厚的恩德进行过无数次的讴歌。"谁言寸草心,报得三春晖。"像春天阳光般厚博的父母之情,区区小草似的儿女怎么能报答于万一呢?究竟怎样才能报答父母比天高比海深的恩情呢?诗人们从不同的角度进行了回答。宋末诗人江万里的《水调歌头·寿二亲》词就是其中具有代表性的一首:"生日重重见,余闰有新春。为吾母寿,富贵外物总休论。且说家怀旧话,教学也曾菽水,亲意尽欣欣。只此是真乐,乐岂在邦君。吾二老,常说与,要廉勤。庐陵几千万户,休戚属儿身。三瑞堂中绿醑,酿就满城和气,端又属人伦。吾亦老吾老,谁不敬其亲。"词的上片写作者为母亲生日祝寿,不谈富贵外物,只谈一些家常旧话。说自己粗茶淡饭,尽心孝敬赡养父母,使父母很高兴,并认为这是真正的乐事,也是对父母最大的孝顺。下片写父母对自己的教导,做官要清正廉洁,要和百姓休戚与共。作者认为自己遵循父母的教诲,收到了很好的社会效果,在自己所辖之地,民风淳正,人际关系和谐,子女能孝敬父母。古语云,求忠臣于孝子之门。作者不仅在家能孝敬父母,而且在外能为国尽忠,很有民族气节。当元军攻陷家乡时,江万里大义凛然,赴水而死,以身殉国,表现出崇高的民族气节。正因为作者感情真挚,诚心至孝,因而词中所流露出的孝敬父母的真挚感情,深深地感染着后代的每一位读者。

二是长辈对晚辈的舐犊之情。舐犊之情,人皆有之,《责子诗》是陶渊明别开生面的一篇名作。它洋溢着老父亲对儿子的爱,使人如欣赏一幅老父教子图。它不用传统严厉训斥的语言,而是带有诙谐戏谑的趣味:"白发被两鬓,肌肤不复实。虽有五男儿,总不好纸笔。阿舒已二八,懒惰故无匹。阿宣行志学,而不爱文术。雍端年十三,不识六与七。通子垂九龄,但觅梨与栗。天运苟如此,且进杯中物。"开篇两句勾画出一个垂老父亲的形象。老了自然想到把希望寄托在儿辈身上,所以自然要写儿子。先总说一句,有五个男儿,却都"总不好纸笔"。五个儿子好像没有一个有成才的希望,那该怎么办?诗人淡淡地一收,假如天命如此,那还不如饮酒取乐,结尾好像很平淡,却表现出诗人对儿子们的爱。表面上数落它们,实际上带有点儿欣赏的味道。儿子们都非常天真可爱,没有沾染上世俗渴求功名利禄的习气。正因为如此,诗人在远离官场、躬耕田园时才会感到家乡的美好和亲情的温馨。

三是兄弟姐妹之间的相互关爱之情。兄弟姊妹本是同根,情同手足,一旦离别,彼此思念，切切之情难以言喻。如王维的《九月九日忆山东兄弟》就表达了兄弟之间这种浓厚的关爱之情："独在异乡为异客，每逢佳节倍思亲。遥知兄弟登高处，遍插茱萸少一人。"前两句正面叙述对亲人的怀念，后两句诗人驰骋想象，描绘出一幅家乡亲人重阳登高、欢度节日的图画。这里诗人不直说自己在思亲，而是用烘托的方法，说兄弟们因"遍插茱萸少一人"而在思念自己。这种以揣摩别人而表现自我的方法，使所表达的感情更为含蓄深沉，也使诗中所表达的兄弟之间相互关爱的情怀更加温馨感人。

蒹 葭

蒹葭苍苍，白露为霜。所谓伊人，在水一方。溯洄从之[1]，道阻且长。溯游[2]从之，宛在水中央。

蒹葭凄凄[3]，白露未晞[4]。所谓伊人，在水之湄[5]。溯洄从之，道阻且跻[6]。溯游从之，宛在水中坻[7]。

蒹葭采采[8]，白露未已。所谓伊人，在水之涘[9]。溯洄从之，道阻且右。溯游从之，宛在水中沚[10]。（《诗经·国风·秦风》）

注释

【1】溯洄从之：意思是沿着河道向上游去寻找她。溯洄，逆流而上。从，跟随，这里指"追寻"的意思。

【2】溯游：顺流而涉。游，指直流。

【3】凄凄：同"萋萋"，茂盛的样子。

【4】晞：晒干。

【5】湄：水和草交接之处，指岸边。

【6】跻：升高，这里形容道路又陡又高。

【7】坻：水中的小洲或高地。

【8】采采：茂盛的样子。

【9】涘：水边。

【10】沚：水中的小块陆地。

点评

如果把诗中的"伊人"认定为情人、恋人，那么，这首诗就是表现了抒情主人公对美好爱情的执着追求和追求不得的惆怅心情。精神是可贵的，感情是真挚的，但结果是渺茫的，处境是可悲的。这首诗以水、芦苇、霜、露等意象营造了一种朦胧、清新又神秘的意境。早晨的薄雾笼罩着一切，晶莹的露珠已凝成冰霜。一位羞涩的少女缓缓而行。诗中水的意象正代表了女性，体现出女性的美，而薄薄的雾就像是少女蒙上的纱。她一会儿出现在水边，一会儿又出现在水之洲。寻找不到，急切而又无奈的心情正如蚂蚁爬一般痒，又如刀绞一般痛。就像我们常说的"距离产生美感",这种美感因距离变得朦胧。主人公和伊人的身份、面目、空间位置都是模糊的,给人以雾里看花、若隐若现、朦胧缥缈之感。蒹葭、白露、伊人、秋水越发显得难以捉摸,构成了一幅朦胧淡雅的水彩画。然而这首诗最有价值意义、最令人共鸣的东西,不是抒情主人公的追求和失落,而是他所创造的"在水一方"可望却不可即这一具有普遍意义的艺术意境。由于诗中的"伊人"没有具体所指,而河水的意义又在于阻隔,所以凡世间一切因受阻而难以达到的种种追求,都可以在这里产生共鸣。

上 邪

上邪[1]!我欲与君相知,长命无绝衰[2]。
山无陵[3],江水为竭,冬雷震震,夏雨雪,天地合[4],乃敢与君绝!

注释

【1】上邪:上天啊。上:指天。邪,语气助词,表示感叹。
【2】命:古与"令"字通,使。衰:衰减,断绝。
【3】陵:山峰,山头。
【4】天地合:天与地合二为一。

点评

这是一首产生于汉代的乐府民歌,也是一首情歌,是女主人公忠贞爱情的自誓之词。在民歌中,最常见的是以少女自述的口吻来表现她们对于幸福爱情的无所顾忌的追求。这首诗就是一位心直口快的北方姑娘向其倾心相爱的男子表达爱情。由于这位姑娘示爱的方式特别出奇,示爱的誓词特别热烈,致使千载之下,这位姑娘的神情仍能活脱脱地从纸上传达出来,令人身临其境。此诗自"山无陵"一句以下连用五件不可能的事情来表明自己生死不渝的爱情,充满了磐石般坚定的信念和火焰般炽热的激情。全诗准确地表达了热恋中人特有的绝对化心理,新颖泼辣,深情奇想,气势豪放,感人肺腑,被誉为短章中的神品。

菩萨蛮·枕前发尽千般愿[1]

此诗选自《敦煌曲子词集》。
《敦煌曲子词集》是从敦煌卷子中清理出来的唐五代词曲,或称为敦煌曲子词,或称为敦煌歌辞。敦煌曲子词大都为民间词(仅杂有温庭筠、唐昭宗李晔、欧阳炯等文人词五首)。作者众多,题材广泛。作者很多出于社会下层,并不限于乐工文士。今人王重民编。收录敦煌卷子中清理的唐五代词曲一百六十一首,分上中下三卷。卷首有阴法鲁序。卷末除5首补遗外,还有王国维、朱孝藏等跋语作为附录。上卷所收曲子词最多,除残者外仍近百篇,系北宋前唐五代之作。多为长短句,调式有《菩萨蛮》《西江月》《浣溪沙》等20多种词牌。内容以离情恋语为多,广泛反映了当时社会生活。中卷所收《云谣集杂曲子》,共30首,多为寄征夫、思远吏之作。反映了少年负信、怨妇伤情等生活内容以及征夫旷女的心绪。下卷为乐府,多是五、七言乐府诗,共15首。内容比较广泛,多系抒情之作。

枕前发尽千般愿,要休且待青山烂。水面上秤锤浮,直待黄河彻底枯。
白日参辰[2]现,北斗回南面。休即[3]未能休,且待三更见日头。

注释

【1】菩萨蛮:词牌名。近人杨宪益《零墨新笺》考证《菩萨蛮》为古缅甸曲调,唐玄宗时传入中国,列于教坊曲。双调,四十四字,两仄韵,两平韵。

【2】参辰:星宿名。参星在西方,辰星(即商星)在东方,晚间此出彼灭,不能并见;白天一同隐没,更难觅得。

【3】即:通"则"。

点评

这是一个女孩子向他的恋人所发的誓愿。全词只八句,而连说六件必不可能的事情:青山烂、秤锤浮、黄河枯、白天看参辰二星、北斗移南、三更出太阳,都是比喻对恋人的坚定不移的爱情。又连用许多重复的字句:"要休""未能休""直待""且待",都是以急切的口吻,表示热烈的心情。这首词与汉乐府的《上邪》一样,出于民间,表现真挚的感情。至今,我们也还用"海枯石烂"一词表示永不变心的爱情。

游子吟[1]

孟 郊

本诗选自《全唐诗》。

孟郊(751—815),字东野,湖州武康(今浙江德清)人,祖籍平昌(今山东德州临邑县),先世居汝州(今属河南汝州),唐代著名诗人。少年时期隐居嵩山。两试进士不第,四十六岁时才中进士,曾任溧阳县尉。由于不能舒展他的抱负,遂放迹林泉间,徘徊赋诗,以致公务多废,县令乃以假尉代之。后因河南尹郑余庆之荐,任职河南府(今洛阳),晚年生活,多在洛阳度过。宪宗元和九年(814),郑余庆再度招他往兴元府任参军，乃偕妻往赴，行至阌乡县（今河南灵宝），暴疾而卒，葬洛阳东。张籍私谥为"贞曜先生"。孟郊履历简单，清寒终身，为人耿介倔强，死后曾由郑余庆买棺殓葬。故诗也多写世态炎凉、民间苦难。孟郊现存诗歌574首，以短篇的五言古诗最多，代表作有《游子吟》。今传本《孟东野诗集》10卷。有"诗囚"之称，又与贾岛齐名，人称"郊寒岛瘦"。

慈母手中线，游子身上衣。
临行密密缝，意恐[2]迟迟归。
谁言寸草[3]心，报得三春晖[4]。

注释

【1】《游子吟》：题下原注："迎母溧上作。"当为作者居官溧阳县尉时所作。游子，出门远游的人。即作者自己。吟，吟诵，诵读。

【2】意恐：心里很担心。

【3】寸草：小草，这里比喻儿女。

【4】三春晖：春天灿烂的阳光，指慈母之恩。三春，旧称农历正月为孟春，二月为仲春，三月为季春，合称三春。晖，阳光。形容母爱如春天温暖、和煦的阳光照耀着子女。

点评

《游子吟》是唐代诗人孟郊创作的五言乐府诗。全诗采用白描的手法，通过回忆一个看似平常的临行前缝衣的场景，凸显并歌颂了母爱的伟大与无私，表达了诗人对母爱的感激以及对母亲深深的爱与尊敬。此诗情感真挚自然，千百年来广为传诵。

江城子·乙卯[1]正月二十日夜记梦

苏 轼

本诗选自《全宋词》。

十年[2]生死两茫茫。不思量[3]。自难忘。千里[4]孤坟[5]，无处话凄凉。纵使相逢应不识，尘满面，鬓如霜。[6]

夜来幽梦忽还乡。小轩窗[7]。正梳妆。相顾无言，惟有泪千行。料得年年肠断处，明月夜，短松冈。[8]

注释

【1】乙卯：北宋熙宁八年（1075）。

【2】十年：指结发妻子王弗去世已十年。
【3】思量：想念。
【4】千里：王弗葬地四川眉山与苏轼任所山东密州，相隔遥远，故称"千里"。
【5】孤坟：孟启《本事·征异第五》载张姓妻孔氏赠夫诗："欲知肠断处，明月照孤坟。"此指其妻王氏之墓。
【6】"尘满面"两句：形容年老憔悴。
【7】小轩窗：指小室的窗前。轩，门窗。
【8】明月夜，短松冈：苏轼葬妻之地。短松，矮松。

这是一首悼亡词。作者写此词时正在密州（今山东诸城）任知州，他的妻子王弗在宋英宗治平二年（1065）死于开封。到此时（1075）为止，前后已整整十年之久了。作者结合自己十年来政治生涯中的不幸遭遇和无限感慨，形象地反映出对亡妻永难忘怀的真挚情感和深沉的忆念。作者之所以能进入"幽梦"之乡，并且能以词来"记梦"，完全是作者对亡妻朝思暮想、长期不能忘怀所导致的必然结果。作者之所以将生死并提，除阐明题旨的作用之外，其目的还在于强调生者的悲思。由于作者对亡妻怀有极其深厚的情感，所以即使在对方去世十年之后，作者还幻想在梦中相逢。并且通过梦境（或与梦境相关的部分）来酣畅淋漓地抒写自己的真情实感，既无避忌，又不隐晦。苏轼此词境界开阔，感情纯真，品格高尚，读来使人耳目一新。用词来悼亡，是苏轼首创。在扩大词的题材、丰富词的表现力方面，本篇应占有一定的地位。

鹧鸪天[1]

贺　铸

本诗选自《全宋词》。

贺铸（1052—1125），字方回，又名贺三愁，自称远祖本居山阴，是唐贺知章后裔，因贺知章居庆湖（即镜湖），自号庆湖遗老。卫州共城（今河南卫辉）人。宋太祖孝惠皇后族孙。贺铸长身耸目，面色铁青，人称贺鬼头。曾任泗州、太平州通判。晚年退居苏州，杜门校书。不附权贵，喜论天下事。贺铸博学强记，能诗文，尤长于词。又好以旧谱填新词而改易调名，谓之"寓声"。词多刻画闺情离思，也有嗟叹功名不就而纵酒狂放之作。风格多样，盛丽、妖冶、幽洁、悲壮，皆深于情、工于语。尝作《青玉案》，有"梅子黄时雨"句，世称"贺梅子"。有《庆湖遗老集》《东山词》（又称《东山寓声乐府》）。

重过阊门[2]万事非，同来何事[3]不同归。梧桐半死清霜后[4]，头白鸳鸯失伴飞。

原上草，露初晞[5]，旧栖新垄[6]两依依。空床卧听南窗雨，谁复挑灯夜补衣。

注释

【1】鹧鸪天：词牌名。因此词有"梧桐半死清霜后"句，贺铸又名之为"半死桐"。

【2】阊门：苏州城西门，此处代指苏州。

【3】何事：为什么。

【4】梧桐半死：枚乘《七发》中说，龙门有桐，其根半生半死（一说此桐为连理枝，其中一枝已亡、一枝犹在），斫以制琴，声音为天下之至悲，这里用来比拟丧偶之痛。清霜后：秋天，此指年老。

【5】"原上草"二句：形容人生短促，如草上露水易干。语出《薤露》露晞明朝更复落，人死一去何时归。晞，干。

【6】旧栖：旧居，指生者所居处。新垄：新坟，指死者葬所。

点评

这是一首情深辞美的悼亡之作。作者夫妇曾经住在苏州，后来妻子死在那里，今重游故地，想起死去的妻子，十分怀念，就写下这首悼亡词。全词写得很沉痛，十分感人，成为文学史上与潘岳《悼亡》、元稹《遣悲怀》、苏轼《江城子·乙卯正月二十日夜记梦》等同题材作品并传不朽的名篇。作品开头直抒胸臆，写自己这次重回苏州经过阊门，一想起和自己相濡以沫的妻子已长眠地下，不禁悲从中来，只觉得一切都不顺心，遂脱口发问。下片通过对亡妻坟前景物的描写，借露水哀叹妻子生命的短暂。最后用平实的细节与意象描写，表现妻子的贤惠、勤劳与恩爱，以及伉俪间的相濡以沫，一往情深，读来令人哀惋凄绝，感慨万千。

钗头凤

陆 游

本诗选自《全宋词》。

红酥手，黄縢[1]酒，满城春色宫墙[2]柳。东风[3]恶，欢情薄。一怀愁绪，几年离索[4]。错，错，错！

春如旧，人空瘦，泪痕红浥[5]鲛绡[6]透。桃花落，闲池阁[7]。山盟虽在，锦书难托。莫[8]，莫，莫！

注释

【1】黄縢：此处指美酒。宋代官酒以黄纸为封，故以黄封代指美酒。

【2】宫墙：南宋以绍兴为陪都，绍兴的某一段围墙，故有宫墙之说。
【3】东风：喻指陆游的母亲。
【4】离索：离群索居的简括。
【5】浥：湿润。
【6】鲛绡：神话传说鲛人所织的绡，极薄，后用以泛指薄纱，这里指手帕。绡，生丝织物。
【7】池阁：池上的楼阁。
【8】莫：相当于今"罢了"意。

陆游与原配夫人唐婉结婚以后，"伉俪相得""琴瑟甚和"，是一对情投意合的恩爱夫妻。而陆母恐陆游儿女情长，荒疏功业，时迁怒唐婉，责骂不已。不到三年，棒打鸳鸯，给陆游另娶王氏成妻。二人终于在母命难违的逼迫下，被迫分离，彼此之间音讯全无。七年以后的一个春日，陆游在家乡山阴（今浙江绍兴）城南禹迹寺附近的沈园，与偕夫同游的唐氏邂逅。唐氏安排酒肴，聊表对陆游的抚慰之情。陆游见人感事，心中感触很深，遂乘醉吟赋这首词，信笔题于园壁之上。这首词写的是陆游自己的爱情悲剧。词的上片通过追忆往昔美满的爱情生活，感叹被迫离异的痛苦；词的下片，由感慨往事回到现实，进一步抒写被迫离异的巨大哀痛。全词多用对比的手法，越是把往昔夫妻共同生活时的美好情景写得逼真，就越使得他们被迫离异后的凄楚心境深切可感，也就越显出"东风"的无情和可憎，从而形成感情的强烈对比。

摸鱼儿[1]·雁丘词

元好问

本诗选自《遗山乐府》。

元好问（1190—1257），字裕之，号遗山，世称遗山先生。太原秀容（今山西忻州）人。金末元初最有成就的作家和历史学家，宋金对峙时期北方文学的主要代表，又是金元之际在文学上承前启后的桥梁。元好问自幼聪慧，有"神童"之誉。金宣宗兴定五年（1221），元好问进士及第。正大元年（1224），又以宏词科登第后，授权国史院编修，官至知制诰。金朝灭亡后，元好问被囚数年。晚年重回故乡，隐居不仕，于家中潜心著述。元宪宗七年（1257），元好问逝世，年六十八。其诗、文、词、曲，各体皆工。诗作成就最高，"丧乱诗"尤为有名；其词为金代一朝之冠，可与两宋名家媲美；其散曲虽传世不多，但当时影响很大，有倡导之功。有《遗山集》《中州集》。

太和五年乙丑岁[2]赴试并州[3]，道逢捕雁者云："今旦获一雁，杀之矣。其脱网者悲鸣不能去，竟自投于地而死。"予因买得之，葬之汾水之上，累石为识[4]，号曰"雁丘"[5]。时同行者多为赋诗，予亦有《雁丘词》。旧所作无宫商[6]，今改定之。

问世间，情是何物，直教生死相许[7]？天南地北双飞客[8]，老翅几回寒暑。欢乐趣，离别苦，就中更有痴儿女[9]。君应有语：渺万里层云，千山暮雪，只影向谁去?[10]

横汾路，寂寞当年箫鼓，荒烟依旧平楚。[11]《招魂》[12]楚些何嗟及，山鬼暗啼[13]风雨。天也妒，未信与，莺儿燕子俱黄土。[14]千秋万古，为留待骚人[15]，狂歌痛饮，来访雁丘处。

注释

【1】摸鱼儿：一名"摸鱼子"，又名"买陂塘""迈陂塘""双蕖怨"等。唐教坊曲，后用为词牌。宋词以晁补之《琴趣外篇》所收为最早。双片一百一十六字，前片六仄韵，后片七仄韵。双结倒数第三句第一字皆领格，宜用去声。

【2】乙丑岁：金章宗泰和五年（1205），以天干地支纪年为乙丑年，当时元好问年仅十六岁。

【3】赴试并州：《金史·选举志》载：金代选举之制，由乡至府，由府至省及殿试，凡四试。明昌元年罢免乡试。府试试期在秋八月。府试处所承安四年赠太原，共为十处。

【4】识：标志。

【5】雁丘：嘉庆《大清一统志》：雁丘在阳曲县西汾水旁。金元好问赴府试……累土为丘，作《雁丘词》。

【6】无宫商：不协音律。

【7】直教：竟使。许：随从。

【8】双飞客：大雁双宿双飞，秋去春来，故云。

【9】"就中"句：这雁群中更有痴迷于爱情的。

【10】"君应"四句：万里长途，层云迷漫，千山暮景，处境凄凉，形影孤单为谁奔波呢？

【11】"横汾"三句：这葬雁的汾水，当年汉武帝横渡时何等热闹，如今寂寞凄凉。汉武帝《秋风辞》："泛楼船兮济汾河，横中流兮扬素波，箫鼓鸣兮发棹歌。"平楚：楚指丛木。远望树梢齐平，故称平楚。

【12】"《招魂》"二句：我欲为死雁招魂又有何用？雁魂也在风雨中啼哭。招魂楚些：《楚辞·招魂》句尾皆有"些"字。何嗟及：悲叹无济于事。山鬼：《楚辞·九歌·山鬼》篇指山神，此指雁魂。

【13】暗啼：一作"自啼"。

【14】"天也"三句：不信殉情的雁子与普通莺燕一样都寂灭无闻变为黄土，它将声名远播，使天地忌妒。

【15】骚人：诗人。

点评

金章宗泰和五年（1205），年仅十六岁的青年诗人元好问，在赴并州应试途中，听一位捕雁者说，天空中一对比翼双飞的大雁，其中一只被捕杀后，另一只大雁从天上一头栽了下来，殉情而死。年轻的诗人被这种生死至情所震撼，便买下这一对大雁，把它们合葬在汾水旁，建了一个小小的坟墓，叫"雁丘"，并写《雁丘词》一阕，其后又加以修改，遂成这首著名的《摸鱼儿·雁丘词》。这首词名为咏物，实在抒情。作者紧紧围绕"情"字，以雁拟人，运用比喻、拟人等艺术手法，对大雁殉情而死的故事，展开了深入细致的描绘，再加以悲剧气氛的环境描写的烘托，塑造了忠于爱情、生死相许的艺术形象，谱写了一曲爱情悲歌。全词情节并不复杂，行文却跌宕多变。围绕着开头的两句发问，层层深入地描绘铺叙，有大雁生前的欢乐，也有死后的凄苦，有对往事的追忆，也有对未来的展望，前后照应，具有很高的艺术价值。

第二十一章　哲理意趣

古代的哲理诗是文人以自己的慧眼灵心，探幽发微，对社会、对人生进行深刻的思索和发掘饱含智慧力量的真知灼见。古代的文人将这种新颖深邃的哲理表现于生动的形象之中，与诗情画意融合无间，浑然一体，揭示着广阔的生活规律和普遍的人生体验。哲理诗蕴含着益人神智的诗情和理趣，给人以哲理的思考和深刻的启示，启迪人们更深入地认识生活的真谛，在给人以一种富于哲理的美感享受的同时，促人奋发向上，追求美好的生活，成为中国优秀传统文化宝库中的一块瑰宝。

综观古代哲理诗，有以下几个方面的特点：

一、诗中藏理，情理交融

诗的精髓在于情，并不在于理。在我国古代诗歌的发展过程中，即有"诗言志""诗缘情"之说，认为诗歌不重视哲理而强调"感物咏志""吟咏情性"。清代沈德潜认为，"人谓诗主情性，不主议论，似也而亦不尽然""议论须带情韵以行"，意思是诗中说理不是以韵语说理而已，诗中说理要融理于情，在情韵之中包含哲理。清代潘德舆《养一斋诗话》卷一指出"理语不必入诗中，诗境不可出理外"，点穿了诗与理的关系。诗歌在抒情时，总是包含着对客观事物的认识，可以说理是情感中所包含的内在的逻辑和规律。作者所要陈述的道理，不是抽象的议论，而是通过对生活中具体可感的形象和真切的情景的描绘而表现出来。这些作品不仅表现出诗人对事物的新颖见解，说明某种道理，而且还写得十分生动，有趣味，达到了所谓"诗中藏情，情理交融"，即理趣的境界。

如王之涣的《登鹳雀楼》是不可多得的佳作："白日依山尽，黄河入海流，欲穷千里目，更上一层楼。"这首诗前两句写景，写登楼中所望见之景色。后两句是即景生意，写登临者的心理。诗人还想进一步穷目力所及看尽更远的景物，有登上楼顶的欲望。"欲穷千里目，更上一层楼"，别出新意，出人意表，这两句是全诗的升华，从而使这首诗成为带有深刻哲理的诗篇，把人们带进了一个向上进取，意气风发的精神境界。它说明了这样一个道理：要看得远，必须站得高，高瞻远瞩，才能全面认识客观事物的全貌以及客观事物的发展规律，要想开辟新境界，就必须努力向上攀登。在这首诗里，作者把道理与景物、情事融化得天衣无缝，使读者并不觉得它在说理，而理自在其中。

感情是哲理诗的血肉，理靠情来充实，来丰富。有人说，感情是架设哲理思想飞向读者心灵的翅膀，这是有见地的。历代优秀的哲理诗无不注入作者炽烈的感情，让议论带情韵以行，深刻的哲理与强烈的感情和谐统一，诗中藏理，情理交融，服人以理，动人以情。

二、状物明理，缘景喻理

任何艺术既表现人的感情，也表现人的思想。但感情和思想并非抽象地表现，而是用生动的形象来表现。也就是说要赋理于形,将理织进画面,融入形象。形象越具体,喻理则越充分。如刘禹锡《乌衣巷》:"朱雀桥边野草花,乌衣巷口夕阳斜。旧时王谢堂前燕,飞入寻常百姓家。"诗人并没有发任何议论,他只是描绘了建康秦淮河上朱雀古桥畔的乌衣巷的小景:杂乱地生长着野草野花,夕阳斜照,使人倍觉衰败荒凉。着墨不多,却将昔日衣冠来往、车马喧闹、繁华热闹的乌衣巷笼罩在现实的寂寥、惨淡的气氛之中。诗人忽然把笔触一转,出人意料地点出了乌衣巷上空正在忙于筑巢的飞燕。燕子冬去春来,来时,总要寻找原来的巢穴。今日之燕犹如旧时之燕,但旧时的王谢之堂,已经换作寻常百姓之家了。诗歌通过对朱雀桥、乌衣巷、来去飞翔的燕子等这些具体景象的描写,从燕子年年寻觅旧地筑巢的不变中的变化,吟出了"旧时王谢堂前燕,飞入寻常百姓家"的妙句,告诉人们,那些封建权贵的炙手可热,无非是历史上一瞬间的现象。像王、谢这样的豪门贵族,尽管煊赫跋扈一时,但终究逃脱不了衰亡的命运。诗作揭示了旧事物必然灭亡的规律。但诗人并没有干巴巴地说教,而是用极平常委婉的语言说出诗人要告诉读者的深刻哲理,藏而不露,将哲理寄寓在景物描写之中,使读者在诗的欣赏过程中,领悟客观事物的真谛。

又如苏轼的《题西林壁》:"横看成岭侧成峰,远近高低各不同。不识庐山真面目,只缘身在此山中。"诗中极写庐山雄伟、奇幻、险峻和秀丽的景象,横看是连绵不断的峻岭,侧看是陡峭挺拔的奇峰,从远近高低等不同角度和距离去观看,庐山都呈现出不同的姿态和风貌。经过诗人横看、侧看、远看、近看、高看、低看,胸中凝聚了对庐山一峰一岭、一丘一壑的认识以后,加深了对庐山全貌的印象,悟出了身在重山叠岭之中,视野受到局限,反而不识其真实面目的事理,揭示了关于认识事物的普遍哲理:站在不同的角度和立场,用不同的观点和方法去看待事物,往往得出不同的认识和结论,带有各自的片面性;只有善于从各个侧面对事物进行全面的、客观的观察分析,才能避免片面性,认清事物的全貌和本质。诗里所描写的是具体的、特定的、有限的景物,而说明的却是抽象的、一般的、无限的哲理,由物理而生哲理,缘景喻理,既有诗味,又有理趣,达到了哲理诗应该达到的最高境界。王安石《登飞来峰》:"飞来峰上千寻塔,闻说鸡鸣见日升。不畏浮云遮望眼,自缘身在最高层。"这首诗描写了山的高峻、壮观。首句点明飞来峰的情况。"飞来峰"本来就高峻陡险,其上又有一塔,而且有千寻之高。二句具体来描述山高,用"闻天鸡"的典故烘托山的高耸,用"见日出"状写登高临远,一望即可见东海。如此描绘,山之高、山之广逼真可见。诗人的描绘全是为了铺垫,有了登高远望,越登高越见得广远的叙写基础,诗人便阐发出生活的哲理:"不畏浮云遮望眼,自缘身在最高层。"

形象是哲理诗的生命,理趣是哲理诗的灵魂。只有将深邃的哲理包藏于生动具体的形象之中,哲理诗才能具有理趣,才符合"状物态以明理,写器用之载道"的要求。钱钟书先生说:"理之在诗,如水中盐,蜜中花,体匿性存,无痕有味,现相无相,立说无说,所谓冥合圆显者也。"这是哲理诗的最高境界。

三、语浅义深,平中见奇

古代哲理诗,大都平淡质朴,言近旨远。优秀的哲理诗往往将鲜明的形象、浓挚的情韵、深邃的哲理与浅白的语言融为一体,警拔醒豁,启迪心灵,通晓事理,增长智慧,发人深思。哲理诗一般都从眼前景、身边事、寻常物写起,对普通平凡的生活做永恒的哲理的探索。

如宋代理学大师朱熹的《春日》诗:"胜日寻芳泗水滨,无边光景一时新。等闲识得东风面,万紫千红总是春。"这是一首赞美春光的诗,写春日风景焕然一新,赞颂东风送暖,一切万紫千红的景象。写的是寻常物、眼前景,题材是极平常的。如果诗人只是单纯地写游春踏青,赞美春日的繁荣,这首诗格调清新,语言生动活泼,也已经具有很大的艺术感染力。但古往今来咏写春光春景的诗触目皆是,屡见不鲜,这首诗却显得无新意可言。然而诗人并非着意写景,并非刻意描写春光骀荡,而是要缘景说理,寓理于景,把骀荡的春光、繁荣的春日景象作为阐发生活哲理的媒介,给人以哲理的思考和深刻的启示。先从字面上看,首句"胜日"点明时间,"泗水"点出地点,"寻芳"二字点明主题,一个"寻"字不仅写出作者逸兴正浓,也给诗平添了无限的情趣。次句虚写眼前之景:大地回春,万象更新,出郊游赏,耳目一新。寻芳所见的无限风光景物,顿觉焕然一新。三、四句则用形象的语言,描绘了光景之新,抒写寻芳所得。东风浩荡,拂面而来,"寻芳"而得芳,眼前万紫千红的景象,尽是春光点染而成。这首诗写得生动流丽,浅显明白。读之但觉春光荡目,如身临其境,神游其间。但进而思之,诗人所游之地为何竟是泗水之滨?稍做考究便知,其地春秋时代属鲁国,是孔林杏坛之所在,即孔子教授弟子的圣地。"泗水"乃借代孔门。所谓"寻芳"即求圣人之道,此诗以"春日"为喻,以"东风""春"比拟孔子,表达诗人对孔子的崇敬心情,阐发对崇高境界的追求。《春日》诗形象鲜明,情景生动,语言浅白,描写自然,意境深远,理趣蕴蓄其中。诗中新颖深邃的理趣,是在寻常物、眼前景的描写中自然流露出来的,言近旨远,平中见奇,既给人以艺术的享受,又给人以思想的启迪。

秋 水

庄 子

本文选自《庄子》。

秋水时[1]至,百川灌河[2]。泾[3]流之大,两涘渚崖之间,不辩牛马。于是焉,河伯欣然自喜,以天下之美为尽在己。顺流而东行,至于北海[4]。东面[5]而视,不见水端。于是焉,河伯始旋其面目[6],望洋[7]向若而叹曰:"野语有之曰:'闻道百,以为莫己若者',我之谓也。且夫我尝闻少仲尼之闻,而轻伯夷[8]之义者,始吾弗信,今我睹子之难穷也,吾非至于子之门,则殆矣,吾长见笑于大方之家[9]。"北海若曰:"井蛙不可以语于海者,拘于虚[10]也;夏虫不可以语于冰者,笃[11]于时也;曲士[12]不可以语于道者,束于教也。今尔出于崖涘,观于大海,乃知尔丑[13],尔将可与语大理[14]矣。天下之水,莫大于海。万川归之,不知何时止而不盈;尾闾[15]泄之,不知何时已而不虚[16];春秋不变,水旱不知。此其过江河之流,不可为量数。而吾未尝以此自多[17]者,自以比形于天地,而受气于阴阳,吾在天地之间,犹小石小木之在大山也。方存乎见少,又奚以自多!计四海之在天地之间也,不似礨空[18]之在大泽[19]乎?计中国[20]之在海内不似稊米[21]之在大仓乎?号物之数谓之万,人处一焉;人卒九州,谷食之所生,舟车之所通,人处一焉。此其比万物也，不似豪末之在于马体乎？五帝之所连，三王之所争，仁人之所忧，任士之所劳，尽此矣！[22]伯夷辞之以为名，仲尼语之以为博。此其自多也，不似尔向之自多于水乎？"

河伯曰："然则吾大天地而小豪末，可乎？"北海若曰："否。夫物，量无穷，时无止，分无常[23]，终始无故[24]。是故大知[25]观于远近，故小而不寡，大而不多：知量[26]无穷。证向今故[27]，故遥而不闷，掇而不跂[28]：知时无止。察乎盈虚，故得而不喜，失而不忧：知分[29]之无常也。明乎坦涂[30]，故生而不说[31]，死而不祸：知终始之不可故也。计人之所知，不若其所不知；其生之时，不若未生之时；以其至小，求穷其至大之域[32]，是故迷乱而不能自得也。由此观之，又何以知毫末之足以定至细之倪[33]，又何以知天地之足以穷至大之域！"

河伯曰："世之议者皆曰：'至精无形，至大不可围[34]。'是信[35]情乎？"北海若曰："夫自细视大者不尽，自大视细者不明。夫精，小之微也；垺，大之殷也[36]；故异便[37]。此势之有也。夫精粗者，期[38]于有形者也；无形者，数[39]之所不能分也；不可围者，数之所不能穷也。可以言论者，物之粗也；可以意致者，物之精也；言之所不能论，意之所不能察致者，不期[40]精粗焉。是故大人之行：不出乎害人，不多仁恩[41]；动不为利，不贱门隶；货财弗争，不多辞让；事焉不借人，不多食乎力，不贱贪污；行殊乎俗，不多辟异[42]；为在从众，不贱佞谄；世之爵禄不足以为劝，戮耻不足以为辱；知是非之不可为分，细大之不可为倪[43]。闻曰：'道人不闻，至德不得，大人无己。'[44]约分之至也。"

河伯曰："若物之外，若物之内，恶至[45]而倪贵贱？恶至而倪小大？"北海若曰："以道观之，物无贵贱；以物观之，自贵而相贱；以俗观之，贵贱不在己。以差[46]观之，因其所大而大之，则万物莫不大；因其所小而小之，则万物莫不小。知天地之为稊米也，知毫末之为丘山也，则差数[47]睹矣。以功观之，因其所有而有之，则万物莫不有；因其所无而无之，则万物莫不无。知东西之相反而不可以相无，则功分[48]定矣。以趣[49]观之，因其所然而然之，则万物莫不然；因其所非而非之，则万物莫不非。知尧、桀之自然而相非，则趣操睹[50]矣。昔者尧、舜让而帝，之、哙让而绝[51]；汤、武争而王，白公[52]争而灭。由此观之，争让之礼，尧、桀之行，贵贱有时，未可以为常[53]也。梁丽[54]可以冲城而不可以窒穴，言殊器也；骐骥骅骝一日而驰千里，捕鼠不如狸狌，言殊技也；鸱鸺夜撮蚤，察毫末，昼出瞋目而不见丘山，言殊性[55]也。故曰：盖师[56]是而无非，师治而无乱乎？是未明天地之理，万物之情也。是犹师天而无地，师阴而无阳，其不可行明矣！然且语而不舍，非愚则诬也！帝王殊禅，三代殊继。差其时，逆其俗者，谓之篡夫；当其时，顺其俗者，谓之义之徒。默默乎河伯，女恶知贵贱之门，小大之家！"[57]

河伯曰："然则我何为乎？何不为乎？吾辞受趣[58]舍，吾终奈何？"北海若曰："以道观之，何贵何贱，是谓反衍[59]；无拘而志[60]，与道大蹇[61]。何少何多，是谓谢施[62]；无一而行，与道参差。严乎若国之有君[63]，其无私德；繇繇乎若祭之有社[64]，其无私福；泛泛乎其若四方之无穷，其无所畛域[65]。兼怀万物，其孰承翼[66]？是谓无方。万物一齐，孰短孰长？道无终始，物有死生，不恃其成[67]。一虚一满，不位[68]乎其形。年不可举[69]，时不可止。消息[70]盈虚，终则有始。是所以语大义之方[71]，论万物之理也。物之生也，若骤若驰。无动而不变，无时而不移。何为乎，何不为乎？夫固将自化。"

河伯曰："然则何贵于道邪？"北海若曰："知道者必达于理，达于理者必明于权[72]，明于权者不以物害己。至德者，火弗能热，水弗能溺，寒暑弗能害，禽兽弗能贼。非谓其薄[73]之也，言察乎安危，宁于祸福，谨于去就，莫之能害也。故曰：'天在内，人在外，德在乎天。'知天人之行，本乎天，位乎得，蹢躅[74]而屈伸，反[75]要而语极。"曰："何谓天？何谓人？"北海若曰："牛马四足，是谓天；落[76]马首，穿牛鼻，是谓人。故曰：'无以人灭天，无以故灭命，无以得殉名。谨守而勿失，是谓反其真。'"

夔[77]怜蚿[78]，蚿怜蛇，蛇怜风，风怜目，目怜心。夔谓蚿曰："吾以一足趻踔[79]而行，予无如矣。今子之使万足，独奈何？"蚿曰："不然。子不见夫唾者乎？喷则大者如珠，小者如雾，杂而下者不可胜数也。今予动吾天机[80]，而不知其所以然。"蚿谓蛇曰："吾以众足行，而不及子之无足，何也？"蛇曰："夫天机之所动，何可易邪？吾安用足哉！"蛇谓风曰："予动吾脊胁[81]而行，则有似也。今子蓬蓬然起于北海，蓬蓬然[82]入于南海，而似无有，何也？"风曰："然，予蓬蓬然起于北海而入于南海也，然而指我则胜我，鳅[83]我亦胜我。虽然，夫折大木，蜚[84]大屋者，唯我能也。"故以众小不胜为大胜也。为大胜者，唯圣人能之。

孔子游于匡，宋人围之数匝[85]，而弦歌不辍。子路入见，曰："何夫子之娱也？"孔子曰："来，吾语女。我讳穷久矣，而不免，命也；求通久矣，而不得，时也。当尧、舜而天下无穷人，非知[86]得也；当桀、纣而天下无通人，非知失也：时势适然。夫水行不避蛟龙者，渔父之勇也；陆行不避兕虎[87]者，猎夫之勇也；白刃交于前，视死若生者，烈士之勇也；知穷之有命，知通之有时，临大难而不惧者，圣人之勇也。由，处[88]矣！吾命有所制矣！"无几何，将甲者[89]进，辞曰："以为阳虎也，故围之；今非也，请辞而退。"

公孙龙问于魏牟曰："龙少学先王之道，长而明仁义之行；合同异，离坚白；然不然，可不可[90]；困百家之知，穷众口之辩：吾自以为至达已。今吾闻庄子之言，茫然异之。不知论之不及与？知之弗若与？今吾无所开吾喙[91]，敢问其方。"公子牟隐机大息，仰天而笑曰："子独不闻夫埳井之蛙[92]乎？谓东海之鳖曰：'吾乐与！出跳梁乎井干之上，入休乎缺甃[93]之崖。赴水则接腋持颐[94]，蹶泥则没足灭跗[95]。还虷蟹与科斗，莫吾能若也。且夫擅一壑之水，而跨跱[96]埳井之乐，此亦至矣。夫子奚不时来入观乎？'东海之鳖左足未入，而右膝已絷矣。于是逡巡[97]而却，告之海曰：'夫千里之远，不足以举其大；千仞之高，不足以极其深。禹之时，十年九潦[98]，而水弗为加益；汤之时，八年七旱，而崖不为加损。夫不为顷久推移，不以多少进退者，此亦东海之大乐也。'于是埳井之蛙闻之，适适然[99]惊，规规然[100]自失也。且夫知不知是非之竟[101]，而犹欲观于庄子之言，是犹使蚊负山，商蚷驰河也，必不胜任矣。且夫知不知论极妙之言[102]，而自适一时之利者，是非埳井之蛙与？且彼方跐黄泉而登大皇[103]，无南无北，奭然四解，沦于不测；无东无西，始于玄冥，反于大通。子乃规规然而求之以察，索之以辩，是直用管窥天，用锥指地也，不亦小乎？子往矣！且子独不闻夫寿陵余子之学于邯郸与？未得国能，又失其故行矣，直匍匐而归耳。今子不去，将忘子之故，失子之业。"公孙龙口呿[104]而不合，舌举而不下，乃逸而走。

庄子钓于濮水。楚王使大夫二人往先焉，曰："愿以境内累矣[105]！"庄子持竿不顾，曰："吾闻楚有神龟，死已三千岁矣。王巾笥[106]而藏之庙堂之上。此龟者，宁其死为留骨而贵乎？宁其生而曳尾于涂中乎？"二大夫曰："宁生而曳尾涂中。"庄子曰："往矣！吾将曳尾于涂中。"

惠子相梁，庄子往见之。或谓惠子曰："庄子来，欲代子相。"于是惠子恐，搜于国中三日三夜。庄子往见之，曰："南方有鸟，其名为鹓鶵，子知之乎？夫鹓鶵发于南海而飞于北海，非梧桐不止，非练实[107]不食，非醴[108]泉不饮。于是鸱得腐鼠，鹓鶵过之，仰而视之曰：'吓！'今子欲以子之梁国而吓我邪？"

庄子与惠子游于濠梁之上。庄子曰："儵鱼[109]出游从容，是鱼之乐也。"惠子曰："子非鱼，安知鱼之乐？"庄子曰："子非我，安知我不知鱼之乐？"惠子曰"我非子，固不知子矣；子固非鱼也，子之不知鱼之乐全矣！"庄子曰："请循其本。子曰'汝安知鱼乐'云者，既已知吾知之而问我。我知之濠上也。"

注释

【1】时：按时令。
【2】百川灌河：灌，奔注。河，古义特指黄河；今义天然的或人工的大水道，泛指河流。
【3】泾：直流的水波，此指水流。
【4】至于：古义，到了。今义，表示达到某种程度，或表示另提一事。北海：古义，北方的大海。今义，专指地名"北海"。
【5】东面：古义，脸朝东。今义，东边。
【6】旋：转，改变。面目：古义，脸。今义，脸的形状，相貌。
【7】望洋：茫然抬头的样子。
【8】伯夷：商孤竹君之子，与弟叔齐争让王位，被认为节义高尚之士。
【9】长：永远。大方之家：有学问的人。
【10】虚："墟"的古字，居住的地方。
【11】笃：固。引申为束缚、限制。
【12】曲士：孤陋寡闻的人。
【13】丑：鄙陋，缺乏知识。
【14】大理：大道。
【15】尾闾：海的底部，排泄海水的地方。
【16】虚：流空。
【17】自多：自夸。
【18】礨空：石块上的小空洞。礨，石块。
【19】大泽：大湖泊。
【20】中国：古义，黄河流域一带。今义，即指整个中国。
【21】稊米：泛指细小的米粒。
【22】仁人：指专门讲仁义的儒家者流。任士：指身体力行的墨家者流。墨家以任劳以成人之所急为己任，故称。
【23】分：分性，禀赋。无常：不固定。
【24】故：通"固"。
【25】大知：大智慧的人。
【26】知量：知道物量。
【27】向：明。故：古。
【28】"故遥"二句：不闷，不昏暗，即"明白"。闷，昧，暗。掇，伸手可拾，表示

近。不跂：不可企求。跂，通"企"，求。

【29】分：界限，盈虚得失的界限。

【30】坦涂：大道。涂，通"途"。

【31】说：通"悦"。

【32】至大之域：无穷大的境界。

【33】倪：头绪，引申为标准、界限。

【34】不可围：不可限制，没有范围。

【35】信：真实。

【36】垺：同"郭"，即"郭"，城墙。殷：盛大。

【37】异便：不同的区别。便，通"辨"。

【38】期：凭借。

【39】数：数字。

【40】不期：不可能。

【41】大人：得道的大人先生。多：赞美，歌颂。

【42】辟异：傲慢怪辟。

【43】倪：标准。

【44】道人：得道的人。不闻：不求名声。至德：品德极高的人。不得：不自显其德。大人：伟大的人。无己：忘我。

【45】恶至：什么标准。

【46】差：差别。

【47】差数：差别的概念。

【48】功分：功利的性分。

【49】趣：通"趋"，思想倾向。

【50】操：主观标准。睹：可见。

【51】之：燕国相名子之。哙：燕王名哙。燕王哙于周慎靓王五年（前316），用苏代之说，让王位给国相子之，燕人不服，大乱。齐乘机伐燕，杀哙与子之，燕国也几乎灭亡。

【52】白公：白公胜，楚平王孙，他父亲太子建，因受陷害而流亡国外，生白公胜。后来白公胜回国，为了争夺政权发动武装政变，事败身亡。

【53】常：不变的规律。

【54】丽：屋栋。

【55】性：才性。

【56】师：推崇。

【57】女：汝。门、家：范围，界限。

【58】趣：求取。

【59】反衍：反方向发展。衍，发展。

【60】无：勿。而：你。

【61】道：大道。塞：阻塞，引申为抵触。

【62】谢：代谢，衰落。施：移，转。

【63】严：通"俨"。有：语助词。

【64】鯈鯈乎：坦然自得的样子。社：土地神。
【65】畛域：疆界。
【66】翼：庇爱，偏护。
【67】成：万物之成形。
【68】不位：不固定。位，守住，固定。
【69】举：提取。
【70】消：消亡。息：生长。
【71】大义：大道。方：方向，原则。
【72】权：权衡轻重而应变。
【73】薄：迫近，引申为触犯。
【74】踌躅：或作"踯躅"，进退的样子。
【75】反：通"返"。极：尽。
【76】落：络，笼住。
【77】夔：是中国神话传说中的一条腿的怪物。
【78】蚿：即"马陆"，一种节肢动物，有很多对腿。
【79】跂踔：跳，跳跃。
【80】天机：先天的机能。
【81】脊胁：脊椎和腰胁。
【82】蓬蓬然：风吹动貌。
【83】鰌：这里指用脚踢踏。
【84】蜚：这里指掀翻。
【85】匝：周，绕一圈。
【86】知：通"智"。
【87】兕与虎：这里泛指猛兽。
【88】处：泰然处之。
【89】将甲者：统带士卒的将官。
【90】合同异，离坚白；然不然，可不可：把事物的不同与相同合二为一，把一个物体的质地坚硬与颜色洁白分开；能够把不对的说成对的，把不应认可的说成是适宜的。
【91】喙：嘴，特指鸟兽的嘴，借指人的嘴。
【92】埳井之蛙：废井里的青蛙。
【93】缺甃：破损的井壁砖块。
【94】颐：面颊，腮。
【95】跗：脚背，足上。
【96】跨跱：耸立。
【97】逡巡：因为有所顾虑而徘徊不前或退却。
【98】潦：雨水大。
【99】适适然：指惊恐失色的样子。
【100】规规然：惊恐自失貌。
【101】知不知是非之竟：才智不足以知晓是与非的境界。
【102】知不知论极妙之言：才智不足以通晓极其玄妙的言论。

【103】跐黄泉而登大皇：俯极黄泉登临苍天。跐，踩，踏。
【104】口呿：张着口。
【105】愿以境内累矣：楚王愿将国内政事委托给你而劳累你了。
【106】巾笥：用竹箱装，用巾饰覆盖。笥，盛饭或衣物的方形竹器。
【107】练实：竹子开花后结的果实。
【108】醴泉：甘甜的泉水。
【109】鯈鱼：一种白色的小鱼。

庄子的文章想象力很强。《秋水》一文，通过风趣的寓言故事，意在说明世界上的一切事物都是相对的、暂时的、变化莫测的。它采取由景入事、由事入理、层层深入的写作手法，充分阐述了人的认识是受环境的制约和影响的，人要对自己做到全面客观的认识，就必须扩大视野，增长见识，获取尽可能多的信息，切不能自以为是，如井底之蛙坐井观天。

春江花月夜

张若虚

本诗选自《全唐诗》。

张若虚（约660—约720），生卒年、字号均不详。扬州（今属江苏）人。曾任兖州兵曹。事迹略见于《旧唐书·贺知章传》。中宗神龙（705—707）中，与贺知章、贺朝、万齐融、邢巨、包融俱以文词俊秀驰名于京都，与贺知章、张旭、包融并称"吴中四士"。玄宗开元时尚在世。张若虚的诗仅存两首于《全唐诗》中。其中《春江花月夜》是一篇脍炙人口的名作，它沿用陈隋乐府旧题，抒写真挚动人的离情别绪及富有哲理意味的人生感慨，语言清新优美，韵律婉转悠扬，洗去了宫体诗的浓脂艳粉，给人以澄澈空明、清丽自然的感觉。

春江潮水连海平，海上明月共潮生。
滟滟随波千万里[1]，何处春江无月明！
江流宛转绕芳甸[2]，月照花林皆似霰[3]。
空里流霜不觉飞[4]，汀上白沙看不见[5]。
江天一色无纤尘，皎皎空中孤月轮。
江畔何人初见月？江月何年初照人？
人生代代无穷已，江月年年望相似[6]。
不知江月待何人，但见长江送流水。
白云一片去悠悠，青枫浦上不胜愁[7]。

谁家今夜扁舟子[8]？何处相思明月楼[9]？
可怜楼上月徘徊[10]，应照离人妆镜台。
玉户帘中卷不去[11]，捣衣砧上拂还来[12]。
此时相望不相闻，愿逐月华流照君。
鸿雁长飞光不度，鱼龙潜跃水成文[13]。
昨夜闲潭梦落花，可怜春半不还家。
江水流春去欲尽，江潭落月复西斜。
斜月沉沉藏海雾，碣石潇湘无限路[14]。
不知乘月几人归，落月摇情满江树。

注释

【1】滟滟：波光荡漾的样子。

【2】芳甸：开满花草的郊野。甸，郊外之地。

【3】霰：天空中降落的白色不透明的小冰粒。此处形容月光下春花晶莹洁白。

【4】流霜：飞霜。古人以为霜和雪一样，是从空中落下来的，所以叫流霜。此处比喻月光皎洁，月色朦胧、流荡，所以不觉得有霜霰飞扬。

【5】汀：水边平地，小洲。

【6】望：一作"只"。

【7】青枫浦：地名，今湖南浏阳境内有青枫浦。这里泛指游子所在的地方。暗用《楚辞·招魂》"湛湛江水兮上有枫，目极千里兮伤春心"句意，隐含离别之意。

【8】扁舟子：漂荡江湖的游子。扁舟，小舟。

【9】明月楼：月夜下的闺楼。这里指闺中思妇。

【10】月徘徊：指月光偏照闺楼，徘徊不去，令人不胜相思之苦。

【11】玉户：以玉石镶嵌，形容楼阁华丽。

【12】捣衣砧：捣衣石，捶布石。

【13】文：水波纹。

【14】碣石潇湘：碣石，山名，在渤海边上。潇湘，湘江与潇水，在今湖南。这里两个地名一南一北，暗指路途遥远，相聚无望。无限路：极言离人相距之远。

点评

此诗沿用陈隋乐府旧题，运用富有生活气息的清丽之笔，以月为主体，以江为场景，描绘了一幅幽美邈远、惝恍迷离的春江月夜图，抒写了游子思妇真挚动人的离情别绪以及富有哲理意味的人生感慨，表现了一种迥绝的宇宙意识，创造了一个深沉、寥廓、宁静的境界，引导诗人探索着人生的哲理与宇宙的奥秘："人生代代无穷已，江月年年望相似。"个人的生命是短暂易逝的，而人类的存在则是绵延久长的，诗人虽有对人生短暂的感伤，但并不是颓废与绝望，而是缘于对人生的追求与热爱。

始得西山宴游记

柳宗元

本文选自《永州八记》。

《永州八记》是唐代文学家柳宗元被贬为永州司马时,借写山水游记书写胸中愤郁的散文。包含《始得西山宴游记》《钴鉧潭记》《钴鉧潭西小丘记》《至小丘西小石潭记》《袁家渴记》《石渠记》《石涧记》《小石城山记》八篇。

柳宗元(773—819),字子厚,山西运城人,世称"柳河东""河东先生"。因官终柳州刺史,又称"柳柳州""柳愚溪",祖籍河东(今山西永济运城、芮城一带)。唐代文学家、哲学家、散文家和思想家,与韩愈共同倡导唐代古文运动,并称为"韩柳"。与刘禹锡并称"刘柳"。与王维、孟浩然、韦应物并称"王孟韦柳"。"唐宋八大家"之一。唐代宗大历八年(773)出生于京都长安(今陕西西安)官宦家庭,少有才名,早有大志。早年为考进士,文以辞采华丽为工。贞元九年(793)中进士,十四年登博学鸿词科,授集贤殿正字。一度为蓝田尉,后入朝为官,积极参与王叔文集团政治革新,迁礼部员外郎。永贞元年(805)九月,革新失败,贬邵州刺史,十一月柳宗元加贬永州司马(任所在今湖南永州零陵区),在此期间,写下了著名的《永州八记》。元和十年(815)春回京师,不久再次被贬为柳州刺史,政绩卓著。宪宗元和十四年(819)卒于柳州任所。柳宗元一生留下600余篇文章,其文的成就大于诗。其哲学思想中具有朴素的唯物论成分,政治思想主要表现为重"势"的社会历史观和儒家的民本思想,文学作品语言朴素自然、风格淡雅而意味深长。柳宗元的作品由唐代刘禹锡保存下来,并编成集。有《河东先生集》《柳宗元集》。代表作有《黔之驴》《捕蛇者说》《永州八记》及绝句《江雪》等。

自余为僇人[1],居是州,恒惴栗。其隟也[2],则施施而行[3],漫漫而游[4]。日与其徒[5]上高山,入深林,穷回溪,幽泉怪石,无远不到。到则披草[6]而坐,倾壶而醉。醉则更相[7]枕以卧,卧而梦。意有所极,梦亦同趣[8]。觉而起,起而归;以为凡是州之山水有异态者,皆我有也,而未始[9]知西山之怪特。

今年九月二十八日,因坐法华西亭,望西山,始指异之[10]。遂命仆人过湘江,缘染溪[11],斫[12]榛莽[13],焚茅茷,穷山之高而止[14]。攀援而登,箕踞而遨[15],则凡数州之土壤,皆在衽席之下。其高下之势,岈然[16]洼然[17],若垤[18]若穴,尺寸千里[19],攒蹙累积,莫得[20]遁隐[21]。萦青缭白[22],外与天际,四望如一。然后知是山之特立,不与培塿[23]为类。悠悠乎[24]与颢气[25]俱,而莫得其涯;洋洋乎[26]与造物者游,而不知其所穷。引觞[27]满酌,颓然就醉,不知日之入。苍然暮色,自远而至,至无所见,而犹不欲归。心凝形释,与万化冥合[28]。然后知吾向之未始游[29],游于是[30]乎始。故为之文以志。是岁,元和四年也。

注释

【1】僇人：受过刑辱的人，罪人。作者因永贞革新失败，被贬为永州司马，故自称僇人。僇，通"戮"，耻辱。

【2】其：如果，连词。隟：指空闲时间。

【3】施施而行：慢慢地行走。施施，慢步缓行的样子。

【4】漫漫而游：无拘无束地游。漫漫，不受拘束的样子。

【5】其徒：那些同伴。徒，同一类的人，指爱好游览的人。

【6】披草：分开草。披，用手分开。

【7】更相：互相。

【8】意有所极，梦亦同趣：心里有向往的好境界，梦里也就有相同的乐趣。所极，所向往的境界。极，至，向往。

【9】未始：未曾。

【10】指异之：指着它觉得它奇特。指，指点。异，觉得……奇特。

【11】染溪：又作"冉溪"，柳宗元又称为"愚溪"，是潇水的一条小支流。

【12】斫：砍伐。

【13】榛莽：指杂乱丛生的荆棘灌木。

【14】穷山之高而止：一直砍除、焚烧到山的最高处才停止。穷，尽，指把榛莽、茅茷砍除、焚烧尽。

【15】遂：游赏。

【16】岈然：高山深邃的样子。岈，《广韵》："岈，岭岈，山深之状。"

【17】洼然：深谷低洼的样子。"岈然"承"高"，"洼然"承"下"。

【18】垤：蚁封，即蚂蚁洞边的小土堆。"若垤"承"岈然"，"若穴"承"洼然"。

【19】尺寸千里：（从西山顶上望去）只有尺寸之远，实际上有千里之遥。

【20】莫得：没有什么能够。莫，没有什么，代词。得，能。

【21】遁隐：隐藏。

【22】萦青缭白：青山萦回，白水缭绕。作者为了突出"萦""缭"景象，有意把主谓式变成动宾式。白，指山顶所见潇、湘二水。

【23】培塿：小土堆。

【24】悠悠乎：辽阔浩渺啊。

【25】灏气：同"浩气"，指天地间之气。

【26】洋洋乎：悠然自得啊。

【27】引觞：拿起酒杯。

【28】冥合：不知不觉地融合为一体。

【29】未始游：不曾（真正）游赏过。

【30】于是：从这里。

点评

柳宗元因参加王叔文革新运动,被贬到永州担任司马。到永州后,其母病故,王叔文被处死,他的心情极其压抑。元和四年(809)九月二十八日,柳宗元在法华寺游览,在眺望中发现了西山胜景,于是渡过潇水,登上西山顶峰,饱览了山峦秀色,体验了山水的情趣。本文记叙了作者发现和宴游西山的经过,通过描写"凡数州之土壤,皆在衽席之下"的西山之高,以及"尺寸千里""萦青缭白,外与天际"的西山宏大境界,充分抒发了作者"与灏气俱、与造物者游"的物我合一的忘我境界,体现了作者不为贬谪所累的阔大胸怀和巨大抱负。文章达到了情、景、理的完美结合。

春 日[1]

朱 熹

本诗选自《全宋诗》。

胜日寻芳泗水滨[2],无边光景一时新[3]。
等闲识得东风面[4],万紫千红总是春。

注释

【1】春日:春天。
【2】胜日:天气晴朗的好日子,也可看出人的好心情。寻芳:游春,踏青。泗水:河名,在山东。滨:水边,河边。
【3】光景:风光风景。
【4】等闲识得:容易识别的意思。等闲,平常,轻易。东风:春风。

点评

这首诗从字面意思上来看,是作者春天郊游时所写的游春观感。但作者并未到过泗水之地,而此诗却写到泗水,原因是作者潜心理学,心仪孔圣,向往当年孔子居洙泗之上弦歌讲诵、传道授业的胜事,于是托意于神游寻芳。以"寻芳"托意寻求圣人之道,将圣人之道比喻为催发生机、点燃万物的春风。全诗采用比兴手法,寓景以议论,寓物以说理,借助诗歌的形象和意境来告诉人们,"万紫千红总是春",世间一切美好的事物都有其源。春光是万紫千红美景之源,自然界如此,人类社会亦是如此。我们赞美春回大地、万物复苏、群芳斗艳、姹紫嫣红的美丽春色,更要热情讴歌那赋予自然界和人类社会以蓬勃生机的大好春光。这首诗实则是一首寓理趣于形象之中的哲理诗,表达了诗人于乱世中追求圣人之道的美好愿望。

观书有感

朱 熹

本诗选自《全宋诗》。

其一

半亩方塘一鉴开[1]，天光云影共徘徊[2]。
问渠那得清如许[3]，为有源头活水来[4]。

其二

昨夜江边春水生，艨艟巨舰一毛轻[5]。
向来枉费推移力[6]，此日中流自在行[7]。

注释

【1】方塘：又称半亩塘，在福建尤溪城南郑义斋馆舍（后为南溪书院）内。朱熹父亲朱松与郑交好，故尝有《蝶恋花·醉宿郑氏别墅》词云："清晓方塘开一境。落絮飞花，肯向春风定。"鉴：一说为古代用来盛水或冰的青铜大盆。也有学者认为是镜子。指像镜子一样可以照人。
【2】"天光"句：是说天的光和云的影子反映在水塘之中，不停地变动，犹如人在徘徊。徘徊，来回移动。
【3】渠：它，第三人称代词，这里指方塘之水。那得：怎么会。那：同"哪"，怎么的意思。清：清澈。如许：如此，这样。
【4】源头活水：比喻知识是不断更新和发展的，只有在人生的学习中不断地学习、运用和探索，才能使自己永葆先进和活力，就像水的源头一样。
【5】艨艟：原为古代攻击性很强的战舰名，这里指大船。一毛轻：像一片羽毛一般轻盈。
【6】向来：原先，指春水上涨之前。推移力：指浅水时行船困难，需人推挽而行。
【7】中流：河流的中心。

点评

这两首诗是描绘其"观书"的感受，作者借助生动的形象揭示深刻的哲理。第一首诗借助池塘水清因有活水注入的现象，比喻要不断接受新事物，才能保持思想的活跃与进步；第二首诗借助巨舰无人能推动却能自由航行在水中，比喻艺术创作需要灵感的道理。全诗寓哲理于生动形象的比喻之中，不堕理障，富于理趣，一直为人传诵。

登飞来峰[1]

王安石

本诗选自《全宋诗》。

飞来山上千寻塔[2]，闻说鸡鸣见日升[3]。
不畏浮云遮望眼[4]，自缘身在最高层[5]。

注释

【1】飞来峰：有两说：一说在浙江绍兴城外的林山。唐宋时其中有座应天塔。传说此峰是从琅邪郡东武县飞来的，故名飞来峰。一说在今浙江杭州西湖灵隐寺前。

【2】千寻塔：很高很高的塔。寻，古时长度单位，八尺为寻。

【3】闻说：听说。

【4】浮云：在山间浮动的云雾。望眼：视线。

【5】缘：因为。

点评

诗的第一句写峰上古塔之高，写出自己的立足点之高。第二句巧妙地虚写出在高塔上看到的旭日东升的景象，表现了诗人朝气蓬勃，对前途充满信心。诗的后两句承接前两句写景议论抒情，使诗歌既有生动的形象又有深刻的哲理。古人常有浮云蔽日、邪臣蔽贤的忧虑，而诗人却加上"不畏"二字，表现了诗人在政治上高瞻远瞩，不畏奸邪的勇气和决心。这首诗没有过多地写眼前之景，重点是写自己登临高处的感受，寄寓"站得高才能望得远"的哲理。这与王之涣诗"欲穷千里目，更上一层楼"相似，表现了一个政治变革家拨云见日、高瞻远瞩的思想境界和豪迈气概。也与苏轼"不识庐山真面目，只缘身在此山中"一脉相承，说明只要掌握了正确的观点的方法，认识达到了一定的高度，就能透过现象看到本质，就不会被事物的假象迷惑。

题西林壁[1]

苏 轼

本诗选自《全宋诗》。

横看成岭侧成峰，远近高低各不同。
不识庐山真面目[2]，只缘身在此山中。

注释

【1】题西林壁：写在西林寺的墙壁上。西林寺在庐山西麓。题，书写，题写。西林，西林寺，在江西庐山。
【2】识：不能认识，辨别。真面目：指庐山真实的景色、形状。

点评

苏轼于神宗元丰七年（1084）由黄州贬所改迁汝州团练副使，赴汝州时经过九江，与友人参寥同游庐山。《题西林壁》是游观庐山后的总结。前两句"横看成岭侧成峰，远近高低各不同"，实写游山所见。游人所处的位置不同，看到的景物也各不相同。这两句概括而形象地写出了移步换形、千姿百态的庐山风景。后两句"不识庐山真面目，只缘身在此山中"，是即景说理，谈游山的体会。之所以不能辨认庐山的真实面目，是因为身在庐山之中，视野为庐山的峰峦所局限，看到的只是庐山的一峰一岭、一丘一壑而已，这必然带有片面性。这两句奇思妙发，整个意境浑然托出，为读者提供了一个驰骋想象的空间。这不仅仅是游历山水才有这种理性认识。游山所见如此，观察世上事物也常如此。它启迪人们认识为人处世的一个哲理——由于人们所处的地位不同，看问题的出发点不同，对客观事物的认识难免有一定的片面性；要认识事物的真相与全貌，必须超越狭小的范围，摆脱主观成见。

前赤壁赋

苏 轼

壬戌[1]之秋，七月既望[2]，苏子与客泛舟游于赤壁之下。清风徐来，水波不兴。举酒属客，诵明月之诗[3]，歌窈窕之章。少焉，月出于东山之上，徘徊于斗牛[4]之间。白露横江,水光接天。纵一苇之所如,凌万顷之茫然。[5] 浩浩乎如冯虚御风[6],而不知其所止;飘飘乎如遗世独立,羽化[7]而登仙。

于是饮酒乐甚,扣舷而歌之。歌曰:"桂棹兮兰桨[8],击空明[9]兮溯流光。渺渺[10]兮予怀,望美人[11]兮天一方。"客有吹洞箫者,倚歌而和之。其声呜呜然,如怨如慕,如泣如诉;余音袅袅,不绝如缕。舞幽壑之潜蛟[12],泣孤舟之嫠妇[13]。

苏子愀然[14],正襟危坐,而问客曰:"何为其然也?"[15]客曰:"'月明星稀,乌鹊南飞。'此非曹孟德之诗乎?西望夏口,东望武昌,山川相缪[16],郁乎苍苍,此非孟德之困于周郎者乎?方其破荆州,下江陵,顺流而东也,舳舻[17]千里,旌旗蔽空,酾酒[18]临江,横槊[19]赋诗,固一世之雄也,而今安在哉?况吾与子渔樵于江渚之上,侣鱼虾而友麋鹿,驾一叶之扁舟,举匏尊[20]以相属。寄蜉蝣于天地[21],渺沧海之一粟[22]。哀吾生之须臾[23],羡长江之无穷。挟飞仙以遨游,抱明月而长终[24]。知不可乎骤[25]得,托遗响[26]于悲风。"

苏子曰:"客亦知夫水与月乎?逝者如斯,而未尝往也;盈虚者如彼[27],而卒莫消长也。盖将自其变者而观之,则天地曾不能[28]以一瞬;自其不变者而观之,则物与我皆无尽也,而又何羡乎!且夫天地之间,物各有主,苟非吾之所有,虽一毫而莫取。惟江上之清风,与山间之明月,耳得之而为声,目遇之而成色,取之无禁,用之不竭。是造物者之无尽藏[29]也,而吾与子之所共食[30]。"

客喜而笑,洗盏更酌。肴核既尽,杯盘狼籍。相与枕藉乎舟中,不知东方之既白。

注释

【1】壬戌:宋神宗元丰五年,岁次壬戌。古代以干支纪年,该年为壬戌年。

【2】既望:农历每月十六日。农历每月十五日为"望日",十六日为"既望"。

【3】明月之诗:指《诗经·陈风·月出》。

【4】斗牛:星座名,即斗宿(南斗)、牛宿。

【5】此二句意谓:任凭小船在宽广的江面上漂荡。纵,任凭。一苇,比喻极小的船。《诗经·卫风·河广》:"谁谓河广,一苇杭(航)之。"如,往。凌,越过。万顷,极为宽阔的江面。茫然,旷远的样子。

【6】冯虚御风:乘风腾空而遨游。冯虚,凭空,凌空。冯,通"凭",乘。人教版改为"凭",但原文应为"冯"。虚,太空。御,驾驭。

【7】羽化:传说成仙的人能像长了翅膀一样飞升。

【8】桂棹兰桨:桂树做的棹,兰木做的桨。

【9】空明:月亮倒映水中的澄明之色。

【10】渺渺:悠远的样子。

【11】美人:比喻心中美好的理想或好的君王。

【12】幽壑:深谷,这里指深渊。此句意谓:潜藏在深渊里的蛟龙为之起舞。

【13】嫠妇:寡妇。白居易《琵琶行》写孤居的商人妻云:"去来江口守空船,绕舱明月江水寒。夜深忽梦少年事,梦啼妆泪红阑干。"这里化用其事。

【14】愀然:神色改变的样子。

【15】何为其然也:箫声为什么会这么悲凉呢?

【16】缪：通"缭",盘绕。
【17】舳舻：战船前后相接,这里指战船。
【18】酾酒：滤酒,这里指斟酒。
【19】横槊：横执长矛。槊,长矛。
【20】匏尊：用葫芦做成的酒器。匏,葫芦。尊,后作"樽"。
【21】蜉蝣：一种朝生暮死的昆虫。此句比喻人生之短暂。
【22】渺：小。沧海：大海。此句比喻人类在天地之间极为渺小。
【23】须臾：片刻,形容生命之短。
【24】长终：至于永远。
【25】骤：多。
【26】遗响：余音,指箫声。
【27】盈虚者如彼：指月亮的圆缺。
【28】曾不能：固定词组,连……都不够。曾,连……都。
【29】无尽藏：无穷无尽的宝藏。
【30】食：享用。释典谓六识以六入为养,其养也胥谓之食,目以色为食,耳以声为食,鼻以香为食,口以味为食,身以触为食,意以法为食。清风明月,耳得成声,目遇成色,故曰"共食"。易以"共适",则意味索然。当时有问轼"食"字之义,轼曰："如食邑之'食',犹云享也。"轼盖不欲以博览上人,故权词以答,古人谦抑如此。明代版本将"共食"妄改为"共适",以致现行人教版高中语文教科书误从至今。

《前赤壁赋》写于苏轼一生最为困难的时期之一——贬谪黄州期间。元丰五年,苏轼于七月十六和十月十五两次泛游赤壁,写下了两篇以赤壁为题的赋,后人把第一篇称为《前赤壁赋》,把第二篇称为《后赤壁赋》。《前赤壁赋》记叙了作者与朋友们月夜泛舟游赤壁的所见所感,以作者的主观感受为线索,通过主客问答的形式,反映了作者由月夜泛舟的舒畅,到怀古伤今的悲咽,再到精神解脱的达观。作者借客之口说出人的一生和浩瀚的宇宙相比是短暂的、渺小的,这种有限性不禁使人引发悲伤之感。但苏轼认为万物都有表象和实质两个方面："盖将自其变者而观之,则天地曾不能以一瞬;自其不变者而观之,则物与我皆无尽也,而又何羡乎!"表象虽然千变万化,但实质的"道"是永恒无尽的。这种关于变与不变的哲理,申述了人类与万物在本质上同样是永久存在的道理,表现了苏轼旷达乐观的人生态度。

文与可画筼筜谷偃竹记

苏 轼

竹之始生,一寸之萌[1]耳,而节叶具焉。自蜩腹蛇蚹[2]以至于剑拔十寻者,生而有之也。今画者乃节节而为之，叶叶而累之，岂复有竹乎？故画竹必先得成竹于胸中，执笔熟视，乃见其所欲画者，急起从之，振笔直遂[3]，以追其所见，如兔起鹘落，少纵则逝矣。与可之教予如此。予不能然也，而心识其所以然。夫既心识其所以然，而不能然者，内外不一，心手不相应，不学之过也。故凡有见于中而操之不熟者，平居自视了然，而临事忽焉丧之，岂独竹乎？子由为《墨竹赋》以遗与可曰："庖丁，解牛者也，而养生者取之；轮扁，斫轮者也，而读书者与之。[4]今夫夫子之托于斯竹也，而予以为有道者则非邪？"子由未尝画也，故得其意而已。若予者，岂独得其意，并得其法。

与可画竹，初不自贵重，四方之人持缣素[5]而请者，足相蹑于其门。与可厌之，投诸地而骂曰："吾将以为袜材。"士大夫传之，以为口实。及与可自洋州还，而余为徐州。与可以书遗余曰："近语士大夫，吾墨竹一派[6]，近在彭城，可往求之。袜材当萃于子矣[7]。"书尾复写一诗，其略云："拟将一段鹅溪[8]绢，扫取寒梢万尺长。"予谓与可："竹长万尺，当用绢二百五十匹，知公倦于笔砚，愿得此绢而已。"与可无以答，则曰："吾言妄矣。世岂有万尺竹也哉？"余因而实之，答其诗曰："世间亦有千寻竹，月落庭空影许长。"与可笑曰："苏子辩则辩矣，然二百五十匹，吾将买田而归老焉。"因以所画《筼筜谷偃竹》遗予曰："此竹数尺耳，而有万尺之势。"筼筜谷在洋州，与可尝令予作《洋州三十咏》，《筼筜谷》其一也。予诗云："汉川修竹贱如蓬，斤斧何曾赦箨龙[9]。料得清贫馋太守，渭滨千亩在胸中。"与可是日与其妻游谷中，烧笋晚食，发函得诗，失笑喷饭满案。

元丰二年正月二十日，与可没于陈州[10]。是岁七月七日，予在湖州[11]曝书画，见此竹，废卷而哭失声。昔曹孟德《祭桥公文》，有"车过""腹痛"之语[12]，而予亦载与可畴昔戏笑之言者，以见与可于予亲厚无间如此也。

注释

【1】萌：嫩芽。

【2】蜩腹：蝉的肚皮。蛇蚹：蛇腹下的横鳞。

【3】遂：完成。

【4】轮扁，斫轮者也：《庄子·天道》载：桓公在堂上读书，轮扁在堂下斫轮，轮扁停下工具，说桓公所读的书都是古人的糟粕，桓公责问其由。轮扁说：臣斫轮"不徐不疾，得之于手而应于心，口不能言，有数存焉于其间"，却无法用口传授给别人。斫，用刀斧砍、削。

【5】缣素：供书画用的白色细绢。

【6】墨竹一派：善画墨竹的人，指苏轼。

【7】袜材当萃于子矣：谓求画的细绢当聚集到你这里。

【8】鹅溪：在今四川盐亭西北，附近产名绢，称鹅溪绢，宋人多用以作书画材料。

【9】箨龙：指竹笋。

【10】陈州：治所在今河南淮阳。

【11】湖州：今浙江吴兴，时苏轼任湖州知州。

【12】"昔曹"二句：曹操年少时不为人所器重，而桥玄却很赏识他。桥玄死后，曹操有一次行军经过桥玄的故乡睢阳，曾遣使致祭桥玄，并作《祀故太尉桥玄文》，文中说：

"承从容约誓之言：殂逝之后，路有经由，不以斗酒只鸡过相沃酹，车过三步，腹痛勿怪。虽临时戏笑之言，非至亲之笃好，胡肯为此辞乎？"苏轼以此典比喻自己与文与可的情谊笃厚。

 点评

筼筜谷在陕西洋县西北，谷中多竹。宋神宗熙宁八年（1075），文同任洋州知州，曾在此谷中筑亭。文同是苏轼的表兄兼好友，北宋画家，善画山水，尤善画竹，创深墨为面、淡墨为背的竹叶画法，开后世"湖州竹派"，曾画《筼筜谷偃竹》赠苏轼。元丰二年（1079）正月，文与可病逝。七月，苏轼在湖州曝晒书画，看到文与可的这幅遗作，写了这篇题记。文章说文与可认为画竹"必先得成竹于胸中"，画竹之前先要把握对象的整体形象和精神实质，做到融会于心，酝酿成熟，然后振笔直书，一气呵成，才能生动传神地把它再现出来。相反，如果临时求其细枝末节，机械地一节一节画、一叶一叶描，就无法画活竹子。这实际是主张意在笔先，反对临画敷行；主张整体上的"神似"，反对枝节之间的"形似"。作者以赞同的口吻所表述和发挥的这个见解，十分精辟，不仅对整个文艺领域具有普遍的指导意义，而且"胸有成竹"已成为人们行事的准则。作者接着叙说自己对这个文与可教给他的道理，虽然心里明白，但实践起来却不能得心应手，原因就在于"不学之过"，并用"岂独竹乎"四字把画竹方法提升到一般的哲理的高度，其深刻的哲理性不言而喻。

第二十二章 大好河山

仁者乐山，智者乐水，自古以来，中国文人就有挥之不去的山水情怀，他们总是热衷自然山水，登山则情满于山，观海则意溢于海，怡情悦性、吟哦歌咏，抒写真情实感，美丽的山水与多情的文人相遇，成就了一篇篇传诵千古的山水美文。中国文人们之所以对山水如此挚爱痴迷，不外乎有以下三点原因：

其一是因为山水本身有独特的审美价值。"天地有大美而不言"，大自然具有无穷无尽的魅力，它的壮美秀丽陶冶滋养了文人们的心灵；红日出于大海，会激励文人们乘风破浪的豪气；月上柳梢头，会引发文人们海枯石烂的恋情。云蒸霞蔚、悬崖峭壁、海浪滔天等自然景观，给予了文人们雄壮的、粗犷的、有魄力的审美感受；轻云缭绕、杏花烟雨、柳枝婆娑、小桥流水等自然景观，给予了文人隽永的、秀润的、有神韵的审美感受。山水之美，古来共谈，文人们在山水之美的浇灌滋润下，逐渐拥有了自己的审美情趣，也逐渐形成了自己的诗文风格。

其二是因为山水有疗治心灵的功能。古代文人们"学成文武艺，货与帝王家"，这是他们大多数人的宿命。那些耿直的文人们在朝堂为官，由于坚守信念、恪守人格，常常得罪小人，被贬谪几乎成为常态。于是壮志难酬、怀才不遇、郁郁寡欢等消极情绪接踵而来。还有许多文人羁旅在外，居无定所，四海漂泊。当这些迁客骚人将目光投向大自然，当他们的足迹踏进山林湖泊，当他们将自我情感寄托于林泉之时，那份沉重悲凉感渐渐释然，受伤的心灵渐渐愈合了。"寄蜉蝣于天地，渺沧海于一粟。"当文人们将自身置于无穷的自然宇宙来考量关照时，才发现所谓个人的荣辱得失、苦乐际遇简直不值一提。"是非成败转头空。青山依旧在，几度夕阳红。"走入山林湖泊，文人们渐渐明白：一切名利皆是浮云，珍惜生命的每分每秒，把自己理想的人生境界寄托在浩大的宇宙，寄托在青山绿水的怀抱，才是最好的选择。经过大自然的洗涤，文人们心灵得以净化，最终从精神上实现了自我超越。

其三是因为山水是文人们的最终归宿。山水自然不仅是文人们疗治心灵的良药，更是他们精神的最终归宿。无论是陶渊明还是孟浩然，无论是李白还是王维，当他们的人生无法安放时，都不约而同将目光投向自然山水。他们对着高山流水吐露心声，借着高林深影抒发心志，流水可以带走他们的失落孤寂，鸿鹄可以捎着他们的抱负高飞。当他们的创作与山水相契合时，才让他们的才气真正得以纵横。当文人们放下一切世俗羁绊，其精神状态才获得了真正的自由，他们才变成真正的大师。山水不仅是文人们精神的最终归宿，也是其生命的最终归宿，文人们的生命从山水田园里诞生，亦从山水田园里终结，生命的轮回周而复始。山水慷慨接受了文人们的苍老形骸，山水是文人们生命的延续。

在魅力无穷的大自然面前，在经历了仕途的起伏之后，古代文人们不外乎出现了三种生存状态：

一是遁世。中国文人一直深受老庄出世思想的浸润。当他们的人生道路遭遇挫折时，他们便委身于自然山水，从中寻找精神寄托。"穷则独善其身，达则兼济天下。"既然不能勇立在生活的潮头，那就把心放在和谐纯美的山水中，静静地疗伤、静静地抚慰。一次次不朽的失眠，创造了一篇篇光彩四溢的华章。《与朱元思书》即是其中的代表。南朝的文学家、史学家吴均因撰《齐春秋》，"帝恶其实录"，触怒梁武帝，遭焚书贬官，而富春江的山水却因此而大幸。"风烟俱尽，天山共色；从流飘荡，任意东西。"多么明丽而宁静、从容而怡然的情景！"水皆缥碧，千丈见底，游鱼细石，直视无碍。"江水的澄澈、透明，一如作者的心境。"异水"如是，"奇山"更富情趣。苍翠连绵的青山，使人一望而生寒意，即王维所谓的"寒山转苍翠"。更奇的是它"负势竞上，互相轩邈，争高直指，千百成峰"，这里，连用了"竞""轩""邈""争""指"诸字化静为动，把原本静止的重山叠岭之状写活了。更令人叫绝的是山中"泠泠作响"的泉声、"嘤嘤成韵"的鸟声、"千转不穷"的蝉声、"百叫无绝"的猿声，简直是一支大自然的交响曲。这种美妙的情境，岂止是使吴均陶醉，亦令我们读者神往。看着此情此景，回想起自己的身世，作者情不自禁地慨叹："鸢飞戾天者，望峰息心；经纶世务者，窥谷忘反。"鄙弃功名利禄之心跃然纸上。有如此怡情畅性的山水美景，何必回到恶浊倾轧的官场！

二是入世。几千年来，老庄的道家思想与孔孟的儒家思想，几乎是中国文人的两条精神支柱。时而消极遁世，时而积极入世；有人主张清静无为，有人渴望大有作为。这种积极入世渴望一展抱负的思想同样体现在山水作品中。请看范仲淹的《岳阳楼记》。同样是遭受贬谪，范仲淹抒发的是先忧后乐的政治抱负。其实这篇作品并非严格意义上的山水作品，尽管作者用了相当多的篇幅描绘岳阳楼的景色，但写景并不是目的，只是铺垫。作者真正的意图是借题发挥，谈个人的政治抱负，并以此规箴友人。文中描绘了洞庭湖一阴一晴两幅图景，以引出"迁客骚人"登楼时一悲一喜的情怀。最后将这种情怀跟"古仁人之心"做对比，自然引出"先天下之忧而忧，后天下之乐而乐"的主旨，将文势推向高潮。这种以天下为己任的忧乐观，千百年来激励了多少仁人志士抛弃个人荣辱而胸怀祖国。这种借山水来表达积极入世情怀的作品还有很多，如《观沧海》《醉翁亭记》等。

三是傲世。还有一类作品，既不像《与朱元思书》那样消极遁世，也不似《岳阳楼记》那样积极进取，它所体现的是作者个人的独立人格和卓然立于世间的傲世情怀。如《始得西山宴游记》。封建社会"学而优则仕"，而那些才华横溢而又刚正不阿的文人，其命运大多相似。"欲为圣明除弊事"，但最后往往是被贬、革职甚至献出性命。唐宪宗永贞元年，柳宗元因参加翰林学士王叔文领导的政治革新运动失败，被贬为永州司马。这一贬却使永州的山水名传千古，熠熠生辉。初到永州任闲职，柳宗元的情绪自然低落，终日漫无目的地游览永州的山水。"施施而行，漫漫而游"，借此排遣心中的抑郁与忧伤。"披草而坐，倾壶而醉"，作者散漫放任，借酒消愁。只希望将自己的愁绪消融在山水中，求得对世事的遗忘。直到有一天，他偶然地发现西山。即刻"命仆过湘江，缘染溪，斫榛莽，焚茅筏"。从这一系列行动来看，其惊喜之情不言而喻。登上西山，极目远眺，"则凡数州之土壤，皆在衽席之下"，高低景致，尽收眼底。西山之"特立"，在与四周景物的对比中更加突出。其卓然不群、傲然挺立的形象正与作者心目中的自身形象相吻合。他有一种找到知音般的欣喜，于是淋漓尽致地表达了自己孤标傲世的情怀："然后知是山之特立，不与培塿为类。"这哪里是写西山？这分明是作者对自身形象的写照啊！欣喜之余，"引觞满酌，颓然就醉"，真是"酒逢知己千杯少"了。以至于"心凝形释，与万化冥合"，达到物我交融、天人合一的境界。在这里自然景物的美好与社会现实的黑暗,不协调地激荡着作者的情感,使他在并非崇山峻岭的西山山水之间浇灌自己的情感,赋予山水以人的情感,使其成为傲世蔑俗的作者的化身。

敕勒歌[1]

北朝民歌

本诗选自《乐府诗集》。

敕勒川[2],阴山[3]下。天似穹庐[4],笼盖四野[5]。天苍苍[6],野茫茫[7],风吹草低见[8]牛羊。

注释

【1】敕勒:种族名,北齐时居住在朔州(今山西北部)一带。

【2】敕勒川:敕勒族居住的地方,在现在的山西、内蒙古一带。北魏时期把今河套平原至土默川一带称为敕勒川。川,平川,平原。

【3】阴山:在今内蒙古自治区北部。

【4】穹庐:用毡布搭成的帐篷,即蒙古包。

【5】笼盖四野:笼盖,另有版本作"笼罩"(洪迈《容斋随笔》卷一和胡仔《苕溪渔隐丛话》后集卷三十一)。四野,草原的四面八方。

【6】天苍苍:天蓝蓝的。苍苍,青色。

【7】茫茫:辽阔无边的样子。

【8】见:同"现",显露。

点评

《敕勒歌》是南北朝时期黄河以北的北朝流传的一首民歌。这首民歌勾勒出了北国草原壮丽富饶的风光,抒写敕勒人热爱家乡热爱生活的豪情,境界开阔,音调雄壮,语言明白如话,艺术概括力极强。诗歌具有鲜明的游牧民族的色彩,具有浓郁的草原气息,酣畅淋漓地抒写了游牧民族骁勇善战、彪悍豪迈的精神。

步出夏门行·观沧海

曹　操

本诗选自《乐府诗集》。

东临[1]碣石[2]，以观沧[3]海[4]。
水何[5]澹澹[6]，山岛竦峙[7]。
树木丛生，百草丰茂。
秋风萧瑟[8]，洪波涌起。
日月之行，若出其中；
星汉[9]灿烂，若出其里。
幸[10]甚[11]至[12]哉，歌以咏志[13]。

注释

【1】临：登上，有游览的意思。

【2】碣石：山名。碣石山，河北昌黎碣石山。公元207年秋天，曹操征乌桓得胜回师时经过此地。

【3】沧：通"苍"，青绿色。

【4】海：渤海。

【5】何：多么。

【6】澹澹：水波摇动的样子。

【7】竦峙：耸立。竦，通"耸"，高。

【8】萧瑟：树木被秋风吹的声音。

【9】星汉：银河，天河。

【10】幸：庆幸。

【11】甚：极点。

【12】至：非常。

【13】咏志：即表达心志。

点评

这首诗歌准确生动地描绘出海洋的形象，单纯而又饱满，丰富而不琐细，好像一幅粗线条的炭笔画一样。尤其可贵的是，这首诗不仅仅反映了海洋的形象，同时诗人也赋予它性格。句句写景，又是句句抒情；既表现了大海，也表现了诗人自己。诗人不满足于对海洋做形似的描摹，而是通过形象，力求表现海洋那种含弘广大、动荡不安的性格。诗歌借景抒情，把眼前的海上景色和自己的雄心壮志很巧妙地融合在一起，借大海的雄伟壮丽景象，表现了自己开阔的胸襟，抒发了统一中原建功立业的抱负。

使至塞上[1]

王 维

本诗选自《全唐诗》。

王维（约701—761，一说699—761），字摩诘，号摩诘居士。河东蒲州（今山西永济）人，祖籍山西祁县，唐朝著名诗人。开元九年（721），王维状元及第。历官右拾遗、监察御史、河西节度使判官。唐玄宗天宝年间，王维拜吏部郎中、给事中。安禄山攻陷长安时，王维被迫受伪职。长安收复后，被责授太子中允。唐肃宗乾元年间任尚书右丞，故世称"王右丞"。王维参禅信道，精通诗、书、画、音乐等，以诗名盛于开元、天宝间，尤长五言，多咏山水田园，与孟浩然合称"王孟"。王维精通佛学，受禅宗影响很大。佛教有一部《维摩诘经》，是王维名和字的由来，有"诗佛"之称。书画特臻其妙，后人推其为南宗山水画之祖。苏轼评价其："味摩诘之诗，诗中有画；观摩诘之画，画中有诗。"存诗400余首，代表诗作有《相思》《山居秋暝》等。著作有《王右丞集》。

单车[2]欲问边[3]，属国[4]过居延[5]。
征蓬[6]出汉塞，归雁[7]入胡天[8]。
大漠[9]孤烟[10]直，长河[11]落日圆。
萧关[12]逢候骑[13]，都护[14]在燕然[15]。

注释

【1】使至塞上：奉命出使边塞。使，出使。
【2】单车：一辆车，车辆少，这里形容轻车简从。
【3】问边：到边塞去察看，指慰问守卫边疆的官兵。
【4】属国：有几种解释：一指少数民族附属于汉族朝廷而存其国号者。汉唐两朝均有一些属国。二指官名，秦汉时有一种官职名为典属国，苏武归汉后即授典属国官职。唐人有时以"属国"代称出使边陲的使臣。
【5】居延：地名，汉代称居延泽，唐代称居延海，在今内蒙古额济纳旗北境。又西汉张掖郡有居延县（参《汉书·地理志》），故城在今额济纳旗东南。又东汉凉州刺史部有张掖居延属国，辖境在居延泽一带。此句一般注本均言王维路过居延。然而王维此次出使，实际上无需经过居延。因而林庚、冯沅君主编的《中国历代诗歌选》认为此句是写唐王朝"边塞的辽阔，附属国直到居延以外"。
【6】征蓬：随风飘飞的蓬草，此处为诗人自喻。
【7】归雁：雁是候鸟，春天北飞，秋天南行，这里是指大雁北飞。

【8】胡天：胡人的领空。这里是指唐军占领的北方之地。

【9】大漠：大沙漠，此处大约是指凉州之北的沙漠。

【10】孤烟：赵殿成注有二解：一云古代边防报警时燃狼粪，"其烟直而聚，虽风吹之不散"。二云塞外多旋风，"裹烟沙而直上"。据后人有到甘肃、新疆实地考察者证实，确有旋风如"孤烟直上"。又：孤烟也可能是唐代边防使用的平安火。

【11】长河：指流经凉州（今甘肃武威）以北沙漠的一条内陆河，这条河在唐代叫马成河，疑即今石羊河。

【12】萧关：古关名，又名陇山关，故址在今宁夏固原东南。

【13】候骑：负责侦察、通信的骑兵。王维出使河西并不经过萧关，此处大概是用何逊诗"候骑出萧关，追兵赴马邑"之意，非实写。

【14】都护：唐朝在西北边疆置安西、安北等六大都护府，其长官称都护，每府派大都护一人、副都护二人，负责辖区一切事务。这里指前敌统帅。

【15】燕然：燕然山，即今蒙古国杭爱山。东汉窦宪北破匈奴，曾于此刻石记功。这里代指前线。

这是诗人奉命赴边疆慰问将士途中所作的一首纪行诗，记述出使塞上的旅程以及旅程中所见的塞外风光。诗人把笔墨重点用在了他最擅长的方面——写景。作者出使，恰在春天，途中见数行归雁北翔，诗人即景设喻，用归雁自比，既叙事，又写景，一笔两到，贴切自然。尤其是"大漠孤烟直，长河落日圆"一联，写进入边塞后所看到的塞外奇特壮丽的风光，画面开阔，意境雄浑，近人王国维称之为"千古壮观"的名句。

小石潭记

柳宗元

从小丘[1]西行百二十步，隔篁竹[2]，闻水声，如鸣佩环[3]，心乐之。伐竹取道，下见小潭，水尤清洌[4]。全石以为底[5]，近岸，卷石底以出[6]，为坻，为屿，为嵁，为岩[7]。青树翠蔓，蒙络摇缀，参差披拂。[8]

潭中鱼可百许头[9]，皆若空游无所依[10]。日光下澈，影布石上[11]，佁然不动[12]；俶尔远逝[13]，往来翕忽[14]，似与游者相乐。

潭西南而望，斗折蛇行，明灭可见。[15]其岸势犬牙差互[16]，不可知其源。

坐潭上，四面竹树环合，寂寥无人，凄神寒骨，悄怆幽邃。[17]以其境过清[18]，不可久居，乃记之而去。

同游者吴武陵、龚古，余弟宗玄。[19]隶而从者[20]，崔氏二小生：曰恕己，曰奉壹。

注释

【1】小丘：小山，在小石潭东面。

【2】篁竹：竹林。篁，竹林，泛指竹子。

【3】如鸣佩环：好像人身上佩戴的玉佩、玉环相碰发出的声音。鸣，发出声响。佩、环都是玉质装饰品。

【4】水尤清冽：潭水格外清凉、清澈。尤，格外，特别。清冽，清凉。清，清澈。冽，凉。

【5】全石以为底：（潭）以整块石头为底。以为，把……当作（此句为倒装句"以全石为底"）。以，用。为，作为。

【6】卷石底以出：石底有部分翻卷过来，露出水面。卷，弯曲。以，相当于连词"而"，表承接。

【7】为坻，为屿，为嵁，为岩：成为坻、屿、嵁、岩等各种不同的形状。坻，水中高地。屿，小岛。嵁，不平的岩石。岩，高出水面较大而高耸的石头。

【8】青树翠蔓，蒙络摇缀，参差披拂：青葱的树木，翠绿的藤蔓，覆盖缠绕摇动下垂，参差不齐，随风飘动。

【9】可：大约。许：用在数词后表示约数，相当于同样用法的"来"。

【10】皆若空游无所依：都好像在空中游动，什么依托也没有。空，在空中。

【11】日光下澈，影布石上：阳光直照到水底，鱼的影子映在水底的石上。下，向下照射。布，照映，分布。澈，透过。

【12】佁然不动：鱼的影子静止呆呆地一动不动。佁然，呆呆的样子。

【13】俶尔远逝：忽然向远处游去了。俶尔，忽然。远，遥远，空间距离大。

【14】往来翕忽：来来往往轻快敏捷。翕忽：轻快敏捷的样子。翕，迅疾。

【15】斗折蛇行，明灭可见：（溪水）像北斗星那样曲折，像蛇那样蜿蜒前行，时隐时现，忽明忽暗。斗，像北斗星一样曲折。蛇行，像蛇一样蜿蜒前行。

【16】其岸势犬牙差互：像狗牙一样参差不齐。势，形势。犬牙，像狗牙一样。差，交错。

【17】凄神寒骨，悄怆幽邃：心神凄凉，寒气透骨，幽静深远，弥漫着忧伤的气息。悄怆，忧伤的样子。邃，深远。

【18】清：凄清。

【19】吴武陵：信州（今重庆奉节一带）人，唐宪宗元和初进士，因罪贬官永州，与作者友善。龚古：作者朋友。宗玄：作者的堂弟。

【20】隶而从者：跟着同去的。隶，附属，随从。

点评

柳宗元因拥护王叔文的改革，被贬为永州司马，为排解内心的愤懑之情，常常不避幽远，伐竹取道，探山访水，并通过对景物的具体描写，抒发自己的不幸遭遇。本文就是一篇情景交融的佳作，作者在写景中传达出他贬居生活中孤凄悲凉的心境。作者采用"移步换形"的手法,在移动变换中引导我们去领略各种不同的景致,具有极强的动态的画面感。文章对潭中游鱼的刻画虽只寥寥几句,却极其准确地写出潭水的空明澄澈和游鱼的形神姿态。此外,文中写潭中游鱼的笔法极妙,无一笔涉及水,只说鱼则"空游无所依",则水的澄澈透明、鱼的生动传神,都各尽其妙,意境之深,令人拍案叫绝。

饮湖[1]上初晴后雨

苏 轼

本诗选自《全宋诗》。

水光潋滟[2]晴方好[3],山色空濛[4]雨亦奇。
欲把西湖比西子[5],淡妆浓抹总相宜[6]。

注释

【1】湖:即杭州西湖。
【2】潋滟:水面波光闪动的样子。
【3】方好:正显得很美。
【4】空濛:迷茫缥缈的样子。
【5】西子:西施,春秋时代越国有名的美女,原名施夷光,或称先施,居古代四大美女(西施、王昭君、貂蝉、杨玉环)之首。家住浣纱溪村(在今浙江诸暨)西,所以称为西施。
【6】相宜:显得十分美丽。

点评

这是一首赞美西湖美景的诗。此诗不是描写西湖的一处之景、一时之景,而是对西湖美景的全面描写、概括品评。诗的前两句既写了西湖的湖光山色,也写了西湖晴雨时的不同景色。诗的后两句以绝色美人喻西湖,不仅赋予西湖之美以生命,而且新奇别致,情味隽永。这一出色的比喻,被宋人称为是"道尽西湖好处"的佳句,以致"西子湖"成了西湖的别名。

游衡岳记

张居正

选自《张太岳集》卷九。

张居正（1525—1582），字叔大，号太岳，湖广江陵（今属湖北）人，又称张江陵。明代政治家、改革家。嘉靖二十六年（1547）进士及第，由编修官至侍讲学士令翰林事。隆庆元年（1567）任吏部左侍郎兼东阁大学士。与高拱并为宰辅，为吏部尚书、建极殿大学士。明神宗时任首辅，当时一切军政大事均由居正主持裁决，前后当国10年，实行了一系列改革措施，收到一定成效。他清查地主隐瞒的田地，推行一条鞭法，改变赋税制度，使明朝政府的财政状况有所改善；用名将戚继光、李成梁等练兵，加强北部边防，整饬边镇防务；用潘季驯主持浚治黄淮，亦颇有成效。卒赠上柱国，谥文忠。著有《张文忠公全集》《书经直解》等。

《山海经》[1]，衡山在《中山之经》[2]，而不列为岳，岂禹初奠山川望秩[3]，犹未逮与？《舜典》："南巡狩，至于南岳。"[4]今潇湘、苍梧[5]，故多舜迹，殆治定功成，乃修堙祀与[6]？张子[7]曰：余登衡岳，盖得天下之大观焉。

十月甲午，从山麓抵岳庙[8]，三十里，石径委蛇盘曲，夹以虬松老桂。含烟袅露，郁郁葱葱，已不类人世矣。余与应城义河李子先至，礼神毕，坐开云堂[9]，湘潭会沙王子、汉阳甄山张子，乃从他间道[10]亦至。同宿。是夜恍然若有导余升寥廓之宇者，蹑虹梯[11]，凭刚飙[12]，黄金白玉幻出宫阙，芝草琅玕[13]，璨然盈把[14]，殆心有所忆，触境生念云尔。

乙未晨，从庙侧右转而上，仄径缥缈，石磴垂接[15]，悬崖巨壑，不敢旁瞬。十步九折，气填胸臆，盖攀云扪天，若斯之难也。午乃至半山亭，亭去岳庙十五里，五峰背拥[16]，云海荡漾，亦胜境也。饭僧舍，少憩，复十五里，乃至祝融[17]。初行山间，望芙蓉、烟霞、石廪、天柱诸峰，皆摩霄插云，森如列戟，争奇竞秀，莫肯相下。而祝融乃藏诸峰间，才露顶如髻。及登峰首，则诸峰顾在屐底[18]，若揖若退，若俯若拱，潇湘蒸江[19]，一缕环带。因忆李白"五峰晴雪，飞花洞庭"之句[20]，盖实景也。旁睨苍梧九疑，俯瞰江汉[21]，纮埏六合[22]，举眦皆尽。下视连峦别巘[23]，悉如培塿蚁垤[24]，不足复入目中矣。同游者五人，咸勒石[25]记名焉。暮宿观音岩。岩去峰顶可一里许，夜视天垣诸宿，大者或如杯盂，不类平时所见也。

晨登上封[26]观海，日初出，金光烁烁，若丹鼎[27]之方开。少焉，红轮涌于海底，火珠跃于洪炉。旋磨旋莹，苍茫云水之间。徘徊一刻许，乃擎浮埃而上[28]。噫吁嘻！奇哉伟与！山僧谓此日澄霁，实数月以来所无。往有好事者，候至旬月，竟不得见，去。而余辈以杪秋[29]山清气肃，乃得快睹，盖亦有天幸云。然心悚神慑，不能久留，遂下兜率[30]，抵南台，循黄庭观登魏夫人[31]升天石。西行四十里，得方广寺。方广寺在莲花峰下，四山重裹如瓣，而寺居其中。是多响泉，声彻数里，大如轰雷，细如鸣弦。幽草珍卉，夹径窈窕，锦石斑驳，照烂丹青。盖衡山之胜，高称祝融，奇言方广。然硐[32]道险绝，岩壑幽邃，人罕至焉。暮谒晦庵、南轩二贤祠[33]，宿嘉会堂。夜雨。晓起，云霭窈冥[34]，前峰咫尺莫辨，径道亦绝，了不知下方消息，自谓不复似世中人矣。

止三日，李子拉予冲云而下，行数里所，倏见青霄霁日，豁然中开。问山下人，乃云比日[35]殊晴。乃悟向者吾辈正坐云间耳。又从庙侧东转十余里，得朱陵洞，云是朱陵大帝之所居。瀑布洒落，水帘数叠，挂于云际；垂如贯珠，霏如削玉，飞花散雪，紫洒衣襟。岩畔有冲退石，大可径丈。列坐其次，解缨[36]濯足，酌酒浩歌。当此之时，意惬心融，居然有舞雩沂水之乐[37]，诚不知簪绂尘鞅之足为累也[38]。是日，石棠李子亦自长沙至，会于岳庙，同返。

自甲午迄辛丑，八日往来诸峰间，足穷于攀登，神罢[39]于应接，然犹未尽其梗概也，聊以识大都[40]云。张子曰，昔向平欲俟婚嫁已毕，当遍游五岳。[41]嗟乎，人生几许时得了此尘事，唯当乘间自求适耳。余用不肖之躯，弱冠登仕，不为不通显。然自惟涉世，酷非所宜，每值山水会心处，辄忘返焉。盖其性然也。夫物，唯自适其性，乃可永年[42]要欲。及今齿壮力健，即不能"与汗漫期于九垓"[43]，亦当遍游寰中诸名胜，游目骋怀，以极平生之愿。今兹发轫[44]衡岳，遂以告于山灵。

注释

【1】《山海经》：古代地理著作，据说为夏禹、伯益所作，不可信。书中记述各地山川、道里、部族、物产、祭祀、医巫、原始风俗等，保存了不少远古神话传说和史地文献资料。

【2】《中山之经》：《山海经》第五卷为《中山经》。其记说："又东四十五里曰衡山，其上多青䨼，多桑，其鸟多鹳鹆。"

【3】望秩：谓按等级祭祀山川。《尚书·禹贡》："禹敷土，随山刊木，奠高山大川。"孔安国注："奠，定也。高山，五岳；大川，四渎，定其差秩，祀所视。"

【4】《舜典》三句：《尚书·舜典》载，舜五年巡视四方一周，"五月，南巡守，至于南岳，如岱礼"。守，同"狩"。

【5】潇湘：指今湖南湘江中游与潇水会合的一段。苍梧：山名，又名九疑山，在今湖南宁远县境。相传舜葬于苍梧之野。

【6】埋祀：上古对天神的祭祀。其法：用祭神的牲畜和玉帛置于柴上，烧柴烟以告上天。

【7】张子：作者自谓。

【8】岳庙：指南岳庙。

【9】开云堂：在南岳庙内开云楼。

【10】间道：旁出的小路。

【11】虹梯：以彩虹为梯。

【12】刚飙：刚劲的暴风。

【13】琅玕：指仙境中的珠树。

【14】璨然：明亮的样子。盈把：满握。

【15】垂接：形容石级的陡直。

【16】五峰：指祝融、芙蓉、烟霞、石廪、天柱。背拥：背靠背拥立着。

【17】祝融：祝融峰，为衡山最高峰。湘水环带山下。峰顶有上封寺，寺东有望日台，西有望月台。

【18】屦底：鞋底下。

【19】蒸江：即蒸水，为湘江支流，在衡阳附近流入湘江。

【20】五峰晴雪，飞花洞庭：见李白《与诸公送陈郎将归衡阳》，这一联原诗是"回飙吹散五峰雪，往往飞花落洞庭"。

【21】江汉：长江汉水。

【22】纮埏：包举四边。六合：指上、下及东、南、西、北。

【23】别嶅：分立的小山。

【24】培塿：小土丘。蚁垤：蚁冢，即蚂蚁洞口的小土堆。

【25】勒石：刻文于石。

【26】上封：上封寺，在祝融峰顶。

【27】丹鼎：道家炼丹的炉。

【28】掣：抽。浮埃：飘浮的尘埃。

【29】杪秋：暮秋。

【30】兜率：梵文的音译，佛教所说欲界六天中的第四天。这里指上封寺。

【31】魏夫人：晋魏舒女，名华存。幼好道，志慕神仙。传说曾在衡山修炼，后托剑化形升天，为南岳夫人。

【32】砜：同"涧"。

【33】晦庵：指朱熹，号晦庵。南轩：指南宋张栻，字敬夫。累官吏部侍郎，右文殿修撰，他勤奋好学，以古圣贤自期，学者称南轩先生。

【34】窈冥：幽暗的样子。

【35】比日：连日。

【36】缨：结帽的带子。

【37】舞雩沂水：《论语·先进》载，孔子弟子侍坐言志，曾点说："莫（暮）春者，春服既成，冠者五六人，童子六七人，浴乎沂，风乎舞雩，咏而归。"孔子"喟然叹曰：'吾与点也！'"沂，水名。舞雩，《水经注》："沂水北对稷门，一名高门，一名雩门。南隔水有雩坛，坛高三丈，即曾点所欲风处也。"

【38】簪帔：即"簪绂"，古代官员的礼服。簪，冠簪；绂，丝制的缨带。尘鞅：谓世俗事务的束缚。鞅，套在马脖上的皮带。

【39】罢：通"疲"。

【40】大都：大概。

【41】"昔平向"二句：据《后汉书·逸民传》载："向长，字子平，河内朝歌人也。隐居不仕。……建武中，男女娶嫁既毕，……与同好北海禽庆俱游五岳名山，竟不知所终。"

【42】永年：谓长寿。

【43】与汗漫期于九垓：汗漫，广大无边的宇宙空间。九垓，九天之上。《淮南子·道应训》载：隐士卢遨遇神仙，求为友，神仙说："吾与汗漫期于九垓之外，吾不可以久驻。"后因以汗漫为神仙的别名。

【44】发轫：启程。

  这是一篇游历衡山的游记。作者在衡山游历八天，记下了衡山美妙非凡、各有特色的景观。作者写道：登山之十步九折，攀云扪天；五峰之争奇竞秀，莫敢相下；祝融之露髻高奇，诸峰揖拱；上封寺观日初出，天幸书友睹；方广寺响泉异音，轰雷鸣弦；嘉会堂云霭雾雨，数里外青云霁日；朱陵洞水帘数叠，挂云际飞花散雪。作者通过写云、写日、写响泉、写飞瀑、写大石、写幽草，似乎与天界日近，与人界日远，无怪乎作者发愿要"遍游寰中诸名胜，以极平生之愿"了。作者在这篇游记里抱着欣喜的心情，饱览衡山美景，用浪漫的才情，把大自然赋予衡山的奇观一一呈现在读者面前，让世人深刻地感受到大自然赋予衡山的奇观。

西湖游记

袁宏道

  袁宏道（1568—1610），明代文学家，字中郎，又字无学，号石公，又号六休。荆州公安（今湖北公安）人。万历二十年（1592）进士，历任吴县知县、礼部主事、吏部验封司主事、稽勋郎中、国子博士等职。袁宏道是明代文学反对复古运动的主将，他在文学上反对前后七子及唐顺之、归有光等人"文必秦汉，诗必盛唐"的风气，认为文章与时代有密切关系，提出了"独抒性灵，不拘格套"的性灵说。与其兄袁宗道、弟袁中道并有才名，合称"公安三袁"。由于三袁是荆州公安县人，其文学流派世称"公安派"或"公安体"。世人认为袁宏道是三兄弟中成就最高者。

一

  从武林门而西，望保叔塔突兀[1]层崖中，则已心飞湖上也。午刻入昭庆，茶毕，即棹[2]小舟入湖。山色如娥[3]，花光如颊[4]，温风如酒，波纹如绫，才一举头，已不觉目酣神醉。此时欲下一语描写不得，大约如东阿王梦中初遇洛神时也。余游西湖始此，时万历丁酉二月十四日也。

二

  西湖最盛，为春，为月[5]。一日之盛，为朝烟，为夕岚[6]。
  今岁春雪甚盛，梅花为寒所勒[7]，与杏桃相次开发[8]，尤为奇观。
  石篑[9]数为余言："傅金吾[10]园中梅，张功甫[11]家故物也，急往观之。"余时为桃花所恋[12]，竟不忍去[13]湖上。由断桥至苏堤一带，绿烟红雾[14]，弥漫二十余里。歌吹[15]

为风，粉汗[16]为雨，罗纨之盛，多于堤畔之草，艳冶[17]极矣。

然杭人游湖，止午、未、申三时。其实湖光染翠[18]之工，山岚设色[19]之妙，皆在朝日始出，夕春[20]未下，始极其浓媚[21]。月景尤不可言，花态柳情，山容水意，别是一种趣味。[22]此乐留与山僧、游客受用[23]，安可为俗士道哉！

注释

【1】突兀：高耸的样子。

【2】棹：船桨，这里指划船。名词作动词。

【3】娥：这里指眉上的彩黛（青黑色）。

【4】颊：面颊。这是说桃花艳丽如少女的颜面。

【5】为春，为月：是春天，是月下。

【6】夕岚：傍晚的山光。岚，山气。

【7】勒：抑制。

【8】相次开发：一个接一个地开放。

【9】石篑：一个人的号。

【10】傅金吾：傅姓的锦衣卫官员。

【11】张功甫：人名。

【12】恋：迷住。

【13】去：离开。

【14】绿烟红雾：指绿柳红桃，叶茂花盛，颜色浓艳。

【15】歌吹：唱歌奏乐。

【16】粉汗：年轻妇女的汗。

【17】艳冶：美丽，妖艳。

【18】湖光染翠：湖水染得像翡翠一般碧绿。

【19】设色：用颜色描画。

【20】夕春：夕阳。

【21】极其浓媚：把它的浓媚姿态发挥到极点。

【22】花态柳情，山容水意：花的姿态，柳的情调，山的容颜，水的意境。意思是一切景物。

【23】受用：享用。

点评

本文写于明神宗万历二十六年（1598）春天。西湖在作者笔下重在写意，不仅勾勒了西湖天然娟秀的风情，而且表现了一种引人酣醉的整体魅力，以及作者的内心体验，而不精雕细琢其山水的具体细节。作者着意描写了西湖湖光山色之美，描写了苏堤上绿柳红花、游人如织的繁盛华艳的景象，但他认为西湖一日之内最盛美的是晨雾，是晚岚。作者这种独赏西湖之春的"月景"与"朝烟""夕岚"，与"午、未、申三时"游春的"俗士"迥异其趣。西湖之景虽美，但并非人人能享受。作为趣味高雅的士大夫，作者颇以能探幽寻胜，受用此乐而得意，含蓄流露出对黑暗官场的厌恶、对追名逐利的庸俗之人的鄙视与嘲讽。袁宏道的美学思想核心是"独抒性灵，不拘格套"，这篇游记即体现了这一思想。

登泰山记

姚鼐

本文选自《惜抱轩诗文集》。

姚鼐（1732—1815），字姬传，一字梦谷，室名惜抱轩（在今桐城中学内），世称惜抱先生、姚惜抱，安徽桐城人。清代著名散文家，与方苞、刘大櫆并称为"桐城三祖"。乾隆十五年（1750）中江南乡试，乾隆二十八年（1763）中进士，授庶吉士，三年后散馆改主事，曾任山东、湖南副主考，会试同考官。乾隆三十八年（1773）入《四库全书》馆充纂修官，乾隆三十九年（1774）秋借病辞官。旋归里，以授徒为生，先后主讲扬州梅花书院、安庆敬敷书院、歙县紫阳书院、南京钟山书院，培养了一大批学人弟子。姚鼐文宗方苞，师承刘大櫆，主张"有所法而后能，有所变而后大"，在方苞重义理、刘大櫆长于辞章的基础上，提出"义理、考据、辞章"三者不可偏废，发展和完善了桐城派文论。为桐城派散文之集大成者。姚鼐一生勤于文章，诗文双绝，书艺亦佳。著有《惜抱轩文集》16卷、《文后集》12卷、《惜抱轩诗集》10卷、《笔记》10卷、《尺牍》10卷、《九经说》19卷、《三传补注》3卷、《五七言今体诗钞》18卷，辑成《古文辞类纂》75卷。

泰山之阳[1]，汶水[2]西流；其阴，济水[3]东流。阳谷[4]皆入汶，阴谷皆入济。当其南北分者[5]，古长城[6]也。最高日观峰[7]，在长城南十五里。

余以[8]乾隆三十九年[9]十二月，自京师乘[10]风雪，历齐河、长清[11]，穿泰山西北谷，越长城之限[12]，至于泰安[13]。是月丁未[14]，与知府朱孝纯子颍[15]由南麓登。四十五里，道皆砌石为磴[16]，其级[17]七千有余。泰山正南面有三谷。中谷绕泰安城下，郦道元所谓环水[18]也。余始循以入[19]，道少半[20]，越中岭[21]，复循西谷，遂至其巅。古时登山，循东谷入，道有天门[22]。东谷者，古谓之天门溪水，余所不至也。今所经中岭及山巅崖限当道者[23]，世皆谓之天门云[24]。道中迷雾冰滑，磴几[25]不可登。及既上，苍山负雪，明烛天南。[26]望晚日照城郭，汶水、徂徕[27]如画，而半山居[28]雾若带然。

戊申晦[29]，五鼓[30]，与子颍坐日观亭[31]，待日出。大风扬积雪击面。亭东自足下皆云漫[32]。稍见云中白若摴蒱[33]数十立者，山也。极天[34]云一线异色，须臾成五采[35]。日上，正赤如丹[36]，下有红光动摇承之。或曰，此东海[37]也。回视日观以西峰，或得日或否[38]，绛皓驳色[39]，而皆若偻[40]。

亭西有岱祠[41]，又有碧霞元君[42]祠。皇帝行宫[43]在碧霞元君祠东。是日观道中石刻，自唐显庆[44]以来，其远古刻尽漫失[45]。僻不当道者[46]，皆不及往。

山多石，少土。石苍黑色，多平方，少圜[47]。少杂树，多松，生石罅，皆平顶。冰雪，无瀑水[48]，无鸟兽音迹。至日观数里内无树，而雪与人膝齐。

桐城姚鼐记。

注释

【1】阳：山的南面。
【2】汶水：也叫汶河。发源于山东莱芜东北原山，向西南流经泰安东。
【3】济水：发源于河南济源西王屋山，东流到山入海东。后来下游被黄河冲没。
【4】阳谷：指山南面谷中的水。谷，两山之间的水道，现在通称山涧。
【5】当其南北分者：在那（阳谷和阴谷）南北分界处的。
【6】古长城：指春秋时期齐国所筑长城的遗址，古时齐鲁两国以此为界。
【7】日观峰：在山顶东岩，是泰山观日出的地方。
【8】以：在。
【9】乾隆三十九年：即1774年。
【10】乘：趁，这里有"冒着"的意思。
【11】齐河、长清：地名，都在山东。
【12】限：门槛，这里指像一道门槛的城墙。
【13】泰安：即今山东泰安，在泰山南面，清朝为泰安府治所。
【14】丁未：丁未日（农历十二月二十八日）。
【15】朱孝纯子颖：朱孝纯，字子颖。当时是泰安府的知府。
【16】磴：石级。
【17】级：石级。
【18】环水：即中溪，俗称梳洗河，流出泰山，傍泰安城东面南流。
【19】循以入：顺着（中谷）进去。
【20】道少半：路不到一半。
【21】中岭：即黄岘岭，又名中溪山，中溪发源于此。
【22】天门：泰山峰名。《山东通志》："泰山周回一百六十里，屈曲盘道百余，径南天门，东西三天门，至绝顶，高四十余里。"
【23】崖限当道者：挡在路上的像门槛一样的山崖。
【24】云：语气助词。
【25】几：几乎。
【26】苍山负雪，明烛天南：青山上覆盖着白雪，雪光照亮了南面的天空。负，背。烛，动词，照。
【27】徂徕：山名，在泰安东南。
【28】居：停留。
【29】戊申晦：戊申这一天是月底。晦，农历每月最后一天。
【30】五鼓：五更。
【31】日观亭：亭名，在日观峰上。
【32】漫：迷漫。
【33】樗蒱：又作"樗蒲"，古代的一种赌博游戏，这里指博戏用的"五木"。五木两头尖，中间广平，立起来很像山峰。

【34】极天：天边。
【35】采：通"彩"。
【36】丹：朱砂。
【37】东海：泛指东面的海。这里是想象，实际上在泰山顶上看不见东海。
【38】或得日或否：有的被日光照着，有的没有照着。
【39】绛皓驳色：或红或白，颜色错杂。绛，大红。皓：白色。驳，杂。
【40】若偻：像脊背弯曲的样子。引申为鞠躬、致敬的样子。日观峰西面诸峰都比日观峰低，所以这样说。偻，驼背。
【41】岱祠：东岳大帝庙。
【42】碧霞元君：传说是东岳大帝的女儿。
【43】行宫：皇帝出外巡行时居住的住所。这里指乾隆登泰山时住过的宫室。
【44】显庆：唐高宗的年号。
【45】漫失：模糊或缺失。漫，磨灭。
【46】僻不当道者：偏僻，不在道路附近的。
【47】圜：同"圆"。
【48】瀑水：瀑布。

点评

1774年冬，姚鼐游泰山后写了《登泰山记》，这是他最著名的一篇文章，也是中国文学史上脍炙人口的游记佳作。经作者精心剪裁，全文不足五百字，却包含了大量内容。泰山既是一座政治色彩浓厚的山，又是一座自然风光优美的山。它壑深谷幽，峰奇石怪，山高水长，风卷云舒，历来就吸引着许多文人墨客为它长啸短吟，为它泼墨挥毫，为它锦上添花。一般文人登泰山，多选春秋良时，而姚鼐却选择了一条特殊的路线和一个特殊的日子。作者登山这天，是除夕的前一夜，观日出时正值中华民族最隆重的传统节日年三十。冬天登山已不多见，选择岁除之日观日出则更加少见。在万家团聚共度良辰之日，作者于泰山之巅、皑皑白雪之中翘首迎接新一轮红日喷薄而出，表现了一种崇高的人生境界。在这篇游记里，作者介绍了泰山，叙说了登山经过，综述了名胜古迹，更描写了泰山夕照和日出佳景，把泰山雪后初晴的瑰丽景象和日出的壮观场面真实动人地描绘出来。作者登上山巅，在广阔的视野中，山、水、城郭尽收眼底，座座青峰身披皑皑白雪，照亮南天；鸟瞰泰安城，汶水和徂徕山沐浴在夕照中；环绕山间的云雾就像轻柔的腰带。作者用落日、青山、流水、白雪、城郭，组成了一幅波澜壮阔的夕照图，真可谓尺幅千里，呼之欲出。文章既再现了隆冬时节泰山的壮丽景色，又抒发了作者对祖国山河的热爱赞颂之情。

参考文献

[1] 道德经. 长春：吉林文史出版社，2004.
[2] 论语. 北京：中华书局，2014.
[3] 孟子. 西安：陕西人民出版社，1998.
[4] 诗经. 北京：华夏出版社，2006.
[5] 庄子. 上海：上海古籍出版社，1989.
[6] 墨子. 上海：上海古籍出版社，2014.
[7] 荀子. 北京：中华书局，2015.
[8] 韩非子. 太原：山西古籍出版社，2003.
[9] 吕氏春秋. 上海：上海古籍出版社，2014.
[10] 史记. 上海：上海书店出版社，1997.
[11] 后汉书. 西安：三秦出版社，2013.
[12] 黄帝内经. 成都：巴蜀书社，1996.
[13] 晏子春秋. 北京：人民文学出版社，2015.
[14] 淮南子. 郑州：中州古籍出版社，2010.
[15] 中国古代文学作品选. 北京：人民文学出版社，2002.
[16] 徐中玉. 大学语文. 上海：华东师范大学出版社，2009.
[17] 全唐诗. 长沙：岳麓书社，1998.
[18] 全宋诗. 北京：北京大学出版社，1991.
[19] 全宋词. 郑州：中州古籍出版社，2006.